国家出版基金项目
NATIONAL PUBLICATION FOUNDATION

当代中国教育学人文库

教育的唤醒

李政涛　李栋　著

探寻实践哲学的教育方式

中国人民大学出版社
· 北京 ·

图书在版编目（CIP）数据

教育的唤醒：探寻实践哲学的教育方式/李政涛，
李栋著． -- 北京：中国人民大学出版社，2021.6
（当代中国教育学人文库）
ISBN 978-7-300-29762-0

Ⅰ.①教… Ⅱ.①李… ②李… Ⅲ.①教育哲学
Ⅳ.①G40-02

中国版本图书馆 CIP 数据核字（2021）第 160894 号

国家出版基金项目
当代中国教育学人文库
教育的唤醒：探寻实践哲学的教育方式
李政涛　李　栋　著
Jiaoyu de Huanxing：Tanxun Shijian Zhexue de Jiaoyu Fangshi

出版发行	中国人民大学出版社		
社　　址	北京中关村大街 31 号	邮政编码	100080
电　　话	010 - 62511242（总编室）	010 - 62511770（质管部）	
	010 - 82501766（邮购部）	010 - 62514148（门市部）	
	010 - 62515195（发行公司）	010 - 62515275（盗版举报）	
网　　址	http://www.crup.com.cn		
经　　销	新书华店		
印　　刷	北京宏伟双华印刷有限公司		
规　　格	170 mm×240 mm　16 开本	版　　次	2021 年 9 月第 1 版
印　　张	22.75　插页 2	印　　次	2022 年 9 月第 2 次印刷
字　　数	394 000	定　　价	86.00 元

前　言

真正的教育研究都紧紧把握社会发展的时代脉搏，回答时代变革的现实问题，回应学科发展的内在诉求，体现研究领域的独特意蕴。哲学曾因回避人类的现实问题而遭遇"学科危机"，而作为第一哲学的实践哲学，则是直面"学科危机"后的思想产物。转向后的实践哲学仍旧苦于探寻"理论之知"与"实践之能"的关系，致使自身长期处于重重困境与矛盾之中。

如果说"教育的实践哲学"体现的是实践哲学与教育学的一种"体用关系"，那么，"教育实践的哲学"呈现的则是教育学对实践哲学的一种"学科介入"和"实践贡献"。探寻实践哲学的教育方式正是以"教育的方式"来重建实践哲学，为实践哲学做出教育学的"可能贡献"，这也是教育学学科发展的应有之义。

本书以问题史、概念史、关系史和思想史为纵向线索，追溯从古希腊实践哲学本源的形态特征，到近代实践哲学传统的形成与改造，再到马克思对实践哲学的翻转，以及实践哲学的当代进展的历史脉络，以此重新审视实践哲学的嬗变历程，构建"在中国"的实践哲学。

基于历史脉络的梳理，本书以"理论与实践的关系"为分析单位，剖析实践哲学必须正视的问题和缺失，阐述教育学在"理论与实践"研究中的学科意识，及其在探寻二者转化逻辑中的学科贡献，以此论证教育学介入实践哲学并为实践哲学做出独特学科贡献的可能性与必要性，展现教育学在实践哲学中独特的学科"出场方式"。

作为当代中国实践哲学新形态的"生命·实践"教育学，是紧紧把握中国教育变革的时代脉搏，扎根中国文化传统的深厚土壤，对"教育是什么"的中国式的实践表达。本书以教育场域中的"生命·实践"教育学为典型案例，在简要描述"生命·实践"教育学缘起与发展的基础上，具体论述了作为方法论的"生命·实践"教育学是如何通过教育理论与实践的双向转化进而实现教育场域中"理论人"与"实践人"的交互生成的。"成事成人"作为实践哲学的一种中国教育学式的表达，是"生命·实践"教育学独特的价值追求，其旨在通过以人为中心的实践，在"成事成人"中实现主体的回归和思维方式的突破。

　　《教育的唤醒：探寻实践哲学的教育方式》一书，始终直面"理论与实践"这一"老而弥坚"的问题，以教育学的表达方式阐述了教育实践的哲学智慧，探寻了教育学介入实践哲学的可能空间，其志向并不在于倾轧学科边界与炫耀学科优势，而在于回到教育本身，回应教育的现实问题，真实地唤醒教育，唤醒真实的教育。

　　全书由我和李栋博士共同完成。其中，我主要负责第一章至第四章，李栋博士则主要撰写了第五章至第七章。在具体调研、推进与写作的过程中，我们经历了反复论证、持续修改、逐渐完善的过程。

　　在本书的编校过程中，中国人民大学出版社的编辑付出了辛勤的汗水，做了大量的编校与审核的工作，他们细致认真的敬业精神给我留下了深刻的印象，在此向他们和出版社致以由衷的敬意与感谢。此外，本书的写作也得到了"新基础教育"试验校与"生命·实践"教育学合作校很多师友的支持和帮助，在本书出版之际，特向他们表示感谢。

李政涛

2021 年 5 月 12 日

目　录

引言
以教育的方式重建实践哲学

真正的教育研究都紧紧把握社会发展的时代脉搏，回答时代变革的现实问题，回应学科发展的内在诉求，体现研究领域的独特意蕴。哲学曾因回避人类的现实问题而遭遇"学科危机"，而作为第一哲学的实践哲学，则是直面"学科危机"后的思想产物。转向后的实践哲学仍旧苦于探寻"理论之知"与"实践之能"的关系，致使自身长期处于重重困境与矛盾之中。

如果说"教育的实践哲学"体现的是实践哲学与教育学的一种"体用关系"，那么，"教育实践的哲学"呈现的则是教育学对实践哲学的一种"学科介入"和"实践贡献"。探寻实践哲学的教育方式正是以"教育的方式"来重建实践哲学，为实践哲学做出教育学的"可能贡献"，这也是教育学学科发展的应有之义。

一、教育是不是一种"实践"？

在教育学领域内部，这是一个不言而喻的问题，"教育在本质上是实践的"[①]，这几乎成为教育理论界的"理论常识"，且已内化为人们认识教育的"公理性预设"。但在教育之外，却有人对此持怀疑甚至否定态度。如赵家祥认为：

"'教育实践'、'教学实践'等说法，在教育界乃至人们的日常用语中，出现的频率很高。我认为，如果不是在马克思主义哲学的科学实践观的特定视域内，不必仔细推敲这种用语是否恰当；但若从科学实践观的角度来看，则必须对这种用语是否恰当作认真的辨析。我认为教育是一种十分复杂的社会活动、社会关系、社会现象，不能笼统地说它是不是实践。教育由多种要素、多种活动、多个方面构成。可以肯定，教育思想、教育理论、教材编写等属于认识范围或思

[①] 宁虹，胡萨. 教育理论与实践的本然统一 [J]. 教育研究，2006（5）.

想范围内的活动或活动成果，不能直接引起现实事物的改变，因而不属于实践活动；教育制度、教育体制、教育机构、教育设施等，是教育思想、教育理论的体现或为教学、科研服务的物质条件，不是人的活动，因而也不是实践活动；教育革命或教育改革则属于实践活动，因为它可以直接引起教育制度、教育体制、教育机构、教育设备等等的改变，可以引起教育布局和教育资源的调整。"①

照此观念，继"理论"成为尊称之后，"实践"也成了对教育的"尊称"。

细加辨析这种"教育非实践论"背后的逻辑，其存在多重割裂：将"教育思想、教育理论、教材编写""教育制度、教育体制、教育机构、教育设施"与"教育革命""教育改革"割裂开来，将思想与物质条件割裂开来，将教育革命、教育改革与教育思想、教育制度割裂开来。世界上不存在不需要任何思想和物质条件的人的活动，不存在脱离"教育思想""教育制度"等所谓"思想内容"和"物质条件"的空洞的教育改革，任何教育改革，都必定包括以"教育思想"和"教育制度"为内容、对象与目的的改革，否则，这样的改革实践只能是天方夜谭，存在于思想者的头脑之中，最终只是一种臆想的"思想活动"。

赵家祥眼中"实践"的标准至少有两条：能否"直接"引起现实事物的改变，是否为"人的活动"。但这样的概括仍显粗糙，显得不够"理论"。继否定了"教育实践"之后，他又对"教学实践"进行"一票否决"，提出了一套"实践"内涵和标准：

"我认为实践应该包括以下三个方面的内容：（1）实践是人的感性的物质活动；（2）实践是人的对象性活动；（3）实践是主观见之于客观的有目的的活动。必须同时具备这三项内容的活动，才能算作实践活动，缺一不可。从第一项内容来看，教学活动是教师向学生传授知识、思想、理论等，学生接受知识、思想、理论等，教师与学生之间的交流与互动没有超出思想的范围，这种仅仅局限于思想交流范围内的活动，不是感性的物质活动，显然不能够称为实践活动。从第二项内容来看，教学活动虽然可以看作是对象性活动，但不能由此得出结论说教学活动是实践活动，这正如数学上的定理正确、逆定理不一定正确一样。并非一切对象性活动都是实践活动。有的对象性活动属于实践活动，有的对象性活动则不属于实践活动。哪些活动属于实践活动，哪些活动不属于实践活动，要具体分析。人的对象性活动主要有三种：（1）以自己和自己的生活为对象的对象性活动；（2）以自己的周围环境为对象的对象性活动；（3）一个人（或一些人）以另一个人（或一些人）为对象的对象性活动。教学活动属于第三种情况。这第三种情况又可以区分为两种情形：如果一个人（或一些人）改变的是另一个人

---

① 赵家祥．准确把握实践界限，克服泛实践论倾向［J］．学习与探索，2005（2）.

（或一些人）的肉体组织、生理结构，如医生为病人做手术，像摘除肿瘤、割去盲肠、取出结石、心脏搭桥、器官移植等，这种对象性活动属于实践活动；如果一个人（或一些人）改变的仅仅是另一个人（或一些人）的思想，这种活动则不属于实践活动。教学活动中，教师改变的只是学生的思想，所以不能算作实践活动。从第三项内容来看，教学活动虽然可以说是有目的的活动，但由于教师向学生传授的是思想，学生接受教师的思想以后发生的是思想变化，思想性的对象不是客观对象，因而教学活动不属于主观见之于客观的活动，即不是实践活动。可见，从本质上和整体上看，教育不属于实践范畴，只是教育的某些方面或某些环节（如教育革命和教育改革等）带有实践活动的属性，属于实践活动的范围。"①

这是一个既缺乏"教育常识"又缺乏"理论"的漏洞百出的论证。

我们暂且对作者的"实践标准"是否合理，是否为实践的唯一标准等问题不予讨论，仅依据其标准来看"教学"是否有资格称为"实践"。

第一，教学只是"思想范围"内的交流活动，改变的只是学生的"思想"吗？

赵家祥的判断依据来自对马克思实践内涵的理解：实践是一种"感性物质活动"或"有意识的感性对象性活动"，但这种理解是一种割裂式的理解，即将感性与物质割裂，背后则是一种更深层次的割裂：将包括了肉体的"身体"与"思想"割裂。教学中的师生交流，绝不只是思想与思想的交流，还必须借助"身体"进行，依托师生、生生之间的身体性的表演、观看和模仿等进行，"实践"与"身体"密不可分。布迪厄指出，实践是一种"准身体意图"，不是心理状态，而是身体状态。实践感先于认知，是过去、现在、未来的惯习彼此交织、互相渗透，寄居在身体内部，有待人们重新激发出来的"积淀状态"②，因此，人的感性活动即人的身体活动，人的身体活动即人的实践活动。实践不可能脱离负载它的身体，实践必须通过身体活动再现和展示③。"身体"本身不是纯粹的物质或纯粹的精神，它是一种具有丰富社会文化内涵的存在，马克思实践哲学对此已有自身独到的理解。在《1844年经济学哲学手稿》中，马克思通过对

---

① 赵家祥. 准确把握实践界限，克服泛实践论倾向 [J]. 学习与探索，2005 (2).

② 皮埃尔·布迪厄，华康德. 实践与反思：反思社会学导引 [M]. 李猛，李康，译. 北京：中央编译出版社，1998：23.

③ 对于"身体与实践"的关系，哲学界的张曙光和教育学界的郝文武分别以各自的方式做了较翔实和充分的解释与阐发。参见张曙光. 生存哲学：走向本真的存在 [M]. 昆明：云南人民出版社，2001：50；郝文武. 理论的终极追求与实践的合理性建构：教育理论与教育实践科学关系观论纲 [J]. 教育学报，2009 (2).

人的"在世之在"的细致描述表明，身体中自我感觉能力内含的社会文化品质，制约着主体对特定对象的感知。身体的在场是以"自然"和"需要"为标志的，它只有被置于社会自我意识与个体自我意识相互作用关系之中才能得以理解。同时，从马克思的《巴黎手稿》和《资本论》中可以看出，马克思批判了资本主义的工具理性和技术理性抽空人自身的感性财富，通过对身体力量进行控制和利用，使一切肉体的和精神的感觉被单纯异化的"拥有的感觉"所代替，并且通过针砭资本主义制度史中的权力话语对真理的歪曲和对身体形态的扭曲等，最终得出结论：资本主义生产和私有财产是通过对"人的一切感觉和特性"的彻底掠夺而确立的。"对私有财产的扬弃"，在原则的高度上被确认为"人的一切感觉和特性的彻底解放"，这种解放被直接理解为：

> "人对世界的任何一种**人的**关系——视觉、听觉、嗅觉、味觉、触觉、思维、直观、情感、愿望、活动、爱，——总之，他的个体的一切器官，正像在形式上直接是社会的器官的那些器官一样，是通过自己的**对象性**关系……对**人的**现实的占有；这些器官同对象的关系，是**人的现实的实现**……是人的**能动**和人的**受动**，因为按人的方式来理解的受动，是人的一种自我享受。"①

"身体"的话题在马克思那里被赋予了更深重的历史意蕴，身体同时是社会的历史和文化的身体②。身体的历史-文化与物质-思想的多重内涵在教育教学场景中同样存在，它说明了教学的"实践底蕴"，它被视为：

> "精神和肉体统一的实践活动的载体，是社会的存在而不是自然的产物。以身作则是实践，以身示范是实践，身体力行是实践，身先士卒也是实践，而只有心理活动没有身体活动的思维活动则是认识而不是实践。古代教育强调修身养性、修身齐家，决不是修炼作为肉体、躯体、肢体的身体，而是修炼以肉体为基础又超越和高于肉体的精神存在或伦理道德。身不由己、身败名裂、身外之物所言及的'身'也是作为实践活动载体的'身'，而不是单纯的肉体'身'。即使是把身体与精神、心理和思想相对应的身心发展、体脑结合的'身、体'也不完全是自然的身体或肉体。"③

---

① 马克思.1844年经济学哲学手稿［M］.北京：人民出版社，2000：85.

② 在马克思实践哲学之外，以梅洛-庞蒂为代表的"身体现象学"等，也试图超越肉体/精神、主观/客观的两极对立且不可融通的思维方式，使身体成为横跨精神与物体、主体与客体，超越论意义上的事物与事实性事物之间的身体，成为躯体与心灵的结合点。参见李政涛.表演：解读教育活动的新视角［M］.北京：教育科学出版社，2006. 另外参见 Merleau-Ponty, M. Phänomenologie der Wahrnehmung ［M］. Berlin：Walter de Gruyter, 1966.

③ 郝文武.理论的终极追求与实践的合理性建构：教育理论与教育实践科学关系观论纲［J］.教育学报，2009（2）.

"身体"的多重实践意蕴中，包括了"教育意味"和"教育学意味"①。它促使我们回到教学活动本身，没有任何思想交流不需要身体等物质存在的参与，如教学中的"表演"、"观看"和"模仿"等都不是纯粹的思想活动，而是思想和身体的综合交织。② 更何况，从实然的角度看，教学对学生的影响绝不只是"思想"，而是全身心的。"德智体全面发展"，中华人民共和国成立以来没有任何一个"教育方针"将"教学"认定为只是"德智"方面的思想发展，与健康的体魄（身体）这样的物质属性无关。显然，赵家祥把教育等同于"政治思想教育"，把"教学"缩减为"政治思想教学"了。

第二，教学只是"主观见之于主观"的纯粹"主观活动"吗？

这一观念与赵家祥将"教学"限制于"思想范围"内直接相关，他把教学等同于纯粹"主观活动"或纯粹精神活动，视为与"哲学思想"同一类型的活动。若以如上"身体论"观之，则他排除了教学中的客观物质条件，包括以信息技术等为载体或依托的客观条件，更排除了教学行为对学生身体的"整体综合性"影响。但最根本的问题不在于此，而在于作者秉持着"主观-客观""物质-精神"二元对立的思维方式。作为一种交往活动的教育教学，如何可能将客观-物质因素从主观-精神世界中完全排除出去？这样的教学，过去不存在，现在不存在，将来也必定不存在。这是作者头脑中臆想出来的教学，不是真实存在的教学。

第三，教学只是"一个人（或一些人）以另一个人（或一些人）为对象的对象性活动"吗？

赵家祥将教学归属为以"他者"为对象的对象性活动，导致了对教学活动、教学对象和教学目的的双重窄化和双重否认：一方面，否认"学生"和"教师"在教学过程中，以自身作为对象和目的的事实性存在。教学乃至教育的根本目标，是使受教育者回到自我，拥有"生命自觉"，包括自我唤醒、自我反思、自我重建，即"教是为了不教"。作为教育者的教师，同样需要"自我教育"，即以自我为对象的教育。这是合格教育者的基本标准，教育他人总是需从自我教育开始。另一方面，否认环境在教学过程中的存在。教学处在各种环境的包裹

① 李政涛. 身体的"教育学意味"：兼论教育学研究的身体转向 [J]. 教育理论与实践，2006（11）.

② Christoph Wulf, Jörg Zirgas. Padagogik des Performativen Theorien, Methoden, Perspektiven [M]. Weinheim/Basel：Beltz, 2007：42－48，90－100；Gunter Gebauer/Christoph Wulf. Mimessis Culture-Art-Society [M]. California：University of California Press, 1995；Christoph Wulf. Zur Genese des Sozialen Mimesis Performativität Ritual [M]. Bielefeld：Transcript Verlag, 2005：80－81，89－90，97－103.

之中，小至班级环境、校园环境，大致社会环境等，这些环境的实质是一种"文化环境"，没有任何一种教学不受到文化环境的影响，不通过师生与文化环境的互动来完成。在教育学看来，"环境即课程"，它是人成长与发展的必备资源①。所谓"生命自觉"，必定包括人对所处环境的反思、利用与改造。② 上述"双重否认"表明了"多重割裂"：将他人与自我割裂开来，将教学与环境割裂开来，将人的成长发展与环境割裂开来。这样的教学无异于空中楼阁。

综观如上看法，若跳离赵家祥自己所认定的"实践"内涵与标准，那么我认为，赵家祥曲解了马克思的"改变世界"的实践观，把马克思的实践内涵理解为脱离"感性"的"纯物质主义"，"感性"不是物质的感性，始终是人的感性，是与人的思想世界相关的感性。这种脱离易造成如下错觉：马克思要改变的"世界"，只是物质世界，而与人的思想世界、精神世界无关。这依旧是一种割裂：在人的世界中，将改变物质存在与改变思想割裂开来。整体来看，赵家祥的"教育实践否定论"的根源不在于他的实践标准，也不在于他对"教育特性"的"外行式"理解，而在于其思维方式，是二元对立思维和割裂式思维所致，于是才有物质与思想（精神）的割裂对立、主观与客观的割裂对立、改变人的思想与改变人存在的物质环境的割裂对立等，导致赵家祥在提醒避免"实践泛化"的同时③，又走向了另一极端："实践窄化"。

从这一否定教育的实践特性的典型案例中，我们大致可以理解，为何"教育"在实践哲学体系里没有地位，几乎没有实践哲学家将"教育"作为核心研究对象，更不会以此作为理论体系构建中的重要构成。

二、教育何以是一种实践?

亚里士多德（Aristotle）在其《政治学》中，主张教育是一种艺术。但他眼中作为艺术的教育，是一种国家政治艺术，是政治艺术的一部分，因而属于

---

① 在博尔诺夫看来，人在所处环境中随时可能遭遇到的危机，常常是人的发展新生的关键契机："我们可以把危机理解为开创新起点的机会。危机越严重，渡过危机的决心越大，危机后的一种重新开始的清新感就越酣畅。"参见博尔诺夫. 教育人类学［M］. 李其龙，等译. 上海：华东师范大学出版社，1999：64.

② 这是叶澜在"新基础教育"研究中提出的核心价值观，也是"新基础教育"和"生命·实践"教育学的价值基石。对此观念的阐发参见李政涛. 生命自觉与教育学自觉［J］. 教育研究，2010（4）.

③ 赵家祥呼吁不要片面强调实践的重要性，避免"忽视或不能全面理解理论与实践关系的复杂性的唯实践主义倾向"，并对唯实践主义倾向的具体表现做了深入分析。对此，我认为是合理的，有助于人们清晰地了解实践的特性。参见赵家祥. 准确把握实践界限，克服泛实践论倾向［J］. 学习与探索，2005（2）.

政治实践①。同时，亚里士多德眼中的实践具有"内在的向善性"，是促进人的德性之养成，在这个意义上，显现出教育作为一种"实践"的价值意蕴，但这种价值依旧是伦理实践的范畴，是为伦理学服务的。亚里士多德指明了教育的"实践性"，但并未对教育实践与政治实践、伦理实践做出明确区分，没有详尽说明"教育实践"的特殊性。

作为教育哲学家的卡尔，与对其影响甚大的伽达默尔（Hans-Georg Gadamer）一样，都主张以"历史解释学"的方式，重返亚里士多德的"实践哲学"传统，但卡尔的不同在于，他试图对"教育实践"进行"历史重建"，恢复被扭曲、被误解的"教育实践"的原本含义②。

重建的第一步，回到亚里士多德意义上的实践的初始内涵。

依据亚里士多德的主张，卡尔认为，实践介于理论与技艺之间，因此既有理论的思辨内涵，又有技艺的实用性质，无论是哪种性质，"实践之目的总是有其不确定性，不能预定，所以实践必须具有理性推理。在理性推理方式中，选择、慎虑与实际判断扮演着相当重要的角色"③。实践所具有的"理性推理"，使实践能够符合实际生活的特定情景，通过正确的实践推理，采取最有智慧的行动，培养圆满成熟的实践智慧④。

重建的第二步，从历史解释学的视野出发，历史性地理解"教育实践"概念。

其要义有四：（1）只有了解古希腊的实践概念，才能完全理解现代生活中"教育实践"的内涵。当今使用的"教育实践"概念，起源于古希腊，它是古希腊人为了追求善而献身美好生活的生活方式。作为"生活方式"的内涵在现代生活中逐渐消亡且已有相当长的时间。（2）教育实践的内涵受到社会环境转型的影响。在由一种社会环境转型至另一种社会环境时，教育实践的内涵已经随之改变。目前所理解的教育实践内涵，与其原来意义已有不同，其原因在于社会环境的变迁。（3）尽管教育实践的内涵会出现古今有别的现象，但是其中仍然存在异中有同的地方。（4）通过对教育实践概念的历史考察，能够发现古希腊思想家的主要论点，经过哲学分析，不仅能够搞清楚实践、实践推理与实践智慧等

① Alfred Langewand. Theorie und Praxis [C]. Dietrich Benner, Jürgen Oelkers. Handworterbuch Erziehungswissenschaft vorwort. Weinheim und Basel：Beltz-Verlag, 2004：1017.

② 有关卡尔的教育实践观，参见 Wilfred Carr. Education without Theory [J]. British Journal of Educational Studies, 2006, 54（2）：138. 同时参见陈建华. 论教育理论与教育实践的共生共存 [J]. 教育理论与实践, 2009（12）.

③ 维尔弗雷德·卡尔. 新教育学 [M]. 温明丽，译. 台北：师大书苑有限公司, 1996：99, 103-104, 108-109.

④ 这点与同样对"实践智慧"推崇备至的伽达默尔极为相似。将"实践"与"智慧"联结起来，是他们提升"实践"在人类历史中地位的共同策略。这同样适用于"教育实践"。

核心概念的基本意义，还能够搞清楚教育实践的内涵，构建一种"实践取向"的教育哲学①。

重建的第三步，是厘定教育实践的特质。通过多重历史解释式的分析，卡尔认为：

"教育实践并不是能够按一种完全无思维的或机械的方式完成的机器人式的行为。相反，教育实践是一种有意识地作出的有目的的活动，在某种程度上，这种活动常常只能根据缄默的、最多只在一定程度上得到阐述的思维图式来理解，实践者用这种思维图式来认识他们的经验。"②

据此，陈建华指出了卡尔教育实践观的三大特色：

"其一，他的教育实践观不是'中立'的，而是带有价值成分的，他认为教育实践内在地与'善德'联系在一起。其二，他的教育实践观在某种程度上包含了'教育理论'和'教育技艺'，善、批判性思维、推理、判断、实践智慧不仅是一般实践的核心特征，也是教育实践的核心特征。其三，他把教育实践概念作为理解教育理论与教育实践关系的逻辑起点，能够帮助我们思考如何从教育实践角度出发，认真地分析教育理论与教育实践的关系。"③

我认为，卡尔有关回到亚里士多德的主张，是把双刃剑：在赋予"实践"与"教育实践"概念历史根基并"正本清源"的同时，也可能导致"演绎"和"推理"，仿佛"教育实践"的性质和内涵，是对亚里士多德实践观演绎推理的产物。卡尔所言的教育实践具有的"善""理性推理""智慧"等特性，直接来自古希腊实践观。卡尔没有对教育实践是何种意义的善和理性，其"智慧"是一种什么样的实践智慧做出清晰透彻的回答。

亚里士多德的实践观对于"教育实践观"的形成而言，既是奠基和荫护，也是替代和遮蔽，在确保其普遍适用性的同时，也掩盖了"教育实践"的特殊性。这种从普遍到特殊的演绎推理方式，在教育理论界已是常态。虽然人们意识到不能用自然科学理论来演绎替代教育理论④，也不能将自然科学中理论与

① 维尔弗雷德·卡尔. 新教育学 [M]. 温明丽，译. 台北：师大书苑有限公司，1996：99，103 - 104，108 - 109. 另外，有关卡尔的教育实践观，参见陈建华. 论教育理论与教育实践的共生共存 [J]. 教育理论与实践，2009 (12).

② 卡尔. 教育理论与教育实践的原理 [M]. 郭元祥，沈剑平，译//瞿葆奎. 教育学文集·教育与教育学. 北京：人民教育出版社，1993：558 - 559. 另外，可见 Wilfred Carr. Education without Theory [J]. British Journal of Educational Studies，2006，54 (2)：136 - 137.

③ 陈建华. 论教育理论与教育实践的共生共存 [J]. 教育理论与实践，2009 (12).

④ 如下类似的说法并不罕见："教育理论不是科学理论，与自然科学相比，教育理论不具有自然科学的普适性。教育理论也无法像自然科学那样通过可控的、可重复的实验加以检验。"参见王彦明. 在理想与现实之间：教育理论与实践关系的再思考 [J]. 教育发展研究，2010 (4).

实践的关系推理至教育科学①，但关于如何避免用某一学者的理论（典型如亚里士多德的实践哲学观）或某一实践哲学的观念来演绎替代教育理论，这一意识尚不够强烈和清晰②。

更理想的方式，是既有相关理论的历史根基，又能回到"教育实践"本身，直面教育实践的特殊性。例如，如下对实践的认识：

"教育实践是人们以一定的教育观念为基础展开的、以人的培养为核心的各种行为和活动方式。教育实践具有四个方面质的规定性：第一，教育实践是以教育认识或教育观念为基础的社会实践活动；第二，教育实践的核心活动及其方式是人的培养，因而，教育实践活动的主体形式是教育、教学、管理、评价等活动，教育行政、教育制度是其从属的活动形式；第三，教育实践是按照教育活动内在的逻辑关系展开的，人们按照对这些关系的理解方式去活动，这就要求教育实践活动既是以教育认识为基础的，也是对教育活动中内在逻辑关系的现实展开；第四，教育实践活动也是系统的。"③

上述认识通过"教育观念""人的培养""教育主体""教育活动的内在逻辑关系"等核心范畴，在无须以某一外来理论作为逻辑起点的背景下，直接指向教育实践的特殊性。然而，这种认识还不够彻底，依然只是逻辑层面上的认知，还没有回到教育本身，从教育的本性出发来透析"教育实践"的特殊性。在这个意义上，当下最紧要的问题，已经不再是"教育是不是一种实践"，而是"教育是什么样的实践"。

三、教育是什么样的一种实践？

对于这一问题的认识，常见的途径有二：

① 如彭泽平指出，"教育理论对教育实践的功能不等同于自然科学理论对实践的指导"。参见彭泽平. 再论"教育理论指导实践"问题：与曹永国同志商榷 [J]. 教育理论与实践，2003（5）.

② 代表性的如将亚里士多德的实践观演绎为"教育实践观"："实践在亚里士多德的实践哲学中具有特定的涵义。教育作为一种实践活动，对它的实践性的理解应超越与理论相对的简单判断，从实践自身的内涵以及它与理论和生产的相互关系中，可以将教育的实践性理解为：教育应该以其自身为目的；教育不是生产，但离不开生产的技艺；教育不是理论，但理论是最高的教育实践。"（王卫华. 论教育的实践性：来自于亚里士多德实践哲学的视角 [J]. 教育学报，2007（4）.）又如，从实践哲学的"统一观"演绎为教育哲学的"统一观"："现实中人们探讨教育理论和实践的关系多是从理论哲学的角度切入的，但这种角度不仅不会统一教育理论与实践，反而导致了教育理论和实践的分裂。在实践哲学视野中，理论和实践、教育理论和教育实践是不可分的。因此，只有重新重视实践哲学，教育理论与实践才能复归统一。"（李长伟. 再论教育理论与实践的本然统一 [J]. 湖南师范大学教育科学学报，2003（5）.）

③ 郭元祥. 教育理论与教育实践关系的逻辑考察 [J]. 华中师范大学学报（人文社会科学版），1999（1）. 另可参见王彦明. 在理想与现实之间：教育理论与实践关系的再思考 [J]. 教育发展研究，2010（4）.

一是通过比较区别的方式，如将教育实践与"理论-实践"或自然科学实践区分开来，以把握教育实践的特殊性。如卡斯特（Suzanne de Castell）和弗里曼（Helen Freeman）认为，教育实践是一种不同于理论-实践（theoretico-practical）的"社会-实践领域"（Socio-Practical Field）。在这一领域中，实践者所做出的决定始终受到具体情境和各种偶发事件的限制，尤其受到波兰尼所言的"缄默知识"的限制。实践者转向理论是为了给行动寻找处方，这些处方要考虑到特定偶然事件和具体情境中的限制因素，这是社会实践理论必须考虑的对象①。

二是借助某一理论范式来审视教育实践的特殊性。如奥娜德和哈维（Marit Honerod Hoveid & Halvor Hoveid）借鉴保罗·利科（Paul Ricoeur）的解释学理论，将教育实践界定为"分配-评价"（assigning-assessing）的互动范式，在这种教育实践范式中，教育的制度层面和主体层面都进行着互动②。

类似上述通过某一非教育和教育学的理论范式的运用得来的教育实践性质，总是需要接受是否存在演绎和套用的质疑。最佳的方式，恐怕还是现象学的方式：回到教育实践的实事本身，在教育的实事中理解"教育实践到底是什么样的实践"。

---

① Suzanne de Castell，Helen Freeman. Education as a Socio-Practical Field：The Theory/Practice Question Reformulated［J］. Journal of Philosophy of Educafion，1978（12）：13 - 28.

② Marit Honerod Hoveid，Halvor Hoveid. Educational Practice and Development of Human Capabilities［J］. Studies in Philosophy and Education，2009（5）：469 - 470.

第一章
论题的提出：以"问题史"的方式
重新审视"实践哲学"

"历史意识"是方法论意识结构的一部分。对"方法与问题关系"的探究，只有回到历史根基之中，寻找其历史脉络中的发展节点和转折点，其意义才能显现，以此为基石的研究才是稳妥可靠的。历史即传统，它通过缔造不同时段的传统，为处于当下的后来者奠基，使其作为"先在之物"润泽后来者。进入历史，就是进入某一或某些传统。它们相互诠释和表达。我们进入和把握实践哲学的历史和传统时，把握的对象和方式有多种选择：从概念传统（概念史）、问题传统（问题史）、观念传统（观念史）、思维方式传统（思维史）到表述方式传统（表述史）等。其中，概念史最为根本，也最具"全息性"：一窥可见全貌。"问题史"从未离开对概念的理解和表述："为了真正进入问题，必须对问题的内在脉络和发展线索有一个真正的了解。概念史叙述和分析的方法恰恰能满足这种要求。通过概念史的叙述来形成所要探讨问题的基本框架和轮廓，显示问题的主要内容与发展趋向，及其内在张力，使我们对问题本身有深入的认识，产生相应的问题意识。"① 概念不是问题的工具，甚至不是思想的工具，它是问题本身，也是思想的实质。如果试图理解作为问题的"理论与实践关系"的"思想史"，那么"概念史"是不可或缺的基架。

无论是"实践"，还是"理论"，既往的概念史研究已相对周详，用一本书甚至一本词典去承载，或许仍不能完全容纳，这也不是本书的任务。况且，我无意充当"文抄公"和"搬运工"。对"概念史"的回顾，旨在看出貌似周全的历史图景中的缝隙、暗斑和缺漏，并在缝隙中注入新的眼光，让暗斑显明，使缺漏得到弥补，以此获得与以往稍许不同的概念图景。与过往概念史分析思路不同，我们不再将"理论"与"实践"分割开来，而是尽可能以"理论与实践的关系"为分析单位，作为概念史考察和词源学探究的起点。同时，我们也不做纯粹单一的概念史分析，而是将其与问题史、思维史等联系起来，在综合渗透中呈现历史脉络。所谓"关系"，至少有两种表现形式：基于差异的对立或割裂、基于相同的相通。在人们试图对"理论"与"实践"进行"概念化"并不断重建丰富的过程中，其关系形式的内涵与外延也处在不断生成演变之中，因而具有历史性。"理论"与"实践"的概念史，就是"理论与实践"的"关系史"和"思想史"。

通过对这独特历史的纵览，根据观念及其从出的方法论（包括"思维范

---

① 张汝伦. 历史与实践［M］. 上海：上海人民出版社，1995：8.

式"①），可将其分成五个阶段，每阶段各有其代表人物②。以下分节述之。

第一节　古希腊基源的形态特征

时下对"理论与实践"的"识见"，普遍表现为如下"常识"：理论是抽象思维及其成果，实践是人的行为活动，实践是对理论成果的实际运用，或是对抽象理论的具体操作。它的典型言说方式是"理论与实践相结合"，"结合"的方式就是"运用"。这一"识见"不仅"简陋"，而且并非"原意"，因为它是"近代哲学思维"的产物，已经背离了其思想源头，即古希腊哲学的认识传统。

古希腊哲学对"理论与实践关系"的认知，经历了从模糊抽象到清晰具体，从"混沌中的统一"到"区分后的统一"的变迁。

古希腊时期，"理论"（theory）一词的前身是拉丁文中的"theoria"，意为在宗教神学中对神圣（祭祀庆祝）活动的观察，意为观看、沉思与思辨，但是，这种观察"不只是不介入地确认某种中立的事态或静观某种壮丽的表现，正相反，理论乃是真正参与一个事件，真正地出席现场"③。而在《尼各马可伦理学》中，亚里士多德则将人的活动（包含学科本身）划分为理论、实践与制作三种不同的形式，其中，"理论沉思是对不变的、必然的事物或事物的本性的思考的活动"，且"凡不变的、必然的（依某种规律而变化的）事物都属于理论的研究的题材"④。亚里士多德将"理论"从"神学"拉回到了"人间"，"理论"

---

① 如王南湜基于思维范式的演变，形成了实践概念的思想史，即从世界论思维范式、意识论哲学思维范式到人类学思维范式。参见王南湜. 追寻哲学的精神：走向实践的哲学之路 [M]. 北京：北京师范大学出版社，2006：5. 另可参见本书第五章有关"思维范式"的讨论。

② 本书的阶段划分，没有将康德列为代表人物。原因有二：其一，康德的实践哲学是有名无实的实践哲学。康德以一个不关涉真实具体丰富完整的现实世界的理想行为为对象，以纯粹理性概念法则为基础的实践哲学"实际上远离了人基本的、具体的和历史的实践行为，而只是盘桓在高于尘世的理性王国，以理性及其自主性为最高原则。这样，古老的实践哲学实际上蜕变为又一种先验的理性哲学，就像康德的实践理性不过是理论理性的摹本一样；而真正的实践哲学问题也随之被取消了"。（张汝伦. 历史与实践 [M]. 上海：上海人民出版社，1995：157.）在这种"无实践的先验的实践哲学"体系里，"实践"不是现实的实践，而是主体性"在本体世界或理智世界的显现"或者只是一种不能在实际经验中遇到的理想行为，是抽离具体实践及其历史语境的实践。（有关康德实践哲学特性的阐述，参见李长伟. 实践哲学视野中的教育学演进 [M]. 武汉：湖北科学技术出版社，2012：86，89，96.）其二，本书的阶段划分是基于"理论与实践"的视角，从这一视角来看，我不认为康德的论述具有代表性的转折或发展节点意义，这是最为关键的原因。但这种视角下的"放弃"，并不意味着康德实践哲学思想无关紧要，相反，他以其他方式对人类对于"理论与实践关系"的认知产生了重要影响，这种影响也渗透在本书相关论述之中。

③ 洪汉鼎. 诠释学：它的历史与当代发展 [M]. 北京：人民出版社，2001：320.

④ 亚里士多德. 尼各马可伦理学 [M]. 廖申白，译注. 北京：商务印书馆，2003：XXii.

分别指涉数学、物理学和神学（形而上学），使得"理论"这一概念具有神学和知识论的双重意义。

显然，在古希腊时期，作为具有"凝视"、"观察"与"沉思"特性的理论，即"对世界的观察"①，具有"动词属性"，是以"不变事物"为对象，指向对事物本质、根据和原因的掌握，具有最纯粹的"以自身为目的"的目的，为"知"而"知"，而不关涉"人的因素"及其"应用"，追求的是"思辨的、静观的生活方式"。

同样，在古希腊时期，实践（practice）一词的前身是拉丁文中的"actus"，是指与人的意志选择有关的活动，具有"行动"的意味②。在亚里士多德之前，"实践"泛在地指代包括"上帝、众神、宇宙、星星、植物、动物和人"等在内的一切具有生命的东西的活动方式，并不专指人的行为。在《尼各马可伦理学》中，亚里士多德框定了"实践"概念的特定边界，即对"人类行为"的特指，他认为"人是确定行为的起源和原则，在一切有生命的东西中，只有他，而没有其他东西可以说在行为"③，且"实践表达着逻各斯（理性），表达着人作为一个整体的性质（品质）"④。在亚里士多德看来，作为希腊人在"理想城邦"中的一种政治生活方式，"实践"既不同于"理论"纯粹的"沉思"与"凝视"，也不同于"制作"的纯粹"劳动"与"生产"，而是一种关涉"德性"、"伦理"与"智慧"的合乎理性的向善活动。由于"实践虽然也常常以某种外在善——如财富、荣誉、取胜等等——为目的，但实践活动本身也是目的，这种属于活动自身的善就是德性……实践不是屈从于一个外在的善的活动，它自身的善也是目的……实践的研究一方面投射出理论理性的光，一方面又把这光直接投射到人类事务上面"⑤，因此，在亚里士多德的眼中，"'实践'意味着全部实际的事物，以及一切人类的行为和人在世界中的自我设定"⑥，成为不同人实现合乎自己德性状况的具体现实活动，成为合乎最高的善的活动。

可见，在古希腊时期，亚里士多德将"实践"从"泛指"转向了"特指"，即作为具有"政治"、"行为"与"伦理"特性的实践，成为一个反思人类行为的独特概念，它以"可变事物"为对象，指向人的行为的目的性和选择性，尤

① 哈贝马斯. 作为意识形态的技术与科学 [M]. 李黎，郭官义，译. 上海：学林出版社，1999：18.

② 张汝伦. 历史与实践 [M]. 上海：上海人民出版社，1995：97.

③ 亚里士多德. 尼各马可伦理学 [M]. 廖申白，译注. 北京：商务印书馆，2003：126-127.

④ 亚里士多德. 尼各马可伦理学 [M]. 廖申白，译注. 北京：商务印书馆，2003：xxi.

⑤ 亚里士多德. 尼各马可伦理学 [M]. 廖申白，译注. 北京：商务印书馆，2003：xxi-xxii.

⑥ 伽达默尔. 赞美理论：伽达默尔选集 [M]. 夏镇平，译. 上海：上海三联书店，1988：89.

其指向以"人与人的关系"为目的的政治生活，这是对后世产生决定性影响的界定方式。值得注意的是，在亚里士多德看来，"实践"概念虽然专指人的实践行为，但并不是专指人的具体行事，而是一种不同于理论知识与制作（技术）知识的实践知识层面，是关于人类实际活动与生活的反思行为①。因此，古希腊时期的"实践"概念指代人的存在行为的理性思考，蕴含着一种伦理之知，并且"这种伦理之知不是某种固定不变的知识，它是人们在复杂多变的各种人际交往行为的实践情境中表现出来的对行为之'正确性'，即'善'的理解和运用"②。

而就"理论与实践"的关系而言，古希腊时期，在亚里士多德之前，人们在"理论与实践"之间并没有做出明确的区分，柏拉图（Plato）的《理想国》作为展现理论与实践"互补统一"关系的思想典范，具有建立"理想城邦国家"的政治抱负，呈现出苏格拉底（Socrates）对理论与实践、知识与行动之间统一关系的认知，而"建立理论与实践的对立统一并肯定这种统一是柏拉图思想的本质特征"③。在《尼各马可伦理学》中，亚里士多德将人的活动划分为"理论"、"实践"与"制作"三种。在亚里士多德的眼中，相对于"实践"（以自身为目的）与"制作"（以外在之物为目的）而言，"理论与实践"分别作为人的生活方式的两个不同方面，是一种"统一关系"，并且"这种统一的根据，就在它们实际上都以人的存在，人的现实生活为前提"④。也就是说，在古希腊时期，"理论"与"实践"的"区分"并不意味着"对立"，而是一种基于"以人自身为目的"的善的统一关系。

因此，在柏拉图那里，"理论与实践"是"互补统一"的关系，而不是截然对立的关系。在他的对话体著作中，"理论"不是空洞之物，而是"实践"的真实存在，而任何将理论与实践对立起来的人，都是真正的理论家苏格拉底的敌人。《理想国》是理论与实践统一的典范：苏格拉底用"思想"建立了理想的"城邦国家"。柏拉图哲学的独特性在于理论与实践或知识和行动的相互缠绕。如同库恩（H. Kuhn）所言："建立理论与实践的对立统一并肯定这种统一是柏拉图思想的本质特征。"⑤

① 张能为. 理解的实践：伽达默尔实践哲学研究 [M]. 北京：人民出版社，2002：97.
② 张能为. 理解的实践：伽达默尔实践哲学研究 [M]. 北京：人民出版社，2002：95.
③ Helmut Kuhn. Praxis und Theorie im platonischen Denken [C] //Paulus Engelhardt. Theorie der Praxis, Interpretation und Aspekte. Mainz：Matthias-Grünewald-Verlag, 1970：28.
④ 张汝伦. 历史与实践 [M]. 上海：上海人民出版社，1995：235.
⑤ Helmut Kuhn. Praxis und Theorie im platonischen Denken [C] //Paulus Engelhardt. Theorie der Praxis, Interpretation und Aspekte. Mainz：Matthias-Grünewald-Verlag, 1970：28.

统一的媒介是柏拉图甚为看重的"技艺"，这一同时兼具"思"、"知"和"能"内涵的概念不仅起了沟通理论与实践的作用，在哲学理论深处显现实践的起源，而且还是它们对立统一的范型①。

柏拉图由此成为"理论与实践"统一论的鼻祖。尽管在倡导二者统一之前，柏拉图已对"理论"与"实践"做了区分，但他对何谓"理论"，又何谓"实践"，没有给出清晰明确的回答，导致两个概念的边界模糊不清。因此，他的"理论与实践"的"统一"是混沌抽象的统一。

与柏拉图相比，亚里士多德对后世认识理论与实践关系的影响更大，他的推进和转折在于通过对"实践"概念的具体化、清晰化，明确了理论与实践各自的边界，创造了理论与实践关系的"经典传统"："理论与实践的关系问题在他的实践哲学中得到了经典的，对后来传统有决定影响的形式"②。

亚里士多德最先将"实践"转化为特定边界的概念，这是对后世产生决定性影响的关键方式。

已有的关于"实践"概念史传统形成的共识之一，是认定：希腊语中的"实践"（Praxis）一词虽然早已在希腊文献中出现，但还不是一个特定的哲学概念。只是经由亚里士多德，实践才成为一个反思人类行为的概念③，并因此提升了这一概念的重要性。

经由亚里士多德，实践从原来泛在地指代包括"上帝、众神、宇宙、星星、植物、动物和人"等在内的一切具有生命之物的活动方式转为对"人类行为"的特指："人是确定行为的起源和原则，在一切有生命的东西中，只有他，而没有其它东西可以说在行为。"④ 换言之，"动物没有实践"。从此，实践成为"人的专利"，其他存在均被排除在实践领域之外。

与起源于"观察"行为的理论相比，实践的"行为"特性更为明显。尼古拉斯·布宁和余纪元编著的《西方哲学英汉对照辞典》⑤ 在"亚里士多德"词

---

① 张汝伦. 历史与实践 [M]. 上海：上海人民出版社，1995：236 - 240. 同样把技艺作为思想对象并赋予其"范型"价值的是作为柏拉图学生的亚里士多德。只是后者的阐述和思考更加详尽系统。有关亚里士多德的"技艺观"，参见 Sarah Broadie, Christopher Rowe. Aristotle's Nicomachean Ethics：Philosophical Introduction and Commentary [M]. Oxford：Oxford University Press, 2002；Dirlmeier, F., Aristoteles. Nikomachische Ethik (Werke in deutscher Übersetzung in：Aristoteles, Bd. 6) [M]. Berlin：Werke in deutscher Übersetzung, 1963.

② 张汝伦. 历史与实践 [M]. 上海：上海人民出版社，1995：240.

③ 亚里士多德. 尼各马可伦理学 [M]. 苗力田，译. 北京：中国社会科学出版社，1999：126 - 127.

④ 亚里士多德. 尼各马可伦理学 [M]. 苗力田，译. 北京：中国社会科学出版社，1999：126.

⑤ 欧阳康. 实践哲学思想溯源：从苏格拉底到亚里士多德 [J]. 华中科技大学学报（社会科学版），2006 (1).

条下，将"实践"（Praxis）释为"行为的希腊语"，并直接导向"行为"（action）。德语世界中的"Praxis"①，名词的意义上兼有"行动"（Handeln）、"做事"（Tun）、"职业"（Beruf）、"工作"（Tatigkeit）、"事物性的"（Angelegenheit）等意思，动词意味着"实现"。与其相应的是"Tekhne"，则与"艺术""手工艺"等有关。这些含义都是后来者对古希腊语境中"实践"一词的阐发。若回归古希腊，则"实践"最初是指最广义的一般的有生命的东西的"行为方式"，而且是指人们习惯性（customary）的"行为"和"行为准则"（Code）。在古希腊人看来，作为"行为"的实践不是自然而然生成的，而是通过习惯而获得的，而要成为习惯，"经常"出现在"生活"中是必不可少的条件②。这种因"经常"而成为"习惯"的生活行为，以"伦理行为"和"政治行为"为代表。所以，古希腊语中的"伦理"一词，同"实践"几乎是同义词。也正因为如此，"政治哲学"自始至终都是西方语境中的"实践哲学"的核心构成，"政治"与"伦理"一样都是人类日常的行为。

把"实践"确定为人类的专属日常行为，只是亚里士多德的贡献和影响之一，他更大的影响则是借助对"实践"的界定，将人类活动做了三重区分，为"理论"与"实践"形成相对意义上的关联奠定了基础，开创了人类知识的亚里士多德式分类体系。

众所周知，亚里士多德将整个人类生活分为三类活动，即理论、实践和制作（poiein, Poieesis）③，由此形成以目的为依据的三类知识：理论知识、实践知识、制作知识。与这三类知识的划分相对应，亚里士多德认为人类追求知识的活动也有三类：追求理论知识的活动，即思辨活动；追求实践知识的活动，即实践活动；追求技艺或创制知识的活动，即制作（或"做""生产"等）活动。亚

---

① 有关"实践"的德语解释，参见 Joachim Ritter, Karlfreid Gründer. Historisches Wörterbuch der Philosophie（Band7）［M］. Basel：Schwabe & CO. AG. Verlag，1989：1278 - 1286；Petra Kolmer, Armin G. Wildfeuer. Neues Handbuch philosophischer Grundbegriffe［M］. München：Karl Alber Freiburg Verlag，2011：1774 - 1804.

② 正因为如此，韦伯斯特大词典所界定的"实践"内涵之一是"通常性、习惯性或惯常性的做或表现，就像是你生活中的日常部分"。http：//www. merriam-webster. com/dictionary/practice. 2013/9/19.

③ 也有人译为"创制"或"技艺"。"创制"译法见王南湜、谢永康. 论实践作为哲学概念的理论意蕴［J］. 学术月刊，2005（12）；"技艺"译法见曹小荣. 对亚里士多德和康德哲学中的"实践"概念的诠释和比较［J］. 浙江社会科学，2006（3）；"制作"译法及其相关词源学分析见徐长福. 希腊哲学思维的制作图式：西方实践哲学源头初探［J］. 学习与探索，2005（2）. 我认为，在汉语语境中，由于"理论""实践"同样具有"创"的内涵和目标，同时，作为名词的"技艺"（希腊词为 tekhne），只是"制作"需要的才能条件、追求目标等方面的表现方式和内在构成之一，无法涵盖制作行为本身，正如技艺不能涵盖教学一样，与之相比，作为行为动词的"制作"更能体现亚里士多德的本义，也更具有综合性，因此，本书采用"制作"译法。

里士多德对人类活动进行了如上区分之后，导致 "理论" 与 "实践" 形成了某种 "相对"，成为后人在实践哲学领域讨论的基本问题，虽然其表现形式各异，如 "对立式" "割裂式" 或 "一致式" "合一式" 等。无论是何种关系形式和理解方式，都出自亚里士多德开创的三重 "区分" 传统，这种差异表现为 "目的"、"对象"、"体现的关系"、"追求的知识类型"、"导向的生活类型" 和 "等级" 等不同层面，见表1-1。

表1-1　亚里士多德视野中的人类活动

人类活动	目的	对象	体现的关系	追求的知识类型	导向的生活方式	等级
理论	以自身为目的	不变事物	人与自身	理论知识	思辨的、静观的生活	一
实践	以自身为目的	可变事物	人与人	实践知识	政治生活	二
制作	以外在之物为目的	可变事物	人与物	制作知识	享乐生活	三

与上述对人类活动的划分相应，形成了亚里士多德意义上的三类科学：理论科学、生产科学、实践科学。相比而言，与 "产品" 有关的生产科学，与 "行为" 有关的实践科学，都兼容了 "知" "行" "能"，因而都具有理论与实践的统一性。实践科学中的实践之知，内含了目的性和选择性，是行为的本质部分，体现了知与行的统一。至于理论科学，在亚里士多德那里，这一概念其实是指哲学和科学的本质，因为它以最终的原因和根据为对象，作为一种凝视、观察的 "理论"，就是为了掌握本质、根据和原因。理论科学与其他科学的最大区别在于，它具有最纯粹的 "自我目的"，纯粹为知识而知识，不考虑应用或是否对人有用。但是，理论科学并非实践世界的对立面，而是以实践世界为基础，最终成为它的一部分。所以如此的关键点之一在于，作为 "沉思" 的 "理论"，与作为政治的 "实践" 一样，都是人的一种生存方式，虽然政治活动比沉思低一等级，前者超越了野蛮人和动物而体现了 "人性"，后者则具有神性，实现了所谓 "理性的美德"，但是政治家应该而且完全可以把 "沉思生活" 作为自己的追求：政治家是真正的人，但人不能把自己局限于人，而 "应该尽可能获得不朽和做一切他可做的，以按照他最高的东西来生活"①。在此意义上，理论科学中蕴含了理论与实践的统一，因为理论也成了实践，而且是最高的实践。

从亚里士多德开始，"理论" 与 "实践" 的区分和由此带来的差异不断得到

①　亚里士多德. 政治学 [M]. 吴寿彭，译. 北京：商务印书馆，1983：349-352. 有关亚里士多德对人类美好生活方式的阐述，可参见 Kenny A.. Aristotle on the Perfect Life [M]. Oxford：Clarendon Press，1992. 有关亚里士多德三重科学中的 "理论与实践" 统一性的阐述，参见张汝伦. 历史与实践 [M]. 上海：上海人民出版社，1995：240-246.

深化和强化，在学科意义上催生了西方哲学的两大传统：理论哲学与实践哲学。这是两种迥异的思维理路：

"凡认为理论可超越生活，在生活之外找到自己的'阿基米德点'的思维便是理论哲学；而与之相反，认为理论思维只是实践的一个部分，并不能在生活之外寻找自己的立足点的，便是实践哲学。"①

两者的关系在于：

"现代实践哲学是在对近代理论哲学的批判和超越的过程中产生的，因此只有通过与理论哲学的比较和区分才能得到真正理解。"②

虽然关于理论哲学与实践哲学的差异，上述理解并非定论，还有更加深入讨论的空间，但两大哲学思维理路的比较和区分，来源于"理论"与"实践"的差异，却是不争的事实。

王南湜认为："如果我们把全部哲学划分为理论哲学与实践哲学两种哲学理路的话，那么，一般说来，在理论哲学中理论与实践的关系问题会被忽视或被无视。这是因为，按照理论哲学的自我理解，理论与实践的关系是不会成为一个问题的：既然理论哲学认为理论活动能够超越于生活实践，能够在理论理性自身中找到把握实在的立足点，能够独立于生活实践将世界在理论中建构起来，那么，从逻辑上说，理论对实践而言便具有绝对的优越性；而既然理论活动能独立达到实在与真理，那么，实践活动唯一可能的任务便是去实行，去按照真理性认识而行动。这样一来，实践活动事实上便不具有独立性，它依附于理论，只是理论的延伸，或只是理论的影子或投射，于是，理论与实践的关系便是一个极为简单的问题，至多也只是一个需要考虑到实践境况的技术性问题，根本不值得当作一个重大的根本性问题而给了太多关注。"③

我认为，"理论与实践关系"的被忽视，根本原因不是来自两种哲学理路的分野，而是来自理论试图超越实践，及其背后的"等级假设"，即理论先天性地高于实践。这在贬低实践地位，否认其价值的同时，也取消了其独立存在的可能性。即便如此，"是否被忽视"与"是否存在"是两码事。前者更多的是应然层面的存在，后者则是一种"实然存在"：无论"理论与实践"是不是被忽视，以及是否应当成为重大根本性问题，这种关系本身依然存在，因为理论与实践的差异始终存在，不会因为争论而消失。在相当程度上，这种差异不仅构成西

---

① 谢永康. 论实践哲学的理论方式及其合理性 [J]. 学海，2002 (3).
② 谢永康. 论实践哲学的理论方式及其合理性 [J]. 学海，2002 (3).
③ 王南湜. 理论与实践关系问题的再思考 [J]. 浙江学刊，2005 (6).

方哲学发展的内在线索，也成为其发展动力①。在源远流长的争论中，先后产生了康德道德论实践哲学、马克思唯物论实践哲学、海德格尔存在论实践哲学、伽达默尔解释论实践哲学等不同学派，它们在不同程度上，都是对亚里士多德的"理论与关系"传统的学派式回应、承接与发展。

实践和理论的界定带来的"区分"并不意味着"截然对立"。②在"区分"过程中，亚里士多德坚持了柏拉图缔造的"理论与实践统一"的传统，他们都把对"理论与实践"的认识与人的存在、人的生活方式联系在一起，这是两者统一的"古希腊依据"。

亚里士多德划分知识类型的依据既是"对象"或"目的"，也是"本质"。在本质上，"理论"与"实践"都是人的生活方式，只不过是人生的不同方面而已。在古希腊语中，"理论"一词来源于对某种崇奉神明的祭祀庆祝活动的参与，这是一种具有"超验"的"神性"的活动，它使参与者得以置身其中进行"观察"。因此，古希腊语境中的"理论"由"神"和"观看"构成，可以理解为"神的观看"和"对神的观看"。从起源上看，观察者既是"神"，也是"人"，但首要是"神"，而不是"人"。在随后的演变中，"人"从"对神的观看"延伸到"对万事万物的观看"，逐渐替代神，成为世界的主要观察者。在这个意义上，哈贝马斯（Juergen Habermas）称"理论"为"对世界的观察"③。只不过这种观察兼具"神性"和"人性"。"理论"即由"观察"或"观看"而来，其本身是一种"行为"。这点在德语对"理论"的解释中得以体现。"Theorie"意味着原初的观察和思考（ursprunglich betrachtung）。在德语世界中，"betrachtung"是"Betrachten"的动词形式，它至少有两个层面的含义：一是注视、观察、仔细看；二是沉思、思考和研究。这两个层面的含义的交汇点在于"看"或"凝视"过程中的"沉思"。这样，古希腊语境中的"理论"不是今人理解的名词性的"抽象的思想和知识"④，而是动词性的"沉思"，它是一种行为方式或生活方式，为人类打开并显现出一种如何生活、如何存在、如何行

① 这种比较和区分，也影响了包括教育学在内的诸多学科的发展，在其他学科领域内形成了"理论取向"与"实践取向"，并受到取向背后的"理论逻辑"与"实践逻辑"的支配，有关两者关系的争论自此绵绵不绝。
② 对于"实践知识""制作知识"而言，"理论与实践"是"统一关系"，它们的共同特点是都体现了知与能、知与行的统一。至于"理论知识"，其既体现了科学知识的本质，也内含了"理论与实践"的统一，因为它同样内含了知、能和行等要素。
③ 哈贝马斯.作为意识形态的技术与科学［M］.李黎，郭官义，译.上海：学林出版社，1999：118.
④ 对"理论"的抽象特性的理解，在著名的韦伯斯特词典中也有所体现，被界定为"抽象思维，如推测"或"指一组事实、一种科学或一种艺术的一般或抽象原理，如音乐理论"等。http：//www.merriam-webster.com/dictionary/theory.2013/9/19.

动的方式。这是一种自由的生活，因为它不含应用或实用目的，与功利性的外在人生急需无关，全部精力都投身于通过观察和凝视来获知不变事物的最终原因和根据——这是古希腊人所推崇并践行的理想生活方式传统：不需为当下的生计操心奔忙并因而失却自我灵魂，转而专注于思考神、宇宙秩序及其永恒性等问题，这其实就是哲学家的生活方式。

亚里士多德眼中的"实践"与"灵魂""德性"有关，是人的灵魂朝向德性实现的合乎理性的活动。它不是生活经验的总结和积累，而是朝向善的行为，这种行为蕴含了必须通过人的理性才能把握的实践智慧。具有德性、理性和智慧特性的实践，应当成为哲学的研究对象，形成实践哲学，但实践哲学本身不是根本目的，它的存在价值是为人的生活提供意义和基础。这种"实践"与"理论"一样，都是以自身为目的的生活方式，只不过"对象"和"表现方式"有差异而已。实践的表现方式不是纯粹的"观看"和"沉思"，也不是生产劳动，而是伦理道德行为和政治行为。实践作为一种生活方式，就是希腊人在城邦中的政治生活。长年研读亚里士多德的伽达默尔评论道：

"他把人的实践提到了一种独立的科学领域。'实践'意味着全部实际的事物，以及一切人类的行为和人在世界中的自我设定；此外，属于实践的还有政治以及包括在政治中的立法。"①

从外延上讲："实践是最广泛意义上的生活。"② 从内涵上说："它是一种生活方式，一种被某种方式所引导的生活。"③

在此，"理论"与"实践"的区别，是两种不同生活方式的区别，或者说人的生存两个不同方面的区别，是"基于差异的区别"，不是"基于对立的区别"：

"实践与理论在古希腊思想家那里不仅不是对立的，而且是最终统一的，而这种统一的根据，就在于它们实际上都以人的存在，人的现实生活为前提。"④

"统一"的载体就是"生活方式"。"理论"的生活方式与"实践"的生活方式是共通的，它们都把自身作为目的。亚里士多德把日常生活称为"政治生活"而不是"实践生活"。后者指向哲学专门的理论生活方式。只有Eupragia（正确的行为）才是人的最终目标，而"幸福"作为所有人实践的目标本身就是实践，它是与生产相区别的伦理道德行为和政治行为。虽然哲学家和政治家的活动目

---

① 伽达默尔.赞美理论：伽达默尔选集［M］.夏镇平，译.上海：上海三联书店，1988：69.

② 伽达默尔.科学时代的理性［M］.薛华，高地，李河，等译.北京：国际文化出版社，1988：78.

③ 伽达默尔.科学时代的理性［M］.薛华，高地，李河，等译.北京：国际文化出版社，1988：78.

④ 张汝伦.历史与实践［M］.上海：上海人民出版社，1995：235.

的、对象有差异，但生活方式上却可以统一：哲学家完全可以成为政治家，拥有"实践智慧"，政治家也可以把享受哲学家的"沉思生活"作为目的来追求。

但无论是哪种生活方式，理论都是个人生活的必要构成。"所有的人天生追求知。"① 人类求知的天性表明，理论的对象和目的已经内在于一切人的生活实践的"知"中，体现在一切技艺及其智慧之中。即使如作为生产者的工匠，其制作之知也包含了理论，他需要知道要处理的东西的本质。何况以追求善为目的的实践，即政治行为与伦理行为？其更与"知"无法分离，它们共享并仰望一种本质，即理论所追求的永恒不变的、神性的东西。所以，"理论关涉存在"②。

一方面，理论追寻并展示的"知识""真理"，及其中的"求知本能"与"求真意志"，早已渗透在人的实践行为之中。亚里士多德的理论科学从来不是实践世界的对立面，而是以后者为基础，最终化为其中一部分③；因此，这种"实践"与古希腊意义上的"理论"④ 是相通的：

"亚里士多德的一段精彩论述可以使这一问题更加清晰。它的大意是：在最高的意义上，只有那种活动于思想领域，并且仅仅为这种活动所决定的人，才可以被称为行动者。在这里，理论本身就是一种实践。"⑤

另一方面，实践之于理论的价值，不是近代意义上的"应用"，而是试图在此活动中培养有助于实现理论目的的人，以此促成人的完善与发展。这种在人的生成与发展意义上的理论与实践的关系，为教育学进入实践哲学的世界（参见第四章），为"生命·实践"教育学形成自己的主张提供了基础性条件。

这就是古希腊的"理论与实践"的"传统"，在这一世界里，理论与实践是浑然一体的，其区分和差异只是一个圆球的不同侧面，它们从不同方向和路径

---

① 亚里士多德. 形而上学 [M]. 吴寿彭，译. 北京：商务印书馆，1959：1.

② 亚里士多德语，转引自张汝伦. 历史与实践 [M]. 上海：上海人民出版社，1995：244.

③ 关于这一论断，同样存在争议。有人认为，在亚里士多德那里，理论哲学与实践哲学意味着两条不同的哲学路线，理论哲学仅仅将实践理解为一个可以作为对象的领域，因此理论可以在实践之外找到一个超越性的视点；而实践哲学则从根本上否认理论超越生活实践的可能性，主张理论的有限性。亚里士多德本人只是将这互不"兼容"的两部分"统一"在神的名义之下，实质上是以神的角色变化"化解"了两个"板块"间可能的冲突，掩盖了这两种哲学原则的对立。（参见王南湜，谢永康. 论实践作为哲学概念的理论意蕴 [J]. 学术月刊，2005（12）.）我认为，这一观点是以"近代眼光"解读亚里士多德，有其合理之处，但"不同"并不必然导致"对立"。

④ 根据伽达默尔的研究，古希腊意义上的"理论"指观察力，它所受的严格训练足够使它识别不可见的、经过构建的秩序，它能识别世界和人类社会的秩序。这种理论亦即古典意义上的哲学。伽达默尔. 科学时代的理性 [M]. 薛华，高地，李河，等译. 北京：国际文化出版社，1988：78.

⑤ 伽达默尔. 科学时代的理性 [M]. 薛华，高地，李河，等译. 北京：国际文化出版社，1988：78.

汇聚统一于对美好幸福的人生的追求。

这种追求充满诗意激情，但又有冷静理性打底，洋溢着美好的理想主义精神，这是古希腊思想传统最吸引人的原因之一，充满了理性理想的光辉，尽管它从未在现实中真正实现过，且在把理论变为众生实践的重重困境阻力中，不断被中断和改造。

第二节　近代传统的形成与改造

所谓"古代"、"近代"和"现代"的概念划分，既不是单纯的"时间概念"，也不是纯粹的"属性概念"（如所谓"现代性"），它们是以"传统"为核心的概念，历史演变无非是从旧传统到新传统的过程。"理论与实践"概念史、问题史和观念史从古代演变到近代，实质是古代传统被近代所改造，并形成相对于现代而言的新的"近代传统"。

"理论与实践"近代思想传统的基本特征是从"相对统一"逐渐转向"对立割裂"。

近现代时期，"理论"逐渐获得了罗素（Bertrand Arthur William Russell）所说的"近代意义"[①]。作为理性主义者的笛卡儿（René Descartes）"变异"了古希腊理论中的"理性标准"，将探索事物知识和内在结果的抽象的最高本质作为理论的终极目的，致使古希腊时期指向合乎善的原则的"反思理性"逐渐被隐匿、替代与销蚀，转变为指向对行为结果做纯粹理智分析的"工具理性"。此外，理论逐渐被注入实用主义式的内涵，人们以对"新工具"的追求为批判工具，对古希腊哲学中理论的"实践无用性"进行了批判与改造，"结果"与"效用"成为衡量理论内涵的新标准，彻底改变了古希腊对"理论"内涵的界定理路。在这种情况下，"如果理论知识只是因为某些'有用的'结果才去追求，那么理论的范围势必大大缩小，日趋狭窄……近代实践与理论的思想正是沿着这个思路走的"[②]。

作为经验主义者的培根（Francis Bacon）在《新工具》中，将"实践"视作独立于主体、与主体无关，且不以主体意志为转移的客观事件；笛卡儿则通过将世界划分为主体与客体、精神与物质，进而将"实践"概念的内涵演变为主体对客体的克服与占有，实践成为一种对理论进行运用的"生产劳动"。培根

---

① 丁立群. "理论"的嬗变与自然之"魅"：一种实践哲学进路 [J]. 马克思主义与现实，2014（1）：16－22.

② 张汝伦. 历史与实践 [M]. 上海：上海人民出版社，1995：252.

与笛卡儿对"实践"概念的界定，其背后隐含的是一种以"客观思维"为基本尺度的"新标准"，"实践"在作为理论功用或运用结果的意义上被重新厘定，且这种新标准颠覆了古希腊时期对"实践"概念的界定传统，即"原先以自身为目的的理论与实践，转而开始追求作为外在之物的结果"①。

可见，两条路径和两个代表人物导致了从"相对统一"到"对立割裂"这一转向的发生，这两个代表人物分别是经验主义者培根和理性主义者笛卡儿。

培根在《新工具》中表露出的思想，是西方理论与实践思想在近代发生重要变化的标志。他不仅将"实践"视为自然探索奥秘的科学实验，而且把实践看作与主体无关的客观事件，与"自然"共同作为"归纳法"研究逻辑的客观事实基础，是独立于主体的客体存在，即不以主体意志为转移的客观存在。经由这种"客观思维"，他为科学知识确立了新的"标准"：

"在所有迹象中没有比成果的迹象更确定和崇高的了。因为成果和作品就好像是哲学家真理的担保人和保证人。"②

这是衡量知识是否得以"确定"和"崇高"的新标准："成果"或"结果"。所谓"成果"，其特征无非是可以目睹、触摸，因而是可用之物。这种观念对古希腊传统的颠覆性改变在于：原先以自身为目的的理论与实践，转而开始追求作为外在之物的结果③。

"人类的知识与权力是一致的，因为不知原因剥夺了人的作用。必须让有待掌握的自然服从，在沉思中是原因的东西在行动上就是规则……"

一旦这种实用主义式的内涵进入"理论与实践"关系，实践在作为理论功用或运用结果的意义上就被重新厘定。理论知识的目的不再是对神性存在和自然之物的"沉思"，不再有趋向善的追求，而是对自然的"掌握"，这实际上宣布了人与自然的关系不再是平等的关系，而是一种掌握与被掌握、控制与被控制、服从与被服从的权力关系。这种权力关系之于"理论与实践"同样适用，只不过转化为"运用与被运用""计算与成果"的关系。上述两段话暗含了对已有科学知识，包括对古希腊理论与实践关系传统的讽刺和批评："理论"既没有产生对"实践"有用的结果，也无法掌控自然，这样的"理论"是徒劳无益的。人类需要"新工具"，需要新的科学方法来做出改变。

以"结果"作为理论知识的主要追求的观念，扭转了古希腊哲学的理论与实践的传统思路：

"……如果科学要用它的实践有用性来证明，那么科学很容易被等同于技

---

① 张汝伦. 历史与实践［M］. 上海：上海人民出版社，1995：252.
② 张汝伦. 历史与实践［M］. 上海：上海人民出版社，1995：252.
③ 张汝伦. 历史与实践［M］. 上海：上海人民出版社，1995：252.

术，而'实践'如果只是指产生一定看得见，摸得着的有用结果的活动，即科学应用于'造东西'，那么实践也很容易等同于技术。如果理论知识只是因为有某些'有用的'结果才去追求，那么理论的范围势必大大缩小，日趋狭窄，而古代认为是正宗理论的东西有可能完全被排除。近代实践与理论的思想正是沿着这个思路走的。"①

"善""理性"从此被"权力""运用""成果"等替代。"善"本身没有改变，也没有消失，只是何以为"善"的标准改变了，能否征服与控制自然，控制外在对象，能否获得最大限度的"成果"，即为"善"的标准。近代的"实践"依然具有伦理行为性质，但这是近代伦理，而不再是古希腊的伦理。因为，有鲜明近代标志的"善"的新标准诞生了。

这种思路的特征，可归纳为"工具""技术""应用"等关键词。

所谓"工具"，就是"用之即取，用完即弃"之物，它始终外在于人的存在。实践可以变成理论验证自身和发展自身的工具，这是一些理论家强调深入实践的重要理由，理论同样也可以成为服务于特定实践结果的工具，这是许多实践者对理论家的吁求，例如"用教育理论提升教学的有效性"或"提高教学成绩"。

在理论与实践均被对方工具化，共同追求可触摸，也就是可计量可控制的"结果"之后，"技术"作为必需品而凸显出来。但此时的技术与古希腊实践哲学中的技术的不同在于：前者以外显的"结果"为目标，后者则朝向内在的善。近代以来技术的勃兴，在逐渐意识形态化的同时②，也消解或抹平了亚里士多德对"实践"与"制作""生产"的区分，实践的外延扩大为"一切人类行为活动"，导致其内涵不再"纯粹"，与此同时，实践的"功能"却越来越狭窄，窄化为"对理论的应用"③，理论与实践的关系被简化为"目的"与"手段"的关

---

① 张汝伦. 历史与实践 [M]. 上海：上海人民出版社，1995：252.
② 哈贝马斯. 作为意识形态的技术与科学 [M]. 李黎，郭官义，译. 上海：学林出版社，1999. 同时，可参见刘英杰的《作为意识形态的科学技术》（商务印书馆，2011）。在该书中作者明确指出：科技意识形态是西方主客二元对立思维方式与工业资本追求利润最大化的产物，是国家合法性危机的补充程序。另外，参见 Friedrich A. Kitter. Die Wahreit der technischen Welt [C] //Hans Urich Gumbrecht. Genealogie der Gegenwart Herausgegben und mit einem Nachwort. Berlin：Suhrkamp Verlag, 2013.
③ 如同张汝伦所言："我们今天讲的'应用科学'，希腊人多少是不知道的。如果一种知识在强意义上是理论的，那么它就与普遍永恒的东西有关，就没有在'做'的领域里的应用；如果它能用于'做'，它就不是真正科学的，它更接近于日常经验而不是'沉思'。"（张汝伦. 历史与实践 [M]. 上海：上海人民出版社，1995：246.）与此相应，李长伟区分了现代哲学与古代哲学"应用观"的差异："现代哲学的'应用性'强调理论操控和塑造现实，而古代哲学的'应用性'则强调实践为本，强调实践智慧对实践的作用，理论仅仅是参与到实践中去，不能居高临下地指导实践……亚里士多德的'实践哲学'的有用性绝不体现在掌握了实践哲学的人们把理论粗暴地直接应用于具体实践中，只有现代的哲学与科学才会那样做，折磨着现代人的理论与实践的对立问题在古代根本就不是一个'问题'。"（李长伟. 实践哲学视野中的教育学演进 [M]. 武汉：湖北科学技术出版社，2012：58.）

系，理论与实践中的人性与人味日渐黯淡，甚至消失。无论是这一问题本身，还是对这一问题的研究，都与古希腊理想的生活方式，与人的生成与完善渐行渐远。

尽管培根开创的"近代传统"对"古希腊传统"有诸多颠覆，但二者有一点却一脉相承：都承认理论之于实践的优势或优先地位。对于以亚里士多德为代表的古希腊传统而言，"理论"、"实践"和"制作"的类型划分本身就体现了等级划分。而"理论是最高的实践"的判断，也昭示作为纯粹沉思生活方式的理论相对于"实践"的先天优越性。作为反叛者、革命者的培根，所作出的判断并没有脱离古希腊形成的理论哲学与实践哲学的划分传统。在这一传统里，理论活动能够超越生活实践达到自足独立的实在与真理，实践要么是对理论的延伸或模仿，要么只是理论的影子与投射。到了培根那里，表面上理论的价值要通过实践结果来衡量，似乎实践的地位有了提升，但它仍旧是依附于理论的，"应用"是这种"依附"的主要形式，也是实践最重要的存在价值。换言之，实践本身并无真正独立存在的价值，它寄生于理论之中。而理论却可以独立存在，在培根的知识体系中，"理论科学"依然高高在上。可见，培根视野中的"实践"的客观性还不是彻底的客观性，"理论与实践"之间的不平等依旧存在，并因这种不平等，在强化二者区别的同时，也导致了二者的对立。

然而，造成"理论与实践"对立的"关键先生"，不是经验主义者培根，而是理性主义者笛卡儿①。这位被公认为近代西方哲学的开创者，他通过提出"我思故我在"，突出了人的理性和主体性在世界中的作用。但他眼中的理性相比古希腊的理性已经发生了"变异"：古希腊的"理性"，是一种"反思理性"，目的指向合乎善的原则，笛卡儿意义上的"理性"则是"工具理性"，目的在于对行为结果的纯粹理智分析②。世界被划分为两种截然不同的实体，即物质和精神，并由此产生了"实体哲学"③。沿着这一路径发展下去，理性和主体性在世界中的作用继续得到强化，意识或主体被看成"实体"，取代"物质"成为一

---

① 按照西方马克思主义哲学家卢卡奇的说法，西方近代理性哲学分为以 17 世纪、18 世纪英国经验论和英法唯理论为代表的"绝对理性主义"和以 19 世纪德国古典哲学为代表的"相对理性主义"或"实践理性主义"两个时期。笛卡儿是绝对理性主义的代表者。

② 这一思想最早发端于韦伯，并对思想界产生了重大影响。韦伯认为，近代社会是一个价值理性逐渐衰弱、工具理性日益强盛并最终支配整个社会的历史过程。随后，胡塞尔、海德格尔与哈贝马斯都对工具理性加以批判，形成了一种针对工具理性的反思传统。这一传统在当代也发生了诸多变迁。参见 Christoh Halbig, Tim Hening. Die neue Kritik der instrumentellen Vernunft [C] // Hristoh Halbig, Tim Hening. Die neue Kritik der instrumentellen Vernunft. Berlin：Suhrkamp Verlag, 2012：7 - 57.

③ 有关"实体哲学"的阐述，可参见王南湜. 理论与实践关系问题的再思考 [J]. 浙江学刊，2005（6）.

切对象的始基与根据。客体要么成为被主体意识（即"我思"）建构的对象，要么是根本无法认识的自在之物。实践的内涵演变为主体对客体的克服或占有，这种演变必然会带来三种结果：

一是帮助主体完成"占有"客体，成为理论的目的，实践变成理论的工具。同理，在这一思维模式下，理论也会变成实践的工具。

二是将生产劳动等同于实践。对客体的克服或占有的最主要形式是"生产劳动"，实践哲学的内容因此被简化为有关生产劳动的哲学。如前所述，这抹平了原初亚里士多德意义上的制作生产与实践的区分：

"近代西方思想从一开始就倾向于抹平实践与其他人类行动的区别，似乎一切行动都可以叫做'实践'，结果是行动（action），行为（behavior），甚至'经验'成了实践的代名词。充斥着各种各样的行动理论或行为理论，却少见实践理论。形形色色的社会科学更是成了'行为科学'。另一方面，'实践'被理解为理论的反题，或理论的应用。这种对实践的理解显然来自近代科学与技术的关系模式，实际上是把实践理解为亚里士多德意义的'生产'"①。

这种"泛实践化"或"泛实践论"倾向，在人类日常生活中时有所见②。它同时也使近代实践哲学成为基于"生产劳动模式"的哲学，其影响至今根深蒂固。

三是强化了"主体与客体"、"物质与精神"，以及"理论与实践"的割裂对立。它们之间成为"占有"和"被占有"的关系。这一来源于笛卡儿所属的"实体哲学"的要义，是对象化，如客体是主体沉思的对象、克服的对象、占有的对象等。在以主客体分立为前提预设的对象化思维的影响下，理论成为实践应用的对象，实践则是理论指导的对象，古希腊意义上那种"表面区分，实质浑然一体"的统一关系逐渐演变为"表面一致，实质割裂"的对立关系。双方都不再把自身作为目的，而是把外在的对方作为目的和手段。

可见，到了近代，培根对"理论与实践"的关系赋予了"工具理性"的内涵，即实践成为理论验证、发展自身的工具，而理论则成为服务于特定实践结果的工具。笛卡儿则以"对象化思维"为认知方式，通过对"理论"概念进行"工具理性化"，对"实践"概念进行"生产劳动化"，进一步强化了"理论与实践"的对立割裂关系，实践客体成为理论主体沉思的对象、克服的对象与占有的对象。理论由此成为实践的应用对象，而实践则成为理论指导的对象，"理论与实践"的关系被简化为一种"目的"与"手段"、"占有"与"被占有"的关

① 张汝伦. 作为第一哲学的实践哲学及其实践概念［J］. 复旦学报（社会科学版），2005（5）.
② 赵家祥. 准确把握实践界限，克服泛实践论倾向［J］. 学习与探索，2005（2）.

系，而"理论与实践"内含的两种"工具性诉求"也成为理论者与实践者相互吁求的外在驱动力。

随着理论概念的抽象化与实践概念的工具化，理论与实践背后的人性与人味也日渐黯淡，而古希腊时期理论与实践之间以"人的完善与发展"为中心的"转化枢纽"也随之被遗忘殆尽。这种"遗忘"的实质是对"人"的遗忘。"理论与实践"概念内涵与外延的删减与异化，使得二者的关系也演变为"目的与手段"的关系，至此，"理论与实践"的转化问题也就成了"以手段实现目的"的技术运用问题。

这些改变使理论与实践关系的古希腊传统意蕴逐渐隐没不闻。最根本的改变，是把理论与实践从"以自身为目的"变为"对外在目的的追寻"①，最终把理论与实践从"基于区别的统一关系"转为"基于对立的割裂关系"，把"不同生活方式之间的关系"转为"应用与被应用的关系"，进而积淀为近代人的思维传统而流传至今。这种"近代传统"与"古希腊传统"相比，此"理论"已非彼理论，此"实践"已非彼"实践"②，此"关系"已非彼"关系"，此传统已非彼传统了。

明确"近代传统"与"古希腊传统"的对比，不仅是出于梳理理论与实践关系史的需要，而且是为了避免今人常见的"误用"、"套用"和"替代"，即用"近代"理论与实践关系的模式套裁"古希腊"的理论与实践思想，从而造成对后者的替代。这提醒我们，当我们试图回到古希腊传统中去的时候，在明了其与近代传统的区分的同时，更要避免以近代传统的眼光来衡量古希腊传统：

"不仅古希腊没有近代意义上那种实践和理论概念及这两者的对立，而且甚至我们试图把近代意义上的实践与理论概念及其相互关系用于古希腊人的思想也是不合适的。"③

---

① 张汝伦有类似看法："这种转变在理论上关键的一步是行动不再像在亚里士多德的实践哲学中那样，指向一个对所有人都有约束的最终目的，而是指向任意的、人们时时想要的、但却对他没有约束的目的。也就是说，目的成了纯粹外在的东西，不构成人自身的生命承诺。"张汝伦. 作为第一哲学的实践哲学及其实践概念 [J]. 复旦学报（社会科学版），2005 (5).

② 伽达默尔认为，近现代人所谈论的实践，其意义仅仅是由理论和科学的应用决定的。伽达默尔进而指出，为了把握原本的实践观念（亚里士多德式的实践观念），也为了理解实践哲学的传统意义，必须使其从那种与理论和科学相对立的语境中解脱出来，因为实践的概念原本不是理论和科学的对立物，所以它的特征便不能由此获得界说。参见伽达默尔. 赞美的理论：伽达默尔选集 [M]. 上海：上海三联书店，1988：69.

③ 张汝伦. 历史与实践 [M]. 上海：上海人民出版社，1995：245.

第三节　马克思实践哲学的翻转

近代实践哲学对理论与实践关系的认识，主要还是在亚里士多德意义上的理论哲学体系里进行的，其标志是确认"理论之于实践的优先与优势地位"。这一传统与古希腊传统并无二致。这种扬此抑彼的态度，以及实践长期附属于理论的状态，削弱了作为一个问题的"理论与实践关系"的地位，甚至取消了问题本身——既然实践只是理论的应用，那么这种简单的关系已不再有深入讨论的必要。

如果始终如此，那么近代实践哲学将难以获得新发展，只能在理论哲学背后亦步亦趋，直至丧失自身的独立性。改变这一格局的关键人物是马克思。

马克思哲学思想中的"理论"也是一种实践视角下的理论，是致力于改变实践的理论，可分为"理论的理论"与"实践的理论"两种向度。[①]

在马克思哲学中，"实践"概念作为其思想体系的奠基性概念，延展了"实践"概念的内涵与外延，在马克思的眼中，"全部社会生活在本质上是**实践的**。凡是把理论引向神秘主义的神秘东西，都能在人的实践中以及对这个实践的理解中得到合理的解决"[②]，也就是说，马克思哲学思想中的"实践"概念不再仅仅是对理论的"模仿应用"，还具有解决理论所"不能"与"不为"的特殊力量，即奠基于理论"解释力"之上的"改变力"、"创造力"与"革新力"，这是因为在马克思看来，"哲学家们只是用不同的方式**解释**世界，问题在于**改变世界**"[③]。

可见，马克思实践哲学主要带来了如下方面的变化：

其一，提升了"理论与实践关系"在实践哲学中的地位。

在马克思哲学那里，实践概念是其体系的奠基性概念，理论与实践的关系问题则成为奠基性问题：

"由于实践哲学一方面肯定理论根源于实践，为生活实践之构成部分，另一方面又肯定生活实践的不可全然理论化，故在实践哲学中理论与实践之间便具有一种差异性张力，从而其关系问题便不可避免地要成为一个根本性的重要问题。"[④]

---

① 刘伟.论马克思哲学探索中的两种理论向度：作为"理论的理论"和作为"实践的理论"[J].齐鲁学刊，2013（3）：66-69.

② 马克思，恩格斯.马克思恩格斯选集：第1卷［M］.2版.北京：人民出版社，1995：56.

③ 马克思，恩格斯.马克思恩格斯选集：第1卷［M］.2版.北京：人民出版社，1995：57.

④ 王南湜.理论与实践关系问题的再思考[J].浙江学刊，2005（6）.

这种"差异性张力"也是实践哲学发展的内在动力，它同时构成了理解马克思哲学的核心枢纽：

"如果我们把马克思哲学理解为一种现代实践哲学的话，那么，对于这一关系问题的研究深入到什么程度，便可视为对于马克思哲学理解程度的一个测度计……而只有当把马克思哲学理解为一种实践哲学之时，理论与实践的关系问题才被当作一个根本性的问题提了出来。"①

不从理论与实践关系的角度认识马克思哲学，就难以理解把握马克思哲学作为实践哲学的基础、核心与根本。可以说，"理论与实践"是马克思哲学的基源性问题。

其二，确立了实践眼光、实践视角和实践标准，提升了实践的地位，重写了实践哲学。

首先，马克思从扩大"实践"内涵与外延入手，提升实践的力量和价值，把"实践的力量"变成"哲学的力量"，把"实践的目的"变成"哲学的目的"：

"全部社会生活在本质上是**实践的**。凡是把理论引向神秘主义的神秘东西，都能在人的实践中以及对这个实践的理解中得到合理的解决。"

对于古希腊传统，马克思把作为个体生活方式的实践本质，推进到作为全部社会生活的本质。

对于近代传统，马克思眼中的实践不只是对理论在模仿中的"应用"，还能够解决理论所"不能"和"不为"的问题，这是实践具有的特殊力量。实践最大的力量不是理论的"解释力"，而是"改变力"。"改变世界"而不是"解释世界"，才是哲学的应有之义。实践哲学则是这一使命的最佳担负者，并因此而确立并提升了它在整个哲学体系中的价值与地位。

其次，将理论眼光翻转为实践眼光，从"以理论观之"，变成"以实践观之"。如此之后，原来的"理论问题"，翻转为"实践问题"："人的思维是否具有客观的[gegenständliche] 真理性，这不是一个理论的问题，而是一个**实践的**问题。"②

---

① 王南湜. 理论与实践关系问题的再思考 [J]. 浙江学刊，2005（6）. 此文对"理论与实践"何以在马克思哲学那里具有非同一般的地位进行了阐述。

② 马克思，恩格斯. 马克思恩格斯选集：第 1 卷 [M]. 2 版. 北京：人民出版社，1995：55. 另外，在写于 1879 年至 1880 年间的《评阿·瓦格纳的"政治经济学教科书"》中，马克思如此写道："但是在一个学究教授看来，人对自然的关系首先并不是实践的即以活动为基础的关系，而是理论的关系……但是，人们决不是首先'处在这种对外界物的理论关系之中'。正如任何动物一样，他们必须首先是要吃、喝等等，也就是说，并不是'处在'某一关系中，而是积极地活动，通过活动来取得一定的外界物，从而满足自己的需要（因而，他们是从生产开始的）。由于这一过程的重复，这些物能使人们'满足需要'这一属性，就铭记在他们的头脑之中了，人和野兽也就学会'从理论上'把能满足他们需要的外界物同一切其他的外界物区别开来。"马克思，恩格斯. 马克思恩格斯全集：第 19 卷 [M]. 北京：人民出版社，1963：405.

原来的"以理论证实和指导实践"，翻转为"以实践证明理论"："人应该在实践中证明自己思维的真理性，即自己思维的现实性和力量，自己思维的此岸性。"① 原来的"理论优先"，翻转为"实践优先"。无论是古希腊实践哲学，还是近代实践哲学，都认为只有理论才能达到真正实在，因而将实践活动从属于理论，确定了"理论优先于实践，实践从属于理论"的传统。马克思则通过将"改变世界"的重任交给实践哲学而将此倒转过来，强调"实践优先于理论，理论从属于实践"。

种种翻转可以归结为：从"以理论看世界"和"以理论看实践"，转为"以实践看世界"和"以实践看理论"。

翻转之后进一步的结果是：消除了理论的彼岸性、神圣性，使之回归于世俗的生活实践之中，为理论与实践的打通创造了思想条件。

其三，改变原先理论与实践的割裂对立，转向理论与实践的合一。

如前所述，近代实践哲学是以主体/客体、理性/感性、理论/实践的割裂和对立为前提预设的，这不是马克思推崇的方式。他倾向于以"合一"而不是"对立"的方式思考理论与实践②。这一方式在他对待人与自然的关系的过程中就显现出了端倪，在他眼中，不存在相互对立的人与自然，而是人化的自然，是经过人的实践浸染和改变后的自然。同样，马克思视野中的理论与实践，是实践视角下的理论，是致力于改变实践的理论，而这个改变本身既是理论的，也是实践的，是在理论与实践关系中的改变，没有这样的合一关系，就难以达到改变世界的目的。

此外，在马克思看来，理论根源于实践，而实践又不可全然理论化，故"理论与实践之间便具有一种差异性张力"③，而这种"差异性张力"成为探讨"理论与实践"之间"辩证统一"关系的基源性动力。因此，作为"以理论改变实践为业"的马克思哲学，则试图以"改变现实的实践"来打通理论与实践的转化通道，他提到，"**理论的**对立本身的解决，**只有通过实践**方式，只有借助于人的实践力量，才是可能的；因此，这种对立的解决决不只是认识的任务，而是一个现实生活的任务"④。可以发现，马克思哲学具有强烈的"实践意识"、

---

① 马克思，恩格斯. 马克思恩格斯选集：第 1 卷 [M]. 2 版. 北京：人民出版社，1995：55.

② 有关马克思对于理论与实践关系"合一"或"统一"的阐述，参见 Jan M. Broekman. Die Einheit von Theorie und Praxis als Problem von Marxismus, Phänomenologie und Strukturalismus [C] //Bernhard Waldenfels, Jan M. Broekman, Ante Pazanin. Phänomenologie und Marxsmus 1：Konzepte und Methoden. Frankfurt am Main：Suhrkamp Verlag Frankfurt am Main，1977：159 - 175. 该文以现象学和结构主义的方式对此进行了细致阐发.

③ 王南湜. 理论与实践关系问题的再思考 [J]. 浙江学刊，2005 (6)：5 - 14.

④ 马克思，恩格斯. 马克思恩格斯全集：第 42 卷 [M]. 北京：人民出版社，1979：127.

"关系意识"与"改变意识"，强调要在把理论问题转化为实践问题、理论关系转化为实践关系的过程中，实现"理论与实践"转化的关系力量，这是因为，在他看来，"人的思维是否具有客观的［gegenständliche］真理性，这不是一个理论的问题，而是一个**实践的**问题。人应该在实践中证明自己思维的真理性，即自己思维的现实性和力量，自己思维的此岸性"①。

第四节　二元论认知方式的改造

在马克思之后，与其理论与实践思想遥相呼应，并且也对现代实践哲学做出贡献的代表人物是杜威（John Dewey）②。二者虽然在思想上有根本差异，但在区别于传统实践哲学的意义上，存在共通或一致之处，表现为：

第一，都将"理论与实践的关系问题"作为自身理论体系中的核心问题。

杜威影响最大的代表作是《确定性的寻求：关于知行关系的研究》，以"关于知行关系的研究"作为副标题，显示这一问题已经内化为杜威看待问题的视角和眼光。

第二，都反对理论与实践的割裂对立。

在其前述论著中，杜威批评了亚里士多德哲学对理论与实践的分割：

"理性的与必然的知识是亚里士多德所推崇的，认为这种知识乃是自创自行的活动的一种最后的、自足的、自包的形式。它是理想的和永恒的，独立于变迁之外，因而也独立于人们生活的世界，独立于我们感知经验和实际经验的世界之外的。"而"实践动作，不同于自我旋转的理性的自我活动，是属于有生有灭的境界的，在价值上是低于'实有'的"③。

对这种哲学的改造或革命，就是以实用主义的方式，改变理论与实践相分离的状况，转而"通过行动改变世界的方法"，把理论视为实践的一个环节，使理论所赖以生成的概念变成采取行动的工具，如此一来，"理论上的确定性和实

---

① 马克思，恩格斯．马克思恩格斯选集：第1卷［M］．2版．北京：人民出版社，1995：55.

② 杜威是一个具有多元身份的学者，不同于大多数将教育和教育学视为"玩票对象"的哲学家，杜威是哲学家中公认的专业教育学家，也是对当代教育学发展产生了重大影响的哲学家。他的哲学立场先后被贴上多种标签：实用主义、工具主义、经验主义等。在我看来，至少用"实践哲学"来解释杜威，是恰如其分的。参见常宏．杜威哲学在何种意义上是实践哲学［C］//面向实践的当今哲学：西方应用哲学国际学术研讨会论文集，2010.

③ 约翰·杜威．确定性的寻求：关于知行关系的研究［M］．傅统先，译．上海：上海人民出版社，2005：15-17.

际上的确定性合二为一了，和安全、和相信使用工具的操作的可靠性合而为一了"①。

第三，都主张改变世界的优越性和根本性。

在马克思那里，主张哲学家们不能满足于只是用不同的方式解释世界，还要去努力改变世界；在杜威那里，则批评传统哲学只在纯认知活动中寻求完全的确定性，转而主张探索通过行动改变世界的方法。

第四，都确认实践对于理论的优先性。

马克思的观念是，经济范畴只不过是生产的社会关系的理论表现，作为理论的"范畴"是外在的"表现"，作为实践的"生产的社会关系"才是内在核心。杜威的说法是，概念是当我们对存在采取行动时在理智上所运用的工具。既然作为理论核心元素的"理论"只是"行动"（实践）的工具，孰为优先就一目了然了。

如此，他们都将理论从属于实践活动，认为理论不过是实践活动的一个环节，服务于实践。

除上述相通之外，杜威关于理论与实践关系的认识，也有自己的特点。若将其思想放置于理论与实践关系问题史的整体背景之下考量，则可以发现，杜威的主要贡献之一在于，以经验论和本体论、认识论相结合的方式，通过凸显经验哲学理论的实践性，创建了实践哲学中的经验哲学学派②。

与赫尔巴特（Johann Friedrich Herbart）相比，杜威更加注重变动的具体实践，而不是强调确定的抽象的观念联合；与康德相比，杜威排除了先验和超验，转而注重现实存在的实际经验。

与传统认识论相比，杜威实现了从旁观者的认识论到参与者的经验论的转向③。他眼中的经验不再体现为认识论意义上的旁观者对外在实在的死板的摹写，经验体现着有机体对周遭环境的参与以及周遭环境对有机体的参与，它不仅包含着知觉，更包含着推理、情绪、欲望、态度、习俗、想象等传统认识论所认为的认识的障碍物。这种参与观，实际上为理论（人）对实践（人）的参与及其交互作用，打开了认识论意义上的大门。

---

① 约翰·杜威. 确定性的寻求：关于知行关系的研究 [M]. 傅统先，译. 上海：上海人民出版社，2005：127.

② 杜威是确立经验即实践，把经验与实践等同起来的第一人，并因此建立起了一种新的实践哲学——经验哲学。参见李长伟. 实践哲学视野中的教育学演进 [M]. 武汉：湖北科学技术出版社，2012：126－132. 关于杜威教育理论的实践性品质，还可参见孙广勇. 经验·实践·理论创新：杜威教育理论的实践性及其科学内涵 [J]. 广东培正学院学报，2005（3）.

③ 李长伟. 实践哲学视野中的教育学演进 [M]. 武汉：湖北科学技术出版社，2012：133－154.

在这一转向过程中，杜威重点打破了传统的二元论认知方式和思维方式。

传统经验论是传统认识论的集中体现，主要表现为传统经验论中经验的内容（"知"）与经验的过程（"行"）分离，这种二元对立对传统本体论意义上精神与物质相分离的传统的沿袭，也是近代西方哲学的认识论转向后，本能追求"确定性"（certainty）的产物。到杜威的时代，"二元对立"已经演变成非此即彼的形而上学思维方式的认识论基础，并成为教条式的存在。它引发了包括学校教育在内的各种领域内的分裂与分歧："知与行""身与心""物质与精神""主观与客观""经验（感性）与理性""理论与实践"等①。杜威对这些分裂有超乎同时代人的强烈感受，他专门考察了传统经验论中二元论形成的背景及原因，认为：

"分离可以追溯到希腊时代，它是明确地根据把社会阶级分成必须为谋生而劳动的阶级和可以免于劳动的阶级区分提出的，认为适合于后一个阶级的人的自由教育在本质上高于给予前一个阶级的奴役的训练。这种思想反映这样的事实，即一个阶级是自由的，而另一个阶级是奴役于人的。"②

他发现，近代哲学在接受了新科学的结论的同时又保留着古代思想的三个要素：第一，只有在固定不变的东西中才能找到确定性、安全性；第二，知识是达到内在稳定确切的东西的唯一道路；第三，实践活动是一种低级的事务，它之所以是必要的，是因为人类具有兽性以及从环境中竞求生存的需要③。

杜威紧接着指出：

"虽然目前的情况在理论上出现了根本的多样化，在事实上也有了很大的变化，但是旧时代历史情况的因素仍旧继续存在，足以维护教育上的区分，还有很多折衷妥协之处，常常降低教育措施的功效，民主社会的教育问题在于消除教育上的二元论。"④

杜威消除"教育上的二元论"的主要方式，是提出"从做中学"⑤，以避免传统学校教育普遍存在的"知与行""学与做"相分离的现象。

这一观念的提出，与杜威对"经验"概念的解释有关：第一，传统的"经验"只包含感知性的经验内容，对我们经验到的东西来说，要么它是知识的来

---

① 张云.经验·民主·教育：杜威教育哲学［M］.上海：上海社会科学出版社，2006：45.

② 约翰·杜威.民主主义与教育［M］.王承绪，译.北京：人民教育出版社，2001：268－269.

③ 约翰·杜威.确定性的寻求：关于知行关系的研究［M］.傅统先，译.上海：上海人民出版社，2005：37.

④ 约翰·杜威.民主主义与教育［M］.王承绪，译.北京：人民教育出版社，2001：278－279.

⑤ 有关杜威"从做中学"观念的阐述，参见单中惠.现代教育的探索：杜威与实用主义教育思想［M］.北京：人民教育出版社，2001：341.

源，要么便是无意义的。杜威的"经验"除了包含经验的内容外，还涉及对意义进行反思的思维过程。第二，传统"经验"概念集中于过去的知识或已经发生了的事件，杜威的经验由于具有实验性质，因此也指向现在并延伸到未来。第三，传统经验论主张经验是主观和独特的，是个体心理过程的一部分，局限于个体心理的感觉和感知，杜威的经验概念则具有"主客体交互性"，蕴含着客体作用于主体的感觉部分以及主体的能动选择，相比较而言，这种选择与干预是主体内在与外在的交互过程，是整合后的完整实践过程，是不同要素之间发生关联的过程。对这一整体过程的描述展现了杜威对"关系式"认识方式和思考方式的推崇，他始终敏感于理论与实践的分离对立状态，希望在理论与实践不可分离更不可对立的关系中思考理论和实践：

"理论是行动的特定状态的界面图（cross-section），为了能够知道行为（conduct）将要成为什么（should be），实践是如此获得的观念的实在化：实践是行动中的理论（it is theory in action）。"①

显然，面对"理论与实践"的转化问题，杜威重新将"人"回归为"理论与实践"转化的"中心枢纽"，这可从其对"人的经验"的关照中得到印证，即杜威试图打破传统"二元论思维"的认知范式，以经验的内容（作为具有名词属性的经验，即"知"）与经验的过程（作为具有动词属性的经验，即"行"）的交互参与作为"理论与实践"转化之可能性的突破口。杜威强调理论作为实践的一个环节，将其所赖以生成的概念变成采取行动的工具，这样便能使"理论上的确定性与实际上的确定性合二为一了，和安全、和相信使用工具的操作的可靠性合而为一了"②。可以看出，杜威的"经验观"折射出一种"关系式"的转化思维。在他看来，"经验"的属性，既具有基于内容的"名词属性"，也具有基于过程的"动词属性"，是一种具有"动名词属性"的"关系实践"，具体表现为：其一，杜威的"经验观"突破了传统经验的内容范畴，关涉意义反思的思维过程；其二，杜威的"经验观"突破了传统经验的时空范畴，回溯过去，指向现在，延伸到未来；其三，杜威的"经验观"突破了传统经验的关系范畴，关照主体内在与外在、主体的能动选择、不同事实要素之间的联通关系。因此，"经验观"作为杜威尝试实现"理论与实践"转化的关键环节，是"理论

---

① 常宏. 杜威哲学在何种意义上是实践哲学［C］. 面向实践的当今哲学：西方应用哲学国际学术研讨会论文集，2010.

② 约翰·杜威. 确定性的寻求：关于知行关系的研究［M］. 傅统先，译. 上海：上海人民出版社，2005：127.

与实践"发生内在转化的重要机制之一。为此，他提出了"从做中学"①的转化方法论，以此消除"理论与实践"转化过程中的"二元论"思维障碍。

与认为经验是认知性与感性的传统认识论不同，杜威眼里的"经验"是行动和实践的，是经验内容和经验过程的合一，是主体与外在环境交互作用的过程，换言之，是"关系实践"的过程。任何将内容与过程的割裂、主体与客体的对立、理论与实践的分离，对于杜威而言，都不可接受，他全部的认识论和由此而来的思维方式可归结为：反对和打破传统的二元对立和非此即彼式的思维方式，建立并凸显关系式思维方式。这不仅是杜威实践哲学和其对理论与实践关系的理解的认识论特点，也是其教育哲学思想的源泉。这是他贯穿一生的使命：逾越并弥合传统经验理论中二元对立及其造成的理论与实践的分离鸿沟。

第五节　在回归中再造古希腊传统

对传统的回归，是思想发展的必经途径。回归的方式多样：可以无条件尊奉；可以有选择承接并转化再造；也可以批判，把批判传统变成发展动力。马克思之后的实践哲学的发展，主要推动者是伽达默尔②，他的"理论与实践"之思，是在对以柏拉图和亚里士多德为代表的古希腊传统的承接、对近代传统的批判中逐渐生成的，并为这一"老问题"的再思提供了"新解"、"新质"和"新传统"，这一新传统的核心将"解释学"、"现象学"与"实践哲学"加以融合和贯通，以方法论更新的方式，为"理论与实践"贡献了"解释学新传统"。

伽达默尔为何要回归？起因在于发现了"近代传统"的谬误与科学技术理性引发的社会危机。

"近代传统"是伽达默尔欲开创的"解释学传统"的相对之物，他以对这一传统的批判为起点，开启了新传统的再造之旅。

"近代传统"中对理论与实践关系的审视，基于理论哲学的思维方式，实质是：

"以抽象的认识为起点和中心，而原本丰富的实践被对象化，处于边缘的地位，成为理论乃至技术的应用环节。所以，在理论哲学中会有理论与实践的对立和对峙。"③

---

① 具体参见单中惠. 现代教育的探索：杜威与实用主义教育思想［M］. 北京：人民教育出版社，2001：341.

② 有关伽达默尔的哲学思想，可参见 Jean Grondin. Einführung zu Gadamer［M］. Tübingen：Mohr Siebeck，2000；Tietz U. Hans-Georg Gadamer zur Einführung［M］. Hamburg：Junius，2000.

③ 宁虹，胡萨. 教育理论与实践的本然统一［J］. 教育研究，2006（5）.

这一思维方式引出的理论与实践关系，是前文所言的"应用与被应用"的关系，即将实践作为科学理论与技术技艺的应用。这种近代以来的理论哲学实践观，在使实践失去其本真丰富含义的同时，也使理论因脱离实践进而与实践对立，其内涵和地位随之发生变异："理论这个概念，在我们时代也已变成某种完全不同的东西，失去了它的崇高的地位。"①

造成这一状况的思想根源，与把探讨事物知识和内在结果的抽象的最高本质作为终极目的的笛卡儿哲学有关。伽达默尔认为，由此而产生的近代思维特征危害性地影响了直至现代哲学的思维方式，即海德格尔所言的：

"近代思想的基本过程是把世界征服为图画，因此'世界观'就意味表述构筑的产物。在这种产物中人力争另一种地位，使得他能够成为提出所有在者标准并为它们提出主导原则的那种存在"②。

这种近代思维传统导致了"人类中心主义"，把人的科学技术理性与科学方法论置于世界之上，使之成为被膜拜的对象，反而压制了人类自身行为的自主选择性，失去了康德倡导的自主运用理性的热情和能力，转而交给科学理性和代表科学理性的权威、专家来处理，人不再承担起自己生活的责任，社会变成了过度依赖科学而人却失去了自己的社会。在伽达默尔看来，这便是存在于现代文明和人类实践生活中的最大问题，产生这一最大问题或导致这种混乱的"最后根据是实践概念的衰亡"③，这是他转向解释学和实践哲学，并使之融通的目的之一：消解科学与社会之间的紧张关系，并将实践哲学的理想内含于这种消解过程当中④，换言之，回归且重塑实践哲学的传统理想，是疗治近代思维之病症的药方。

伽达默尔的"理论与实践"之思，是一种回归之思，是一种对传统的回溯、追忆和再思。他念兹在兹的是回到苏格拉底、回到柏拉图⑤、回到亚里士多德，回到古希腊的实践哲学。

---

① 伽达默尔. 科学时代的理性［M］. 薛华，高地，李河，等译. 北京：国际文化出版社，1988：9.

② 海德格尔. 林中路［M］. 孙周兴，译. 上海：上海译文出版社，1997：90-91.

③ 伽达默尔. 真理与方法［M］. 洪汉鼎，译. 上海：上海译文出版社，1999：739.

④ 有关这种消解的内涵、对象与过程的阐述，参见陈雷. 试论伽达默尔实践哲学的逻辑建构［J］. 南京社会科学，2001（6）.

⑤ 大部分伽达默尔研究者，都聚焦于伽达默尔对亚里士多德哲学的回归。但也有学者进一步追溯源头，论证了伽达默尔解释学实践观与苏格拉底和柏拉图哲学的渊源。参见 Francois Renaud. Die Resokratisierung Platons：Die platonische Hermeneutik Hans-Gegorg Gadamers［M］. Sankt Augustin：Academia-Verl.，1999；Francis J. Ambrosio. The Figure of Socrates in Gadmer's Philosophical Hermeneutics［C］//Lewis Edwin Hahn. The Philosophy of Hans-Georg Gadamer. Library of Congress Cataloging-in-Publication Data，1997：259-274.

首先，回归"实践"的本义。

伽达默尔的"实践观"，源于他对近代以来理论与实践关系认知的反思。近现代人所谈论的实践，其意义仅仅是由理论和科学的应用决定的。当下急迫之处，是从这种"理论和科学""理论与实践"相对立的思维框架中解脱，转归亚里士多德原本的实践概念。后者是伽达默尔实践观的源泉。他评价亚里士多德道：

"他把人的实践提到了一种独立的科学领域。'实践'意味着全部实际的事物，以及一切人类的行为和人在世界中的自我设定；此外，属于实践的还有政治以及包括在政治中的立法。"①

与亚里士多德一脉相承②，伽达默尔所主张的"实践"，不是一种基于专门能力的生产行为，而是一种伦理-政治行为或生存行为，它们需要根据实践理性的反思在具体生活实践中自我设定、自由选择。从外延上看，实践指向"最广泛意义上的生活"③，它包含了人类的全部实践生活领域，而不是某一特殊、具体对象。基于这种出于自我责任心的实践理性的哲学，才是真正的实践哲学，现代人类生活失去的恰恰就是"存在于理智的自我责任心"。从内涵上看，实践就"是一种生活方式，一种被某种方式所引导的生活"④。这是伽达默尔眼中的"实践"之本义，也是其最心仪的古希腊实践哲学传统。当然，他给予了解释学意义的诠释⑤。

伽达默尔把柏拉图、亚里士多德以来的理论与实践原本共同具有的"生活方式"，重新确立为思考基点，一切都需回到"实际地被知觉到的、被经验到和

---

① 伽达默尔. 赞美的理论：伽达默尔选集 [M]. 夏镇平，译. 上海：上海三联书店，1988：69.

② 有关伽达默尔与亚里士多德哲学的关系，参见何卫平《伽达默尔〈真理与方法〉中的实践哲学——析此书关于亚里士多德伦理学的解读及意义》一文（《求是学刊》，2010 年第 6 期），该文以《真理与方法》中的第二部分"亚里士多德解释学的现实意义"为载体，展现了伽达默尔如何在解释亚里士多德实践哲学过程中形成自己的实践哲学基础与后期学术思想发展方向。参见 Jean Grondin. Einführung zu Gadamer [M]. Tübingen：Mohr Siebeck，2000；Phronesis，the Individual，and the Community：Divergent Appropriations of Aristotle's Ethical Discernment in Heidegger's and Gadamer's Hermeneutics [C] //Mirko Wischke，Michael Hofer. Gadamer verstehen Understanding Gadamer. Darmstadt：Wissenschaftliche Buchgesellschaft，2003：169 - 185.

③ 伽达默尔. 科学时代的理性 [M]. 薛华，高地，李河，等译. 北京：国际文化出版社，1988：79.

④ 伽达默尔. 科学时代的理性 [M]. 薛华，高地，李河，等译. 北京：国际文化出版社，1988：78.

⑤ 有关伽达默尔的解释学视野中的"实践观"，可参见 Bernstein R J. Beyond Objectivism and Relativism：Science，Hermeneutics and Praxis [M]. Philadelphia：Philadelphia University of Pennslvnia Press，1988：261 - 265；Hollinger. Hermeneutics and Praxis [M]. Nortre Dame：University of Notre Dame Press，1985.

可被经验到的世界"①，即生活世界，它是理论和实践得以发生的世界，是"直接给予的东西"，是一个"无限开放的、永远存在未知物的世界"，"我们整个实践生活是在这个世界上发生的"②。

回到生活世界，对于具有深厚现象学背景的伽达默尔而言，就是"回到实事本身"：

"追求一种不受任何前定的理论所限定的客观中性描述，追求一种原初经验直接被给予的前述自明性，是胡塞尔早期现象学还原、呼吁'面对实事本身'和晚期返回生活世界理论的共同旨趣。"③

其次，回归"善的目的"。

这是"实践""实践哲学"何以需要存在的"意义问题"，也是与实践意蕴相联结的"内涵问题"。人类的生活方式多种多样，哪一种才是理想的生活方式？在古希腊实践哲学传统中，以自身为目的的"沉思"的生活方式是理想生活方式的代表，此为"善"，因此古希腊的实践哲学传统是一个尊崇善并以善为目的的传统。伽达默尔承接了这一传统，主张：

"亚里士多德对柏拉图'一般理念'的批判，尤其是他证明了善与在行动时所需要的对善的认识具有相似的结构。"④

他进而将"以善本身为目的的反思"作为实践哲学和自身解释学理论的主题。虽然实践哲学的运思对象和形式各异，但是无论哪一种形式都应以"自由"作为最高的原则，"自由的"就是"善的"。这种自由的原则就是亚里士多德传统中的"善的原则"。

最后，回归人的"存在"。

作为海德格尔的学生，伽达默尔实践哲学中的"海氏痕迹"显而易见⑤。其典型标记是把"存在"融入"理解"和"解释"之中，并将其置于人的存在形式和存在意义的背景之下⑥。

伽达默尔认为，人的存在与理解不可分割，存在意义在理解中敞开和显现，

---

① 胡塞尔. 胡塞尔选集 [M]. 上海：上海三联书店，1997：1029.

② 胡塞尔. 胡塞尔选集 [M]. 上海：上海三联书店，1997：1029.

③ 高秉江. 生活世界与生存主体 [J]. 华中科技大学学报（社会科学版），2001 (11).

④ 伽达默尔. 真理与方法 [M]. 洪汉鼎，译. 上海：上海译文出版社，1999：712.

⑤ 有关海德格尔哲学与伽达默尔哲学之间的关系，参见 Bernasconi R. Bridging the Abyss：Heidegger and Gadamer [J]. Research in Phenomenology，1986 (16)：1 - 24；Francis J. Ambrosio. The Figure of Socrates in Gadmer's Philosophical Hermeneutics [C] // Lewis Edwin Hahn. The philosophy of Hans-Georg Gadamer. Library of Congress Cataloging-in-Publication Data，1997：259 - 274.

⑥ 关于伽达默尔对存在的认识，参见 Mi-Sook Lee. Sein und Verstehen in der Gegenwart Die Frage nach dem Sein in der philosophischen Hermeneutik von Hans-Georg Gadamer [M]. Brockmeyer Bochum：Universitats Verlag，1994.

人的存在过程与理解过程是同一的。被视为人的基本存在经验的理解，本身就是"实践"，这种理解的实践不断生成，永远处于开放之中，它是人的具体存在活动的基本形式，构成了人的存在的基本经验，因此它具有了本体性意义。伽达默尔通过挖掘这种之前从未彰显的本体意义，并与"回到实事本身"和"生活世界"联系起来，在将解释学提升为哲学的同时，也使其成为一种实践哲学①。被纳入实践哲学领域的"理解"与"解释"显示出现象学式的追求：回到被概念、理论规定前的人的现实存在状态上来。与人当下的生活和具体的存在活动结合，与人的现实生存经验沟通，哲学解释学理论因此得以与人的生存实践联系起来。经由这样的联系，伽达默尔回到了"理论与实践"这一实践哲学的基源性问题：

"当从人的生存经验出发，将理解作为一种本体存在时，哲学解释学就包含了这样一种必然的逻辑：作为理论的理解与作为实践活动的理解是统一的，理论并不远离现实，更不排斥现实。"②

"理论"与"实践"的各自存在，实际上都是以人的存在、人的现实生活为前提的，两者之本源是接近和统一的，"理论必须在实践的法庭上为自己辩护"③，理论也必须在实践中实现自身。

通过上述回归，伽达默尔确认了自身对亚里士多德理论与实践关系研究传统的承接与认同，这一传统的基本要义是理论与实践的融通，即"理论本身就是一种实践"④。

伽达默尔的回归，不是对亚里士多德的机械重复，不是鹦鹉学舌式的照搬套用，而是在回归中有所创造。创造的基本途径和方式，就是由他创制的"解释学"及其方法论，在方法论的意义上，将解释学的方法确立为研究理论与实践关系问题的基本方法，为该问题的思考植入了理解与实践的"新质"，引出了

---

① 张汝伦认为："只有从实践哲学的角度来理解伽达默尔的解释学，我们才能真正把握它的重要意义。实践哲学的原则既是伽达默尔哲学解释学的出发点，也贯穿在他的整个思想体系中"。（张汝伦 . 思考与批判 [M]. 上海：上海三联书店，1999：437，213.）有关伽达默尔解释学与实践哲学的融通关系，学界已经有共识。如邵华认为，实践哲学不仅影响了伽达默尔的哲学解释学思想的形成，而且还促使他将哲学解释学应用于实践问题，发展出解释学的实践哲学。实践哲学和解释学在他的思想发展中是一种互动的、相互启发的关系。他对实践哲学和解释学的融合，可分为早、中、晚期三个阶段。参见邵华 . 论伽达默尔对实践哲学与解释学的融合 [J]. 现代哲学，2010（5）. 另外，参见张能为 . 伽达默尔与实践哲学传统和解释学重建 [J]. 学术界，2010（10）；张能为 . 伽达默尔的解释学与实践哲学 [J]. 安徽大学学报（哲学社会科学版），2011（5）.

② 张能为 . 理解的实践 [M]. 北京：人民出版社，2002：64.

③ 伽达默尔 . 赞美的理论：伽达默尔选集 [M]. 夏镇平，译 . 上海：上海三联书店，1988：34.

④ 伽达默尔 . 科学时代的理性 [M]. 薛华，高地，李河，等译 . 北京：国际文化出版社，1988：79.

"解释学传统"。

与以往的"解释学"相比，伽达默尔的解释学有三个特性：

其一，把原先具有技术、技艺色彩的"解释学"提升为"哲学解释学"，并将其与实践哲学融通起来，以解释学的方式实现了实践哲学的复兴。

其二，为解释学赋予本体论性质。伽达默尔将意义的理解与解释视为人的一种广泛普遍的存在和生活方式——"正是事情本身的性质使理解运动成为广泛的和普遍的"①。

作为人的存在和生活方式，理解和解释问题自然而然也是人的行为意义和实践价值问题。因此，伽达默尔实现了解释学的本体论存在论转变，这一转变在坚持理解与人的具体存在活动的必然联系中，确立了解释学与实践哲学的紧密关系，为在理解解释学上建立起实践哲学奠定了基础。

其三，确认解释学理论存在与发展的目的的"实践性"，即指向对现代生活问题的反思透析。这与伽达默尔的个性风格有关。

"伽达默尔绝不是游离现实的'书斋学者'，他始终根据自己敏锐的时代感觉和现实的（actual）问题意识，力图批判地诊断'现代'，克服'现代的危机'。他再次切入'人是什么'这一根本问题，肯定人是'历史的存在'，并企图通过彻底自觉这一问题展示新的人类形象。"②

所谓"现代的危机"，来源于伽达默尔所看到的现代技术对现代生活的全面统治，实践与实践智慧的丧失已经从可能变为现实，伽达默尔就是要通过解释学在理解基础上重新建立起实践哲学，以此为人类的实践行为和生活奠定价值目标与理论基础③。

对伽达默尔而言，"关于实践的理论虽然是理论，而不是实践，但是关于实践的理论也不是一门'技术'或一种使社会实践科学化的工作：这就是真理，面对现代的科学概念，捍卫这些真理乃是哲学解释学的一项最重要的任务"④。

伽达默尔对哲学解释学任务的定位，是从理论与实践关系的意义上展开的。除了在解释学的意义上重构古希腊哲学中追求理论与实践"相对统一"的传统之外，他还借助"理解""解释"等解释学基本概念，在新的层面上赋予"应

① 伽达默尔. 科学时代的理性 [M]. 薛华，高地，李河，等译. 北京：国际文化出版社，1988：114.

② 丸山高司. 伽达默尔：视野融合 [M]. 石家庄：河北教育出版社，2002：2.

③ 正是在此意义上，有人指出，伽达默尔的实践哲学是其全部解释学理论的思考中轴与理论归宿。参见张能为. 伽达默尔与实践哲学传统和解释学重建 [J]. 学术界，2010（10）.

④ 伽达默尔. 真理与方法 [M]. 洪汉鼎，译. 上海：上海译文出版社，1999：732.

用"新的内涵①。

从"本文"的意义理解出发：

首先，"应用"是"理解"本身的一个要素。"理解总是包含对被理解的意义的应用"②。"理解的解释的问题与应用的问题密不可分地联系在一起"③。

其次，"应用"对"理解"具有特殊价值，它通过给"理解"赋予"目的"的方式使其具有合法性和普遍性。任何对"本文"意义的理解，目的无非是服务于人的真正存在与生活，没有"应用"，理解的合法性就失去了保障，其普遍性与意义也根本无法真正实现：

"应用就不仅仅是某种对'理解'的'应用'，它恰恰是理解本身的真正核心。"④

"应用，正如理解和解释一样，同样是解释学过程的一个不可或缺的组成部分。"⑤

与培根等近代传统中的"应用"不同，"应用"并非将"普遍"应用于"特殊"之中：

"应用绝不是把我们自身首先理解的某种所与的普遍东西事后应用于某个具体情况，而是那种对我们来说就是所与本文的普遍东西自身的实际理解。"⑥

这是与"本文意义"和"人的存在意义"相联结的哲学解释学意义上的"应用"。这一应用内涵，既与近代传统有所切割，避免了理论与实践关系因为"应用"而变得庸俗化和狭隘化，同时，又与实践哲学的伟大传统有所接续，使解释学"从一个特殊的、狭窄的应用领域扩展到广阔的哲学研究领域"⑦。

这促使一直被局限且压制于近代传统中的"应用"得以解放，在回归亚里士多德实践哲学的过程中，又被置于解释学的世界中重新建构，这种创造性转换经由伽达默尔的解释学得以发生，成为"理论与实践"研究领域中的"新传统"。

---

① 有关伽达默尔的"应用"思想，参见邵华. 论伽达默尔对实践哲学与解释学的融合 [J]. 现代哲学，2010（5）；张能为. 伽达默尔与实践哲学传统和解释学重建 [J]. 学术界，2010（10）.

② ［德］伽达默尔. 真理与方法 [M]. 洪汉鼎，译. 上海：上海译文出版社，1999：428.

③ ［德］伽达默尔. 真理与方法 [M]. 洪汉鼎，译. 上海：上海译文出版社，1999：726.

④ ［德］伽达默尔. 科学时代的理性 [M]. 薛华，高地，李河，等译. 北京：国际文化出版社，1988：114.

⑤ ［德］伽达默尔. 真理与方法 [M]. 洪汉鼎，译. 上海：上海译文出版社，1999：395.

⑥ ［德］伽达默尔. 真理与方法 [M]. 洪汉鼎，译. 上海：上海译文出版社，1999：438.

⑦ ［德］伽达默尔. 科学时代的理性 [M]. 薛华，高地，李河，等译. 北京：国际文化出版社，1988：77.

第二章
论题的展开：理论与实践的"关系问题"

当思想的触角触及 "理论与实践" 之时，各种纷繁的观念图景将会纷至沓来，等待着我们的检视。如此层叠交叉、错综复杂的图景，极易使观者产生迷离之感，继而迷思于斑斓的色调之中。我所能做的，是暂时推开并悬置有关 "理论与实践" 的各种观点，让它们退于暗影之中。进而，从问题史的漩涡中抽身而出，在漩涡之上反观概览漩涡的整体流向与路径，把握其性质属性，这是一种观念意义上的本体论：先不理会观念的具体构成，而是回到观念本身，从底部和根本着手，探问它究竟是何物。所有 "从何而来" "向何而去" 之类的本体性追问，都是为了回答下述问题："它是谁？" "它是什么性质的存在？" "它为何存在？有何意义？" 只有明了一物 "为何而来"，即 "为什么"，我们才能知晓 "是什么"。事物存在的意义本身往往阐释了事物本身。

转归本书的任务，我们试图提出并回答的问题便是：作为研究对象和研究问题的 "理论与实践"，是什么性质的问题？它何以会被提出？它将会在什么意义上被重新提出？基于问题史的思想史的演进表明，理论重建常常不是来自对问题的具体解答，而是来自问题提出方式和视角的更新再生。

对于 "理论与实践" 这样一个 "老而弥坚" 的问题，若期冀 "嚼透"，哪怕是嚼出新 "滋味"，都需回到问题本身："理论与实践" 是谁的领域、什么层面及何种性质的问题？它究竟有何意义或功用？这将成为本书思想之路的开端。

第一节　理论与实践：谁的问题？

"理论与实践" 不是某一领域的专属问题，它具有：

——"人类性"，内在于人类的生存方式或生活方式；

——"世界性"，理论世界与实践世界的互动关系构成了世界的基本图景，更是学术领域的世界性话题；

——"历史性"，人类发展史，就是理论与实践的关系史，同样，对于自然科学、哲学科学、人文社会科学和教育科学等科学样式而言，一部科学史，就是理论与实践的关系史。

因而，这是 "普遍性" 的纵横交织的 "大问题"。

但若如此理解理论与实践，则难免大而无当，无从下手。任何思想，必有其开端，海德格尔（Martin Heidegger）在一次有关 "什么是思想" 的演讲中，开场即言：

"当我们亲自思想时，我们才通达那召唤思想之物。所谓思想，无非意味着，要让这样一种尝试获得成功，我们必须先做好准备：学习思想。"①

作为思想准备的学习，总是先从学会寻找并确定边界开始，对思想的召唤始于对边界的召唤。有边界的思想才适宜"深耕细作"。

构成"边界"之物，与前述"相对"之物有关。可以是学科、学派和人物，或是某一学科、学派、某一人物思想世界中的具体构成。归属于某一边界之内，意味着带来某种界限和随之而来的限制，更意味着引出仅属于此边界的某种眼光、视角和尺度。当不同边界汇聚于同一版图时，基于差异的对话才可能发生，这样的对话才可能带来边界的游动变迁与重新划定。

所有边界的划定都与"主体性"有关：这是"谁"的领地？如果某问题被归属于某领地，那么它意味着什么？又将被这一独特领地具体带出什么？

就理论与实践的关系而言，其归属之地，可以是某一学科、学派或课题②，还可以是某一人物。

作为"学科"的实践哲学，理所当然被划归于哲学，它最初是亚里士多德对人类认知活动分类后的产物。后经德国哲学家沃尔夫、康德，英国哲学家培根，法国哲学家笛卡儿等③，通过不同的方式类型化后逐渐趋向成熟。各人的分类标准尽管有异，但大体上经由亚里士多德发端，综合形成了"理论哲学"和"实践哲学"西方哲学史上的两大传统④。由于哲学的学科特性，其对后世从其分离出的各学科（如"教育学"）构成了理论基座性的渗透弥漫，使其他学科也在各自领域不同层面具体参与了实践哲学的探讨，但这些探讨总体仍被归结为实践哲学的一部分，实践哲学被视为其他学科赖以从出的"母体"，这一地位至今尚未从根本上撼动，原因在于：其他学科基本上是用实践哲学的概念、范畴、思考方式等来探讨本领域的具体问题，因而"成为"或"沦为"对实践哲学的"应用"。目前为止，我们尚未清晰辨明两种立场和视角的差异：

一是不同学科视野下，如"人类学"、"社会学"和"教育学"等非实践哲

---

① Martin Heidegger. Was Heisst Denken? ［M］. Tübingen：Max Niemeyer Verlag，1984：1.

② 这一划分受到徐长福的启发。他把实践哲学分为作为"学科"的实践哲学、作为"学派"的实践哲学和作为"课题"的实践哲学。参见徐长福. 何谓实践哲学［J］. 理论与现代化，2007（4）.

③ 笛卡儿相对比较特殊，他把自己的整个哲学体系都叫"实践哲学"。它好比是一棵大树，树根是形而上学，树干是物理学，从树干上发出的枝叶是医学、理学、伦理学等各种其他学科。笛卡儿的实践哲学否定了以论证基督教神学为宗旨的中世纪经院哲学，反映了新兴资产阶级的利益和愿望。显然，他的实践哲学是相对于经院哲学而不是理论哲学提出的。（参见全增嘏. 西方哲学史［M］. 上海：上海人民出版社，1983：496-497.）尽管如此，笛卡儿总体上依然没有脱离西方哲学的两大传统，相反，他也参与了这一传统的创造。

④ 有关"理论哲学"与"实践哲学"的差异，参见谢永康. 论实践哲学的理论方式及其合理性［J］. 学海，2002（3）.

学传统领域内诸种学科①的实践哲学，与哲学传统中的实践哲学的差异。如果只是对实践哲学传统的演绎式具体运用，前者形象的模糊不清则属必然。

二是同样介入实践哲学的探讨，不同学科之间的差异②。除了研究对象、研究方法的区别之外，这些学科大都满足于共享实践哲学的传统，却忽视了如何以自身的方式为一传统增添新物，即再造"新传统"。这正是本书试图确立的任务之一：在对实践哲学单声调的齐唱中，唱出属于"教育学"的实践哲学之声。

若更多学科有类似的自我意识，则目前似乎已经停滞不前的实践哲学将迎来新的发展机遇：在单声调的齐唱变成多声部的合唱的过程中，新旋律可能由此而生。

作为"学派"的实践哲学，依据价值取向、目的、前提假设和研究方法等形成各自对"理论与实践"关系的理解。典型如马克思，其因主张哲学的目的在于"改变世界"，而不只是"解释世界"，并实现实践的本体化等，从而自成一派③。与之相承接，20 世纪以来西方马克思主义把"实践问题"重新提升为马克思主义哲学研究的主题，并为实践哲学展现出各种新的形式④。如葛兰西（Antonio Gramsci）把马克思主义哲学直接等同于"实践哲学"；卢卡奇

---

① 实践哲学传统领域的学科主要是指伦理学、政治学。在相当长的一段时期内，很多人就把伦理学、政治学等同于实践哲学。包括现代的哈贝马斯依然如此，其关于"理论与实践"的讨论主要是在政治哲学的范畴内进行的。参见 Jürgen Habermas. Theorie und Praxis：Sozialphilosophische Studien [M]. Frankfurt am Main：Suhrkamp Verlag, 1978. 施维策曾经特别分析了作为政治作品的实践意蕴，参见 Herbert Schweizer. Zur Logik der Praxis [M]. München：Karl Alber GmbH Freiburg Verlag, 1971：89 - 93.

② 对这一问题的关注，来源于"生命·实践"教育学对教育学"学科立场"的探讨。其预设是："人类从事的任何一个学科的研究，其实面对的都是一个共同拥有的关系世界，但是不同学科，即使是同一学科中不同的研究者，却生出了各不相同、如此之多的学科世界。何以如此？这首先要归因于'立场'。不同的学科，不同的研究群体与个体，只要有了立足点、视域和指向上的区别，就可能由此开始建立起不尽相同或完全不同的学科研究的对象、主要领域、核心问题及研究意义，并通过持续的研究，逐渐形成相对独立的学科体系或学说流派"。（参见叶澜. 当代中国教育学研究"学科立场"的寻问与探究 [G] / /叶澜主编. "生命·实践"教育学论丛：立场. 桂林：广西师范大学出版社, 2008：1.）即使是在跨学科的时代，学科立场及其内含的视角、眼光的差异，依然是不可改变的客观事实。有关同一问题不同学科立场观照下的差异，参见 Jörg Dünne, Stephan Günzel. Raumtheorie Grundlagentexte aus Philosophie und Kulturwissenschaften [M]. Frankfurt am Main：Suhrkamp Verlag, 2006.

③ 除了将目的作为学派标识之外，马克思实践哲学成为代表性的学派的原因还在于：它对传统观念实现了整合基础上的重建，如整合了亚里士多德的实践和制作、康德的技术上的实践和道德上的实践，并且被赋予了新的本体论基础，即人在本质上是实践的存有，人与自身、人与自然、人与人的关系究其根本是实践关系，同时还被赋予了新的实际生活内涵，包括物质生产力的发展、资本主义生产方式的演进和无产阶级的革命运动等。

④ 有关实践哲学的流派，参见张一兵. 当代国外实践哲学和实践唯物主义研究之主干 [J]. 社会科学研究, 1997 (1).

(Georg Lukács) 把 "实践总体性" 视为马克思主义哲学的最本质特征；伽达默尔以解释学为前提和方式，回归并再造亚里士多德的传统，形成了对理论与实践的解释学理解方式；哈贝马斯建立了以 "社会交往" 为实践内涵的实践哲学学派，其弟子霍耐特（Axel Honneth）则从黑格尔那里借用了 "承认" 理论，经过转化放大后崛起为新的实践哲学学派；等等。

作为 "课题" 的实践哲学，其实是把 "实践哲学" 作为一个公共领地，任何学科与学派（不只是实践哲学意义上的学派）都可以进入其中打造地基、造房盖屋，之所以如此的原因来自实践概念歧义中的普遍性——"指向人类行为"：

"无论多么繁复，实践哲学始终围绕着实践-行为概念，始终把人的实践-行为问题作为其基本问题是毫无疑问的。我们正是从这点出发界定实践哲学的基本内容。"[①]

这可能带来实践哲学的 "泛化"，因为 "人的行为" 所涉及和牵连的问题无比繁复，且无所不在，择取任何方面进行研究，研究者们似乎都有权称自己的研究为 "实践哲学"。即便如此，由于进入同一领地的方式、所盖 "房屋" 的样式，以及从 "窗户" 向外瞭望的视角不同，作为 "课题" 的实践哲学，其实汇聚了各家各派的学说，形成了错综复杂、纷纷攘攘的 "理论市场"。

"学科"、"学派" 与 "课题" 构成了相互缠绕的关系。在本书中，作为核心问题的 "理论与实践" 兼有上述三方面的含义，但出于欲达成的研究目的，我更倾向于 "基于学科立场，形成学派" 的交互生成思路，以对 "理论与实践" 的 "问题属性" 所从属的 "学科属性" 的厘定为起点，进而贯穿其中。

问题远非如此简单。各学科领地的 "区域性" 也会构成复杂的 "混战格局"。即使把 "理论与实践关系" 定位于 "哲学领域"，但哲学无论是内涵还是外延都异常宽广，其内在构成的划分依据也多种多样，由此而来的理解与认识也会形成内在边界和内部差异。基于传统哲学发展脉络变迁中呈现出的不同领域，存在诸如作为本体论或存在论（哲学）的理论与实践、作为认识论（哲学）的理论与实践和作为语言论（哲学）的理论与实践等，其视野、提问方式和具体观点，或者所谓 "进路"[②] 都有所不同。

---

① 张汝伦. 历史与实践 [M]. 上海：上海人民出版社，1995：102.

② 徐长福认为，所谓实践哲学的进路，"是指哲学研究实践问题的特定视角、方式、路数、传统或范式等。不同的进路虽然都指向同一目标，论域上也互有交叉，但由于其旨趣不同，出发点不同，运作的方式与轨迹不同，因而存在明显的异质性，很难从逻辑上相互化约或还原"。他进而系统清理出已有实践哲学的几条主要进路：观念论进路、伦理学进路、本体化进路、生存论进路、后现代进路等。（参见徐长福. 实践哲学的若干进路及其问题 [J]. 天津社会科学，2002 (6).）虽然其划分进路的依据有重叠交叉，如任何进路都有 "观念"，"后现代" 进路与其他进路显然也不是一个逻辑层面，但我认同他关于已有进路共同的缺陷的发现，即都忽视了实践的根本特性——"做"，遗漏了实践的最本己问题——"怎么"。在此意义上，它们均是 "解释世界" 的哲学，而不是 "改变世界" 的哲学。

　　作为"本体论"或"存在论"的"理论与实践"①，肇始于古希腊哲学。它关注的是与本原、始基（arche）相关之物。其代表性的提问方式为"是什么（如宇宙、世界、人及人性是什么）"与"从何而来（人从哪里来）"，且可归结为"何为世界的本体性存在"。从苏格拉底、柏拉图、亚里士多德这一思想的"师生链"来看，虽然他们有关理论与实践的理解，无论是关注的具体对象、视角、方法以及某些观点，先后均有较明显的差异②，但其演进中的基本倾向与路径却表明了三者的共同旨向：以实践哲学的方式探索人本身。

　　在苏格拉底那里，以提出"美德即知识""认识你自己"的方式，开启了西塞罗所言的"把哲学从天上扯了回来，引入城邦甚至家庭之中，使之考虑生活和道德、善和恶的问题"③。

　　这被称为将"哲学从天上扯回人间"的方向性改变，为古希腊哲学从"自然哲学"（以"爱利亚学派"为代表）转而进入"实践哲学"打开了大门。

　　柏拉图终身追寻的"善""美德""正义"等，既是对人的"理论认识"，也是对"实践理想"的具体表达，它与柏拉图对人本身（包括人的心灵结构、人的德行等）的认识相关。他提出的不仅是人的理想标准和相关要素，还涉及达到人性理想的具体实践途径，尤其是教育途径。卢梭将《理想国》称为"最好的教育论文"，而不是一般人所断定的"政治学"和"哲学"之作，这并不为过④。在我看来，柏拉图是第一个将对人的生命或人性的认知与教育实践做出系统对接的哲学家，前者是理论，后者是实践，具体表现为出于塑造"哲学王"的目的，他将苏格拉底的问答法转化为自己的理智助产法，将它运用于教学实践，并以这种方式进入"理论与实践"关系问题，因而成为对苏格拉底思想的一种延伸：从"认识你到自己"到"如何成为你自己"，这是从"人的理论"到"成为人的实践"，从"理想的人"到"现实的人"的演进。在此"理论与实践"意义上的柏拉图式延伸和发展，却被后来的大多数哲学思想史所忽略⑤。

----

　　① 严格来说，"本体论"、"存在论"和"生存论"各有联系与差异，其各自内部也歧义甚多，若详加辨析，则除受到篇幅所限外，也超出了本书使命与任务的范围。在此，我不过多纠结，只在相似和相通的意义上，将三者视为同一。同时，主要以例举的方式凸显不同哲学领域的差异。

　　② Joachim Ritter, Karlfried Gründer. Historisches Wörterbuch der Philosophie（Band7）[M]. Basel：Schwabe & CO. AG. Verlag，1989：1278 - 1286；Alfred Langewand. Theorie und Praxis [C] //Dietrich Benner, Jürgen Oelkers. Handwörterbuch Erziehungswissenschaft. Weinheim und Basel：Beltz-Verlag，2004：1016 - 1019.

　　③ 叶秀山. 苏格拉底及其哲学思想 [M]. 北京：人民出版社，1986：73.

　　④ 卢梭. 爱弥儿 [M]. 李平沤，译. 北京：商务印书馆，1978：11.

　　⑤ 做出此判断的依据在于，从国外来看，遍查在中国最有影响的代表性哲学史，国外如罗素的《西方哲学史》、文德尔班的《哲学史教程》等，国内如汪子嵩主编的《古希腊哲学史》（1 - 4 卷）、叶秀山和王树人总主编的《西方哲学史（学术版）》（1 - 8 卷）等都没有从"理论与实践"的视角，评述柏拉图相对于苏格拉底的发展及其历史贡献。

在实践哲学领域，最被人重视的当属亚里士多德无疑，被誉为西方实践哲学滥觞和源头的亚里士多德，与柏拉图的相同之处在于，都建构了自身的"人论"，且一开始就内含了"理论与实践"的关系①。不同之处在于，亚里士多德明确凸显了"实践"概念，将实践纳入哲学体系，作为其研究对象，通过开拓性且系统化的诠释，使其成为一个特殊的人类学范畴，从而以"实践"的方式推进了对人性的理解。在此过程中，亚里士多德提出了一套被后世频繁提及的分析框架，这一构架既是对哲学科学本身的分类（即"理论科学"、"实践科学"和"艺术"），也是对人类认知活动的类型化（"理论"、"实践"和"制作"等）。这一分类使"理论与实践'"正式形成了一种相对关系，这种相对性区分的出现，使人类对理论和实践及其关系的认识前进了一大步。由于该分类与人类认知活动有内在联系，亚里士多德借此为将理论与实践的相关认识从"本体论"转向"认识论"开辟了通道。

本体论和存在论进路下的"理论与实践"研究，倾向于将实践预设为"世界本体"，虽然这是一种"活动"意义上的本体性存在，而不是如同"物质与精神""思维与存在""主体与客体"那样的"实体"意义上的本体，但这并不妨碍该进路将"实践"置于相对于"理论"而言的逻辑优先地位。本体化的实践及其优先性的确立所产生的后果，具有革命性意义：

"实践是人的实践，把实践作为本体意味着世界的人化，从而意味着世界成了社会的世界。实践是一种不断生成着的活动，把实践作为本体意味着人自身及整个世界不具有任何永恒不变的本质，一切都将随实践而变化。无论社会性还是历史性，又都意味着具体性，从而使一切脱离特定社会历史境况的关于人和世界的理解不再具有合理性。应当说，这样的实践哲学对于笛卡儿二元论所衍生的两大哲学传统，包括抽象的客体主义传统和抽象的主体主义传统，都具有革命性意义"②。

这种意义之根本，在于实践既成为人类世界变化发展的力量，也成为哲学本身发展的力量——哲学也将随着社会性、历史性和具体性的实践之变迁而

---

① 亚里士多德在自身的实践哲学著作的写作过程中，已经展示了理论与实践在阐述中的相互关系。如巴恩斯所指出的那样，亚里士多德的《政治学》和《尼各马可伦理学》都是实践哲学的作品。这些著作之所以是实践的，并非因为它们是像手册、指南之类的东西。相反地，它们之中充满了分析与论证，并以丰富的历史研究与科学研究为基础。它们乃是实践（哲学）的著作；说它们是实践的，是指它们的宗旨或目的并不止在提供真理，而且也在影响行为"。（参见巴恩斯. 亚里士多德［M］. 李日章，译. 台北：联经出版事业公司，1984：119.）这种充满了"分析"和"论证"且以已有研究为基础的实践哲学本身，就昭示了理论与实践纠缠不清的关联。这与后人在日常生活所流布的常识"理论是抽象的分析和论证，实践是具体实施和操作"大为不同。

② 徐长福. 实践哲学的若干进路及其问题［J］. 天津社会科学，2002（6）.

"起舞"。这自然意味着，"实践"成为"理论"的本体。

作为认识论的理论与实践，其提问方式以"如何认识""认识的前提、本质、基础、过程、规律及标准何在"等为代表。这是对本体论或存在论提问方式的转换：从"认识'理论与实践'是什么"到"如何认识'理论与实践'"。当"理论"与"实践"并列在一起时，已经蕴含了两种认识论的思考路径：以理论的方式把握认识实践；或者，实践成为理论认识的"前提条件"、"基础构成"或者"衡量标准"。这两种路径看似一致，实则存有内在矛盾。这种矛盾性曾经被王南湜所揭示。他认为在当代中国流行多年的诸多著述（以哲学教科书为代表），习惯于把理论与实践归结于认识论领域的问题，形成了两种有代表性的观念："实践是检验真理的唯一标准"和"真理是对客观物质世界的正确反映"。在他看来：

"在西方哲学传统中，这两个方面是不能相统一的。正是传统的真理符合论不能提供如何确定思想与其对象符合的手段，才有了实用主义的真理即效用论。而所谓实践是检验真理的唯一标准，无非也是说我们无法直接确定一种认识是否符合于其对象，而只能求助于实践的检验，只能以实践中的是否成功作为该项实践指导理论是否为真理性认识的唯一标准。但是，现在人们却在这两种不能相统一的真理理论之间强行建立了一种统一关系，即宣称实践中获得成功的理论即为正确反映了客观事物的真理。于是，实践中的成功便等同于对客观事物的正确反映，反过来说也一样。"①

这构成了"实践成功"与"正确反映"等同性的内在难题。如此认识理论与实践的方式，结果是导向"理论与实践的高度合一"：

"在现实生活中还可能导致抹煞理论与实践各自的特性，将二者混淆起来，或者将理论直接导入实践，用抽象、一般的理论强行框架各各特殊的、活生生的实践，造成生活中种种不良甚至灾难性后果；或者以实践的方式从事理论活动，把实践中所必需的折中、含混、模糊带进对其避之唯恐不及的理论之中，使理论失去其确定性。"②

这种矛盾是否有其合理性，在此暂存不论。至少说明，"理论与实践"在认识论意义上的考察有其独特价值，诸多观念都可以从认识论上找到其根源。我进一步关心的则是本体论和认识论的理解方式，能否实现理论意义上的和谐一致，在交融转化中推进对问题理解的深化。现在看来，虽然异常艰难，但并非不可能。

对于语言论意义上的理论与实践，"'什么是'以及'如何用'恰当的语言来表达"是其理解方式的紧要之处。所谓"恰当"，可以理解为"科学""合

---

① 王南湜. 理论与实践关系问题的再思考［J］. 浙江学刊，2005（6）.

② 王南湜. 理论与实践关系问题的再思考［J］. 浙江学刊，2005（6）.

理"，也可以理解为"匹配"，即"理论"与"实践"分别匹配于"理论语言"和"日常语言"。这似乎表明："理论语言"无法表达实践，因为它是匹配于理论的语言方式。日常语言也难以展现理论的"风姿"，因为它来自生活实践，下里巴人的乡村俚语如何上得了阳春白雪的理论高台？但问题的实质却在于理论语言和实践语言在语义和语用上的差异：

"理论语言是一义的，而日常语言则是多义的；理论语言是普适的，而日常语言则是情景性的。在日常生活中，一个事物往往有多种性能、用途，而一旦进入理论之中，则立即被单一化。理论的开端是下定义，此即是使理论语言从日常语言中超拔出来，剥离出来，单义化。"①

而这种单义性：

"可以说是从某一特定视角对一个具体事物的透视，是一种'观点'的产物。这也就是说，理论活动必定是单一观点的，一贯立场的。而与之相对，日常语言则是多观点的，非一贯立场的。"②

自20世纪以来语言分析哲学大行其道，至今依然是英美哲学的主流。但语言论意义上的理论与实践的探讨，并未深入，尚有较大的拓展空间，如两种语言方式能否以及如何实现双向"转化"，并使这种"语言意义上的转化"构成理论与实践关系的核心部分。这恰恰构成了本书试图进入的"林中空地"，它们之间的差异与转化，影响到了理论人与实践人之间双向转化过程中的沟通对话。

上述分析只是对理论与实践在哲学不同领域内的差异的初步认识，无非是借此显示问题所属的领地不同对问题的性质及解答的不同意义。

在本书中，作为问题的"理论与实践"，被进一步缩小并定位归属于三个领域：实践哲学③、教育学和"生命·实践"教育学④。这并非表明，其他领域与"理论与实践"无关，这纯粹是由本书的任务和使命而来的确定思考边界的产物。

之所以将如上三者作为讨论的边界，也是因为它们的历史和现实始终没有脱离"理论与实践"的问题，其发展源泉、发展动力和全部历程都与此有关，

---

① 王南湜. 社会哲学［M］. 昆明：云南人民出版社，2001：86.

② 王南湜. 社会哲学［M］. 昆明：云南人民出版社，2001：86.

③ 若推而广之，则也可称为"实践论"，除哲学之外，它也将包容人类学、经济学、社会学、法学，甚至物理学、医学、生物学等自然科学。所有学科都面临着"实践问题"，也因此而面临"理论与实践到底是何种关系，以及该如何建构"的诘问并需要做出相应回答，形成自己的"实践论"。但这样的"实践论"非本书所能及，因此退而回到"实践哲学"。

④ 严格说来，三者并不属于同一逻辑层次，"生命·实践"教育学应属于教育学的一部分，并且与实践哲学形成交叉关系，然而，由于"生命·实践"直接以"实践"命名和任务的特殊性，以及本书将"生命·实践"教育学作为核心研究对象和立论的核心，因此，作为理论与实践问题归属的三个领域暂列一起。

因而对该问题的特殊性质与意义有较充分的诠释。此外，还与笔者的学科身份有关。既然为以教育学为业，且尝试在"生命·实践"教育学路途中行走之人，虽然一直是实践哲学的爱好者和推崇者，但最终总需回到自己的家园，教育学才是属于"我"的"理论与实践"的"关系实践"之地。我更想以自身方式回答如下问题："理论与实践"作为一个公共问题，之于教育学和"生命·实践"教育学，究竟有何理论意蕴？

第二节　理论与实践：何种性质？

将作为问题的"理论与实践"预先确定在可能的领域中，不是为了通过确定疆界而获得知识权力的利益分配，而是为了判定其"性质"和"意义"，这有利于问题本身的深入和新知的产生。

从性质的意义来讲，"理论与实践"问题属性的要义，在于"普通""原理""基本"。

当三个具有内在关联的词语，聚合于"理论与实践"之下时，就共同昭示了此问题的重要性：这是一个"作为普遍原理的基本问题"，均有"原发"、"贯穿"与"根底"的特性，是谁也无法回避且难以绕过的重大问题。

所谓"普通"，在此为"普遍贯通"之意，即使不是"普遍适用"，至少也是"普遍存在"。在这样一个推崇"特殊""个性""地方""区域"的后现代文化时代，"一与多""普遍与特殊"的关系，持续制约着人类的思想与实践，人类反复在两极之间摇摆不定，摇出的是不同时代的理论风景，但无法摇动两者的恒久关系，它们之间内在的张力恰恰成为历史发展的动力源泉。

所谓"原理"，首先体现了"原"和"理"之间的相互厘定：一方面，以"原"定"理"。"其为'原'理，'原'既有'本原'之意，也有'原点'之意。两层意义实质上是相通的：原初之点，就是本原。"① 世界存有各种之理，但必有"本原""原点"之理，作为各"理"的起点。另一方面，"理"可定"原"。"理"的价值在于试图将"本原"和"原点"进行系统化的提升，为"本"寻找"体"的支撑，由"点"的照亮扩及为"面"的辐射。它因此具有动态行为与过程之意："理"出"原初""原本""原点"之微言大义，变成得以外显，可以凝视、思考和揣摩之物，此即理论形成与创造的过程。

其次，原理即"'常理'，'常道'，不会轻易随时尚的变迁而变迁。它具有'经典'的地位。历史总在不断变迁，充满了变数，但总是需要不断地回到'经

___
① 李政涛. 教育科学的世界 [M]. 上海：华东师范大学出版社，2010：53.

典’，经典具有恒常的意义”①。

构成“经典”的对象，不限于学术作品，“问题”亦可成为“经典”。在此意义上，理论与实践问题，有资格称为“经典”问题。对它的解读会因时代、学科、人而异，但问题本身不会变动不居，它如巨石般屹立于所归属的领域之中，招致各种风潮的吹拂，自身却岿然不动。

所谓“基本”，“基础”“根基”为“基”，“本原”为“本”。它们相通于“原理”，具有基础性、根基性的本原之“理”，才配得上“原理”的称谓。具有“基本”和“原理”性质的问题，就是劳思光所说的“基源性问题”：

“一切个人或学派的思想理论，根本上必是对某一问题的答复或解答。我们如果找到了这个问题，我们即可以掌握这一部分理论的总脉络，反过来说，这个理论的一切内容实际上皆是以这个问题为根源。理论上进一步的工作，不过是对那个问题提供解答的过程。这样，我们就称这个问题为基源性问题”②。

每一家理论学说皆有其基源问题，这类问题的获得，以逻辑意义上的理论还原为始点，各种理论学说、学派都可以还原到作为始点的“基源性问题”之上。它并不复杂，而是朴素简单的问题，但对于任何理论而言却是重大问题，如同布莱希特（Bertolt Brecht）所言，“重要的是学会如何朴素地思考，朴素地思考就是对重大事物的思考”，涉及“重大事物思考”的这种基源性问题，其意义如同“魂魄”，无此魂的理论学说和学派观念，难以成型，即使形成也势必如同泡沫般速朽。

由此观照“理论与实践”问题在本书中所寄托的三大领域，它们以各自的方式显露出“普通”、“基本”、“原理”或“基源”等性质。

一、实践哲学中的“理论与实践”

对于实践哲学来说：

“理论与实践的关系是实践哲学的根本性问题，对这一关系问题关注到什么程度，表明着人们对于实践哲学理解的程度。”③

当人们探讨实践哲学意义上的马克思哲学时，它被赋予了“奠基性问题”和“根本性问题”的地位④。这种性质定位对于整个实践哲学体系而言，同样适用。原因有三：

其一，从实践哲学的始点和开端处看，横亘着“理论与实践”的关系问题。

---

① 李政涛. 教育科学的世界 ［M］. 上海：华东师范大学出版社，2010：53.
② 劳思光. 新编中国哲学史：第一卷 ［M］. 桂林：广西师范大学出版社，2005：10-11.
③ 王南湜. 理论与实践关系问题的再思考 ［J］. 浙江学刊，2005（6）.
④ 王南湜. 理论与实践关系问题的再思考 ［J］. 浙江学刊，2005（6）.

如果把全部哲学划分为理论哲学和实践哲学两种理路，那么理论哲学相对会忽视"理论与实践"关系在其理论体系中的地位，但这并不意味着这与它无任何关联。尽管理论哲学自认为理论可以超拔于日常生活而把握实在和建构自身体系，但理论哲学对理论持有的全部优越感，依旧是相对于"实践"而言的，无论在它眼里，实践是否有独立性，是否只配充当其执行者的角色，也无论它是否竭力撇清与实践的关系以证明理论的纯粹性等，它都终究无法脱离理论与实践的"关系"，没有这种"关系"，理论哲学就失去了存在依凭。即使在亚里士多德那里，其也将实践视为"以可变事物为对象"，理论的对象则是"出于必然而无条件存在的东西"，即"永恒的东西"，因此理论并不具有可实践性，从而理论与实践之间便不具有内在关系，只有等级差异关系：朝向"永恒事物"的理论高贵于面向"可变事物"的实践。这一切并不能否认理论与实践依然具有某种关系，等级差异关系也是一种关系的表现形态，当亚里士多德认为二者不存在内在关系的时候，已经表达了对理论与实践关系的思考，只是亚里士多德不予承认和深究罢了。

在实践哲学中，关于理论与实践的关系问题之所以为"基本"和"根本"的问题，王南湜做了较充分的说明：

"首先，在逻辑上，自身亦作为一种理论的实践哲学，既然强调异于自身的实践活动为最根本性的活动，因而它便必须说明自身所属的理论活动与实践活动之间的关系，说明实践活动如何比之理论活动是更为根本的活动，说明理论活动如何根源于实践活动，否则，这种理论就是自我否定的。而与之相对照，自身作为一种理论的理论哲学之肯定理论活动的根本性地位，既然已肯定理论活动的根本性地位，便无须从比自身低等的实践活动关系中获得证明。

"其次，从哲学史上看，现代实践哲学是对于两千年来占据统治地位的理论哲学的反叛，它既然认为哲学史上长期以来对理论活动的推崇和对实践活动的贬抑是一种虚假的观念，并要将这种关系颠倒过来，那它便不可避免地要对这二者的真实关系给予说明。

"再次，更为重要的是，实践哲学从根本上否定理论哲学所预设的主客分立和理性为人的本质的有效性，而是认为这种分立为历史中逐渐形成的，从而是有限的，且人的理性亦是历史的、有限的，而这便意味着生活实践并非能够全然理论化。由于实践哲学一方面肯定理论根源于实践，为生活实践之构成部分，另一方面又肯定生活实践的不可全然理论化，故在实践哲学中理论与实践之间便具有一种差异性张力，从而其关系问题便不可避免地要成为一个根本性的重要问题。"①

上述论证体现了历史与逻辑的统一：在实践哲学世界中，无论是逻辑事实，还是历史事实，都把"理论与实践"的关系问题作为其基源性问题，所有相关学说可以也必须回到这一初始源头加以考量。

其二，从实践哲学的基本概念和基本范畴来看，其生成于"理论与实践"关系。其学理与前者类似，无论是"理论"，还是"实践"，其内涵都必然是以对方为参照系或相对物界定的，是在"理论"与"实践"的"相对关系"中生成的。没有这种"关系"的存在，实践哲学的任何概念都将失去界定的基石。"理论与实践"既是实践哲学中的基本概念，任何置身其中的研究者都必须将自身对何谓"理论"、何为"实践"的回答作为起点，同时也是实践哲学的主导问题（Leitfrage）、基本问题（Grundfrage），是某种起始性的事情（Anfängliche），"只有起始的东西才为历史奠定基础"②，因此，"理论与实践"是实践哲学中的基源性问题。

其三，从实践哲学的主要流派和代表人物来看，"理论与实践"关系在其思想体系中是根基性、原发性的存在。以马克思实践哲学为例，"哲学家们只是用不同的方式**解释**世界，问题在于**改变**世界"③ 这一典型实践哲学话语的内核，是"理论与实践关系"，它可以被视为马克思一生的学术追求，如果说马克斯·韦伯（Max Weber）表明了"以学术为业"的人生志向，那么，马克思的志向则是"以理论改变实践为业"。他在《1844 年经济学哲学手稿》中，以更加具体清晰的方式将其明确为哲学的任务：

"**理论**的对立本身的解决，**只有**通过**实践**方式，只有借助于人的实践力量，才是可能的；因此，这种对立的解决决不只是认识的任务，而是一个**现实**生活的任务，而**哲学**未能解决这个任务，正因为哲学把这**仅仅**看作理论的任务。"④

马克思为亚里士多德以来的实践哲学传统带来了根本扭转：不再把理论哲学与实践哲学的对象和任务分割对立起来，转而让哲学回到现实，以"改变现实的实践"打通理论与实践关系，这种打通后的"理论与实践的现实关系"成为哲学安身立命的根基所在。

马克思对理论与实践关系的重视，没有停留在前述广为人知的话语之中，而是在不同时期的著述中，以不同方式反复出现。

---

① 王南湜. 理论与实践关系问题的再思考 [J]. 浙江学刊，2005（6）.

② 海德格尔之语。转引自张汝伦. 历史与实践 [M]. 上海：上海人民出版社，1995：61 - 62. 另可参见 Otto Pöggler, Der Denkweg Martin Heideggers [M]. Pfullingen：Neske，1963：145.

③ 马克思，恩格斯. 马克思恩格斯选集：第 1 卷 [M]. 2 版. 北京：人民出版社，1995：57.

④ 马克思，恩格斯. 马克思恩格斯全集：第 42 卷 [M]. 北京：人民出版社，1979：127.

在《〈黑格尔法哲学批判〉导言》中，马克思批判青年黑格尔派：

"没有想到**迄今为止的哲学**本身就属于这个世界，而且是这个世界的**补充**，虽然只是观念的**补充**。"①

"这些哲学家没有一个想到要提出关于德国哲学和德国现实之间的联系问题，关于他们所作的批判和他们自身的物质环境之间的联系问题。"②

马克思眼中的世界不是单纯的哲学世界、观念世界，也包括现实的世界，是哲学理论与现实生活的"关系世界"。他实际上是提醒：不要把哲学观念的世界等同于全部世界，更不能替代现实生活，哲学（理论）与现实（实践）的联系问题，是哲学家不能不考虑的根本问题。

在《关于费尔巴哈的提纲》中，马克思主张：

"人的思维是否具有客观［gegenständliche］的真理性，这不是一个理论的问题，而是一个**实践的**问题。人应该在实践中证明自己思维的真理性，即自己思维的现实性和力量，自己思维的此岸性。"③

"全部社会生活在本质上是**实践的**。凡是把理论引向神秘主义的神秘东西，都能在人的实践中以及对这个实践的理解中得到合理的解决。"④

这是马克思式的"实践意识"与"实践眼光"：把原属于"理论的问题"的问题，尽可能变成"实践的问题"，把遥远的理论彼岸变成现实的实践此岸。在"理论对实践的力量"的传统认知之外，他确信了"实践对理论的力量"，它能够化解在理论领域"神秘"而困惑的问题。这代表了哲学本身的力量，但该力量只有在将哲学变成基于理论与实践关系的实践哲学之时，只有在将理论问题转化为实践问题，把理论关系转换为实践关系的过程中，才可能展现。

马克思的"实践立场"相对于以往的"理论立场"而来，不是割裂对立意义上的相对，而是"转化中的改变"意义上的相对。这是马克思与以往实践哲学的最大不同，体现了强烈的"关系意识"和"改变意识"，他致力于在哲学领域内实现"理论对实践的改变"，这种对实践的改变最终也改变了理论本身。

二、教育学中的"理论与实践"

"理论与实践"的气息，在教育学世界里无所不在，无论是教育学研究，还是教育实践，理论与实践都成为日常生活的一部分。

从教育学的来源及后续的发展历程来看，"理论与实践"贯穿始终。

① 马克思，恩格斯.马克思恩格斯选集：第1卷［M］.2版.北京：人民出版社，1995：8.
② 马克思，恩格斯.马克思恩格斯选集：第1卷［M］.2版.北京：人民出版社，1995：66.
③ 马克思，恩格斯.马克思恩格斯选集：第1卷［M］.2版.北京：人民出版社，1995：55.
④ 马克思，恩格斯.马克思恩格斯选集：第1卷［M］.2版.北京：人民出版社，1995：56.

　　前学科时代的教育学归属于哲学领地，这注定了它带有从母体而来的"基因"和"胎记"，尤其是"理论与实践"的基因，从一开始就构造了教育学的细胞和血液。如果依据亚里士多德的"三分法"划分标准，教育学显然属于"实践"的一部分，兼有"制作"的气息。后世的各种划分大致没有脱离这个视界①。这在低估了教育学知识地位的同时，也表明了人们对教育学是"实践之学"的大致共识。

　　进入学科时代之后②，后人以各种方式不断抬升教育学的"理论地位"，强化其"科学理论"印记。或如拉伊（Lay）和梅伊曼（Ernst Meumann）那样通过"实验"的方式③，或如布雷钦卡（Wolfgang Brezinka）那般，通过分类，在教育学世界内安放一个纯粹的理论教育学，即教育哲学，或干脆创制一套"元教育学"④，以此显示教育学内部存在"纯粹理论"的可能性。但教育学的"经验底蕴"和"实践气质"的定性没有从根本上改变。这意味着教育学从一开始就无法摆脱"理论与实践"的纠缠，无论是基于理论应用的"应用科学"，还是基于经验总结归纳而来的"经验科学"，抑或是面向实践问题的"实践科学"（有人称之为"实践教育学"），其名称本身都内含了"理论与实践"的关系，是两者关联构造后的产物。

　　从教育学的研究对象和研究目的来看，无论出现多少分支学科和相应的研究领域，作为整体的教育学总是离不开"教育存在"这一研究对象，也无法否认"教育"作为一种人类"实践活动"样式而存在的事实，更无法否认教育学研究最终要面向教育实践、影响教育实践的根本目的，虽然有的只是以"间接目的"的形式而存在。我们难以想象一种教育学，哪怕是最具有"纯粹理论"的"元教育学"，能够将"教育实践"完全排除在其理论研究的目的和价值之外。要达到影响教育实践这一最终指向，离开教育理论也是不可想象的。

　　什么样的教育理论才最可能影响和改变实践？这是教育学领域的一个基本问题和根本问题。"理论与实践"成为教育学不可摆脱的宿命。

---

　　① 1605 年，培根在其学科知识的分类体系中，将"教育学"放入第九大类中的某一小类之中，虽然并不起眼，但好歹给了教育学在人类知识体系中的一个位置。参见黄向阳. 教育知识学科称谓的演变：从"教学论"到"教理学"［G］// 瞿葆奎. 元教育学研究. 杭州：浙江教育出版社，1999：293.

　　② 有关教育研究的前学科和学科时代的转换与变迁，参见叶澜的《教育研究方法论初探》（上海教育出版社，1999），尤其是第二章。

　　③ 拉伊宣称："新旧教育学的主要区别，在于它们积累经验的方式和研究的方法"。参见拉伊. 实验教育学［M］. 沈剑平，译. 北京：人民教育出版社，2007：8.

　　④ Wolfgang Brezinka. Metatheorie der Erziehung Eine Einführung in die Grundlagen der Erziehungswissenschaft，der Philosophie der Erziehung und der Praktischen Pädagogik［M］. München：Ernst Reinhardt Verlag，1978. 另可参见瞿葆奎，唐莹. 教育科学分类：问题与框架［J］. 华东师范大学学报（教育科学版），1993（2）；瞿葆奎. 教育学的探究［M］. 北京：人民教育出版社，2004：13.

作为教育哲学家的尼斯特洛姆（J. W. Nystrom）指出，教育哲学家们之所以对这一问题有浓厚的不可抗拒的兴趣，原因在于：第一，他们的职业生涯赌注在这一命题上，且这是教育研究的基础知识内容；第二，没有对这一问题的澄清，其他问题也将含糊不清；第三，教育哲学家发现理论与实践问题，包含了“知识与行动”、“思辨性知识”与“实践性知识”、“目的与手段”、“纯粹理性”与“实践理性”等极为丰富的内涵①。

包括作为教育学分支学科的教育哲学研究在内，任何将教育理论和教育实践区别开来，在无视对方的情况下所进行的“独立”思考，都是一种割裂和对教育学特性的违背。在卡尔看来：

“这种区别实际上掩盖了这样一个事实：有关教育理论性质的‘哲学’问题和有关这种理论怎样与实践相联系的‘非哲学’问题根本不能看作两个独立问题。其根本原因是，有关教育理论的性质的思想总是关于教育实践的性质的思想，并且总是体现为理论如何运用实践的一种潜在观念……所以，不存在关于理论的各种原理和关于实践的各种原理，也不存在关于理论与实践两者之间的其它一些原理。所有教育理论都是关于理论与实践的原理。”②

同理，所有教育实践也都有“理论与实践”的原理，任何实践者的实践都必有某种理论支撑，只不过这种理论要么不为实践者自知和自明，要么实践者的理论与理论人的理论在形态和表现方式上不同而已。

从教育学发展过程中的代表人物和代表作来看，其以各种方式提出并回答了这一问题。

夸美纽斯（J. A. Comenius）的《大教学论——把一切事物教给一切人的全部艺术》，其副标题“把一切事物教给一切人的全部艺术”，就内含了“理论与实践”的关系，也具体体现了教育理论转化为实践的夸美纽斯方式。其中的“艺术”暗应了古希腊语中“实践”的“艺术”内涵③。

最初作为哲学家，后来却以教育学家传世的赫尔巴特，有专门关于实践哲

① J W Nystrom. The Philosophy of Educational Theory and Practice [J]. International Review of Education，1962，8（2）：200-201.

② 卡尔. 教育理论与教育实践的原理 [M]. 郭元祥，沈剑平，译//瞿葆奎. 教育学文集：教育与教育学. 北京：人民教育出版社，1993：558.

③ 在亚里士多德眼中，教育是被以“艺术”的特性纳入其“实践”视域中的。参见 Dietrich Benner. Die Pädagogik Herbarts：eine problemgeschichtliche Einführung in die Systematik neuzeitlicher Pädagogik [M]. Weinheim u. a.；Juventa-Verl.，1993：78-79.

学的著作①。显而易见，他受到了传统实践哲学的影响，伦理、政治和教育的关系构成了其"实践哲学"的主要内容，并且对其普通教育学理论产生了根基性的影响②。

在教育学史上，赫尔巴特第一次明确把实践哲学作为建构独立形态的教育学的重要基石③，以至他的《普通教育学》被视为"实践哲学研究"。其基本方法就是建立了理论与实践之间的纽带，形成两者之间和谐的节拍④。赫尔巴特关注"理论与实践"问题由来已久，在1802年所做的第一次关于教育的演讲之中，他就在尝试提供调节理论与实践关系的模型⑤。从其整体发展历程来看：

"赫尔巴特的教育思想同他的教育实践紧紧联系在一起的，他不但在年轻时代当家庭教师的实践中积累了教育经验，而且也从他的大学教育实践中获得了对教育的进一步理解。他非常重视教育实践，重视教育实践对一个教育工作者的教育思想的影响。"⑥

同样是哲学家出身的杜威，其教育理论与其哲学观念，与其对理论与实践的理解也有不解之"姻缘"。《确定性的寻求：关于知行关系的研究》这一被称为杜威最具影响力的著作⑦，与夸美纽斯类似，其副标题直抒胸臆为"关于知行关系的研究"，杜威有关教育理论与实践的核心观点都可以在此书中找到答案。针对古希腊哲学对理论与实践的分割，他追问：

① 赫尔巴特. 一般实践哲学 [G]. 郭官义，李黎，译// 郭官义. 赫尔巴特文集·哲学卷一. 杭州：浙江教育出版社，2002：83-226. 另可参见李长伟. 实践哲学视野中的教育学演进 [M]. 武汉：湖北科学技术出版社，2012：99-118.

② Dietrich Benner. Die Pädagogik Herbarts：eine problemgeschichtliche Einführung in die Systematik neuzeitlicher Pädagogik [M]. Weinheim u. a. ：Juventa-Verl. ，1993：137-184，78-82.

③ 有关赫尔巴特实践哲学的阐述，参见李长伟. 实践哲学视野中的教育学演进 [M]. 武汉：湖北科学技术出版社，2012：99-118.

④ Norbert Hilgenheger J F. Herbarts' Aligemeine Pädagogik als praktishe überlegung Eine argumentationsnalytische Interpretion [M]. Munster：Klaus D. Dutz—Wissenschaftlicher Verlag，1993：51-60；Dietrich Benner. Die Pädagogik Herbarts：eine problemgeschichtliche Einführung in die Systematik neuzeitlicher Pädagogik [M]. Weinheim u. a. ：Juventa-Verl. ，1993：78-81.

⑤ 赫尔巴特. 关于教育学的两个讲座（1802）[M] //李其龙. 赫尔巴特文集·教育学卷二. 朱刘华，李张林，译. 杭州：浙江教育出版社，2002：194-203；Johann Friedrich Herbart. Die ersten Vorlesungen über Pädagogik [M]. Johann Ffiedrich Herbart. Johann Friedrich Herbart pädagogische Schriften. Herausgegeben von Walter Asmus，Erster Band，Kleiner pädagogische Schriften，Düsseldorf und München；Verlag Helmut Küpper Vormals Georg Bondi，1964：121-130.

⑥ 李其龙语，载郭官义. 赫尔巴特文集·哲学卷一 [M]. 杭州：浙江教育出版社，2002：35. 另外，有关赫尔巴特的"实践哲学"，还可参见李长伟. 实践哲学视野中的教育学演进 [M]. 武汉：湖北科学技术出版社，2012：99-118.

⑦ 这一判断来自哈贝马斯. 参见哈贝马斯. 论杜威的"确定性的寻求"[C]. 童世骏，译// 杜威. 确定性的寻求：关于知行关系的研究. 傅统先，译. 上海：上海人民出版社，2005：1.

"截然划分理论与实践，是什么原因，有何意义？为什么实践和物质与身体一道会受到人们的鄙视？"①

在他那里，理论不是与实践完全分离的，而是实践的一个环节。"概念"只是当我们对存在采取行动时在理智上所运用的工具而已。他所期望的是理论上的确定性和实际上的确定性的合二为一。杜威所推动的教育改革的目的之一，也在于改变教育理论与实践分离甚至对立的状况。

同样是哲学家出身的当代德国教育学家本纳，第一本书就以"理论与实践"为名，系统讨论了黑格尔（Georg Wilhelm Friedrich Hegel）与马克思在这一问题上的联系与区别②。在其最具代表性的著作《普通教育学》中，核心概念是"实践"，此书因而被定位为"教育实践学"。他主张，"理论与实践的关系"是"普通教育学"体系中的基本问题。一方面，实践是前提，出现在理论和科学之前。另一方面，实践也不是唯一和完美无缺的。通过理论可以让实践变得更有意识。教育实践通过教育学和教育科学并不能自动变得更好，但可以获得灵感和发展动力，由此带来新机会，形成新实践③。在讨论赫尔巴特教育学思想的过程中，本纳指出：由赫尔巴特提出的作为理论的教育学和作为实践的教育学之间的关系，在今天仍然是一个尚未解决的"问题"。无论是对于为教育实践而存在的教育科学，还是对于运用教育科学的教育实践，理论与实践关系的意义都是必须正视的问题④。

就"生命·实践"教育学而言，这一"在中国"的教育学派，是在以"新基础教育"为基础的多年学校整体变革实践中逐渐生成的。"新基础教育"在大学教育理论研究者与中小学教育实践者的合作中进行，其研究成果是对"理论与实践"进行"关系实践"的产物，这一"关系实践"被其首创者叶澜命名为"理论与实践的交互生成"。"新基础教育"的另一个重大结果是催生了"生命·实践"教育学。这一结果回应的主要问题是："生命·实践"教育学是如何在理论与实践的交互生成、双向转化中形成和发展出来的？

---

① 杜威. 确定性的寻求：关于知行关系的研究 [M]. 傅统先，译. 上海：上海人民出版社，2005：3.

② Dietrich Benner. Theorie und Praxis. Systemtheoretische Betrachtungen zu Hegel und Marx [M]. Wien：R. Oldenburg Verlag，1966.

③ 李政涛，巫锐. 德国教育学传统与教育学的自身逻辑：访谈德国教育学家本纳教授 [J]. 教育研究，2013（12）.

④ Dietrich Benner. Die Pädagogik Herbarts：eine problemgeschichtliche Einführung in die Systematik neuzeitlicher Pädagogik [M]. Weinheim u. a.：Juventa-Verl.，1993：31.

第三节　作为"方法论"的"理论与实践"

将"理论与实践"定位为"普通"、"基本"、"原理"和"基源"性质的问题加以解读，不能替代对另一个可能更加重要的论题的讨论，即："理论与实践"问题到底有何意义，是什么层面上的"意义"？这是一个绕不过去的问题：我们究竟为什么将"理论与实践"作为一个重大问题来探究？它已经耗费了多少代人的热情和精力！

我们既需要明晰"理论与实践"问题的性质，也要知晓如此这般的"基本原理"究竟指向何处和归宿何在，它们到底是什么样的"基本原理"，又是针对何种存在的"基源"。

"理论与实践"是关于人的生成与发展的基本原理，是有关方法论的基本原理；统而言之，是朝向"人的生成与发展"的"理论与实践"的方法论原理。

海德格尔曾言，思想者总是要去思想那些"最富有原则性的又是最具体的问题"[①]。何种问题最具有这种特质？任何"普通问题"、"基本问题"、"原理问题"和"基源性"问题，都是最富有原则性又最具体的问题。"理论与实践"问题也不例外，它是理论创制、实践智慧运行得以从出的源头、魂魄，也是需要奔赴的标杆和需要遵循的准则，背离者将"失魂落魄""漂泊无根"，此为"原则性问题"。如果不如此，"理论与实践"关系问题则变得可有可无，成为所谓"基源"则不可能。它同时也细微至日常言行的各种外显形态，当理论者与实践者都试图改变实践中内含的某种教学价值观、过程观和评价观，同时又提出需要探究可以在课堂教学中体现的载体、策略和方法之时，尤其是双方共同探讨实践者的某一句习惯性的课堂用语、身体动作、姿态和面部表情该如何改变，才可能将一种新的教育价值观展现于众人眼帘之前时，"理论与实践"的魂魄就在其中摇荡不止了，此为"最具体的问题"。不如此，"理论与实践"问题就是大而无当、空洞无物，只能在真空中飘浮，"看上去很美"的问题。

所谓"具体"，关键在"体"，既是"体现"之意向，也有"载体"之实事，只有以现实"载体"作为依托，问题才可能具体，才会有"具象"。

为"理论与实践"问题寻找可以在精神中感触，在现实中触及，因而被双方共享的"载体"，是探寻"理论与实践"关系的基本任务之一。

此"载体"不能由人来承担。在教育理论界流布甚广的观念，是将"人"

---

① 海德格尔．存在与时间［M］．陈嘉映，王庆节，译．北京：生活·读书·新知三联书店，1999：11.

作为"理论与实践"的"中介"①，"人的意识"虽在此问题中得以显现，但如此则意味着人的存在本身被工具化和物化，仿佛人只是为了"理论和实践"而存在。恰恰相反，"人"始终是最根本的目的，理论也好，实践也好，"理论与实践"关系都是人的生成与发展的中介。

可以作为"理论与实践"载体之物众多，"方法"和"方法论"是需要慎重对待的选择之一，它们得以"入选"的理由在于：它们为理论和实践所共享，是二者日常运行不可缺少之物。

相对于方法，我更倾向于"方法论"，这是"理论与实践"漫长的问题史和研究史中最隐秘的动力，却久未彰显。强烈的"方法论意识"，是作为理论的"生命·实践"教育学和作为变革实践的"新基础教育"所共同形成、凸显和遵循的传统。叶澜指出："'新基础教育'研究方法论的核心问题是怎样处理研究中理论研究与实践研究的关系，理论工作者与实践工作者的关系。"②

对这一处于其"内部传统"的挖掘③，有助于实现"由内而外"的转化，为变成"理论与实践"公共领域所关注和依循的传统，提供可能的条件和资源。

对于"理论与实践"问题的认识，将实现一种推进和转换：从作为"问题"的"理论与实践"，推进到且转换为作为"方法论"的"理论与实践"。

"方法论"与"方法"的不同在于，前者是对"方法与研究对象或研究问题关系"的探究④，它要求在选择和运用某一研究方法之前，需要对对象和问题本身的性质做深入分析，如此才能以适切于问题的方法解决问题。这是"方法论意识"中最核心的"适切意识"。以此为基础，"方法论"还要求探究某问题从何而来、如何发生、有何发展节点（历史意识与节点意识）、依据什么"前提假设"（假设意识）、从何种"层面"（层面意识）探究、从哪种"视角"切入（视角意

---

① 有关"人作为中介"的观点，代表性的如何小忠. 论教育理论现实化的路径 ［J］. 教育理论与实践，2002（6）.

② 叶澜. 个人思想笔记式的15年研究回望 ［G］//叶澜，李政涛，等. "新基础教育"研究史. 北京：教育科学出版社，2010.

③ 张向众表达了对这一传统的认识："随着'新基础教育'理论和实践的理解日益深入，方法论意义上的思考，将我不知不觉地引领到了一个更高的学习层面——从理论和实践的复杂关系视野来理解和考察'新基础教育'研究。与其他一些教育改革——研究者将别人的理论介绍给实践者——大不相同，'新基础教育'研究是在理论和实践的复杂关系中，实现理论观点、思维或方法论的知识形态向实践形态转化，研究者和课堂教学中的实践者共同提升和分享在实践中生成的教育理论，并在'听—说—评课'或课堂教学中共同实践并丰富理论；此种理解的深入，我才真正地认识到'新基础教育'研究实质上就是实践形态的方法论。"张向众. 教育学之旅中"发展着的人"：记我在"新基础教育"研究中的学术成长 ［G］//叶澜，李政涛，等. "新基础教育"研究史. 北京：教育科学出版社，2010.

④ 这只是一个最概括的界定，实际上"方法论"是一个多层面的复杂构成。具体参见叶澜. 教育研究方法论初探 ［M］. 上海：上海教育出版社，1999.

识）、遵循什么样的"思维方式"（思维方式意识）来思考等一系列方法论问题。

当"理论与实践"被置于"方法论"的全新视野中考量之时，其显示出两重含义：

第一重含义，"理论与实践"作为问题的方法论价值和意义。任何问题只要是"真问题"，就有其独特价值，意义的表现形态和方式各有不同层面、不同视域的理解。当作为方法论的"理论与实践"被提出之时，首先表明这一问题在方法论层面上的价值和意义是，唯有"方法论式"的思考和审视，才能带给"理论与实践"这一古老恒久问题以特殊意义。以对这一基源性问题性质和发展脉络的基本理解为前提，以"理论与实践"流变至现时代而来的新境遇的解析为基础，它试图引出新方法（它必定是适切于"老问题"在新时代出现的"新问题"）、新视角、新思维方式，对这一总也嚼不烂的问题嚼出些新滋味，进一步逼近真理的山顶。这一山顶是此问题的目标或标杆，是此问题得以发生、得以研究所仰望的价值山顶或意义顶峰。

第二重含义，以方法论的方式，或从方法论的角度探讨"理论与实践"关系。这一探讨方式牵涉对这一问题探究的历史，但不是"历史研究"，也涉及对该问题的各种观念的梳理，但不是观念的陈列与评述。它必定与该问题的"研究方法"有关，但不会纠结于方法本身，这一切相联结的点都被方法论综合转化为这样一个层面的探讨：已有对"理论与实践"关系研究的方法，包括思维方式等，是否适切于问题本身？在探究过程中，出现过哪些前提假设、视角和思维方式？

一旦从方法论的角度探究"理论与实践"关系，就自然会形成相应的"方法论眼光"，它将引领研究者时刻以此眼光审视已有和将有的研究、他人和自我的研究。它也会演变为研究者的"方法论习惯"：当研究停滞不前，遭遇重重矛盾、困境和挫折之时，首先会去思考是否研究的方法论出了问题，方法论是不是"罪魁祸首"；当研究亟须开拓新空间新道路之时，首先想到的是方法论如何更新与重构，把方法论的创造变为思想更新与创造的源泉。

例如，就"方法与问题的适切性"而言，已有对"理论与实践"关系的探究，主要是思辨哲学式的研究方法，以文献研究、历史研究、比较研究等为具体方法载体，其表述方式、写作方式也是思辨性、演绎推理式的①。虽然我们不能说这些研究方法不适切于"理论与实践"问题，但如果要把此抽象宏

---

① 关于研究者的写作方式问题，传统"理论与实践"领域是单调式写作，而非"复调式"写作，前者是单一主体、单一视角、单一修辞方式的写作。参见李政涛. 教育经验的写作方式：走向复调式写作 [J]. 北京大学教育评论，2013（3）.

大的问题变为具体微观的问题，如变成本书所欲解决的理论与实践的双向转化问题，找出转化过程机制，寻觅具体而微的转化途径和策略、方式、方法，原有的传统思辨研究方法就难以适应了，更何况，"理论与实践"是如此复杂的问题，已有的单一性研究方法无法应对。为此，开拓新的研究方法，如实证性研究方法，包括基于人种志的田野研究、质性研究、叙事研究等，使其与传统研究方法一起构成适切于复杂问题的复杂方法体系，就成为理所当然和大势所趋之事，也是本书在方法创新方面的尝试之举。

作为方法论的"理论与实践"的双重含义不可分割：

当我们试图将"理论与实践"问题的意义定位为指向"人的生成与发展"时，这说明我们是从"人的视角"来挖掘"理论与实践"作为问题的意义，它应该是以人的认识为起点，以人的生成和发展为终点的问题。而这一视角，在已有的"理论与实践"关系研究中，尤其是在实践哲学领域内问题史研究中，理论上曾被提出，但未曾在实践上得以彰显。这一视角的发掘和开拓，带出了该问题的特殊且重大的意义，并将转而有助于明确"理论与实践"问题的性质和属性：归根到底，它是一种"人论"性质的基本问题，是成事成人的原理问题，是由哲学提出但最终需由教育学来完成的基源问题。

当我们试图回到理论思想得以诞生的前提，以方法论之眼关注已有"理论与实践"各家各派的学说背后的前提假设时，我们陡然发现某些观点的谬误来自前提假设的错误，并转而回到"理论与实践"问题背后的前提假设，将会发现前提假设的不同，也将为问题本身赋予不同的意义。

当我们试图判断已有的"理论与实践"研究的方法是否适切于该问题本身时，我们会看出已有的思维方式，如单向式思维方式、割裂式思维方式、二元对立式思维方式、静态式思维方式、结果式思维方式等传统的简单性思维方式，不适切于这一复杂问题的研究，并且也是这一问题产生诸多障碍，走不出困境的根源，因此需要有反向式思维方式、双向关系式思维、动态生成式思维方式和过程式思维方式等现代的复杂性思维方式。

这些都只有从方法论的角度审视才能显现。不同的方法论也将呈现和开拓出不同的"理论与实践"关系图景，包括意义图景。

这是本书欲尝试之处：将方法论的意识、角度贯穿于对"理论与实践"的历史与逻辑的探讨之中，具体渗透体现于每一具体问题的阐述之中，包括充分运用具有实证性的田野研究材料。

第三章
论题的回归：教育场域中的"生命·实践"

"生命·实践"教育（学）理论作为"新基础教育"试验研究的理论结晶，是21世纪以来贴地式地介入中小学课堂教学变革的典型案例，其以"新基础教育"实践研究为抓手，深入到一线中小学课堂做研究，在"理论-实践"研究中探寻教育理论与实践的双向转化与建构，最终形成了较为系统的"生命·实践"教育（学）理论体系。

第一节 理论属性：作为"事理研究"的"生命·实践"教育学

"生命·实践"教育（学）理论作为一种"事理研究"，既不同于研究外在之"它"的自然科学，也不同于研究内在之"我"的精神科学，而是以教育主体所创造、从事的教育活动为研究对象，是一种"探究人所做事情的行事依据和有效性、合理性的研究"[①]。通过对"事理研究"内涵与外延的梳理（见表3-1），可以看出，"事理研究"关注的重心在于"人为之事"与"事中之理"，既关注教育之"事"的存在状态，也关注教育之"事"的发展过程，更会对教育主体"行事"的合理性与有效性进行审视[②]；既关注教育之事本身蕴含之"理"，又要探究教育主体"做事"过程之"理"，更要探寻如何以"理"与依"理"来做教育之事，从而促使教育朝向更合情合理的方向发展。可见，"事理研究"是以一种"事件化"[③]而非"事物化"的眼光来思考教育和研究教育，其本身是"基于对现实教育与可能教育之事理的认识，关于如何实现可能教育与现实教育之间积极转化之理的研究"[④]。因此，作为"事理研究"的"生命·实践"教育（学）理论更是一种研究教育之人、教育之事、教育之理与教育之情相互转化的理论。

表3-1 "事理研究"的内涵与外延

内涵与外延	"事理研究"
基本构成	1. 探究行事依据的理论：考察教育的事由与事态、结构与过程、目标与解构
	2. 探究合理有效的理论：提高教育活动的合理性、效率、质量与水平
基本特征	综合性、动态性、关联性、创生性、融通性

---

① 叶澜. 回望 [M]. 桂林：广西师范大学出版社，2007：98.
② 孙元涛. 教育学者介入实践：探究与论证 [M]. 重庆：重庆大学出版社，2009：145.
③ 卜玉华. 事理意蕴："生命·实践"教育学理据之问 [M]. 上海：华东师范大学出版社，2015：73.
④ 卜玉华. 事理意蕴："生命·实践"教育学理据之问 [M]. 上海：华东师范大学出版社，2015：75.

续表

内涵与外延	"事理研究"
基本维度	教育主体间交往互动中的"人-事-理-情"
目的指向	1. 使教育活动更富理性
	2. 通过教育活动更好地满足教育主体从事教育活动的需求
理实关系	从对象到目的的直接关联性
关涉内容	1. 涉及教育价值、教育事实与教育行为三大方面
	2. 包括过去、现在和未来三大时空
	3. 关涉教育活动主体与对象、工具与方法等多方面错综复杂的关系
	4. 关注教育主体作用下教育事物之间、教育主体与事物交互作用中多形态、多时态、多事态、多主体的多重多次转化

资料来源：杨小微. 教育理论工作者的实践立场及其表现［J］. 教育研究与实验，2006（4）：6-9，38.

　　作为一种独特的"事理研究"的学问，"生命·实践"教育（学）理论的建构既是"在对'事'的研究与思考中解析其内在之'理'"[①]的过程，也是在对教育之"理"的提炼与梳理中"对'成事'的谋划、审度和价值考量"[②]的过程，其不仅仅是对教育世界的说明与描述，更是对教育世界的解释与改变。在"事理研究"中，教育价值、教育主体与教育关系是其不可忽视的必然构成，需要凭借教育行动者的反思与主体间的理解来判断教育之基本事态，探究教育之发展事由，结合纵向教育历史线索与横向教育相关因素进行综合分析，在对教育之事进行整体把握的基础上，"从可见的事态中看到背后的事由，从对事态、事由的综合式透析中提炼梳理出'事理'"[③]，最终实现教育主体"德性实践与知性行为的统一"[④]。因此，"事理研究"基本性质的定位，促使"新基础教育"试验研究能够带着教育问题意识，走进真实发生着的教育现实生活，在观察、体验、感受与欣赏中实现教育理论（者）与教育实践（者）的沟通交往，形成一种具有"综合抽象"与"具体形象"双重属性的"生命·实践"教育（学）理论，并在理论建构与实践变革中形成一种互相推进、共生共长的转化关系。

　　"生命·实践"教育学的代表性人物叶澜教授，曾将"新基础教育"研究概

---

　　① 孙元涛. 研究主题：体制化时代教育学者的学术立场与生命实践［M］. 上海：华东师范大学出版社，2015：144.

　　② 伍红林. 合作教育研究中两类主体间关系的研究［D］. 上海：华东师范大学，2009：118.

　　③ 孙元涛. 教育学者介入实践：探究与论证［M］. 重庆：重庆大学出版社，2009：146.

　　④ 卜玉华. 事理意蕴："生命·实践"教育学理据之问［M］. 上海：华东师范大学出版社，2015：80.

括为两个工程，即"上天工程"与"入地工程"。其中，"上天工程"指的是进行抽象的教育理论研究与构建，而"入地工程"则是到中小学课堂中做研究，进行教育实践探索。这两项"转化工程"主要是由一整套教育理论、一批转型学校与一条改革之路构成。可以将"生命·实践"教育（学）理论的理论文本分为四种不同的类型（见表3-2），分别指向对"应该如何""是什么""为什么""如何做"等问题的回应。

表3-2 "生命·实践"教育（学）理论的基本类型与理论文本

基本类型	代表性的理论文本
价值性的教育理论	《"生命·实践"教育学派的教育信条》 《回归突破："生命·实践"教育学论纲》 《交互生成：教育理论与实践的转化之力》 《人性问题："生命·实践"教育学人学之基》 《事理意蕴："生命·实践"教育学理据之问》 《西方哲学："生命·实践"教育学视角之思》 《文化传统："生命·实践"教育学命脉之系》 《学派建设：教育学内发展路径之探》 《时代需求：中国教育学的转型与创生》 《中国基础教育改革的文化使命》
事实性的教育理论	《"新基础教育"研究史》 《"新基础教育"研究传统》 《"生命·实践"教育学论著系列——合作校变革史丛书》（共10册）
解释性的教育理论	《"新基础教育"论——关于当代中国学校变革的探究与认识》 《"新基础教育"探索性研究报告集》（内部俗称"黑皮书"） 《"新基础教育"发展性研究报告集》（内部俗称"绿皮书"） 《"新基础教育"成型性研究报告集》 《回望》《基因》《立场》《命脉》
行动性的教育理论	《"新基础教育"研究手册》 《"新基础教育"教师发展指导纲要》 《"新基础教育"课堂教学改革的深化研究》 《"新基础教育"数学教学改革指导纲要》 《"新基础教育"外语教学改革指导纲要》 《"新基础教育"语文教学改革指导纲要》 《"新基础教育"学生发展与教育指导纲要》 《学校教育研究方法》 《学校转型中的教师发展》 《学校转型中的教学改革》 《学校转型性变革的方法论》

　　众多合作学校的校长与教师是通过学术著作、期刊论文或学术讲座中的精华观点，逐渐走近与走进"新基础教育"研究的。"价值性的教育理论"与"解

释性的教育理论"作为"上天工程"的理论结晶，主要是在教育信仰、价值观念与精神意义层面进行论述。如《"生命·实践"教育学派的教育信条》整体包含 12 则信条，分别从教育、学校教育与教育学研究三个维度论述"生命·实践"教育学派的教育主张、教育思想、教育观念和教育原则，尝试回答"教育应该向何处去"的问题。而《"新基础教育"探索性研究报告集》《"新基础教育"发展性研究报告集》《"新基础教育"成型性研究报告集》则是对不同研究阶段的教育经验与教学成果进行理性提升的结果，回应不同阶段面对的不同教育问题。"事实性的教育理论"与"行动性的教育理论"作为"入地工程"的理论结晶，主要是在经验总结、教育规律、教学规范与行动指南等层面进行论述，旨在从"方法论意义上"回答"教育应该如何做"以及"为何这样做"的问题。如《"新基础教育"研究手册》和各学科的教学指导纲要，作为系统概述"新基础教育"研究过程及其具体"如何"的经验总结与提升，是"生命·实践"教育学的行动性理论文本，是对"新基础教育"观念变革、路径指导和关键节点的剖析，可作为合作学校校长与教师走近与走进"新基础教育"的"地图"与"导航仪"①。

第二节　作为方法论的"生命·实践"：理论与实践的双向转化

　　教育理论与实践的关系及其转化问题作为"新基础教育"研究任务与"生命·实践"教育学理论成果的核心问题，是贯穿实践研究与理论建构的一条主线，具体关注"如何在同一主体和不同主体间实现统一和转换"②。"新基础教育"研究追求的是有关"理论与实践"的"真理与方法"，即"不能停留于纯粹'真理知识'的思辨研讨之中，还应在'实践方法论'的层面上进行'转化型'的'关系实践'"③。因此，对于教育理论与实践关系，"新基础教育"研究将"教育理论与实践的关系是什么"的"概念性问题"转化为"什么样的教育理论与实践关系最有助于成事成人"的"价值性"问题④，进而把教育理论与实践之间的"名词性关系"转化为"动词性关系"，把"静态关系"转化为"动态关系"，把"关系研究"转化为"关系实践"，最终将教育理论与实践的转化问题引入现实的教育行动之中。

　　对于教育理论与实践双向转化的前提假设，"新基础教育"研究认为，"理

---

①　张向众，叶澜."新基础教育"研究手册 [M]．福州：福建教育出版社，2015．

②　李政涛."新基础教育"研究传统 [M]．福州：福建教育出版社，2015：26．

③　叶澜．思维在断裂处穿行：教育理论与实践关系的再寻找 [J]．中国教育学刊，2001 (4)：1-6．

④　李政涛."新基础教育"研究传统 [M]．福州：福建教育出版社，2015：210．

论研究者要介入影响和改变实践，理论必须适度先行，实践是理论重建与发展、理论创生的根基"①，二者之间的双向转化关系包括具体的转化目标、转化过程、转化策略和转化能力等综合性的结构，其转化过程是一种"预设目的向现实存在转化的过程，且发生在两大主体之间，即'教者'是教的目的的设定者，'学者'则是活动结果的体现者"。可见，在"新基础教育"研究中，教育理论与实践的关系不再是一个与"人"无关的问题，而是"由主体的行动意向和具体实践所造成的"②，即从一种"旁观者认识论"的单向思维框架中走了出来，以"行动者关系论"的立场和姿态重新建构教育理论与实践之间的转化关系。

在"新基础教育"研究中，教育理论与实践的关系作为一种内含教育理论的创生性教育实践，是一种"理论介入实践"与"实践创生理论"的双向滋养机制③，具体表现为教育主体"在新理念的学习、实践与体悟中，主动、富有创造性地进行实践变革探索，同时又在自身亲历的、创生性的日常实践中进行经验总结、理论提升的过程"④，其实质是"把外在的知识、价值观念和规范等文化转化为个人的内在精神"⑤。此外，根据以往教育理论与实践关系中"理论逻辑"与"实践逻辑"的二元对立关系，"新基础教育"研究提出了两种逻辑相互交往对话后的第三种逻辑，即"转化逻辑"⑥。作为教育理论者与教育实践者共有的转化逻辑，其本身是一种教育理论与实践双向转化的逻辑，是一种动态过程性的复杂逻辑，更是一种内含教育反思与教育评价的逻辑。因此，"新基础教育"视野下的教育理论与实践关系，不再是一种无主体的关系，也不是一种以"人"为中介的关系，而是"双重行动者"⑦ 之间的"关系实践"⑧，是一种本体性、基础性的存在。

教育的"研究性变革实践"作为"新基础教育"主要的研究范式，具有丰富的内涵与特质，它是"一种内含着变革理论并将其贯穿全程的变革实践，是在研究的过程中，研究人员与老师共同创造、持续进行、不断反思、尝试重建，从而具有生成新型的实践和理论这种内生力的变革实践"⑨（见图 3-1）。其中，

---

① 李政涛."新基础教育"研究传统 [M]. 福州：福建教育出版社，2015：196.

② 孙元涛. 研究主体：体制化时代教育学者的学术立场与生命实践 [M]. 上海：华东师范大学出版社，2015：160.

③ 叶澜. 基因 [M]. 桂林：广西师范大学出版社，2009：70.

④ 张向众，叶澜."新基础教育"研究手册 [M]. 福州：福建教育出版社，2015：39.

⑤ 叶澜. 教育研究方法论初探 [M]. 上海：上海教育出版社，1999：330.

⑥ 李政涛. 交互生成：教育理论与实践的转化之力 [M]. 上海：华东师范大学出版社，2015.

⑦ 孙元涛. 研究主体：体制化时代教育学者的学术立场与生命实践 [M]. 上海：华东师范大学出版社，2015：160.

⑧ 李政涛."新基础教育"研究传统 [M]. 福州：福建教育出版社，2015：216.

⑨ 叶澜. 基因 [M]. 桂林：广西师范大学出版社，2009：67.

"贯穿全程"意味着"包括教师认识的变化到教育教学的设计和策划的改变，再到教学实施，最终进入反思和重建阶段"[①]，这意味着在实现教育变革与教师发展的日常教育实践的每一个阶段都渗透着研究性的因素。可见，"研究性变革实践"并不仅仅是教育理论者的研究范式，还是教育实践者的日常研究方式，即教育理论者不仅要进行基本理论的构建，而且要在介入教育实践中构建理论，而教育实践者不仅仅要做教育理论的学习者与践行者，还要成为自身教育实践的研究者，努力达成自身观念与行为的统一。

	活动型存在	观念型存在	反思型存在
复杂思维	如："新基础教育"的课堂教学实践	如：莫兰的《迷失的范式》	如：莫兰的《复杂思想：自觉的科学》
系统思维	如："中小学教育体系整体改革实验"	如："教学过程最优化"理论研究	如："建立拟自三论"的学科反思
实体思维	如：中学生最优学习方式研究	如："关于教育本质的讨论"	如："教育学元概念分析"

图 3-1　教育研究聚类分析基本框架示意图

资料来源：杨小微，刘良华. 学校转型性变革的方法论 [M]. 北京：教育科学出版社，2011：115.

"研究性变革实践"既是将教育变革的理念转化为教学实践的主要路径，也是教师对自我教育理念进行实践化的关键渠道。其中，"研究性变革实践"作为一种内含教育变革理论的实践[②]，需要教师通过对新教育理论的学习、理解与领悟，建立新的教育"坐标系"和"参照物"，进而引发与传统教育理论的冲突，产生变革自身行为与观念的需求、愿望与行动。"研究性变革实践"作为一种创生性的教育实践[③]，既要剖析教师成败行为背后的教育思想观念，也要"提

---

① 叶澜."新基础教育"论：关于当代中国学校变革的探究与认识 [M]. 北京：教育科学出版社，2006：370.

② 叶澜."新基础教育"论：关于当代中国学校变革的探究与认识 [M]. 北京：教育科学出版社，2006：366.

③ 叶澜."新基础教育"论：关于当代中国学校变革的探究与认识 [M]. 北京：教育科学出版社，2006：368.

出改进、重建教学观念与行为的具体建议"①，促使教师对自身教育观念与教育行为之间的关系有所体悟。此外，"研究性变革实践"作为一种将研究的态度、意向和内容贯穿实践全过程和多方面的实践②，需要将教育主体的思想情感、价值观念与教育情境的地方性、文化性纳入理论建构与实践探索的视野之中。

根据以上分析，可以看出"研究性变革实践"是一种"内含理论、指向创新和自我超越"③的实践，其在追求整体、动态、生成意义上的求真与创新的同时，强调对"新逻辑"或"新机制"的探索与发现，而不仅仅是对具体教育结论的推广与应用，这是在一种"方法论意义上"关注方向性、原则性、适切性认识的研究范式。在这种研究范式中，教育理论提出了关于理想教育模型的设想，对教师而言，这既是一种方向性的指引，也是一种价值观的引领，而不是具体的教学步骤或固定的教学模式，是"行动前的探究指向和行动设计中的理论渗透"④，其自身强调教师对日常教学的反思和本身内含的变革自觉，以及"教师反思参照系因新理念的介入而更新，因参照系的更新而带来反思的新质量和重建的可能"⑤。因此，作为"新基础教育"研究范式的"研究性变革实践"，既是教育主体自觉学习的践行，也是教育理论向实践的创造性转化，其最终目的是实现教师教学、研究与发展在"研究性变革实践"中的统一。

第三节 作为生存方式的"生命·实践"：理论人与实践人交互生成

"新基础教育"研究的主要参与者是以实现"学校转型性变革"为目标的共生体。作为一种整体转型的学校转型性变革，"新基础教育"研究需要介入学校转型的具体过程⑥（见图 3-2），其目标是"学校教育的整体形态、内在机制和日常的教育实践要完成由'近代型'向'现代型'的转换"⑦，这便涉及教育主体的"价值取向、构成学校系统的要素之基质、相互关系、结构整体框架、管

---

① 叶澜. "新基础教育"论：关于当代中国学校变革的探究与认识 [M]. 北京：教育科学出版社，2006：368.

② 叶澜. "新基础教育"论：关于当代中国学校变革的探究与认识 [M]. 北京：教育科学出版社，2006：369.

③ 杨小微，刘良华. 学校转型性变革的方法论 [M]. 北京：教育科学出版社，2011：157.

④ 叶澜. "新基础教育"论：关于当代中国学校变革的探究与认识 [M]. 北京：教育科学出版社，2006：368.

⑤ 叶澜. "新基础教育"论：关于当代中国学校变革的探究与认识 [M]. 北京：教育科学出版社，2006：368.

⑥ 张向众，叶澜. "新基础教育"研究手册 [M]. 福州：福建教育出版社，2015.

⑦ 张向众，叶澜. "新基础教育"研究手册 [M]. 福州：福建教育出版社，2015：6.

理体制和运作机制等关涉系统整体性变化的各方面"①。具体而言，这一学校的
转型性变革过程，具体会关涉学校管理、教研组建设、课堂教学设计、课堂教
学实施过程、课堂教学反思、主体班队会、班级建设、学生发展工作与学校整
体状况等各个方面。

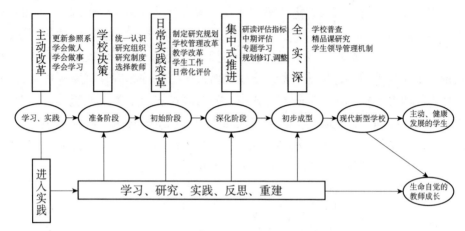

图 3 - 2 "新基础教育"研究与学校转型过程图

　　"新基础教育"视野下的学校转型性变革不是仅仅停留在对教育事实的描
述、说明与分析层面，而是要形成新的教育理论并使其参与变革学校教育现实
的关键环节，其实质是"共同走出了一条在当代中国实现基础教育学校转型性
变革的探究之路"②，即一条由专业人员负责、理论与实践工作者合作、自下而
上开展的教育研究之路。而参与"学校转型性变革"的主体主要包括两类：其
一是由中小学一线教师、校长、教育行政人员、家长等组成的教育实践主体；
另一类则是由来自高校和研究机构的教学与科研人员构成的，从事教育基本理
论、教育政策及其相关研究的教育理论研究主体。其中"新基础教育"研究的
项目开展和教师发展结构③（见图 3 - 3）并不是按照以上分类相互划界的，这
种新的合作结构是一种交互网络，是一种"由实施变革系统、促进变革系统和
支持变革系统等三大系统相互'咬合'、相互影响和协力推进的交互式教学管理
网络"④。可见，两类主体之间会发生过渡与转换，教育实践主体与教育理论主
体均是作为"双重行动者"往返于教育理论与教育实践的转化之中。

　　① 张向众，叶澜."新基础教育"研究手册 [M]．福州：福建教育出版社，2015：6.
　　② 叶澜."新基础教育"论：关于当代中国学校变革的探究与认识 [M]．北京：教育科学出版社，
2006：402.
　　③ 王建军．学校转型中的教师发展 [M]．北京：教育科学出版社，2008：104.
　　④ 杨小微，刘良华．学校转型性变革的方法论 [M]．北京：教育科学出版社，2011：124.

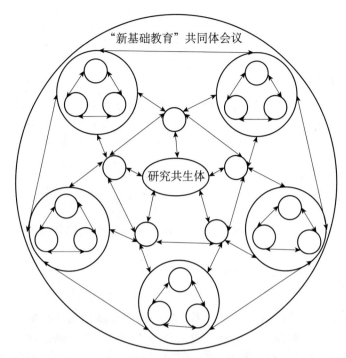

图 3 - 3　"新基础教育"发展性研究的组织方式结构图

资料来源：叶澜．"新基础教育"发展性研究报告集［M］．北京：中国轻工业出版社，2004．

　　每一位行动主体都具有多重角色，并与其他教育主体形成多元复杂的互动关系，这就为"共生体"的建立奠定了关系基础，即在学校领导-教师、教师-同校教师、教师-异校教师、教师-家长之间，以及管理团队内部、教师专业团队内部、管理团队与教师专业团队之间、异校团队之间形成了一种资源共享、凝聚共识与互生共长的关系效应。其中，较为典型的是学科组内部骨干教师与其他教师之间形成的"合作共生教研模式"[①]（见图 3 - 4）。在这个由教育主体构成的基本单位中，骨干教师会引导其他教师选择教学主题，设计和讨论课程计划，并在团体内部不断地观察、诊断、反思与重构中，形成一种共生体内部自主互动、自发建构、动态生成、自觉提升与共同发展的良好态势。

　　"新基础教育"研究具有两层价值指向：其一是显性目标，即"成事"，创建现代新型学校；其二是深层目标，即"成人"，改变教师和学生的生存方式与精神状态。这两层价值取向并不是相互割裂的两件事，而是一件事情的两个方

---

① Yuhua Bu，Xiao Han．Promoting the development of backbone teachers through University-School Collaborative Research：the case of New Basic Education（NBE）reform in China［J］．Teachers and Teaching，2019（25）：200 - 219．

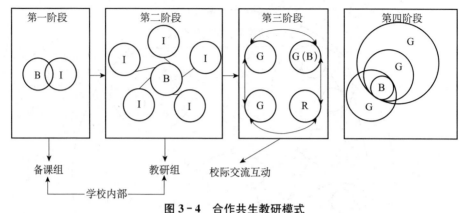

图 3-4　合作共生教研模式

注：I：教师个体（individual teacher）；B：骨干教师（backbone teacher）；G：备课组（lesson planning group）、教研组（teaching research group）；R："新基础教育"研究者（NBE researcher）、本地教研员（local teaching research researcher）。

面，即将"人"与"事"统一起来研究。这是因为教育理想与教育目标是形而上的价值追求，需要通过"成事"来实现，而教育理论与实践变革之"事"终究要决定于"人"的作为，于是"成人"与"成事"是"新基础教育"价值指向的"一体两面"，即在"成事"中"成人"，以"成人"来促"成事"。这具体体现在"新基础教育"研究各种评价表（见表3-3）的不同维度之中。

表 3-3　"新基础教育"研究的各种评价表

主要维度	评价表
学校管理	"新基础教育"学校管理评价表
教研团队建设	"新基础教育"教研组建设评价表
课堂教学	"新基础教育"课堂教学设计评价表、"新基础教育"课堂教学实施过程评价表、"新基础教育"课堂教学反思评价表
班级建设与学生工作	"新基础教育"主题班队会评价表、"新基础教育"班级建设评估指标、"新基础教育"学生发展工作学校整体状况评价表

在对教育教学行动的评价中，评价主体并不是仅仅由高校或科研机构的教育理论者构成，而是包括教师在内的各类评价主体，他们共同构建了一种复合关系（见图3-5）。成事成人的价值旨向，既对教育主体做什么（to do）与成为什么（to be）做出了指引，也促使教育主体在"事"中和通过"事"来认识自我，考察自我是否发生了变化，其目的是激发教育主体"每一环节的研究与实践工作的自觉，并在每一环节中感受发展的成长感、自豪感和尊严感"[①]，以

---

① 叶澜. 命脉［M］. 桂林：广西师范大学出版社，2009：118.

此实现生命成长的"内在价值"。

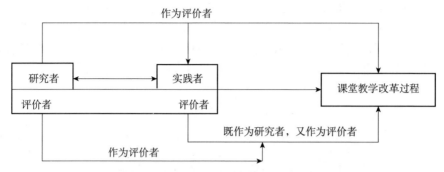

图 3-5　"新基础教育"复合评价主体的关系图

资料来源：吴亚萍，庞庆举. 学校转型中的教学改革［M］. 北京：教育科学出版社，2011.

　　成事成人与生命自觉的过程主要发生在两个层面，即"理解-认知层"和"目的-价值层"。其中，在"理解-认知层"，对"成人"主要进行"我是什么样的人？这样的人意味着什么？"的追问，对"成事"主要进行"这是一件什么样的事？意味着什么？"的追问。而在"目的-价值层"，对"成人"主要进行"我应当成为什么样的人？应当期望什么或应当承担什么？"的追问，对"成事"主要进行"应该如何对待这样的事？通过这件事可以追求什么？"的追问，这便构成了"新基础教育"视野下教育意义的四维分析参照系[①]（见图 3-6）。

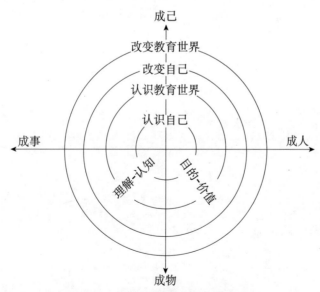

图 3-6　教育意义的四维分析参照系

① 卜玉华. 事理意蕴："生命·实践"教育学理据之问［M］. 上海：华东师范大学出版社，2015：148.

　　因此，成事成人和生命自觉的价值旨向，将指引教师对自我精神、外在环境与其他主体自觉地进行体察，在充分学习、理解与吸收各种资源的基础上，实现对资源的创造性占有，"把别人的资源变成自身精神重建和实践创生的内在资源"①，不断地完善自我、创造自我和实现自我生命价值的提升，最终把教育过程转化为培育学生生命自觉与自我生命自觉的相互滋养过程。

---

　　① 李政涛．"新基础教育"研究传统［M］．福州：福建教育出版社，2015：104.

第四章
论题的转换：教育理论与实践的"转化逻辑"

当人们聚焦于"理论逻辑"和"实践逻辑"的分野时，只是部分地解决了它们之间的差异问题，这是两者关系中首要但不是最关键的问题。任何事物之间都有差异，"差异"并不必然带来"关系"，即使没有"关系"，差异也已然存在于那里，这是一种静态的已成存在。造成"关系"的是维系两者的行为或行动，它是动态生成式的存在。"转化逻辑"就是联结理论逻辑与实践逻辑的"行为逻辑"，是理论与实践关系世界中的第三逻辑，也是解决这一古老问题的第三条道路。

第一节　为什么提出"转化逻辑"？

"转化逻辑"何以成为"理论与实践"语境中的言说对象？

转化逻辑是一种真实却被遮蔽的存在。已有思考虽孜孜于对理论逻辑与实践逻辑"关系"的探讨，却大都遗忘了，在理论逻辑与实践逻辑间存在"中间地带"，即使有"鸿沟""差异""脱离""割裂"等多种命名，但也只是被一带而过，随即又滑出，习惯性转向理论逻辑和实践逻辑。既然"理论"与"实践"是两种异质存在，那么它们之间的距离必然形成"中间地带"，这是长久被忽视的盲区，人们不仅没有看到其存在，更没有意识到它的独特地位，以及其之于理论与实践关系的价值。

"转化"如同物质世界中的"暗粒子"，在理论与实践的关系世界中，虽时常不在目光所及之内，却无处不在。不关注这个世界，不了解这一真实事物存在的运行过程逻辑，就无法解决理论与实践的复杂关系。理论与实践的关系所以复杂的原因，不只在于其各自世界的复杂，更在于它们之间相互"转化"的复杂。理论逻辑与实践逻辑的纠结背后的症结，与"转化逻辑"思想的缺失有关。

为什么一流理论难以产生一流实践？因为缺少合理的转化，转化的方向、路径和方法存在诸多问题。

为什么理论逻辑与实践逻辑总是遭遇矛盾和对立、相互粗暴对待——理论"粗暴"地对待实践，实践则"粗暴"地运用理论，导致两者处在相互指责中？因为两者之间常常无法转化，"你"是"你"，"我"是"我"，"我"无法"转而化入""你"的世界，"你"也无法"转而化入""我"的世界，因而难以在对方的世界中发挥自身的功效，只能要么在相互眺望和埋怨中隔河而居，隔空对视甚而对骂，要么强行将对方纳入自己的领域……

为什么理论与实践往往无法"结合"或"融合"？归根到底，是理论无法转化为实践，实践也无法转化为理论，包括无法转化的却强行去转化，可以转化的却没有转化的中介、条件和机制。对于主体而言，是教育理论者在实践中缺乏转化的能力。

所谓"结合论"或"融合论"，都以"转化"为前提，以"转化"为方式，以"转化"为过程和结果。

所谓"中介论"，只有在转化的层面上探讨，才能得其所。我们寻找的"中介"，是以"转化"为核心与目的的中介，任何有助于理论与实践双向转化之物，都是我们需要深究细察的中介。

理论与实践关系的复杂性体现为转化的复杂性，涉及：

——转化的目的和意义。为什么转化？

——转化的对象和范围。转化什么？

——转化的类型和层面。不同理论类型层面和不同实践类型层面之间如何在对应中转化？

——转化的过程。经历哪些必要的阶段和环节，各自可能出现的障碍与困境是什么，哪些阶段和环节不可绕过，存在哪些关键节点？

——转化的条件。需要满足或具备什么条件，转化才能真实且顺利地发生，并达到预期结果？

——转化的方式。需要何种策略、技术和方法，推进并实现转化？

——转化的限度。不是所有的理论都能转化为实践，也不是所有的实践都能转化为理论，那么，转化的限度到底何在①？

——转化的评价。转化结果的好坏如何评定，评价标准来自哪里，又是什么？

——转化的机制。它与上述问题都有关联，理论与实践的关系问题，在一定程度上可被归结为机制问题，这是理解理论与实践关系问题的"枢纽"，那么这一机制的构成是什么，又是如何形成和运作的②？

"转化问题"是长久处在黑暗中未被显示的真问题，它不是虚无缥缈的想象之物，而是一种真实存在，它不是比喻性的虚体，而是存在中的实体。

---

① 来自实践哲学界的赵家祥表达了对这种限度的理解："有的理论观点在近期就可以在实际（或实践）中加以应用，有的理论观点则要在相当长的时间以后才能在实际（或实践）中加以应用，还有的理论观点在过去的实际（或实践）中曾经十分有效地应用过，但在现实的变化了的实际（或实践）中却不适合于应用了。但是所有这些理论观点都是一个学科体系中不可缺少的，去掉其中的任何一个，都会使这个学科的理论体系支离破碎、残缺不全。"参见赵家祥. 理论与实践关系的复杂性思考：兼评惟实践主义倾向［J］. 北京大学学报（哲学社会科学版），2005（1）.

② 关于这一点，实践哲学界偶尔有人关注："实践哲学包含着一种最内在的紧张：一极是人的行为，一极是对行为的最抽象的思考。这二者之间在实际中无时无处不在发生着联系，可这种联系的机制是什么，怎样联系才合理，却并不清楚，更没有令大家都满意的答案。可能正因为如此，实践哲学的研究才更加兼具理论和现实的双重意义。"（徐长福. 何谓实践哲学［J］. 理论与现代化，2007（4）.）目前为止，至少在中国实践哲学界，我还没有发现有对"机制"问题更深入的研究。

转化逻辑不只是思维逻辑层面的存在，也是现实生活层面的存在，任何涉及理论逻辑与实践逻辑关系的思考与实践，都将触及转化逻辑。无此逻辑的体认，不研究转化逻辑，理论逻辑和实践逻辑的矛盾和困境就难以释解。

既然"转化逻辑"如此重要，那么它为何没有在实践哲学界提出，而是首先在教育学领域，尤其是在"生命·实践"教育学研究过程中提出①?

这与"生命·实践"教育学对于教育实践的特殊性质的认识，以及"新基础教育"研究历程有关。

在叶澜看来，教育实践是一种"转化实践"，具有鲜明的转化特性：

"把外在的知识、价值观念和规范等文化转化为个人的内在精神，是教育活动中最本质的转化。"②

在教育活动的最终转化环节中，叶澜认为，从活动的整体来看，实现的是由以教师为代表的社会主体的目标追求向以学生为代表的个体发展的转化。它包括了相对于学生来说的外在的教育目的向学生自身发展需求和价值观形成的转化，外在的教育内容（社会提供的精神营养品）向学生内在的精神世界发展（包括知识、方法、能力、行为方式、个性品质、人格力量等）的转化，外在的调控机制（奖励、批评等）向学生自我教育、自我调控的机制和需求、能力形成的转化。总而言之，教育活动中的转化主要是在两个层面上展开的：其一，从社会看，是由社会选择的教育目的、内容向学生个体内在身心发展的转化；其二，就学生个体而言，是通过教育过程中的学习活动，按自己的需要与可能，有选择地汲取外在营养，从潜在发展可能向现实发展的转化。这些转化是教育活动对人的力量的提升和对社会延续与发展的最大贡献，也是教育过程中实现的最具本质意义的转化。

上述观点，在丰富我们对作为实践的教育的特殊性及其价值的认识的同时，也提供了一种"转化"的眼光③，既可凭此观照教育实践，也可用之透析教育改革，更可转而用于探察教育理论与实践的关系。三者之间的通约和转化同样存在，相联结的通道和中介在于"主体"：在教育生活中，任何转化都是主体之间

---

① 从已阅读和检索的文献来看，首次提出"转化逻辑"概念的不在实践哲学，而在教育学领域，它是"生命·实践"教育学研究过程中提出的基本概念之一。参见李政涛. 教育实践的研究路径［J］. 教育科学研究，2008（4）.

② 叶澜. 教育研究方法论初探［M］. 上海：上海教育出版社，1999；330.

③ 这一眼光，也存在于本纳的《普通教育学》中，在这一具有"教育实践学"性质的著作中，本纳在三个层面提出了转化问题：一是认识到学生个体角度发生的学习过程存在内在转化；二是从教育者的角度出发，期望达到的一个目标，即把其他任务转化为教育的任务；三是从教育实践与其他实践关系的角度，即如何把政治、经济、伦理、艺术、宗教等各种外在实践任务转化为对教育内部的合理影响，这被称为"转化原则"。但遗憾在于，他未能以此眼光透析教育实践本身，没有基于教育本身谈转化。具体可参阅本纳的《普通教育学》，亦可参见李政涛，巫锐. 德国教育学传统与教育学的自身逻辑：访谈德国教育学家本纳［J］. 教育研究，2013（9）.

的转化，而不是事物之间的转化。

就教育实践而言，其中发生的转化过程是预设目的向现实存在转化的过程，且发生在两大主体之间，即"教者"是教的目的的设定者，"学者"则是活动结果的体现者。在其他实践活动中，活动主体指向活动对象的方式，是直接作用于对象，用物化方式体现自己的目的，即活动者生产产品；或者是主体在活动过程中达到自身某种需要的满足。教育中的转化过程里，"教者"通过"学者"的实践才能发生由潜在向现实存在的转化。在教育者有目的的活动作用下，学习者通过学习活动，使自身发展的多种可能性，在教育提供的现实空间中转化为现实发展状态，是教育中最重要的一种转化。

就教育改革而言，除教育理论变革和教育实践变革之外，还涉及教育理论与实践关系的变革，即如何在变革中形成教育理论研究者与教育实践工作者的新型关系，如何在合作中把教育理论者的理论转化为教育实践者的行为，又如何把教育实践者的经验，包括教育理论者在参与实践中的经验转化为新的教育理论，这些都与主体间的交往和转化有关①。教育改革能否成功，取决于两大主体间是否实现，以及在多大程度上实现了相互转化。

回到教育理论与实践的关系，这种关系不是无主体的关系，也不是以"人"为中介的关系，教育理论者和实践者在这一关系中的存在，不是中介性的存在，而是本体性、基础性的存在。教育理论与实践的关系，在根本上，是教育理论者与实践者的关系，"理论"和"实践"才是两大主体发生关联的"中介"。无论是"关联过程"还是"关系实践"，都取决于两大主体能否实现以"理论"和"实践"为载体和中介的"转化"。所谓"关系实践"，即是主体间性的转化实践。这表明了"生命·实践"教育学与杜威教育哲学的相同与不同：同样都强调经验的交互性，但前者更加强调主体之间的交互性，即主体间的交互参与，而不只是主体与外在自然环境的交互性，并以主体间的交互性反观理论与实践的关系。在"生命·实践"教育学那里，这种转化的最终结果，不只形成新理论或新实践，而且形成"新人"。这是任何已有实践哲学都没有意识到的"转化目的"和"转化结果"。它是教育学理应追求的"善的目的"或"内在的善的目的"，也是教育学意义上的"最高善"②。

---

① 李政涛. 教育理论者与教育实践者的交往与转化 [J]. 高等教育研究，2007（5）.

② 亚里士多德曾经将"最高善与政治学"并列，认为"它是最权威的科学或最大的技艺的对象。而政治学似乎是这门最权威的科学"（亚里士多德. 尼各马可伦理学 [M]. 廖申白，译注. 北京：商务印书馆，2003：5-6.）在我看来，在培育新人和追求人的自我完善与发展的意义上，教育学完全有资格与"最高善"并列。金生鈜曾经指出，亚里士多德虽没有明确指出教育是实践，但在人性的卓越完善意义上，政治和伦理不过是教育最高价值实现的方式，政治和伦理不仅与教育一致，而且是为了教育的。（李长伟. 实践哲学视野中的教育学演进 [M]. 武汉：湖北科学技术出版社，2012：序言，3.）

转化逻辑不是在实践哲学的语境内进行理论思辨的产物，也不是通过纯粹的教育学理论思考发现和生成的，而是"生命·实践"教育学通过"新基础教育"变革实践，直面教育实践，在鲜活的教育实践变革现场中感悟、建构、创生而成的，它的形成和运用的过程，是摆脱拘泥于理论逻辑的痼疾，转而化入活生生的具体教育实践逻辑的过程，也是基于鲜活但"散漫"的教育实践逻辑，以理论逻辑的方式重新建构和表达，并促使原有理论更新再生的过程。在这个意义上：

"转化本身就是一种教育实践。当理论人试图把自己的思想传递给实践人，转化为实践人的思维方式和行为方式的时候，当实践人试图把想出来的上出来（上课），又把上出来的说出来（说课），把说出来的写出来（写作）的时候，都指向于教育实践，都属于教育实践的一部分。"①

那么，究竟什么是"转化逻辑"？

第二节　何谓"转化逻辑"？ ——一种实践逻辑

所谓"转化逻辑"，是教育理论者与教育实践者在交往互动中发生的，以理论与实践平等为预设，以促进主体间的交互生成、双向转化、双向建构与发展为目的，以价值观、思维方式和语言方式等为转化对象，并在此过程中共同分享和遵守的前提认识、基本条件、过程形式和方式、结构或内在法则。

这一定义表明：转化逻辑是基于"平等预设"的逻辑。它试图打破之前的等级/优先预设和决定/起源预设，在理论与实践之间不存在谁高于谁、谁先谁后的问题，也不存在谁决定谁的问题，更难以明确谁一定是起源者和被起源者，只能说它们之间存在"相互起源"的关系。因此，转化逻辑视野下的理论与实践关系，是完全平等的关系。

转化逻辑是有主体和主体间性的交互生成逻辑。这显示了它与其他逻辑，如数理逻辑、先验逻辑等的差异，这些逻辑虽经主体发现而显现，但即便没有主体的参与，它们也依然存在，如同宇宙自然。但转化逻辑是人的行为所成，没有作为主体的人际交往互动过程，就没有转化逻辑，它存在的真实性来自理论主体与实践主体真实的交往。在转化逻辑真正成为理论人和实践人共有的逻辑，日常化为双方共享的思维方式和行为方式之后，彼此的关切对象和研究对象将发生根本性的变化，如何耕耘彼此之间的关系，而不是满足于在自己的领地中操劳一世，成为共同关注的重点。一旦转化逻辑被确立为双方共有的逻辑，

---

① 李政涛. 教育实践的研究路径［J］. 教育科学研究，2008（4）.

就有可能打破理论逻辑和实践逻辑之间的逻辑壁垒，打通两者之间的内在关联，使双方形成一种真正的双向滋养、双向构建的关系。

转化逻辑是有意识、有理性和有目的的逻辑。它是主体有意为之的行为逻辑，因而具有理性特征，但不排斥意志、情感在此逻辑运行过程中的价值。这反映了转化逻辑本身的复杂性：它是理性与非理性、线性与非线性、必然性与偶然性的交织。理论主体与实践主体及其交往互动，不仅是"转化逻辑"赖以存在的基本条件，更是其存在的目的，它表明，无论是"新理论"还是"新实践"的生成，实质都是两大主体在互动中的彼此丰富和发展，理论也好，实践也好，只是主体发展的目的和手段。"人"是理论与实践关系过程中最根本的内在目的，也是转化逻辑存在的意义和价值：它是为主体生成发展而存在的逻辑，由此成为联结理论者与实践者的纽带。

转化逻辑是双向式的逻辑。它不是单向式的逻辑，即教育理论"指导"教育实践的逻辑，也不是教育实践"走向"或"提升为"教育理论的逻辑，而是双向式的逻辑，即教育理论与教育实践实现双向转化的逻辑。这种转化逻辑既是教育理论的一部分，也是教育实践的一部分。"双向"也具体表现为不再是单向性的——要么"理论以实践为基础"，要么"实践以理论为基础"，而是双向意义上的"互为基础"。当理论需要实践变革来实现自我更新之时，实践是理论的基础。当实践变革需要理论的支撑和表达之时，理论是实践的基础。要实现"互为基础"的目的，就必须实现"双向转化"。

以普遍性的教育理论和特殊性的教育实践的关系为例，所谓教育实践，就是完成对教育理论的一系列转化，即"转化为学校设施、结构、管理原则与组织结构、教学计划与课程，教学及其他一切学校教育的实践行为"①。

这一转化过程就是教育理论实践化的过程，理论人需要去研究该转化的基本路径和规则。

对于教育实践而言，所谓"实践"，不仅指日常性教学管理，而且指在不违背实践内在法则的前提下，实践人既要研究自身实践，将实践经验向理论化、科学化转化，也需对自身已有理论加以重构。实践者为此要去探索实践理论化的路径和规则。将二者整合起来，孙元涛给出了一种双螺旋式的描述：

"它们却以一种'双螺旋'的结构紧紧缠绕在一起，共生共长。在这里，两种不同的活动——研究与实践在各自保持自身特质的同时，融入了一个特殊的'研究-实践共同体'。理论从中创生，创生中的理论不断地汇入生成着的实践；

① 叶澜.我与"新基础教育"：思想笔记式的十年研究回望［C］//丁钢.中国教育：研究与评论(7).北京：教育科学出版社，2004：43.

实践在理论的渗入中又不断调整。在理论的参与中，实践的动力性因素处在不间断的累积与调适中，这些动力因素有的作为促动力量汇入到了实践之'流'中，并转化进实践的作品中，有的则反作用于实践主体，引起主体力量的增强和意识的敏感化，还有的则返归于研究者，对理论的创生产生新的挑战或需求，于是又促进了理论的不断丰富与更新，而后再返回实践……由此，展现出教育理论与实践之间持续不断地循环互动、相互建构、互动生成的关系图景。"①

转化逻辑是动态过程性的逻辑。它本身就是实践，是理论与实践的"关系实践"，因而是一种独特的"实践逻辑"。它把主要存于头脑中、书本里、黑板上和真空世界中的静态的理论与实践关系，变为现实的动态关系。在此"关系实践"中促进理论（者）与实践（者）相互转化生成，这必定是一个在动态流变中双向生成的过程：

"对实践工作者来说，这是一个学习的过程，也是对自己的原有实践方式和与此相关的理论进行改造的过程。这种改造有时涉及的不只是认识和观点，还包括教育信念与思想方法，实在不是容易的事情。对于理论工作者来说，这是一个宣传自己的观点，使之普及到相关人员头脑中去的过程。"②

转化逻辑是具有自身独特条件、形式、结构和法则的逻辑。它作为理论逻辑与实践逻辑的中间地带，虽与二者均有关联，但它是独立自主的存在，无论其存在条件、形式、内在结构还是运行法则，都既不同于理论逻辑，又不同于实践逻辑。作为关系逻辑，它需要必备的前提性认识和基本条件作为基础，在两种逻辑之间穿梭、跳跃、生成，在此过程中涉及理性的选择、判断，即时的调整、重建……它全部的丰富性和复杂性都来源于此。

转化逻辑是具有反思性的逻辑。转化逻辑内含了反思的逻辑和评价的逻辑，这就要求：

"它不仅能超越它最初被公之于世时所受各种因素限定的学术情境和经验领域，从而产生颇有创见的命题"，而且"能反思自身，甚至能跳出自身来反思自身"③。

具体的反思对象涉及转化中的问题、障碍、评价转化的成效等，这些都成为理论人和实践人共享的逻辑。

① 孙元涛. 教育理论与实践关系新论 [C] //叶澜. "生命·实践"教育学论丛：立场. 桂林：广西师范大学出版社，2008：116.

② 叶澜. 我与"新基础教育"：思想笔记式的十年研究回望 [C] //丁钢. 中国教育：研究与评论 (7). 北京：教育科学出版社，2004：42.

③ 皮埃尔·布迪厄, 华康德. 实践与反思：反思社会学导引 [M]. 李猛, 李康, 译. 北京：中央编译出版社，1998：11.

转化逻辑是一种具有复杂性的逻辑。它不是"加法逻辑"，即不是由理论逻辑与实践逻辑相加而成，它接受理论逻辑和实践逻辑各自全部的复杂，同时也产生着创造着自身的复杂，即转化的复杂。

这种复杂性首先体现为转化对象的复杂，最重要的转化对象发生在"实践智慧"（这是亚里士多德和伽达默尔都极为看重的智慧形式①）与"理论智慧"之间，后者包括理论中蕴含的由价值观、思维方式和语言方式等综合体现并表达的深度、广度及原创性等，前者则涉及实践者的专业素养、能力、魅力，是科学与艺术的结合②。两者之间的转化过程是"复杂中的复杂"，转化中将出现各种断裂、混乱、偶然和意外，极其多样化的转化形式，以及转化规则时常的失效和失败，这意味着转化逻辑是"有限逻辑"，不是"无限逻辑"，它与理论逻辑和实践逻辑一样，都有自身限度，有"所见"和"所不见"，"所为"和"所不为"，"所能"和"所不能"。

这种复杂性也表现在思维方式的复杂上。"转化逻辑"体现了至少三种思维方式③。

一是特殊转化式思维，相对于普遍演绎式思维。

普遍演绎式思维，将适用于一个系统的概念、范畴和方法，直接推导至另一个系统之中，或将一种具有普遍抽象意义的思想和方法，不加转化地推导延伸到特殊的情境之中。演绎式思维方式在理论与实践关系的探讨过程中，具体表现为两个层面的路径：

就从理论到实践的路径而言，无视实践的具体性、特殊性，直接将某一抽象普遍的理论概念、范畴和方法套用到实践中去。

就从实践到理论的路径而言，在强调实践是理论源泉的过程中，不顾理论自身的特殊要求，把缺少理论论证和普遍性的常识、经验直接等同于理论，混淆了理论逻辑与实践逻辑的差异。这种思维方式常常表现出"泛实践化"特征，

---

① 关于亚里士多德哲学中"实践智慧"意蕴的阐发，参见李长伟．实践哲学视野中的教育学演进[M]．武汉：湖北科学技术出版社，2012：63-70.

② 叶澜以教育为载体，将实践智慧定位为"是教师通过实践探索、积累而形成的专业素养的高级阶段。形成教育智慧的教师，具有敏锐感受、准确判断生成和变动着的教育实践中最有价值的新鲜信息的能力，具有敢于抓住时机，根据实际态势及时作出抉择的魄力，具有善于转化教育矛盾和冲突，调节自己的教育行为以求最佳效果的机智，具有吸引学生积极投入学校生活，热爱学习和创造，并愿意与教育者进行心灵对话的魅力。达到如此境界的教师的教育劳动，必然进入到科学和艺术结合的境界"。参见叶澜，李政涛，等．"新基础教育"研究史[M]．北京：教育科学出版社，2009.

③ 这些思维方式是在致力于理论与实践双向转化的"新基础教育"研究中逐渐生成并提出的。参见李政涛．论当代中国基础教育改革中的思维方式[J]．基础教育，2009（10）；李政涛、李云星．百年中国基础教育改革的方法论探析[M]．北京：教育科学出版社，2011.

只强调实践对理论的检验，却忽视理论对实践的检验①。

特殊转化式思维，关注如何将普遍性的知识、规律和道理等，转化到具体特殊的情境之中，以使前者更适合于应对和解决后者的问题。这一思维方式相信具有普遍性的问题，无论是思想还是方法，都是"最富有原则性的又是最具体的问题"②，只有化为具体特殊的情境下，抽象普遍存在之物才会有真实的生命力和创造力。

二是动态生成式思维，相对于静态式思维。

静态式思维是一种从固定概念出发，循着固定程序达到固定思维成果的思维过程，其特征是程序性和重复性③。受此思维方式支配，理论与实践的关系被视为一种固着不变的关系，它预设无论是从理论到实践，还是从实践到理论，都遵循独一无二的顺序或线索发展变化，过去如此，现在如此，将来也必定如此，因此习惯于把与问题相关的方面进行顺次排列，进行一对一的挂接，然后朝前步步推演。所谓实践是"名词性实践"，而非"动词性实践"，也源于这种静态思维。

动态生成式思维，在叶澜看来，"既是一种虽有框架，却又非凝固化的，十分善于捕捉变革中涌现出的事物，敏锐判断其具有的整体性价值，进而修正原有理论框架的能力"④。它以如下预设为基础：

"教育理论与实践之间的关系不是预先给定、静候理论者去认识的，也不是谁先谁后的关系，而常常是在理论者与实践者的交往互动中不断生成转化的。在具体互动过程中，关系的实质是持续的沟通与转化。"⑤

这种思维方式反对将理论与实践的关系图预设为早已画好且不再变化的直线图，而是将其视为不断更新调整的多元动态结构图：

"要求我们在思维时永远不要使概念封闭起来，而是努力掌握多方面性、多元化，理解从'有序'到'无序'，从'相互作用'到'组织'以及它们之间的动

---

* ① 这种普遍演绎式思维方式，还表现为将某一领域（如哲学、经济学）的关于理论与实践关系的认识与理解，作为公理性质的前提，直接套用到另一种领域（如教育学）中，无视不同领域的理论与实践关系形态和性质的特殊性。

② 海德格尔. 存在与时间 [M]. 陈嘉映，王庆节，译. 北京：生活·读书·新知三联书店，1999：11.

③ 静态式思维方式的另一种表现形式是线性思维，它指思维沿着一定的线型或类线型（无论线型还是类线型，都既可以是直线也可以是曲线）的轨迹，寻求问题的解决方案的一种思维方法。它习惯于从一点出发看待问题，用一个点的观察和结论代替另外一种情形，并对后一种情形做出结论。参见李政涛，李云星. 百年中国基础教育改革的方法论探析 [M]. 北京：教育科学出版社，2011：168.

④ 叶澜. 思维在断裂处穿行：教育理论与教育实践关系的再寻找 [J]. 中国教育学刊，2001 (4).

⑤ 伍红林. 教育理论与实践关系新探 [J]. 淮阴师范学院学报（哲学社会科学版），2009 (1).

态生成过程。"①

　　它的任务是追踪理论与实践关系的变化生成过程。认识主体必须根据不断发展变化的外在环境，关注变化过程中的各种"停顿"、"噪声"、"障碍"、"问题"和"危机"等，及时改变认识理论与实践关系的思维程序和方向，对两者关系的对象、内容、形态、性质，以及认识方法进行调整、控制，从而达到最理想的关系形态。它特别注重理论与实践关系的"交互性"、"发展性"、"迭代性"和"多元化"等。基于这种思维方式，何谓理论问题，什么是实践问题，也不是固定不变的。在迪尔登看来，这取决于探讨的对象和目的，如果我们试图在职前培训中决定应教哪一种理论、教多少、怎样教、教给谁、何时何地教等，教育理论的性质、教育理论与实践的关系就是实践问题；而如果我们抽象探究教育理论的本质，或探究在什么意义上，理论可望与实践相互关联，那么，它们就是理论问题②。

　　三是过程式思维，相对于结果式思维。

　　结果式思维关注的是理论与实践发生关联的结果，是以结果为起点和终点的思考方式，结果的实际状态成为这种思维方式衡量理论与实践关系形态的标准和参照系。过程式思维则转而以"过程"作为其参照系和思考支点，关注理论与实践发生关联的过程中的种种可能、偶然和意外。它思考的重点不是"理论与实践的关系是怎样的"，而是"这种关系是如何发生的，经历了哪些阶段，不同阶段的特征、条件、障碍和困境是什么"。

　　总体看，关系式思维、普遍演绎式思维、静态式思维和结果式思维都是认识理论与实践关系的简单性思维，而特殊转化式思维、动态生成式思维与过程式思维，以及多重思维方式的综合运用③等，都是复杂性思维的具体表现④，也是转化逻辑运行过程中赖以支撑的思维方式。

　　兼具上述丰富特质的转化逻辑，蕴含了"智慧"特性。同样具有实践特质的"转化逻辑"，也蕴含了伽达默尔甚为推崇的"实践智慧"，不过，在这里，

---

　　① 莫兰．复杂思想：自觉的科学［M］．陈一壮，译．北京：北京大学出版社，2001：235.

　　② 迪尔登．教育领域中的理论与实践［M］．唐莹，沈剑平，译//瞿葆奎．教育学文集：教育与教育学．北京：人民教育出版社，1993：535-536.

　　③ 有关关系式思维、特殊转化式思维、动态生成式思维、过程式思维的相互关系与综合运用，参见李政涛，李云星．百年中国基础教育改革的方法论探析［M］．北京：教育科学出版社，2011：162-207.

　　④ 虽然，莫兰倡导的复杂性思维已在包括教育学在内的多重领域内展开了丰富多样的讨论，但实践哲学迄今为止对于理论与实践关系的探讨，尚未深入触及。以中国实践哲学界为例，从笔者所查阅的文献来看，几乎没有学者以复杂思维的眼光探讨实践哲学以及理论与实践的关系问题。在中国教育学领域，最早倡导理解和运用莫兰"复杂性思维"的是叶澜。她在始于2001年的教育研究方法论课上开始讨论莫兰的相关复杂性思维思想。这为生命·实践教育学形成自己的实践哲学思维方式奠定了基础。

94

是一种特殊的"转化实践"意义上的"实践智慧"，即"转化智慧"，它很少被提及，但其实一直存在于人类实践之中。

第三节 "转化逻辑"是否可能？

作为一种从未被深入讨论过的"新"逻辑，"转化逻辑"的存在是否可能，是提出者必须首先面对的问题。在我看来，作为第三种逻辑的"转化逻辑"是否可能，取决于三个方面：

——取决于理论与实践是否为具有差异性、异质性和独立性的逻辑存在？

——取决于理论与实践是否已有各自清晰明确的内涵与特性界定？

——取决于理论与实践是否具有共通性？

前两者是一个问题的两面，在两者各自特性有了明确界定，边界得以清晰后，其差异性与独立性自然彰显其中。

一、作为逻辑前提的"理论"与"实践"之区分

"转化逻辑"的存在和提出，基于一个前提假设：理论与实践是异质的存在，是两个不同构造、不同逻辑的世界。这为两者之间实现"转化"提供了可能。反之，如果两者完全一致或合一为"一体"，就不存在转化问题。

与之相对，"本然统一论"是教育学界有关教育理论与实践关系的代表性立场之一[①]。其特性有三：

其一，理论传统出自亚里士多德和伽达默尔的实践哲学，后者是前者的长年研究者、追随者和发展者，在当代促进了哲学领域里实践哲学的转向和向亚里士多德的回归。

其二，基于实践哲学的视野和眼光，或把教育哲学视为实践哲学，或认定教育理论属于实践哲学的范畴。

其三，以如上二者为基础，从中衍生或者推导出教育理论与实践的本然统一。

这一立场的合理性在于：通过支持理论出于或扎根于实践，强调了理论与实践之间存在"不可分割的本然联系"，为避免两者走向割裂、对立提供了有价值的思考和认识。但这一立场面临一系列逻辑难题与现实困境。

---

① 李长伟. 论教育理论与实践的本然统一：从实践哲学的角度观照 [J]. 教育理论与实践，2003 (4)；李长伟. 再论教育理论与实践的本然统一 [J]. 湖南师范大学教育科学学报，2003 (5)；宁虹，胡萨. 教育理论与实践的本然统一 [J]. 教育研究，2006 (5).

从逻辑上看，如果理论与实践原本是"统一"的，就消解了"理论与实践关系"这一问题本身：

"如果一种理论已预先设定了理论与实践的一致或合一，那么二者之间的关系便无从谈起。因为既然一致或合一，便不存在关系问题，至少不存在复杂的关系问题，而只有两种不同的事物之间，才谈得上复杂的关系问题"①。

既如此，"教育理论与实践"的关系问题就不再是一个问题，因为它们本然"统一"或"一体"，继续深入讨论已无必要。然而，为什么我们依然还会就"教育理论与实践"到底是什么关系而喋喋不休？

理论与实践关系中的确具有"本然"成分，但此"本然"是"差异"或"区分"的本然，而不是"统一"的本然。当人们把"理论"与"实践"用"与"来并列之时，已经预设了两者是不同事物，否则不必如此联结。

再者，姑且不论以亚里士多德或伽达默尔的实践哲学作为论证"教育理论与实践"本然统一的理论基础，是否存在因替代而推导演绎，从而放弃教育学自身立场和特殊性的问题，仅从亚里士多德的实践观来看，在严格意义上，他并不是纯粹的理论与实践统一论者，如前所述，他的导师柏拉图比他更强调理论与实践的"融合"或"统一"，但亚里士多德的不同或贡献在于：既通过表明"理论"与"实践"都以自身为目的将它们联系在一起，又通过直接将"理论""实践""生产"三者区分和并列来昭示"理论"与"实践"的差异——理论是人与自身的关系和活动，实践是人与人之间的关系和活动，而生产则是人与物之间关系与活动。这种并列在显明理论与实践的差异的同时，也奠基出西方实践哲学史中理论与实践、理论哲学与实践哲学的划分传统。区分并不必然意味着对立、割裂或脱离，作为构成两者关系的事实前提，它只是一个中立性概念。把区分变成脱离、对立、割裂，或把区分变成统一，都是区分之后的人为状态或价值诉求，且无一例外以区分和差异为前提。

若以理论出于实践来论证两者之间的"本然统一"，则除了面对"鸡生蛋还是蛋生鸡"的无解难题之外，它最多只能说明理论的来源，即源于实践，但并不能充分说明两者的"统一"。出自母亲，不意味着儿子与母亲就是统一的，只能说胎儿"借居"在母体中，无论胎儿在哪里，只要他出现，就是独立的存在。

在现实中，教育理论与实践存在区分和差异的事实随处可见，仅从主体上看，教育理论研究者和实践者各自的身份与角色，已经预设了理论与实践的差异。当理论研究者试图参与实践或扎根实践之时，这一行为的前提就是两者的差异而不是统一，"统一"最可能存在于参与行为或扎根行为预期达到的目标

---

① 王南湜. 理论与实践关系问题的再思考 [J]. 浙江学刊，2005（6）.

中，即为某"统一目标"共同行动。即便如此，这种统一性的目标也是有限的，毕竟两大主体有各自的独特使命、任务和职责，不可能替代对方去履行其职责。更何况，无论"参与""介入"，还是"扎根"，都并不必然意味或必然带来"统一"，没有一系列的转化进程和转化策略，理论与实践的脱离、对立和割裂，同样可能存在于参与过程中。

"本然统一论"最可能被忽视的困境在于，它可能导致理论与实践因"统一"产生相互混淆、相互僭越：

"若理论思维僭越本分，'用理论思维去设计工程'便会'使得工程设计漏洞百出，无法实施'，而若工程思维僭越本分，'纯粹出于论证工程意图的合理性'而搞所谓理论研究，则必定信誉不佳……理论思维和工程思维必须划界——理论思维用来认知客观规律，工程思维用来筹划人类生活'……是理论就要'讲清楚'，就要合逻辑，就要公共地验证，就要力求放之四海而皆准，就要'同而不和'。是实践就要'想周全'，就不能认死理———只要一家、拒斥其余，就要综合考虑一切出场的因素，并博采各家之长，以求事情本身的集成优化，就要'和而不同'。既不能用实践的方式搞理论，也不能用理论的方式搞实践，要分工而互补。"①

这种教育理论与实践的"相互僭越"，是"本然统一论"者在逻辑和现实上遭遇的双重困境②。对于教育理论和教育实践领域而言，都是已经发生，正在发生，将来还会发生的现实。

教育理论与实践的确存在"本然统一"的可能，然而：

——"统一"是一种目标和价值追求，它不是教育理论与实践关系的逻辑起点，而是过程和终点。

——"统一"不是结果式、静态性的名词，而是过程式、动态性的动词，是需要教育理论者和实践者共同做出的行为，需要适当的条件。

——"统一"作为目标性和终点，始终是"完美"的终点，不可能完全彻底地达到，只能部分达到，具体来说，是部分人在某些时空，基于某些条件，以某种方式部分程度地达到。因此，所谓"统一"在目标上，是理想状态，在

---

① 徐长福．重新理解理论与实践的关系［J］．教学与研究，2005（5）.

② 关于这一点，李长伟意识到："从实践哲学出发探讨教育理论和实践的关系，把教育哲学看作实践哲学，并不意味着只要有了实践哲学，二者就能统一（不是同一）。原因有二：一是在伽达默尔看来，实践哲学毕竟只是一种理论，不是实践，把实践问题理论化包含丧失实践的危险。在实践问题上，正确的态度应该如亚里士多德所提出的：理论描述只有从属的功能，实践的推理与决定仍是第一位的。"（李长伟．再论教育理论与实践的本然统一［J］．湖南师范大学教育科学学报，2003（5）.）但他没有意识到，危险的根源在于理论与实践因为失去区分而导致理论与实践间的相互僭越，尤其是因为强调实践的第一性，可能导致实践对理论的僭越。

过程和结果上，只是适度或部分统一。

这种"非绝对性"，同样适用于脱离论、割裂论或对立论，世界上不存在绝对的理论与实践的脱离和对立，它们之间的联系千丝万缕，而且总是顽强地寻求另一方。

二、作为概念前提的"理论"与"实践"之内涵

转化逻辑的"概念前提"，是对"理论"与"实践"两大核心概念的认知。有关"理论"，前文已有所讨论。这里重点讨论"实践"。对此概念的理解，既是教育学与实践哲学对话的共有平台，也是实践哲学中的教育学派，即"生命·实践"教育学得以可能的前提性条件。

理解的方式既需要"概念思维"，也需要"实存思维"，前者或从已有概念出发，通过重新厘定形成新概念，或基于已有现象和经验，在抽象提炼聚焦中划定边界，并用相对精确明晰具体的言辞表达出来，它的目光是朝内转，尽可能消除现象中的"枝叶"或"皮肉"，带来浓缩后的"精华"和"骨感"，但却可能导致扭曲、干瘪和苍白，甚至远离真实的现实。后者则暂时将已有的各种概念成见悬置，直接从实事出发，直面真实现实发生之事，让各种实事之"象"在观照中"涌出"、"显现"和"显摆"，此为"现象"之本义：让本源之"象"，真实之"象"，被遮蔽之"象"显现。

已有对实践的各种理解，层面和角度各异，实践被看作：

——"个人的伦理道德活动"（如先秦时期墨家，明代王廷相，明清之际王夫之[①]等）；

——"政治活动和伦理活动"（如亚里士多德、哈贝马斯等）；

——"主体创造客体的活动"（费希特）；

——"人类满足生活需要的活动"（如费尔巴哈）；

——"观念的活动"（如明代王守仁，康德、黑格尔等）[②]；

——"批判的活动"（如霍克海默、阿多诺、霍耐特等西方马克思主义者）；

——"人类使用和制造工具的活动"（如李泽厚）。

上述"实践"概念，既相互批判，又相互联系，共同构成了传统实践哲学的"实践观"图景，成为教育学认识实践不可绕过的概念基石。

这一图景并非完美无缺，它们只是展现了有关"实践"的某一侧面，如实

---

① 王夫之言："知不尽，则实践之而已"（《张子正蒙注·太和篇》）。

② 当然，这不能否认康德和黑格尔实践观的差异。具体参见 Herbert Schweizer. Praxisches Verstehen［M］. Logik der Praxis. Munchen：Verlag Karl Alber GmbH Freiburg，1971：86－87.

践之伦理道德侧面、政治侧面、物质生产侧面等，它们的确属于人类实践活动的范围，但都难以涵盖全部。若转换眼光，从教育学的眼光来看，则实践哲学的"实践观"的缺失显现为三个方面：

其中之一是缺少对教育作为"实践"的独特性的关注，尤其缺少对教育实践与其他实践活动的关系的认识。

大部分实践哲学家都关注过教育问题，形成了为人熟知的柏拉图教育思想、亚里士多德教育思想、康德教育思想等，甚至以思想"批判"为业的阿多诺也有自己的教育思想①。但是，他们习惯于将教育纳入其实践哲学体系中，为论证其自身学说服务，但对教育实践的独特性，以及教育实践在实践体系里的地位的认识却很少，更缺少对教育与其他人类实践活动关系的认知。

在实践哲学体系中，已有认识都从不同角度与"人"关联，所有理解都出于人，指向人。如，亚里士多德的实践哲学来自对人类活动特性的认识；康德建立起自己的人类学体系，导引出了其教育学思想②。

但其共同缺失有二："普遍性"有余，"特殊性"不够；"名词性"有余，"动词性"不够，是对人的静态描述，缺少对人生成过程的动态分析，换言之，"人及其生命"在传统实践哲学那里只是描述、验证式的言说、思想，而不是"实践"，"理论感"强烈，"实践感"淡薄。

第一个缺失，本纳做了具有开拓奠基意义的弥补。本纳认为，人类存在着一种实践共同体，包含六种实践现象：

"人必须通过劳动，通过对自然的索取和养护，创造和维持自己的生存基础（经济）。人必须提出、发展和承认人类达成理解的规范和准则（伦理）。人必须规划和建设社会的未来（政治）。人把其现实提升为美学表现（艺术），并面对同类生命的有限和自身死亡的难题（宗教）。除了劳动、伦理、政治、艺术和宗教以外的第六个基本现象即是教育，也就是说，人类处在代际的关系中，受到上一代成员的教育并且教育着下一代的成员。"③

人类实践的复杂性在于，劳动、伦理、教育、政治、艺术和宗教都是社会必需的人类实践形式，是基本的实践现象，它们无法相互演绎或简化为更少的几个共存领域，而是相互影响，以至任何领域都难以自成一体而自我封闭起来，

① Theodor W. Adorno. Erziehung zur Mündigkeit [M]. Suhrkamp Verlag Frankfurt，1971.

② 康德. 教育论 [M]. 瞿菊农，译. 上海：商务印书馆，1926；康德. 论教育学 [M]. 赵鹏，何兆武，译. 上海：上海人民出版社，2005；康德. 实用人类学 [M]. 邓晓芒，译. 上海：上海人民出版社，2012. 有关康德教育思想评述，可参见王坤庆. 论康德对教育学的贡献 [J]. 教育研究与实验，2010 (4).

③ 底特利希·本纳. 普通教育学：教育思想和行动基本结构的系统的和问题史的引论 [M]. 彭正梅，等译. 上海：华东师范大学出版社，2006：8.

它们彼此交融共生，构成了人类共同生存的本体。

在由六种实践现象共同构成基础性的体系里，教育实践无法脱离其他实践体系得到认识和理解，也无法从其他实践体系里推演出来。同时，作为教育学家的本纳没有忘记提出"教育实践在人类总体实践范畴中的地位"的问题。这个问题的提出，开创了一条从教育实践与其他实践相互关系的角度来理解"教育实践"与"教育学特殊性"的思维路径。后者意味着，"教育学立场"需要在对实践的理解当中显明。

哲学专业出身但转而成为教育学家的本纳，对人类实践现象的划分既是与实践哲学对话的产物，也是出于自身学科身份的思考，由此形成了其对教育之为"实践"的特殊性认识：教育实践是一种"代际实践"[①]。本纳的遗憾在于没有充分展示出对"人"本身的理解，在其具有"教育实践学"性质的"普通教育学"里，我们没有看到本纳系统的人性观、生命观，这个根基性的问题没有得到充分的论证，而是直接奔向"实践"。

第二个和第三个缺失，"生命·实践"教育学派创始人叶澜做了具有奠基性、联结性与原创性的阐述。

叶澜以对"生命"的整体式理解，作为把握"实践"和"教育实践"的前提。在《"生命·实践"教育学引论》这篇标志性的论文中，她提出了自己对"生命"的系统理解[②]。与此同时，她也确立了教育学思考"生命"的"具体个人"之立场[③]。基于此，"教育实践"的特殊性有了更加具体深入的表达，这一表达方式背后体现了存在于生命与实践之间的双重审视眼光，即从生命看实践，从实践看生命，因而有"生命·实践"。

与其他关于实践的立场（如伦理学立场下的实践）相比，教育学立场下的实践，包含了对道德实践的关注，但道德实践只是"生命·实践"的一部分，且必须与生命发展中的其他内容结合起来，才能发挥作用。在促进生命发展[④]的过程中，不能不考虑生命的各种需要（如物质经济需要），但需要的满足并不

---

① 李政涛，巫锐. 德国教育学传统与教育学的自身逻辑 [J]. 教育研究，2013（9）.

② 叶澜. "生命·实践"教育学引论 [C] // 叶澜. "生命·实践"教育学论丛：基因. 桂林：广西师范大学出版社，2008：1-35.

③ 叶澜. 教育创新呼唤"具体个人"意识 [J]. 中国社会科学，2002（4）.

④ 本书采用"生命发展"而不用"生命成长"，因为："生长指的是生命从出生到成熟变化的现象，生命的生长显然具有方向性。发展又与生长在变化方向性质上有所不同。青少年生长表现为，个头长高、骨骼变粗、性发育。无论他们处在怎样的生活环境，身体都会产生这样的成熟性变化。但是，会长得胖些也可能变得瘦些，会更健康也可能更虚弱，会变得好看也可能没以前漂亮。但只要身体变得成熟一些，都是生命成长了。但是，心理的发展则不然。只有解决问题变得灵活、处事变得沉稳、交往变得老练、内心变得丰富、视野变得开阔，我们视诸如此类较前更好的变化为发展。"李晓文. 潜能发展观：生成于"新基础教育"研究性实践的青少年发展研究观 [C] // 叶澜. "生命·实践"教育学论丛：立场. 桂林：广西师范大学出版社，2008.

是人之为人的根本，否则人就沦为动物，动物一生都在竭尽所能满足自己的需要。人的生命需要不仅是需要满足的，而且也是需要提升的，需要本身也需要"发展"和"提升"。精神性、观念性的实践，是人的独特所在，但仅有精神实践是不够的，在日常生活中，人的感性物质活动是实践的重要组成部分，它兼容了实践的个体性与社会性，但即使是这样的实践观，也需要借助教育来实现，没有对生命发展的促进，作为人的感性物质活动的人类实践只能停留在纸面上。同样，我们也需要以批判的眼光，对待促进生命发展过程中的各种观念、制度和策略，但对于生命发展而言，批判只是外围力量，而不是内生力量，对实践的批判不能代替对实践的建构。

如此说明教育实践的特殊性，还没有逼近其特殊内核。如同海德格尔所指出的那样，行为的本质不在于它产生一种实际的效果或结果，如种棵果树可以收获果实，而在于它展现人与存在的本质关系。同理，教育活动的本质在于它展现了生命与教育存在的本质关系。这种本质关系不是静态、停留于书面层次的结果，而是动态生成中的过程。教育实践的特殊性应在这种过程中得以展现，教育学立场也将在对教育实践的理解中凸显。站在教育学立场看来，实践是一种针对生命、促进生命健康、主动发展和培育生命自觉的有意识的活动，是以塑造和改造自我生命和他人生命为旨归，对生命进行再创造的"生命·实践"活动：以实践的方式来表达对生命的理解，以建构的方式介入生命的生成与发展。这就是"教育实践"的真谛和本义。

这一由教育学立场而来的观念，与"实践哲学"的观念传统有多重关联。

在亚里士多德传统里，"生命·实践"观表明，若用"以自身为目的"这一亚里士多德式的参照系衡量，则教育既是理论，也是实践，生命发展都是其最根本的内在目的①。在"生命·实践"同样需要技艺的层面上，教育也是制作和生产，只不过它以生命自身为生产目的，是"生命的再制作再生产"②。作为

---

① 在这点上，我认同金生鈜和李长伟关于理解教育实践要回归亚里士多德传统的认识，即真正的实践要合乎理性，合乎内在本真目的，合乎人性的完善，不能沦为作为操作手段的工具。参见李长伟. 实践哲学视野中的教育学演进 [M]. 武汉：湖北科学技术出版社，2012：序言，1.

② 李长伟认为，从古典的"实践"看过去，现代人的"实践"根本就不是实践，而是与世界相对的"生产"或"技术"。他特别强调实践与生产的区分："真正的视角是审慎地自由选择的行为，是以自身为目标的行为，是以人事为对象的行为，是关涉人生价值与意义的行为；而生产则是人按照固定的程序和蓝图处理物体，制造产品，以实现外在目的的活动，生产的工作并不能由自身来评定，只能由生产的结果来判定。而且导致的是生活意义的丧失……今天所谓的'教育实践'有名无实，它打着'实践的幌子'，却干着'生产的事情'"（李长伟. 实践哲学视野中的教育学演进 [M]. 武汉：湖北科学技术出版社，2012：16.）。这的确反映了日常教育实践的实情。但在我看来，不能一味否定"生产""技术"的价值并将其与"实践"割裂开来，生产和技术同样可以服务于"内在目的"。而且，现实中不存在完全脱离技术和外在目的的教育实践。关键在于孰为根本和如何把握根本，即如何处理"内在目的"和"外在目的"的关系。

理论的教育、作为实践的教育和作为制作的教育，通过"生命·实践"实现了融通，从而为转化逻辑创造了可能。

阿伦特（Hannah Arendt）通过将人类活动（Vita activa）划分为"劳动"（Arbeit）、"生产"（Herstellen）① 和"行动"（Handeln），重新回归了亚里士多德的实践观传统。在阿伦特看来，"劳动"是维持人的物质生命的纯生物性活动，如去树上摘果充饥，因而属于完全自然本能的行为，而"生产"是受人的主观设计和意图支配的行为，如按照一张图纸盖房子。"行动"是无须通过事物或物质的中介直接在人与人之间进行的活动，是一种自发和他人交往的活动。与"生产"不同，"行动"有三个特点：其一，不可重复。它来源于人的一种特殊能力，即重新开始或开创某事的能力，而不是像生产那样，可以按照某一程序和条件不断重复。这使每一次行动都是一种"冒险"。其二，不可预料。其后果不仅取决于行动者，而且共同取决于行动对象。其三，不可控制。生产者完全可以控制他的生产结果，但作为行动者的我们，在交往中无法控制别人对我们言行的反应和回应。任何一人都不可能控制他一生的种种事情。行动或重新开始本身就意味着冒险。上述三个特点，使行动具有了自由、创造的特征。这种"行动"就是亚里士多德的"实践"，是对亚里士多德实践内涵的阿伦特式解读。若以此眼光看待作为"生命·实践"的教育，则它当然是"劳动"，以人的"生物性活动"为物质基础，也有本能的参与，这种本能与"表演"和"模仿"有关，亚里士多德视人类为模仿的动物。而人具有表演和模仿的需要，且在表演和模仿中成长和发展，教育就是在表演和模仿中进行②。教育即是"生产"，它有明确的"主观设计和意图支配"，也有阿伦特眼中的"生产"具有的可重复性——教材重复、标准重复、方法重复等，只不过这种作为"生命·实践"的"生产"，是生命在教育实践中的多次"诞生"。教育更是"行动"，是人与

---

① Hannah Arendt. Vita aciva oder Vom tätigen Leben [M]. Piper Verlag Gmbh，München，2013：16. 《人的条件》中译本将"生产"翻译成"工作"，显然是一种误读和误译。该译本来自英语版。但通过查考德语版《人的条件》，可知"Herstellen"在德语中为"生产""制造"之意。若翻译成"工作"，则不仅曲解了其原意，而且也易与"劳动"和"行动"产生混淆。参见汉娜·阿伦特. 人的条件 [M]. 竺乾威等，译. 上海：上海人民出版社，1999：1. 可同时参见英文版 *The Human Condition*（The University of Chicago，1958）。

② 李政涛. 表演：解读教育活动的新视角 [M]. 北京：教育科学出版社，2006. 国外相关代表性研究著作，可参见 Gunter Gebauer，Christoph Wulf. Mimessis Culture-Art-Society [M]. University of California Press，1985；Wulf ch et al. Grundlagen des performativen [C]. Beltz Juventa，2001；Alexander B. K. et al. Performance theories in education [C]. NY：Routledge，2004；Christoph Wulf. Die Pädagogik des Performativen Theorien，Methoden，Perspektiven [M]. Weinheim/Basel：Beltz Verlag，2007.

人之间进行的活动①，且也有"行动"意义上的不可重复性、不可预料性和不可控制性，如同人不可能两次踏进同一条河流一样，人也不可能每次踏进同一课堂，不仅作为具体个人的教学对象不一样，需要不同的教学过程和教学方式，而且即使同一教学对象，其生命也处在不断流转发展变化之中，相应的教育实践过程也在随之变化。处在教育情境下的生命发展过程具有的不确定性，也必将产生不可预料、不可控制……当然，它也因此带来自由和创造。每一次"生命·实践"都是一种冒险，但同时也可能是创造性的收获。

若进入芬克（Eugen Fink）的思想语境，则他把人类共存的基本现象区分为劳动、统治、爱情、死亡和游戏等现象，并把这五种共存形式纳入自由、语言性、历史性和肉体性这四种存在特质④。作为生命·实践的"教育"，显然是"劳动"②，它需要有统治，离不开"爱情"，只不过它不是狭隘的男女之爱，而是师生之爱、教育之爱，教育也涉及死亡，教育过程就是"游戏"，游戏不仅是蒙台梭利等意义上的教学形式、方法，更是赫伊津哈意义上的生存"本体"③。

"生命·实践"观与马克思的实践哲学这一经典传统是一脉相承的。

其一，它们都注重并竭力提升实践的地位和价值。

它们都赋予实践本体性的价值，将实践视为人类存在的根基与本质，它们共同信奉并辅助实施的是这样一种观点，即，重要的不是认识和解释（生命）世界，而是改造（生命）世界；转而形成对教育学的基本认识：不是从理论到理论的推演中形成和发展自己理解生命的方式，而是从创造理想生命的过程中获得一种提问和追求表述的方式。作为一种理论和学科形态的教育学的形成、发展和演变的过程，始终应当伴随着对生命的再塑造的过程，始终处在个体生命和类生命的不断生成发展的道路上。

其二，它们都认同"实践观点的思维方式"。

传统看待教育问题的方式下，实践只是理论思考的对象，作为教育"学术"之"术"的实践，是作为"学"的理论的对立面而存在的。在二元对立中，实践被缩减为操作性的"术"，处在"学术"地层中最低下的层面。这一传统属于柏拉图、黑格尔等人缔造的知识谱系和思维谱系的一部分，在高贵的"绝对理

---

① 叶澜将这种活动称为"教育交往"，提出了教育的"交往起源"说。参见叶澜.教育概论[M].北京：人民教育出版社，2006.

② 芬克的"劳动"与阿伦特的"劳动"的区别在于，各自"劳动观"的相对面不同，芬克的"劳动"是在相对于"爱情""游戏""死亡"等现象的基础上提出的，阿伦特的"劳动"则相对于"生产"和"行动"。因而芬克的"劳动"相对更为宽泛，至少包容了阿伦特眼中的"生产"，并与"行动"形成交叉关系。参见 Eugen Fink. Grundphänomene des menschlichen Daseins [M]. Verlag Karl Alber GmbH Freiburg/München，1979：216-283.

③ 约翰·赫伊津哈.游戏的人 [M].多人，译.北京：中国美术学院出版社，1996.

念"面前，实践只是匍匐在地的"仆从"：

"实践不过是许多原理中的一个原理，它之所以重要，只是因为实践是说明认识的基础、来源和真理的标准的基本概念。所以，通常只是把它看作'辩证唯物论的认识论的'第一的和基本的观点，而没有代表新世界观用以观察一切问题的崭新思维方式。"①

马克思实践哲学对旧传统的超越，在于提出了一种"崭新思维方式"，即"实践观点的思维方式"②，它回到人类生活的现实，以实践观点为原则，自觉从人与自然、意识与存在、主观性与客观性、能动性与本原性在现实生活中所表现的统一联系出发，去对待和处理这些环节与因素的关系。在高清海看来，只有这种思维方式才能把握真理的全面性，从而打破以往哲学思维的传统：用以观察各种问题的那些观点，虽然在实践活动中都有其根据，都反映了实践内容的某一环节或因素，但由于它们脱离了这些环节和因素在现实活动中的统一联系，表现在它们的理论中就不能不变成抽象化的原则，从而失去了真理的全面性。在以往教育学研究与实践中，"人的抽象化"传统就是这种传统思维方式的产物。

通过实践观点的思维方式，实践被赋予了本体意义，成为思维的原点、大地和根基，而不再仅仅被作为思维的对象和材料。实践观点成为思维的原则和视角，理论活动也因此得以从实践的观点去衡量，被纳入实践活动当中，成为实践活动的一部分。

"生命·实践"观的提出，承接了马克思开创的"实践思维"的传统，它致力于在教育学领域内提升"实践"在学术研究中的地位，确信作为实践活动之一的教育实践，是人类活动最高级、最复杂、内容又最丰富的形式，实践活动中蕴藏着人类教育生活中的一切秘密，是教育学面对的一切现实教育矛盾的总根源，也是人类能够获得解决这一切矛盾的力量和方法的源泉与宝库，进而把教育实践活动作为认识教育这一人类基本活动的实际出发点和一切教育学知识的根本内容。

除了与实践哲学的已有传统有所承接之外，"生命·实践"教育学还做出了属于自己的独特贡献。

例如，在遵循马克思的"实践观点的思维方式"的过程中，"生命·实践"教育学也试图提出自己的理解。基于后者的立场，可以将实践观点的思维方式

---

① 高清海. 找回失去的"哲学自我"：哲学创新的生命本性［M］. 北京：北京师范大学出版社，2004：139.

② 高清海. 找回失去的"哲学自我"：哲学创新的生命本性［M］. 北京：北京师范大学出版社，2004：126.

的来源，定位于如下对"实践"的界定：是主体依据一定目的变革客体的感性活动，是主体与客体、主观与客观相互规定、相互作用、相互转化的活动①。在"生命·实践"教育学看来，要打破二元对立思维方式，不是从理论看实践，实践只是理论观照、裁剪的对象，也不是从实践看理论，理论变成实践的附庸，归化入实践之内而丧失自身。打破并超越的路径是确立"关系式思维"，将生命价值基因渗透其中，将两者结成合作共同体，在共同价值基因追求中实现相融共生。这样的实践是在"理论与实践关系"中的实践，不是脱离了理论的实践，也不是将理论消解成为实践的一部分，避免在消解两者对立的同时也消解理论自身，最终导致实践的消解。基于上述对实践的认识，叶澜提出了"理论与实践的双向构建"。这一观念的背后，是对实践思维传统在教育学领域的深化和发展，它打破了单向思维的传统——要么是理论思维，要么是实践思维，要么是加法式的"理论与实践相结合"，努力形成"交互生成思维""双向构成思维"，这是新的以双向构成为核心的"理论-实践思维"。"生命·实践"教育学的贡献之一，就是为理论与实践的关系问题导引出了这种崭新的思维方式。

除此之外，"生命·实践"教育学还有多方面的贡献。

第一，它提供了理解实践的生命之价值取向和眼光。

它明确世界上存在一种基于生命本身并针对生命的实践，是以如何促进生命的生成与发展为实践对象、实践内容和实践过程的实践。

这一内涵的提出，源于"关怀生命"的价值取向②，它导引出一种理解实践、思考实践、促进实践的"生命眼光"和相应的判定实践的标准：生命有没有在人类活动中不断地显现和生成？

以此眼光看待人类存在，显现出一种未曾被挖掘的特性：人类是"生命·实践"之存在。实践是人类生命存在的基本方式，是人类的宿命，是人类生存和发展的基因与命脉。人类是在生命与实践的交织互动中的已成之在、潜成之在、应成之在、促成之在和未成之在。

作为"已成之在"的人类，从出生之日起，其生命就已处在实践的世界中，这个世界是个体生命的"先验世界"，表现为知识、经验、道理、习惯及其赖以表达的语言等各种方式，它们是一代代的人类生命在实践中积淀而成，以代代相传的实践方式转而化入新生个体生命的世界之中。每个降临或被抛掷于此世的人类生命，不是空白的"零"、虚无的"空"，他从一开始就浸润在一个浩瀚

---

① 高清海. 找回失去的"哲学自我"：哲学创新的生命本性［M］. 北京：北京师范大学出版社，2004：136 - 137.

② 李家成. 关怀生命：当代中国学校教育的价值取向探［M］. 北京：教育科学出版社，2006.

的"生命·实践"实体之中，这个实体可以理解为"文化"，可以理解为"真理""知识""经验""方法"等，无论是何种形式，都是个体新生命的"先在"之物，是他的必结之缘。这个新生命带着先他而有的"生命·实践"之存在，走向新的"生命·实践"之存在——这一走向已有"生命·实践"的过程和方式本身，也是"生命·实践"。

作为"潜成之在"的人类，在其生命内部，拥有无限生成与发展的可能，出于自然科学的研究，已经以实证实验的方式验证了人类生命的巨大潜能；在其外部，无数条道路、无数种选择横亘在面前，但一律是"潜能"而已，不能变为"现实"的"潜能"，虽然看上去很美，但最终只能沦为"虚空中的虚空"。人类一直在努力把潜能变为现实，而把潜能变为现实的行动和过程，就是"生命·实践"，它发生在教育实践中，任何实践样式都与这一过程相关。

作为"应成之在"的人类，表明了"价值取向"之于人类的不可或缺。从古希腊哲学开始，人类总是郑重其事且乐此不疲地提出与理想生命状态或生存方式相关的问题：什么是最完善最理想的人？什么是理想的生存方式或生活方式？人类应该朝向哪里去？这是人类期望攀登的山顶，欲奔向的"生命标杆"。朝向山顶的攀登，冲向标杆的奔跑，就是"生命·实践"。

作为"促成之在"的人类，不满足于创造山顶供人仰望，制作标杆供人观赏，而是想方设法把"应然"之在变为"实然之在"，想方设法促成把理想变为现实，这种人类特有的"促成"，就是"生命·实践"，是促成已有之生命向"应有""将有"之生命转化的实践，也是促成"已有之生命·实践"转向"应有之生命·实践"的实践，它把"树立标杆"并"奔向标杆"整合于一体。

作为"未成之在"的人类，表明人类的生命始终处于未完成状态，是在路途之中，会有一个生命完善完美意义上的"终点"置于路的远方，但那只是供人远望的对象，永不可抵达。如此，人类以自我生命为对象的实践，永远不应也不会停止，那追求尽善尽美的人类生命始终会实践，实践，再实践……

第二，它建立了生命与实践的内在动态关联。

由于有了透析实践的"生命眼光"，更因为有了对"生命的实践行为"，即以生命发展为实践目的的行为，生命与实践之间的内在关联得以建立，"生命"不再是被在脑海中、纸面上抽象言说的话题，而是在实践中动态生成与发展的"生命"。"实践"也如此：当实践与生命发展联结起来时，实践哲学的"实践"不再只是哲学世界的"实践"，而是在日常生活世界中"活着的实践"，它与活泼泼的生命同在，与变动不居的生命同在，此为"生命·实践"。它以"生命·实践"的方式，而不是以"实践哲学"的方式回答了亚里士多德实践哲学的核心问题："如何成为一个有德性的人"？同时，它也以这种方式回应了海德格尔之问：我采取什么态度才能让人原本地显示其"人之所是"呢？在他看来，所谓"生存"（Exstenz），不是已然在那里的静态之在，这是人们常有的理解方式：说什么东西"存在"（existiert）时，我们总是设想某种东西已现成地在那里。当我们证实了我们所设想的东西在那儿时，我们便说，它实际存在着（existiert）。伽利略依据他的计算，猜想木星存在卫星。后来在望远镜帮助下，证实木星的卫星的确"存在着"。但"人之所是"不是如此，它不是"事实的现成的存在"，这是一种简单的存在，人的"存在"之复杂性来自其具有的"及物动词意义"：当"我"生存时，"我"不是简单的手头现存在那里，"我"必须生存我自己。"我"不仅是简单地活着，"我"还必须"领导我的生存"。"生存"是一种存在方式（Seinsweise），且是使之对自身成为可及的存在。生存并不是手头现成的存在，而是一种运作，是一种运动。人生此在只有从它的运作意义出发，才可能得到理解。在"生命·实践"教育学看来，人之存在的这种"运作"和"运动"，就是"实践"："我"对"自我生命"的"实践"，"他者"对"自我生命"的实践，"我"对"他者"生命的实践。前者是"自我教育"，后两者是"教育"：对他者生命有目的、有意识、有计划的完善和改变。这种运动的根底是"转化"，是生命之间在运动中的生命能量之间的转化，不同的转化内容、转化方式和转化结果造就了不同的生命个性，人即"转化式存在"。生命不是现成的存在，而是需要通过实践而实现的存在，是在自我和外在世界之间实现多重转化实践的存在。这种"转化性实践"就是人的生命运动的最基本方式，是人类生命的本质。

第三，它形成了一种新的思维范式。

从思维方式到思维范式的发展，是一种"深入"意义上的进步，它体现了对整体思维范型的关注[①]。

王南湜发现，在传统实践哲学体系中，就实践是指哪一类活动大致存在着三类思维范式：

伦理-行为范式，在亚里士多德的伦理学中正式形成，在西方哲学史上处于主流位置。在这一范式里，实践被理解为人类实现目的性的活动和具有自主性

---

① 罗祖兵曾从思维范式的角度分析了教育理论与实践的分离问题："教育理论与实践的互离问题是教育研究领域中一个争持不下的论题，这主要是由本质主义思维范式的二元论思维所致。问题解决的关键在于思维范式的转换。后现代主义思维范式为理解和解决教育理论与实践的关系提供了一个多元的视角。"罗祖兵. 教育理论与实践：后现代的检视 [J]. 高等教育研究，2006（4）.

的活动。

技术-功利范式，开始于培根，主要存在于近代唯物主义和某些实用主义哲学思想中。基于这种范式，实践就是能动性创造性活动和主观改造客观的活动。

生产-艺术范式，在亚里士多德的创制活动那里也可以找到其开端，到马克思那里成型。但不同的是这种活动在亚里士多德那里只是低于理论活动和道德实践活动的最低等的人类活动，是被贬抑的，而马克思则认为这种活动乃是人类创制和改造世界的第一活动①。在此范式的观照下，实践就是人的感性活动。

与上述界定实践的范式相对应，存在着三种理解实践的传统思维范式，即世界论思维范式、意识论哲学思维范式和人类学思维范式②。其差异如表 4-1 所示。

表 4-1　世界论、意识论与人类学思维方式的差异对比

思维范式	涉及范围	相关实践方式	欲解决的问题	内在困难	代表人物
世界论	各种传统的本体论，或者一般而言，各种形而上学	人类传统的实践方式，即农业生产条件下人对于自然的顺从依赖状态	那种客观的理性是如何给予有限的人的，亦即人类是如何通达绝对实在的？	否定了人类的现实生活，否定了任何感性直接性，把知识完全看成是天赋的，与人们的直觉相去甚远	苏格拉底、柏拉图、亚里士多德
意识论	近代哲学和现象学	相关于人类现代化实践方式，即工业生产方式条件下对自然的基本的积极支配状态	根源于自我与外部世界对立的明确化；纯粹从意识出发，要完全在意识中构造出对象来	如何确证我们关于外部世界的知识的客观有效性？从其出发点走下去，导向唯我论、折中的二元论或者怀疑论	康德、胡塞尔
人类学	马克思主义哲学	工业生产方式的人的异化	寻找理性根源。认为其根源是人类生活，将哲学还原为人类生活，归结为对人类生活的反思	如何在各人文社会科学中具体转化，如何应对人类生活特殊的时代难题	马克思、恩格斯

---

① 王南湜. 追寻哲学的精神：走向实践的哲学之路［M］. 北京：北京师范大学出版社，2006：5.
② 王南湜. 追寻哲学的精神：走向实践的哲学之路［M］. 北京：北京师范大学出版社，2006：5.

　　置身于上述三大传统思维范式中的"生命·实践"教育学，所处时代已与马克思的时代迥异，但同样面临着人的生命异化和生命价值丧失的问题，"生命·实践"教育学基于教育学立场，教育中的理论与实践问题的特殊性，以及时代精神，重构对"实践"的理解，形成了"生命-发展"思维范式，它是传统思维范式的综合承载与转化。

　　从世界论的思维范式里，"生命-发展"思维范式承接了亚里士多德对实践的理解。亚里士多德试图从潜能的实现过程去理解实践：实践包括了完成目的在内的活动，潜能实现的过程如不完成目的就不是实践。把实践（行、实现）同目的性联系起来，以是否实现了目的作为实践同其他活动的区别，从而把目的看作推动潜能走向现实的动力。这说明他已认识到目的性构成了实践活动的基本环节，实践活动属于一种目的性活动。教育实践是具有清晰系统的目的指向的典型实践活动，但在"生命·实践"的立场上，它的地位远远高于亚里士多德对这种实践形态的地位设置，也并非与理论截然对立，由此实现了教育学意义上对亚里士多德潜能实践观的具体转化性的超越。

　　从意识论的思维范式里，"生命-发展"思维范式承接了康德"实践"的伦理意义——人永远是目的而不是手段，同时抛弃了康德的唯理论传统和"无具体历史实践"的实践哲学。此外，它还吸纳了胡塞尔现象学的基本精神——回到（教育）的实事本身，同时远离了胡塞尔哲学的唯意识倾向。

　　从马克思主义的思维范式里，当把"生命"作为实践内涵的核心构成时，已经与马克思对实践的界定产生了内在沟通。在马克思实践哲学看来，实践是主体依据一定目的的变革客体的感性活动。所谓感性活动，首先意味着实践是一种具有直接现实性的活动。在这一点上它区别于单纯的观念活动。作为实践活动的感性活动，同时是一种实践目的性的活动。实践是人的客观的、感性的活动，它包含了理论与实践相互统一。实践的主体、手段、对象都是可感知的客观实在，是主体凭借物质手段改造客观对象的客观物质过程，也是主观见之于客观的能动活动，内含了人类特殊的"能动性"。

　　教育实践活动同样属于一种具有能动性创造性的感性活动。它直面的活动对象是"生命-发展"，而生命必然是有感性的活动，感性活动是生命活动的基本特征。以此理解方式为基础，"生命·实践"教育学在与马克思主义实践哲学对接的同时，也进入这个传统内部，实现"在内部接着讲"①。

　　"如果承认实践是一种富于创造性的能动活动，那么它就只能被理解为抽象

────────────

① 高清海. 找回失去的"哲学自我"：哲学创新的生命本性［M］. 北京：北京师范大学出版社，2004：135.

的理性活动；如果把实践活动看作属于一种感性的活动，这种活动就不可能具有革命批判的意义，因而也就不可能是真正人的活动。很明显，理解实践问题的关键在于，如何在人的感性活动中赋予它能动性和创造性的内容。马克思发现劳动生产活动是把人从动物中提升出来，使它成为人的第一个历史活动，由此既揭示出了人之为人的真实本质，同时也解决了实践观中的矛盾，建立起了科学的实践观点。"

"生命·实践"带给教育学的关键改变是：发现"教育活动"是把人从动物中提升出来，使其成为人的另一个历史活动，即以人为（精神）生产对象的历史活动，群体生命（类）的教育历史活动和个体的教育历史活动转为人类种种历史活动之中的重要构成，不理解这种历史活动，就难以理解历史哲学。面向"生命-发展"的教育活动最终成为与劳动生产活动并列的另一种实践活动。

三、作为联结前提的"理论"与"实践"之共通

理论与实践能够转化并形成转化逻辑的原因，还在于两者之间存在诸多共通共融之处。

共通之一，"来源"和"需要"意义上的共通，它们彼此源于对方且有相互转化的需要。

我们无法对"鸡生蛋，还是蛋生鸡"的问题做出孰先孰后的判断，但可以就"鸡生出了蛋"或"蛋形成了鸡"分别进行认定：它们都是事实。我们永远无法抽象断定"理论源于实践"还是"实践源于理论"，但两者之间的"互为源泉"，可以获得肯定，大量例证数不胜数。既然可以相互作为"来源"，无论是思维逻辑层面还是现实状况，都为"转化"提供了可能：当理论来源于实践之时，这意味着"实践"转化为"理论"；当实践来源于理论之时，则表明"理论"转化为"实践"。

理论与实践彼此构成"来源"，不会无缘无故发生，更不会自动产生，其根源在于主体的相互需要，即理论人需要把自己的理论转化为实践，也需要把实践人的经验转化为自己的理论。实践人则需要借助理论人的经验来促进完善自我的实践，也需要形成和发展自身的"理论"，任何实践都是在一定理论指导下的实践，纯粹的实践是不存在的。正如瑞安（M. Ryan）所言："所有理论要么是它所描述的过去实践的理论，要么是它所指向的未来实践的理论，而且理论本身就是一种实践。纯粹的实践，本身总是某种理念的实践。"①

---

① M. Ryan. Marxism and deconstruction [M] Baltimore：Johns Hopkins University Press，1983：39.

　　这种双重需要未必发生在所有主体身上，也不会随时随地产生，有的理论人从来没有把理论化为实践的意愿，反而拒斥"杂乱粗陋的实践经验"对自己"纯粹高贵的理论"的"污染"；有的实践人只会低头注视脚下的实践大地，但从不会仰望理论的天空。即使如此，部分主体之间发生的理论与实践的相互转化需要依然是一种客观存在的事实，这一事实决定了某些理论和某些实践之间势必存在双向转化的可能，能否把可能变为现实，取决于两大主体间的基于理性选择的转化意识、转化能力和转化行动。

　　共通之二，"普遍"意义上的共通，它们都是人类的普遍行为或基本行为。

　　在古希腊语境下阐述"实践"过程中所内含的"习惯""经常""日常"等词语，暗含了"普遍"之意。这是古希腊哲学，特别是苏格拉底开启的传统：对普遍性的追寻，试图为人类行为探究普遍准则，以维持善的普遍性。真正的"实践"行为，不是偶尔为之的特殊行为，而是普遍行为，受到普遍准则的制约。例如，作为实践哲学的伦理学，就试图为基于人际关系的"伦理行为"确定普遍准则，一代代的伦理学家都为此坚持不懈地努力着。因此它才和政治行为一道，被亚里士多德视作人的最基本行为。

　　理论行为的"普遍性"更是如此，如同人类具有"对确定性的寻求"一样，理论的产生其实就是"对普遍性的寻求"的产物。无论是哲学科学，还是后来逐渐分化独立的自然科学、人文社会科学等，莫不如此。即使有了"后现代科学"，试图打破"统一""普遍"的所谓"宰制"，但没有一个"后现代主义者"不希望自己的理论思想被更多的人所接受，这同样是"对普遍性的寻求"。

　　当同样具有普遍性寻求的理论与实践彼此交会时，两者所追求的"普遍性"对象、方向和具体内容虽然时而一致，时而不一致，例如，在亚里士多德那里，理论被定位为对"不变事物"的探索，"实践"对象则是"可变事物"，但任何一方如果要影响另一方，试图把"影响普遍化"的追求都必定会昭然若揭。本书也以此为目的：探寻教育理论与实践双向互动生成的普遍过程和方式。

　　共通之三，"理性"意义上的共通，它们都是人类的理性自主行为，都渗透了理性且以理性为自身奠基。

　　实践在被亚里士多德界定为人类的专属行为之时，就蕴含了与动物等其他生命的行为的区分，人类的实践行为是"自主性""主动性"的行为：

　　"实践就是行动，——而且它还是一种清醒的意识。行动不只是做。人是一种自行动的东西。在其行动中有自我调整、自我检验以及榜样的作用。"[①]

---

　　① 汉斯-格奥尔格·伽达默尔，卡斯腾·杜特.什么是实践哲学：伽达默尔访谈录 [J]. 金惠敏，译. 西北师大学报（社会科学版），2005（1）：7-10.

自主行动的根源在于"理性"。这既是探讨实践或理论的前提，也是探究理论与实践关系的前提：

"要弄清实践与理论的关系，必须去探讨理性的问题。因为无论是实践还是理论背后都有人理性的活动。人们对理性的认识在很大程度上支配着人们对理论与实践关系的看法。"①

实践行为总是渗透了理性，即亚里士多德意义上的"实践理性"②。实践的目的和手段需要经过理性选择，这是实践的本质特征之一。

理论行为所具有的"理性"自然不必多言，尽管其内涵和理解方式分歧甚众。关键在于如何理解实践的"理性特征"及其与"理论理性"的联系与差别③。

康德眼中的"实践活动"，不是动物等也具有的"外在感性的活动"，而是纯粹理性本身具有的功能，"纯粹理性"单就自身而言就是实践的，它提供（给人）一条被称为"德性法则"的普遍法则。康德通过人们日常所理解的"自然概念的实践"和他的"自由概念"的实践的区分，竭力凸显"实践"作为人类行为的自主、自由和意志等特征。

康德虽没有直接对"实践"的含义做出规定和说明，但对与"实践"相关的概念做了反复说明，以免造成误用和曲解。他自己在使用"实践"概念时也非常谨慎，一般在表示人的具体、有限、感性层面上的活动时，用"行动"或"行为"来表示，而不用"实践"概念来表示④。有资格称为"实践"的行为必须有"理性"为之立法，有"自由"和"意志"的内蕴。只有基于自由概念的道德实践才能真正体现出人的立法性，它实质上表现了人的自由性和自主性，展现出了人对自然的超越性和独立性。这恰恰是人类实践行为的特征。

伽达默尔在当代社会的语境下，再次强调实践不同于其他事物活动的本质在于，它是人的理性指导的属人的行为。他指出理性不仅指"工具理性""科技理性"，更是与人的存在活动直接相关的"实践理性""道德理性""社会理性"，即"存在理性"。伽达默尔所著的《科学时代的理性》中"理性"一词，是指"知识"和"真理"等为科学的方法意识所不能整体把握的半圆状态。通过考证"理性"一词在德语中的衍生词情况，他发现，理性与实践的关联是内在、必然、不可忽视的东西，是对包括认识活动在内的人类生活一切方面的反思和判

---

① 张汝伦. 历史与实践 [M]. 上海：上海人民出版社，1995：引言，11.

② Gustav Teichmüller. Die praktische Vernunft bei Aristoteles [M]. Gotha：Perthes，1879.

③ Jaakko Hintikka. Knowledge and the Known：Historical Perspectives in Epistemology [M]. Dordrecht / London / Boston：Kluwer Academic Publishers，1991.

④ 曹小荣. 对亚里士多德和康德哲学中的"实践"概念的诠释和比较 [J]. 浙江社会科学，2006 (3).

断能力，它指导着人类生活的一切实践行为，而这便是伽达默尔所要建设的实践哲学的根本性质①。自主和自由都不是空洞的说辞，人类实践行为具体表现为自主选择和自主反思的过程。希腊的实践概念在拉丁文中是"actus"，有了"行动"的意思②，且是与人的意志选择有关的活动。作为"观察"的理论同样离不开选择③。

人有权利也有能力选择行为的内容、方式，并对行为本身做出评价④，以及反思自身和他人的行为。实践哲学之所以在亚里士多德哲学体系中具有极高地位，是因为他第一次将"智慧"赋予了"实践"，将实践视为人类实际活动与生活的"反思行为"，以此建立起的实践哲学，通过对人类实践行为的反思，指明人类存在和生活的善、合适、有价值的理论基础与趋向目标，成为专门探讨人类实际存在行为的一门理论反思性学问，或"实践智慧"（Phronesis）⑤。研究亚里士多德哲学长达 20 年之久的伽达默尔，在其学术生涯后期用力甚勤的实践哲学中不断提及"实践智慧"：

"这一指导实践的理性被亚里士多德称为实践智慧（Phronesis）。它只在具

---

① 李蜀人. 西方哲学中的实践与实践哲学 [J]. 西南民族大学学报（人文社科版），2007（6）.

② 所以，西方学术界对于实践概念及实践哲学的认知，往往把"行动"作为核心概念来讨论。Frankfurt H G. The Problem of Action [J]. American Philosophical Quarterly，1978（15）：157 - 162；Charles D. Aristotle's Philosophy of Action [M]. London：Duckworth，1984；Danto A. What We Can Do [J]. Journal of Philosoohy，1963（60）：434 - 445；Arthur C. Danto. Action，Knowledge，and Representation [C]. Action Theory：Proceedings of the Winnipeg Conference on Human Action，1976：11 - 25.

③ "观看""观察"同样具有选择性，有选择就意味着有价值取向。"理论"的这一原初属性，从一开始就质疑了后来所谓的"价值中立"。即使是纯粹的数学、物理学等自然科学研究，也基于研究者本人的选择，有选择就必有价值取向作为前提来支撑选择本身。选择始终与"目的"或"目标"有关，即"为了何种目的而作出何种选择"，这背后依然有价值取向的制约。在《形而上学》中，亚里士多德在说明"可能性"和"完全的现实性/实现"时谈到了两种实践形式的基本区别。人的实践被划分为未结束的运动，即实现外在于他的目标的过程（建筑、学习或趋向目标）和本身即是目的（如生活、幸福、看、沉思等）。这些活动就是狭义的"实践"。亚里士多德用 Energeria 这个词来专指这种目标在其本身的实践。这就把行为与"做""生产"区分开来了。实践是趋向目的的过程和本身就是目的的"行"。《尼各马可伦理学》虽然使用的术语与《形而上学》有所不同，但基本上仍坚持这种区分。只不过在《形而上学》中 Energeria 只是指自身就是目的的行为，而在《尼各马可伦理学》中实现目的的过程也叫作 Energeria。所谓实现目的的过程，实际上就是实现预先设定的"价值取向"的过程。

④ 罗吉尔·培根认为要在一切科学和道德哲学中区分出思辨因素和实践因素。因为人的一切活动都是可以进行道德评价的行为，在此意义上理智被称为"实践的"，因为它完成实践，即善或恶的行为。这样，实践概念通过"评价"又和道德行为相关了。

⑤ Roche Timothy D. In Defense of an Alternative View of the Foundation of Aristotle's Moral Theory [J]. Phronesis，1992，37（1）：46 - 84；Jonathan Barnes. Aristotle's Theory of Demonstration [J]. Phronesis，1969，14（2）：123 - 152；Gill M L. Aristotle on Causal Action [J]. Phronesis，1980，25（2）：129 - 147；Santas G. Aristotle on Practical Inference，the Explanation of Action，and Akrasia [J]. Phronesis，1969，14（2）：162 - 189. 另参见张能为. 伽达默尔与实践哲学传统和解释学重建 [J]. 学术界，2010（10）.

体的情境中证实自己，并总是置身于一个由信念、习惯和价值所构成的活生生的关系之中——即是说，在一个伦理（ethos）之中。"①

伽达默尔本人对实践智慧的阐发②，除了用"实践知识""道德知识"等概念以外，更多地使用"实践理性"、"实践合理性"或"实践（合）理性的德性"来表达。在伽达默尔看来，亚里士多德针对理论和理论哲学的理想而提出实践哲学，把实践提升为独立的知识领域，是基于人类实践的特殊性：人能够克服本能结构的局限，进行自由选择，超出自然的秩序，创立属人的文化世界。与之相比，动物只有行为，没有实践，更没有文化。随着人的自由实践活动的发展，人们对于自身的活动产生了规范意识，形成了相应的价值判定，在正确与错误、合理与不合理之间做出选择，人的实践因而具有理性特征。这种理性不是超验理性，而是人性化的理性，它是人的自由的积极体现。理论思维乃是对实践智慧或实践意识的抽象，其共同基础为"理性"：

"实践的真正基础构成人的中心地位和本质特征，亦即人并非受本能驱使，而是有理性地过自己的生活。从人的本质中得出的基本德性就是引导他实践的合理（Vernunftigkeit）。对此希腊语的表述是'Phronesis'。"③

伽达默尔的如上阐发，目的是凸显不同于理论知识的实践知识模式，及真正实践的存在方式，维护人的实践自由和实践合理性。"理性"成为消弭理论与实践对立关系进而实现转化的中介：

"实践中总是包括了实践之知，古代意义上的'科学'只是这种知的最高阶段，但它把自己理解为纯粹的理论，即不是由于它的实践意义，而只是为了它本身而被追求的知。如果从这个意义上来看理论，理论与实践根本不是对立的。实践之知就是实践的一部分。实践之知是要在当下做决定的知，是一种具体的判断力；而自然科学的知识是一般的知识，把它用于实践只会使判断力的运用与真正意义的实践经验日益缺乏。在这个意义上科学理论不经实践理性的控制

---

① 汉斯-格奥尔格·伽达默尔，卡斯腾·杜特.什么是实践哲学：伽达默尔访谈录［J］.金惠敏，译.西北师大学报（社会科学版），2005（1）：7-10.亚里士多德所谓的"实践智慧"是指导德性的正确的逻各斯，它与后来康德的"实践理性"是一回事.参见汪子嵩等.希腊哲学史：第3卷（下）［M］.北京：人民出版社，2003：1015.

② "实践智慧"概念仍是伽达默尔后期实践哲学思想的核心.伽达默尔早期和中期对亚里士多德实践智慧的阐发，奠定了他后期实践哲学的基础.参见邵华.论伽达默尔对实践哲学和解释学的融合［J］.现代哲学，2010（5）；何卫平.伽达默尔《真理与方法》中的实践哲学：析此书关于亚里士多德伦理学的解读及意义［J］.求是学刊，2010（6）；何为平.通向解释学辩证法：伽达默尔哲学思想研究［M］.上海：上海三联书店，2001：10-30.另外，参见 Jean Grondin. Einführung zu Gadamer［M］. J. C. B. Mohr（Paul Siebeck）Tübingen，2000；Robert J. Dostal. Gadamer［M］. Cambridge University Press，2002.

③ 邵华.论伽达默尔对实践哲学和解释学的融合［J］.现代哲学，2010（5）.

的确会与实践不协调、不一致，乃至冲突。用实践理性控制科学的应用，使之不产生危害人类的后果，这是一个属于实践智慧的实践问题，但也会间接地在理论上消除理论与实践的对立问题。"①

共通之四，"善的目的"意义上的共通，它们都是合目的的追求善的行为。

当实践哲学家们把"普遍""理性""自主"这些特质赋予人类的理论和实践行为之时，实际上提出并回答了两个问题：

其一，同样具有行为能力，人类行为和动物等其他生命的行为有何差别？

其二，同样是人类行为，是不是所有的行为都足以被称为"理论"和"实践"？换言之，"理论与实践"有没有因为某一方面的原因而共享"人类行为"的基本特征？

前者已然无可置疑，后者却依然悬置未解。

这里重点聚焦"实践"与"行为"的差异问题，并将其置于理论与实践的关系的背景下考察。

还是回到亚里士多德。在《尼各马可伦理学》中，他以行为的"目的"和"对象"，对人类活动进行了理论（theoria）、生产（poiesis）和实践（praxis）等三重划分。在此视野下，就"实践"和"生产"的关系而言，实践的对象是人事，生产的对象是物件。"实践"的目的不在自身之外，而就在其自身，其自身就是目的，涉及人生的意义与价值，它是摆脱自然需要的真正自由的行动，是人可以自由选择的行动；"生产"的目的是满足生存的自然需要，朝向人的欲望和需要的满足，是受制于自然必要性的行为，其自身不构成目的。

就"实践"与"理论"的关系而言，实践活动总是在人际展开，面对的是人与人的关系，"理论"的沉思则是人独自面对真理，置身其中的是"人与自然""人与神"的关系。但在"自身即是目的"这点上，二者相同。所以在亚里士多德看来，理论是最高的实践。这意味着理论与实践尽管存在对象上的差异，但却有内在融通的可能，尽管这种融通是以等级性的话语方式展现的。

问题的关键依然是：是什么使这种内在融通得以可能？答案在于"合目的性"。

首先，就亚里士多德对人类活动的划分及阐释而言，"每种技艺与研究，同样地，人的每种实践与选择，都以某种善为目的"②。这里的"研究"或译探究、探索，与理论有关，是理智对可变动事物进行的思考活动。亚里士多德没有对此做过定义，但他似乎把研究作为科学与技艺、智慧与考虑（明智的一种

---

① 张汝伦. 历史与实践［M］. 上海：上海人民出版社，1995：267.
② 亚里士多德. 尼各马可伦理学［M］. 廖申白，译注. 北京：商务印书馆，2003：3.

形式）的泛称①。此处，亚里士多德不提科学，是因为科学不专以活动之外的善为目的。技艺与研究、实践与选择都相关于可变动的题材并以某种善为目的。若以"可变动的事物"为对象，则教育学领域中的（理论）研究与实践彻底相通，其对象均为"生命"，生命本身始终处在可变动的生成发展之中。

其次，就目的本身而言，在亚里士多德看来，每一种存在物都有活动（Energeia），都要将其自身功能表现出来，实现某种目的。无生命物有其自身的活动，如石头的活动是用来造房子。生命物也有自身的活动。植物的活动是营养和发育，而动物的活动是以它们各自种属的属性来感觉和运动。与之相比，由于理性的支配和自主性的存在，人的活动的目的性更为明确，并且分为两种目的：实现外在于他的目标的过程（建筑、学习或趋向目标）和本身即是目的（如生活、幸福、看、沉思等），这就是人类的"实践"活动。亚里士多德用Energeria这个词来专指这种目标在其本身的实践。这就把行为与"做""生产"区分开来了。实践是趋向目的的过程和本身就是目的的"行"②。至于"目的"本身，在《尼各马可伦理学》的语境中，就是探寻人生幸福、达到最高的善。幸福、善和德性最终联系在一起：幸福是最大和最好的善，善则是合乎德性而生成的灵魂的现实活动。"实践"由此成为实现人的幸福的过程，成为不同人实现合乎自己德性状况的具体现实活动，成为合乎最高的善的活动。

作为亚里士多德追随者的海德格尔③，在突出"实践智慧"与"技术"区别的同时，将"实践"与"良知"联系起来。海德格尔认同实践产生于"关系"之中，但实践面对的不只是"人与人"的关系，也包括"人与事物"的关系。在海德格尔那里，人被命名为"此在"，其基本特性是"在世界存在"，这决定了"此在"先验地拥有世界，也决定了他要与世界中的他人和别的存在者相处，这是"在世界存在"最基本的内容和规定，"此在"与别的存在者的关系海德格尔称之为"打交道"（Umgang）。而打交道的具体形式则是各种方式的"处理"（Besorgen）。首要的打交道的方式就是实践④，这就是事物与人的实践关系。他

---

① 格兰特在《亚里士多德伦理学》中认为，（亚里士多德眼中的）研究是"走向科学（理论）的道路"。转引自亚里士多德 . 尼各马可伦理学［M］. 廖申白，译注 . 北京：商务印书馆，2003：3.

② 《尼各马可伦理学》虽然使用的术语与《形而上学》有所不同，但基本上仍坚持这种区分。只不过在《形而上学》中 Energeria 只是指自身就是目的的行为，而在《尼各马可伦理学》中实现目的的过程也叫作 Energeria。可参见 Ackrill J L. Aristotle's distinction between energeia and kinesis［M］//Bamborough R. New Essays on Plato and Aristotle London，1965.

③ 伽达默尔曾经说，要想进入海德格尔，应先从亚里士多德开始。参见何卫平 . 伽达默尔《真理与方法》中的实践哲学：此书关于亚里士多德伦理学的解读及意义［J］. 求是学刊，2010（6）.

④ 对此的相关评述，参见张汝伦 . 历史与实践［M］. 上海：上海人民出版社，1995：79；另见张汝伦 .《存在与时间》释义［M］. 上海：上海人民出版社，2012.

眼中的"事物"首先并不是作为单纯认识对象对我们出现的，而是作为我们在实践中运用和使用的东西与我们产生关联。海德格尔讲的"及手的东西"（zuhandene）指的是首先已经在实践中和人发生关系的东西。为了强调其实践性，他将其称为"工具"①。而"处理"作为被人使用、生产的东西与人关联的方式，显然就是人的实践。和传统的与"理论"相对的实践概念不同，"处理"不能理解为单纯的"做"或"行动"。人与事物的实践关系从来不是盲目的，而是有目的的，人会对这些关系形成见解或识见，海德格尔称之为"概观"（Umsicht），并与"处理"联系起来："处理的……概观——发现的存在是让其如此，就是理解地规划状况。"②

他的"处理"概念，强调的不是与理论或认识相对的"做"或"干"，而是实践对事物原初的发现、规定和使其对我们出现。"让其如此"（Bewendenlassen）意思是让什么存在。"让"本身就是一个合目的的行为，"见解"、"识见"和"概观"则通向理论。

以"幸福""善""良知"作为判定实践特性的标准，不能涵盖全部标准，但起码说明"实践"自身是一个有边界有尺度的人类行为。只有对此加以确定，避免"泛实践化"③，才能在有助于理解实践的同时，也有助于理解理论与实践的关系。

对于教育理论与实践而言，在"生命·实践"教育学那里，所谓"善的目的"与人有关，"理论与实践的双向转化"无非是为了追求"生命健康、主动的发展"和"生命自觉"，这是转化逻辑所内含的"善"，是转化逻辑兼容理论逻辑与实践逻辑的魂魄所在：所有理论都是为了生命发展的实践而存在，所有实践都朝向基于生命发展的理论，正是在这个意义上，不仅理论属于实践，而且实践也属于理论，它们相互归属，共同指向"生命的发展与完善"这一目的，如前所述，此为教育学眼中的"善的目的"，是教育学立场下的最高的"善"。

---

① 如果认同"理论思维乃是对于实践智慧或实践意识的抽象"，那么这一抽象所以可能，与"工具"有关："工具的发展导致了人类思维抽象性的发展，而越是发达的工具，越是具有单一性即抽象性。维果茨基有云，一种工具就是一种抽象。正是发达工具所具有的目的或功能的单一性，构成了实践意识的一种单一性视角，从而也就培育了理论思维的抽象的单一性。当然，这里只是说发达工具在使用者的目的中是单义的，而工具自身所具有的功能并不是单义的，其客观上所具有的某些功能可能完全在使用者的目的之外。但不管怎么说，只要工具在使用者意识中具有一种目的单一性，它就可能在人的意识中造成一种抽象的效果和抽象的能力，从而使得理论活动得以在实践活动中超拔出来，形成一个与实践活动截然有别的独立的活动领域。"王南湜. 理论与实践关系问题的再思考 [J]. 浙江学刊，2005（6）.

② 张汝伦. 历史与实践 [M]. 上海：上海人民出版社，1995：80.

③ 虽然我不同意赵家祥把"教育""艺术"等排除在"实践"领域之外，但在这一点上，我赞同其观点，这是一个有助于实践思想者清醒的提醒。参见赵家祥. 准确把握实践界限，克服泛实践论倾向 [J]. 学习与探索，2005（2）.

也正是这一对"善的目的"的定义，确立了教育学立场下的实践哲学的发展方向，也为实践哲学视域内教育学派的形成提供了可能。

第四节　"转化逻辑"如何可能？

转化逻辑是否可能，即作为独立且真实存在的可能性问题已然知晓，但这只是前提性的第一步，接下来的一步同样关键：这一逻辑如何可能？如何在现实教育生活中的理论与实践关系世界中发生，从而发挥其应有的功能和价值？这一步的目的在于：把头脑中的转化逻辑变为现实中的转化逻辑，来自现实生活中的转化逻辑，最终还应回到现实生活中去。

既然转化逻辑是有主体和主体间性的逻辑，"如何可能""怎样发生"的问题就是需要主体承担的问题。欲让转化逻辑在真实的日常教育生活中真实发生，则无论是理论人，还是实践人，以相互了解为前提，需要具备如下条件。

条件之一，需要有转化意识、转化眼光和转化自觉。

转化意识是一种基于转化的价值取向。对于理论人而言，转化意识视"理论与实践"是否能够，以及在多大程度上实现双向转化为价值起点，以转化中人的生成和发展为价值终点。其核心在于：

"实践研究者应对实践者有同情式和置身式的理解，而且这种同情和理解不是偶尔的灵光一闪，而是在长期的深深的持续性的置身中不间断出现。教育实践研究者需要把心放进实践中去，用心去沉浸，用真心、苦心和爱心去关注实践分享实践。此时，这颗心如同一匹布放进了实践的染缸里，可能会出现几种情况：一是偶尔放进去，又拿出来，洗一洗就掉了。或者拿出来，又放到别的染缸里浸泡，结果是不伦不类。二是时常放进去，染出来的颜色比较生涩、呆板，好像只是粘在上面。三是经常放进去，同时开始出花样，出彩了，有自己的创造了，更重要的是永远洗不掉了，不褪色了，因为起了化学反应了，而且是全息化的反应。换句话说，转化形成了，教育理论人把自己的理论不仅化进了实践里，而且又化成了一些新的体验和认识，化出了实践形态的新面貌，使理论和实践具有了共同的底色，即共同分享的规则与形式，并且这种底色也通过转化随之变了。这种染布说同时也意味着：转化逻辑的形成是需要持续性互动的时间和频率来保障的。在这个意义上，常为人诟病的所谓'点状思维'，不仅是空间概念，而且也是时间概念。"①

对于实践人而言，转化意识意味着改变对待理论的两种态度：一是盲目排

---

① 李政涛. 教育实践的研究路径［J］. 教育科学研究，2008（4）.

斥，习惯性地将理论等同于"无用"，并视自身实践经验为不需要理论介入且不可动摇的存在；二是盲目膜拜，要么将理论神圣化，以为只要是理论，就是"金科玉律"，要么将理论不加甄别不予转化地直接套用于自身实践。转化意识将促使实践者努力将学到的理论转化为自己的语言——说出来，转化为自己的行动——做出来，同时，又将种种经验化为自己的理论，或者逐渐用个人实践来更新重建个人理论与个人知识。在这样的转化逻辑及其运用中，实践人从此不再是理论和理论人的对立面和附庸，转而成为自我生命独特价值的自觉追求者。

转化意识将形成一种转化式眼光，理论人与实践人都以此眼光看待理论，看待实践，看待理论与实践的关系，由此形成理论与实践关系语境中的基本问题：一种理论如何介入实践并能够有效地影响实践？又如何在这种介入影响中既丰富理论原有内涵，又改变实践形态，同时也改变理论人和实践人？

与此相关的具体问题是：

（1）如何使理论不仅贴近实践，而且还贴牢实践？如何使理论人头脑里的理论框架变成实践人头脑里和行为中的理论框架？

（2）是什么妨碍了理论与实践的双向转化（例如实践人面对理论人的防卫现象）？在理论与实践实现双向转化的过程中，可能经历的不同阶段是什么？例如，初始阶段的理论人是以何种眼光观察实践的？经过一段时间之后有没有变化？不同阶段的特征和可能存在的困难与障碍是什么？如何去解决这些障碍？

（3）怎样深入了解实践人与理论人的相互期望，有效促进理论人和实践人的相互认知相互尊重，并在此基础上形成转化自觉，进而将这种转化自觉变成双方的生存方式，形成在理论与实践的双向建构中思考和行动的习惯？

（4）理论人是怎么与实践人合作交往的？实践人平时是如何学习理论的？学习理论的过程是怎样发生的？对理论人而言，当其进入实践研究时，首先是向实践学习的过程，学习的效果和过程究竟如何？在实践研究和学习中，有没有寻找和发现的心态？有没有对自己怎么学习和学习效果的反思意识？

对研究成果，无论是理论研究，还是实践研究，其评价标准也将聚焦于"转化成效"。衡量这一成效的根本标准是人的变化，即理论人与实践人有没有，以及在多大程度通过转化实现了自身的生命发展？

转化意识、转化眼光都不应是偶尔为之，其演变方向和归宿为"转化自觉"和"转化习惯"，这种自觉要求主体不拘泥不固着于自己的领域，以开放和包容之心追求双向转化，自觉认识到转化逻辑和转化过程的复杂性、艰巨性和长期性：

"不可能用简单的'理论＋实践'、'理论指导实践'，或者是'从经验到理论'、'由理论到经验'这样一些理论与实践单向、外在关联方式来完成。它需要建立起两者更为丰富的关系，需要在一系列转换过程中，实现新理论与新实践的建设。这是一个理论与实践相互依赖、锁定、孕育、碰撞、建构、生成的动态过程，也是一个充满问题、挑战，困惑、发现、突破、兴奋，苦恼、焦虑，体悟、满足的探究过程。它还要通过承担、参与这一研究的高校专业研究人员和中小学实践一线的人员各自内在观念和行为的转换，以及两类人员的相互沟通、持续合作才能实现。"①

转化本身就是一种教育实践，而且是比单纯理论研究或单纯实践操作更为复杂的活动。基于转化逻辑的实践的研究与改变是需要生命全程置身其中和耐心守望的事业，只有基于"自觉"和变为"习惯"的转化，才可能让理论与实践的双向转化达到预期目标。当转化自觉在主体内部形成之后，就会让"转化"成为主体的一种生活方式。

条件之二，需要有转化式思维。

支配转化逻辑的形成和运作的是特殊转化式思维，它是思维方式转型的表现之一：从普遍演绎式思维转向特殊转化式思维。如前所述，前者是理论人在处理理论与实践关系过程中在思维方式上的通病：将某一自身认可的真理、理论或知识，习惯性或想当然地视为"放之四海而皆准"，因而无视实践中的具体情境、具体问题，结果导致"理论失效"。转化式思维，在它确信理论价值的同时，也打破对真理和知识所谓"普遍适用"的迷信，它不相信有能够脱离具体情境的所谓普遍知识甚至普遍真理，转而从理论运用的具体实践情境的理解和洞察出发去思考理论的具体转化，而不是直接从理论出发去套裁实践，进行理论的抽象转化。因此，它特别关注实践情境中具体且特殊的问题、困境、障碍和解决策略，它总是希望一种理论和知识的运用和转化，是在某一具体情境中的运用。所以，从具体特殊情境出发，回到情境，在情境中理解理论和转化理论，同时又基于具体特殊的实践经验，转化为具有一定普遍价值的理论，这是特殊转化式思维的核心特征。

条件之三，需要有转化能力。

对于理论人而言，转化能力表现为解读透析实践（者），为理论寻找实践载体，在实践现场（如课堂教学）动态透析把握实事，把理论变为实践情境中具体可行的实践策略和方法，对理论在实践中的转化进行反思和重建，同时在此过程中生成新理论等。对于实践人而言，最基本的转化能力是把从书本中、课

---

① 叶澜. 我与"新基础教育"：思想笔记式的十年研究回望［C］//丁钢. 中国教育：研究与评论（7）. 北京：教育科学出版社，2004：41.

堂上学到和听到的理论，基于自身的个性与风格，转化为自身的价值观、思维方式和行为方式等。上述能力的获得是一个持续艰难的过程，在教育改革的语境中尤其如此。

条件之四，需要有转化机制。

奠基于转化逻辑的研究机制，将以理论人与实践人的合作沟通机制的建立作为核心，因为所有转化都是主体之间的转化，是一种精神变物质的过程。

这一沟通机制应是在双方自觉自愿和平等的基础上形成的，而且存在着不同层次。叶澜教授提出了教育理论与实践"相互作用方式和价值的分层次论"①。这些层次涉及：双方共同进行某一实践研究过程的策划与反思（合作策划机制），对具体合作制度的设计与实施（实施机制），双方对合作成效的自我反思和互评标准的确立（反思与评价机制）等多个方面。该机制最主要的功能在于：最大限度地激励双方相互参与、相互激发、相互评价，实现从旁观式远观对方的活动到介入式置身对方的活动之中的转变等。这些机制在"新基础教育"研究和"生命·实践"教育学形成过程中，有更为复杂具体的结构和内涵，涉及转化的过程阶段、路径、困境、障碍等。

"转化如何可能"的问题，既是理论问题，也是实践问题，更是理论与实践的关系问题。这一问题的解决，只靠抽象思辨的阐述表达难以如愿，必须有恰当的个案作为深度剖析的载体。在这方面，"新基础教育"与"生命·实践"教育学的关系，成为本书探讨"转化如何可能"的典型个案。我们将在随后探讨：作为一项转型性学校整体变革，"新基础教育"研究如何通过"理论适度先行"，以大中小学合作研究为主要形式，在"理论与实践"的双向交互建构中推进，最终既将新理论转化为新实践，又通过新实践，在凝聚提升中转化为"生命·实践"教育学。

---

① 叶澜. 我与"新基础教育"：思想笔记式的十年研究回望［C］//丁钢. 中国教育：研究与评论（7）. 北京：教育科学出版社，2004：42 - 43.

第五章
论题的推进：教育理论与实践"转化逻辑"的现实样态

无论是对问题史的梳理，还是对"理论与实践关系"的审思，抑或是对"生命·实践"教育学经典思想的总结，其目的都是实现一种审思视角与基本立场的转向。通过以上的基础性工作，可以发现，"教育理论与实践的转化"问题是绕不开的"核心问题"，更是探寻实践哲学的教育方式的"关键问题"。

而"教育理论与实践相互转化"的问题实质是"人"的转化，是两类教育主体之间的转化，是以两类主体之间的转化"驱动"两类事物之间的转化，其过程贯穿着一条促使教育实践者从"认识你自己"到"成为你自己"、从"关于人的理论"到"成为人的实践"、从"理想的人"到"现实的人"的转化主线，更是研究"转化机制"的一条内隐的演进理路。

基于此，既需要对"教育理论的基本结构与实践向度"进行阐述，也需要从"静态的结构"与"动态的过程"两个相互交织的维度，探寻"教育理论与实践相互转化"的结构维度与运作逻辑，最终形成一种灵活且统一的"看"与"问"的审思方式。

第一节　教育理论的知识谱系与实践向度

对"教育理论与实践相互转化"的研究，不仅需要对"教育理论"的基本结构进行分析，即需要明确"教育理论"的知识属性、分类框架、不同面向与生成理路等基本图景，而不是将"教育理论"视为一种对"关于教育的"理论或"教育的"理论的笼统称呼，还需要在教育实践的视角下对"教育理论"的分类框架进行重建，以适切于对"教育理论与实践相互转化"进行探讨的基本目标。

一、教育理论的知识谱系与分类框架

（一）教育理论的知识谱系

教育理论作为一种形式化的知识表现形式，具有结构性的基本规则与逻辑。教育理论的知识谱系蕴含教育理论构型的整体样态，彰显教育理论的基本知识属性，能够为透析与阐述教育理论提供一种综合性的认知框架。根据教育理论的不同知识属性，其主要包含三种不同的知识谱系，即作为"描述解释"的教育理论、作为"指引规范"的教育理论与作为"批判反思"的教育理论。

1. 作为"描述解释"的教育理论

教育理论最基本的意义是对教育事物进行完整的描述与揭示，即以"是什么"与"是怎样"的提问方式，让教育事物"如其所是"地显现出来，其目的在于"去蔽"与"解蔽"，将教育事物的本质与规律"公之于众"，促使教育者

更加清晰地把握教育事物的完整图景。作为"描述"的教育理论，其自身的建构是一种寻求与捕捉的过程，旨在"对一种完整的教育、本真性教育的观赏与追寻，并通过话语与言说揭示教育之本义"①，使得人们对教育事物的认知从一种"遮蔽状态"进入一种"澄明状态"。可见，作为"描述"的教育理论是通过教育的基本概念、命题符号等对特定的教育现象与事物的刻画、揭示与呈现，其本质是一种描述教育事物的基本特征、基本结构与发展过程的事实性知识。

基于对教育理论基本事实的认识，并不能完全满足人们对教育事物的探索，而是需要在"知其然"的基础上"知其所以然"。作为"解释"的教育理论则是在"理解与描述"的基础上对教育事物因果性或相关性发展规律的透析与阐明，即以"为什么是"与"为何如此"的提问方式，对教育事物发展的前因后果与相互关系进行原理性的诠释，"旨在帮助人们更好地理解这个看似混乱无序、复杂多变的教育世界"②，使得人们对教育事物的认知从一种"表层状态"进入一种"深层机理"。可见，作为"解释"的教育理论是通过各种思想方法和理论工具对诸多"描述"的教育现象或教育事实进行一般化的因果分析与机理分析，其本质是一种透析教育事物的发生机理、演变过程与发展逻辑的诠释性知识。

因此，作为"描述解释"的教育理论是一种对教育事物的"审视"与"立义"，是一种静态的、符号化与名词性的教育认识的结果。其中，存在两种不同取向的知识谱系：一类是"本质主义"或"还原主义"的知识谱系，即强调教育理论本身历史时空的本原性和永恒性，是一种由先验的概念与命题组成的先验决定理论；另一类是"回归教育生活"或"融入教育实践"的知识谱系，即强调教育理论作为一种"实证性知识"，需要源于并关联具体的教育事实。无论哪一种取向的知识谱系，作为"描述解释"的教育理论均是教育者借助基本教育概念、命题、推理与判断等进行的理性思考的产物，是一种对教育事物之"真"的抽象化表达，旨在建构"一套有解释力的理论知识"③，在深度透析、辨明与阐释教育事物问题的同时，启发人们更加全面地认识教育事物本身。

2. 作为"指引规范"的教育理论

作为"指引"的教育理论是在作为"描述解释"的教育理论的基础上，对"应该是什么"与"什么是更好"的尝试性解答。这是因为，作为"描述解释"的教育理论是把教育事物的"道理"讲清楚，勾勒教育世界的真实图景，提升人们对教育事实"真相"的理解程度，建构具有完备解释力的教育理论知识体

---

① 曹永国，刘江岳. 何谓教育理论联系实践：一个现象学的考察 [J]. 安徽师范大学学报（人文社会科学版），2016（3）：383-389.

② 李润洲. 教育理论的哲学审视 [J]. 教育学报，2010（3）：11-15.

③ 胡金木. 当前中国教育理论研究的使命与立场 [J]. 国家行政学院学报，2014（7）：45-49.

系，这是教育理论的基础性知识谱系。而作为"指引"的教育理论则是在此基础上，进一步发挥引领作用，促使教育"主体对正在进行或未来的实践活动的目的、对象、条件、方法、手段、步骤、过程和结果"产生"一种超前性的观念反映"①，即改变教育者对既有教育图景的认知，尝试建构一种新的教育图景，对"什么应该是更好的教育"进行评估与指引。可见，作为"指引"的教育理论是一种价值性的知识谱系，是在"求真"与"求实"的基础上对"求善"与"求美"的探寻，是在"知识真理性"的实然基础上对"价值正当性"的应然追求。

"致知"而"导行"是作为"规范"的教育理论的必然取向。作为"指引"的教育理论建立了一种新的教育价值取向，包含着对教育事物"好"与"坏"、"应该是什么"与"不应该是什么"、"应该做什么"与"不应该做什么"的价值评判，其实质是一种对教育主体思想与行为的价值规范。如果说作为"描述解释"的教育理论旨在探索不以教育者的意志为转移的教育事物的内在联系，诉诸客观理性，是一种描述性命题表述形式，那么，作为"规范"的教育理论则旨在探寻以教育者的主观意志为转移的教育行为的"可能性"，诉诸价值理性，是一种规范性命题表述形式，其实质是"把一定的价值观念化为包含某种规定性、限制性的标准、法式"②。可见，作为"规范"的教育理论是一种价值规范性的知识谱系，是在"应该是什么"的基础上对"应该做什么"的探寻，是"事实性"与"价值性"知识谱系结合后的逻辑延伸。

因此，作为"指引规范"的教育理论是在勾勒出教育事实性图景的基础上，对教育主体的价值取向与行为方式进行指引与规范的理论体系，具有"知识真理性"与"价值正当性"的双重知识属性，是在保证教育理论"内在效度"（即"所描述的教育现象与结论之间因果关系的真实确立程度"③）的基础上，对其"外在效度"（"所描述的教育现象得出的结论概括性如何、代表性如何"④）的探寻过程。如果说作为"描述解释"的教育理论是一种名词性的存在，即对教育事物之"真"的事实呈现与理性认识，那么，作为"指引规范"的教育理论则是一种动词性的存在，即对教育事物之"善"的价值追问与行动筹划。所以，作为"指引规范"的教育理论是一种对"好的教育"的价值导向与行动的探索过程，其作为一种"事实性"、"价值性"与"规范性"的知识谱系，勾勒、描

① 赵鑫，邵博学. 教育理论的三重内涵：兼谈教育理论的重要性 [J]. 上海教育科研，2008（9）：26 - 27.

② 陈桂生. "教育学"辨："元教育学"的探索 [M]. 福州：福建教育出版社，1998：138.

③ 魏宏聚. 何为真正的教育理论：基于三种经典教育理论观的启示 [J]. 国家行政学院学报，2014（2）：3 - 8.

④ 魏宏聚. 何为真正的教育理论：基于三种经典教育理论观的启示 [J]. 国家行政学院学报，2014（2）：3 - 8.

绘、指引与架构了"实然"与"应然"的教育世界，能够为教育主体提供源于实践且高于实践的教育图景与行动筹划。

3. 作为"批判反思"的教育理论

基于对"好的教育"与"完美实践"的自觉追求，作为"批判"的教育理论，是在"描述解释"与"指引规范"的基础上，对教育事物与教育理论本身的分析、甄别、评判与重建，即以"利弊何在"与"合理与否"为提问方式，对实际的教育活动及其所依循的教育理论进行适切性的追问。其中，作为"批判"的教育理论主要存在两种面向：其一，是"面向现实"，即面对现实的教育事物具有"否定性思维的忧患意识和对象批判意识"[①]；其二，是"面向自我"，即面对教育理论本身具有"否定性思维的创新意识和自我批判意识"[②]。可见，作为"批判"的教育理论具有监督、规范、引导与重构的功能，是一种"发展性"与"动力性"的知识谱系，在"破"与"立"中，不断"解构"与"重建"教育理论新的知识形态。

作为"反思"的教育理论，主要是以一种"好的教育"的价值取向或行动规范，针对教育实践或教育理论自身的不足或缺陷，对"理应如此，实然未至"的反馈思考，其实质是一种整合的探寻过程，即将教育主体的需要与意愿、教育内容的形式与结构、教育方法的模式与指向等三者结合起来，进行教育活动之"所能"与"所不能"的追问。教育理论的"反思性"知识谱系是通过把作为"描述解释"的教育理论所揭示的"是什么"与作为"指引规范"的教育理论所揭示的"应是什么"结合起来，转化为对教育实践"合理性"的比较、甄别、选择与完善的权衡过程。作为"反思"的教育理论依循的是一种"方法论意义"上的知识谱系，是对教育主体、教育方法、教育内容与理论本身之间"适切性"的追问，更是对教育主体生存、生活与生命的周全探询。

因此，作为"批判反思"的教育理论是一种基于"现在"而面向"未来"、基于"实然"而面向"应然"、基于"解构"而面向"重建"的知识谱系，其既是对教育日常经验的批判与分析，也是对教育理论自身发展的评判与提升，是在全面透析教育理论知识谱系"表层结构"的基础上，对其"深层结构"的追问过程。其中，"表层结构"是指教育理论知识谱系的表现形式与外在延伸，是"把复杂和抽象的理论知识进行简单化和程式化之后而形成的一种操作性的技能、模式或方法"[③]，而"深层结构"则是教育理论知识谱系的内在意蕴与本质

---

① 曹永国. 从实践崇拜到实践批判：教育理论研究的现代逻辑 [J]. 高等教育研究，2014（2）：10-18，26.

② 曹永国. 从实践崇拜到实践批判：教育理论研究的现代逻辑 [J]. 高等教育研究，2014（2）：10-18，26.

③ 朱文辉. 理论知识是可有可无的赘物吗?：对"实践优先"教师专业发展路径的质疑与反思 [J]. 课程·教材·教法，2018（1）：126-131.

价值，是"潜藏在表层结构之下，影响、制约甚至支配表层结构的内在理念和价值意义"①。可见，作为"批判反思"的教育理论是一种自发性、自为性与自觉性的知识谱系，联结的是教育的过去、现在与未来，反哺的却是最真切与最实在的原始体验与本质直观。

（二）教育理论的分类框架

教育问题的界限划定了教育理论的界限，而教育理论的发展则取决于教育问题界限的扩展。对教育理论进行分类，其本身并不是目的，其目的是更好地阐释教育问题。分类框架的建构不是为了说明某一种或某一类教育理论具有绝对的优势，而是根据需要研究的教育问题，直面教育理论多样性的现实，审视教育理论的发展状况，对不同的教育理论进行精细的反思，最终更好地回应所要研究的教育问题，即对"教育理论的实践转化机制"的研究。

1. 教育理论的典型分类框架

随着教育理论研究的逐渐深入，对教育理论的划分也逐渐走向细致。梳理已有关于"教育理论"的划分类型后可知，主要存在"二分法"、"三分法"、"四分法"、"五分法"与"六分法"等五种主要类型（见表 5-1）。

表 5-1　教育理论典型的划分类型

类型	代表人物	具体分类
二分法	维尔曼	1. 科学教育理论；2. 实践教育理论
	叶澜	1. 基础教育理论；2. 应用教育理论
	石鸥	1. 操作层面的实践性教育理论； 2. 观念层面的纯理论教育理论
三分法	布雷岑卡	1. 教育科学；2. 教育哲学；3. 实践教育学
	赫尔巴特	1. 规范的教育哲学理论；2. 实用的教育技术理论； 3. 描述与解释的教育科学理论
	刘旭东	1. 哲学思辨的教育理论；2. 逻辑实证的教育理论；3. 社会决定的教育理论
	奥康纳	1. 形而上学式陈述；2. 价值判断式陈述；3. 经验性陈述
	吴刚	1. 教育的一般理论；2. 教育的中层理论；3. 教育的微观理论
	马和民	1. 哲学取向的教育理论（教育哲学研究）；2. 科学取向的教育理论（教育科学研究）；3. 实践取向的教育理论（教育实践研究）
	周作宇	1. "直接源于教育实施过程中的问题"的理论；2. "对教育本身性质、意向的判定"的理论；3. "关于教育理论本身"的理论

---

① 朱文辉. 理论知识是可有可无的赘物吗?：对"实践优先"教师专业发展路径的质疑与反思[J]. 课程·教材·教法，2018（1）：126-131.

续表

类型	代表人物	具体分类
四分法	陈桂生	1. 教育科学理论；2. 教育价值理论； 3. 教育技术理论；4. 教育规范理论
	秦玉友	1. 实然的教育理论；2. 价值的教育理论； 3. 逻辑的教育理论；4. 科学的教育理论
	彭虹斌	1. 科学教育理论（"事实-规律型"）；2. 教育价值理论（"评价-规范型"）；3. 行动教育理论（"规范-行动型"）；4. 解释教育理论（"事实-解释型"）
五分法	卡尔	1. 常识性教育理论；2. 科学教育理论；3. 实践教育理论； 4. 解释教育理论；5. 批判教育理论
六分法	唐莹	1. 科学教育理论；2. 解释教育理论；3. 技术教育理论； 4. 哲学教育理论；5. 实践教育理论；6. 个人教育理论

　　根据教育理论划分类型的演进脉络，可以大致地勾勒出教育理论分类框架的交叉演变路线（见图 5-1）。可以看出，在教育理论"二分法"的分类框架中，主要是依照"理论"与"实践"的两种指向，分为"形而上"的教育理论与"形而下"的教育理论，分别涉及教育的事实观念层面和技术应用层面。基于"二分法"，教育理论"三分法"的分类框架主要增加了"教育哲学理论"与"教育科学理论"的区分，如布雷岑卡将教育理论分为教育科学、教育哲学与实践教育学，分别对教育"是什么"、"应该是什么"与"应该如何做"等三类问题进行追问。而教育理论的"四分法"分类框架，在"三分法"的基础上，对"实践教育学"的部分进行了细分，如陈桂生将其分为"教育技术理论"与"教育规范理论"，分别指向对"做什么-怎么做"与"应当做什么-怎么做"的追问，而陈桂生的"教育科学理论"对应布雷岑卡的"教育科学"，旨在回答"是什么"的问题，陈桂生的"教育价值理论"对应布雷岑卡的"教育哲学"，旨在回答"应该是什么"的问题，这两类划分标准基本没有变化。在教育理论的"五分法"分类框架中，主要存在的变化是对"常识性教育理论"、"解释教育理论"与"实践教育理论"的划分，可以将三者看作对布雷岑卡"实践教育学"的具体化，其中，"常识性教育理论"是一种理念性的存在形式，是个体在教育实践中体验、反思与感悟的结果，"解释教育理论"是对教育事物"为什么"的回答，而"实践教育理论"则是对教育活动"如何做"的回应。而在教育理论的"六分法"分类框架中，将"描述性"的教育理论划分为科学教育理论与解释教育理论，分别隐含着"实证性研究"与"解释学研究"两种取向；将"规范性"的教育理论划分为技术教育理论、哲学教育理论、实践教育理论与个人教育理论，其中，作为具有个体特殊指向性的"个人教育理论"开始进入"教育理论"的划分范畴，其作为教育个体在教育实践中形成的教育观念、教育感悟与教育智慧，具有显性知识与隐性知识的区别。

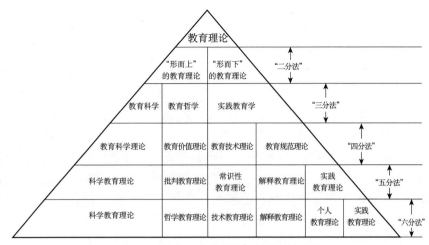

图5-1 教育理论分类框架的交叉演变图

2. 对既有教育理论分类框架的思维分析

从 "二元分析" 走向 "多元分析"。从教育理论 "二分法" 分类框架到 "六分法" 分类框架的演变过程，是一种教育理论多样性的范畴扩充过程。教育理论的 "二分法" 分类框架，是基于 "教育理论" 与 "教育实践" 的分离状态，与近现代 "目的与手段" "价值与事实" "理念与技术" 的分类相似，隐含着一种 "对立割裂" 的思维方式。而教育理论的 "三分法" 分类框架开始破除这种 "二元思维"，逐渐以 "本体论"（教育哲学）、"认识论"（教育科学）与 "方法论"（实践教育学）的思维方式推进教育理论的发展。随后，对教育理论直面的 "实然" 与 "应然"、"事实" 与 "可能"、"普遍" 与 "特殊" 的教育世界进行划分，以此细化教育理论的具体范畴，并在不同范畴的辨别区分与交叉融通中，勾勒教育理论本身的丰富图景。

从 "抽象分析" 走向 "具象分析"。教育理论分类框架的多元化过程，其实质是教育理论的发展逐渐从 "抽象" 走向 "具象" 的过程，其中也隐含着教育者构建教育理论的思维走向。在教育理论的 "二分法" 分类框架中，教育理论分别指向观念层面的纯理论形式的教育理论与操作层面的实践性教育理论，二者之间存在着 "远距离" 的 "鸿沟"，是一种对教育理论的抽象划分。而在教育理论的 "六分法" 分类框架中，教育理论分别指向 "价值层面"、"事实层面"、"规范层面"、"技术层面" 与 "个体层面"，逐渐弥补了 "二元思维" 造成的 "教育理论与教育实践" 之间断裂的思维鸿沟，教育理论的 "具象分析" 使得具体的教育事物逐渐纳入教育理论的构建范畴，成为教育理论的基本构成元素。

从 "理中无人" 走向 "人化理中"。教育理论分类框架的范畴扩充过程，其背后隐含着一种将 "人" 逐渐纳入教育理论的具体构建过程。在教育理论的 "二分法" 分类框架中，"理论与实践" "理念与应用" 的简单划分，并没有将教育现实中 "具体的人" 纳入考察的范畴，仅仅作为一种知识命题进行划分。在布雷岑卡的教育理论"三分法"分类框架中，对"教育哲学"与"教育科学"的划分，其背后隐含着"具体的人"的"理想"与"现实"，而"实践教育学"则是人对教育理论进行实践化的一种"方法论意义"层面的考察，涉及人的具体行动。尤其在教育理论的"六分法"分类框架中，其直接将"个人教育理论"纳入教育理论的基本范畴，将"具体的人"转化到"教育理论"的具体构建过程中，使"人"的主体性进入了教育理论构建的中心地带。

3. 实践视角下教育理论分类框架的重建

针对不同的教育问题，需要构建不同的教育理论分类框架。通过对已有典型教育理论分类框架的分析，可以整体把握教育理论的现实图景，透析不同教育理论的知识属性与价值取向，能够为分析具体的教育问题奠定基础。在对"教育理论的实践转化机制"的研究中，对"教育理论"的审思与分类是在教育实践的视角下进行的，也就是说，需要在实践视角下对既有教育理论的分类框架进行重建。根据本研究的基本立场，教育理论与教育实践之间存在一种理解、诠释与行动的相互关系，按照基本假设的不同环节，可以将教育理论划分为事实性的教育理论、价值性的教育理论与行动性的教育理论，分别对教育实践做出理解性的描述判断、诠释性的价值判断与实践性的行动判断（见图 5-2）。

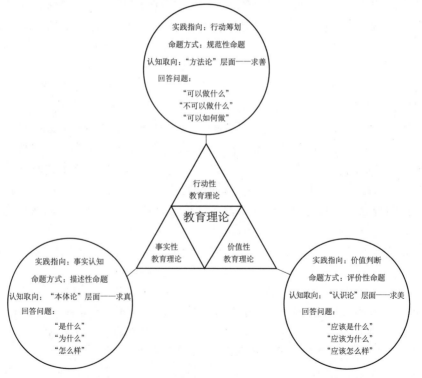

图 5-2 "教育理论的实践转化机制研究"中理论类型的划分框架

在对"教育理论的实践转化机制"的研究中，对"教育理论"的划分需要以"转化主体"为中心。在本研究中，选取的转化主体为教学一线的学科教师。对于这一"转化主体"而言，需要从"事实认知"、"价值判断"与"行动筹划"等三个方面出发，对"是什么-应该是什么-可以做什么"、"为什么-应该为什么-不可以做什么"、"怎么样-应该怎么样-可以如何做"等具体问题做出尝试性的回答，分别指向对"本体论"、"认识论"与"方法论"的探寻，是一个"求真"、"求美"与"求善"的过程（见表5-2）。因此，在"教育理论的实践转化机制"研究中，对"教育理论"文本与话语的分析，将按照"实践视角下教育理论的分类框架"进行讨论，一方面旨在针对性地探讨不同类型教育理论的不同转化机制，另一方面则是旨在完整地透析不同类型的教育理论在实践转化过程中的实践属性与实践限度。

表5-2　实践视角下教育理论的分类框架

类别	实践指向	命题方式	具体回答的问题	认知取向	具体的教育理论
事实性的教育理论	事实认知	描述性命题	"是什么" "为什么" "怎么样"	"本体论"层面——求真	教育基本理论、教育原理等
价值性的教育理论	价值判断	评价性命题	"应该是什么" "应该为什么" "应该怎么样"	"认识论"层面——求美	教育哲学等
行动性的教育理论	行动筹划	规范性命题	"可以做什么" "不可以做什么" "可以如何做"	"方法论"层面——求善	学科教学法等

（三）教育理论的实践品格

1. 教育理论的实践属性

教育理论作为一种实践性理论，具有实践性诉求。真正的教育理论是以"教育问题"为对象，在对教育事物进行理解、诠释、凝练、建构、反思与超越的基础上，以教育概念、教育命题或教育判断的表述形式，形成的关于"教育问题"的系统性的理性认知。从教育问题中产生的教育理论扎根于教育现实与教育实践的"土壤"之中，代表着一种对完整的教育实践、有意义的教育实践、有思想的教育实践、多元教育实践的积极寻求，其"价值在于启发、唤醒、提出问题进而帮助我们分析解决问题，是转换思维、是寻求策略原则和基本方法"[①]。可见，实践属性是教育理论自身内在的"天生属性"，其功能并不在于仅仅去理解与诠释教育世界，而是通过对教育价值空间的挖掘、对教育世界意

---

① 于伟，李姗姗. 教育理论本土化的三个前提性问题 [J]. 教育研究，2010（4）：17-24.

义的开拓，指向教育者可能存在与精神成长的教育世界，帮助教育者在特定的教育情境中实现自我成长的愿望。

具体而言，教育理论的实践属性主要涵括教育的理论理性与教育的实践理性[1]，二者均指向具体教育实践的不同方面（见表5-3）。其中，理论理性以"描述与解释"教育世界为认知目标，旨在探寻教育事物"是什么"，以此对教育事物的"真实面貌"进行去蔽与还原；而实践理性则以"批判与改造"教育世界为行动目标，旨在探寻教育世界中的"人-事-物-情"及其相互关系"应该如何"，以此满足与实现教育主体合乎理性需要的价值诉求。可见，实践属性体现为教育理论"整体范畴"中的"理论理性"与"实践理性"，二者代表着一种"思维能力"与"欲望能力"[2]，分别指向教育知性诉求的"至真"与教育行动欲求的"至善"。

表5-3 教育理论的实践属性

实践属性	主要功能	目的价值	具体分类	主要内涵
理论理性	"描述-解释"教育世界	还原教育事物的"本真面目"	事实理性	对教育事实的客观揭示与说明
			思维理性	对教育事实背后的因果关系或相关关系进行阐释
实践理性	"批判-改造"教育世界	建构教育事物的"应然面目"	价值理性	关乎教育实践主体合理需要的满足
			工具理性	对技术、手段、方法的审慎选择
			过程理性	对事物发展过程的观念建构

可见，教育理论的实践属性不是对教育实践提供机械化的套用模式，而是促进教育实践对教育现实的问题自觉与理性反思，其目的在于"唤起教育实践主体内心的参与、价值的认同和精神的再生"[3]，形成一种以教育理论为根基的理智型教育实践。在这个过程中，当教育理论提出的思想认识在教育实践中得到反映与诠释时，教育理论将获得理论"真理性"的实践属性，而当教育理论提供的教育建议在教育实践中得到验证与检视时，教育理论将获得理论"有效性"的实践属性。此外，值得注意的是，教育理论的实践属性并不意味着一种

---

① 李太平，刘燕楠.教育研究的转向：从理论理性到实践理性：兼谈教育理论与教育实践的关系[J].教育研究，2014（3）：4-10，74.

② 温纯如.康德理性及其理论：实践二重化理论与哲学繁荣[J].江淮论坛，2014（2）：72-80，193.

③ 彭泽平."教育理论指导实践"命题的再追问：从命题合理度、作用机制的角度进行分析[J].教育理论与实践，2002（9）：1-6.

实践崇拜的取向，而是需要从"实践崇拜"走向"实践批判"[①]，教育理论对教育实践具有理解、诠释、反思、解放与超越的意义，这是二者形成一种理性对话的前提条件。

2. 教育理论的实践评价

教育理论的价值与生命力是在教育实践中实现与激活的，其自身的形态、表述方式与价值旨趣主要关涉三个方面：第一，是"时代精神"，即教育理论需要肩负时代发展与学科发展的双重使命，时代精神作为教育理论存在与发展的背景性处境，是推进与改造教育实践的时代背景，是否关涉时代精神将成为评价教育理论的第一个尺度；第二，是"具体的人"，关涉"具体的人"的现状与"具体的人"的需要，这是因为教育实践是"具体的人"的实践，对"具体的人"的关照程度将成为评价教育理论的第二个尺度；第三，是"教育行动"，即教育理论是通过逻辑转化而形成的认知结构，在没有被教育实践之前，始终是一种假说，这就需要积极探寻教育事实与行为路径来论证教育理论的适切性，对"教育行动"的关涉程度便成为评价教育理论的第三个尺度。

根据教育理论在教育实践中存在价值的高低与教育理论自身替代价值的难易，可以构建"教育理论价值的实践评价"框架图（见图5-3）。其中，根据教育理论反映教育实践的程度，可以分为以下四种水平：在A维度中，教育理论容易被替代，且其在教育实践中的存在价值较低，教育理论仅仅在"描述或说明层面"关涉教育实践，以"经验型教育理论文本"为代表；在B维度中，教育理论容易被替代，但其在教育实践中的存在价值较高，教育理论关涉教育实践的关键问题，对教育实践具有"方法与技巧层面"的指导，以"通俗型教育理论文本"为代表；在C维度中，教育理论难以被替代，但其在教育实践中的存在价值较低，其实质是在教育实践中缺乏直接性的应用价值，但能够对教育实践提供"思想与价值层面"的滋养，以"哲学型教育理论文本"为代表；在D维度中，教育理论难以被替代，且其在教育实践中具有较高的存在价值，能够对教育实践提供"方法论意义层面"的指引，以"反思型教育理论文本"为代表。

根据具体的教育实践过程，教育理论价值的实践评价主要包含三个维度：首先，是教育理论的真实性，即教育理论对教育实践"理解-描述-诠释"的真实可靠程度。这是对教育理论进行实践评价的前提性条件。其次，是教育理论的有效性，即教育理论在具体教育实践应用中的功效，其中包括对具体教育行动的作用、意义、价值与影响。最后，是教育理论的可行性，即教育理论进行

---

① 曹永国. 从实践崇拜到实践批判：教育理论研究的现代逻辑 [J]. 高等教育研究，2014（2）：10-18，26.

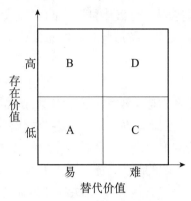

图 5 - 3　教育理论价值的实践评价

教育实践转化的前提性条件是否苛刻。如果前提性条件要求苛刻且难以满足，那么教育理论的可行性较低；如果前提性条件要求较少且容易满足，那么教育理论的可行性较高。因此，教育理论根源于具体的教育实践，需要不断回到教育实践世界中获得自身的理解、解释与评价。

3. 教育理论的实践限度

教育理论虽然是由抽象化的教育概念、教育命题或教育推理构成的理性化认知，但是其自身生发于特定教育情境中的具体教育问题，隐含着理论建构的历史性、情境性与生成性，是对多变的教育现象与复杂的教育问题的形式化回应。于是，真实的教育理论并不能以一种线性的、因果必然的、绝对化的方式来阐释所有的教育现象或解决所有的教育问题，其自身"只能是在一定范围、一定层面、一定条件下以一种视角、一条途径看待教育的结果"[①]。可见，教育理论的形成方式与内在逻辑决定了其自身必然存在一定的实践限度，只是不同类型的教育理论其自身的实践限度存在差异。

根据教育理论在教育实践中"适用时间"的长短与"适用空间"的大小，可以构建"不同类型教育理论的实践限度"框架图（见图 5 - 4）。其中，在 A 维度中，教育理论的适用时间短，且其自身在教育实践中的适用空间小，一般是基于单一时间点、小样本数量的教育研究形成的教育理论，往往经不起重复性检验，且时过境迁之后，教育理论往往不再适用于教育实践；在 B 维度中，教育理论适用时间短，但其自身在教育实践中的适用空间较大，一般是基于单一时间点、大样本数量的教育研究形成的教育理论，具有"类本质"的代表性，能够代表一定范围的教育群体，但是往往因情境与时俱进而导致理论不再适用；

---

① 刘旭东. 从思辨到行动：教育理论的时代转向 [J]. 西北师大学报（社会科学版），2014（1）：100 - 104.

在 C 维度中，教育理论适用时间长，但其自身在教育实践中的适用空间较小，一般是基于长时段、单一样本数量的教育研究形成的教育理论，具有"特殊个体"的典型性，一般不能够进行较大范围的推广与迁移，容易在跨地域的推广中不再适用；在 D 维度中，教育理论的适用时间长，且其自身在教育实践中的适用空间大，一般是基于长时段、大样本数量的教育研究形成的教育理论，其自身的可迁移性较强，对于具体的前提性适用条件具有明确的说明与诠释，一般是在"方法论意义"上建构的教育理论。

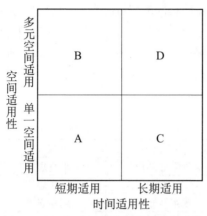

图 5 - 4　不同类型教育理论的实践限度

　　教育理论自身的建构是两种逻辑相互转化的结果，这便使得教育理论自身具有不同程度的实践限度。一方面，教育理论的建构来源于具体的教育实践，是对具体教育现实的系统论证与诠释；另一方面，教育理论的表达是在逻辑推理的引导和规范下完成的，需要建立教育概念、教育命题与教育推理之间的内在联系，实现从对现实教育实践的理解转向为对理论逻辑自身系统性与自洽性的构建，最终形成各种教育概念与命题之间的相互推理。也就是说，教育理论不仅仅要反映教育实践的发展脉络，还要"沿着概念、判断与推理所指引的轨道运行"[①]。因此，教育理论"片面性"地划定了其自身实践的限度，只是这种"片面性"并不是一种错误，而是由于审思主体、研究视角与考察视域的不同，形成了不同适用时间与不同适用空间的解释框架。

二、教育理论的四重向度与生成理路

（一）教育理论的四重向度

教育理论的建构过程，其实质是人们对教育世界由"无知"到"知"、由"知

---

① 李润洲. 教育理论嵌入教育实践的知识论辨析［J］. 教育科学研究，2013（5）：42 - 46.

其然"到"知其所以然"、由"知其本然"到"知其实然"、再由"知其可能"到"知其应然"的认知演变过程。在这个过程中，作为认知历程与理性成果的教育理论具有四重面向，分别指向教育的"本然界"、"事实界"、"可能界"与"价值界"（见表5-4）。其中，教育理论指向的本然界主要是指教育世界中自在的"人-情-物-事"。事实界是指本然界被教育者所理解的领域。可能界是指教育主体基于对事实界的理解与把握，联系事实界中"人-情-物-事"之间的必然性与偶然性、本质性与非本质性，进而做出进一步的诠释与推断，拓展教育事物可能存在的时空。需要说明的是，教育理论所指向的"可能界"，其自身"并不是在事实界之外独立自存的世界，而是主体以一定观点为视角、依据事实材料（也许是零碎的）、运用逻辑思维（至少不违背矛盾律）来把握的领域"①。而价值界则是教育主体在克服各种片面性与盲目性之后，敞开对教育之"人-情-物-事"的自由思考，是对教育"应然世界"的探寻。

表5-4 教育理论的四重向度

四重面向	知识类型	思维方式	主体指向
本然界	哲学性知识	求真思维	"能为"
事实界	实证性知识	求实思维	"实为"
可能界	规则性知识	创新思维	"可为"
价值界	价值性知识	批判思维	"应为"

从教育理论的四重向度可以看出，教育理论不仅能够"理解"与"诠释"教育世界，还能"创生"与"改造"教育世界。其中，"本然界"与"事实界"作为教育理论事实与存在的必要呈现，分别指向教育主体"能为"的"求真思维"与"实为"的"求实思维"；而"可能界"与"价值界"作为教育理论时空与主体的可能存在，分别指向教育主体"可为"的"创新思维"与"应为"的"批判思维"。教育理论指向的"可能界"与"价值界"并不是独立于一切外部教育世界的纯粹幻想，而是由教育主体的理解与教育事实的支撑建构的一种教育想象。教育理论的四重向度能够启发教育主体"重新定义（教育）真理的必要性和可能性，以及由客观（教育）真理转向主观（教育）真理的立场及重要性"②。因此，教育理论的面向根植于教育现实的实践土壤，蕴含着教育主体在不同教育实践活动中的客观真理与主观立场，不仅仅是教育主体洞见自然真理与事实真理的基本途径，更是教育主体通达教育隐秘之处与人文真理的"林中

① 冯契. 冯契文集（第一卷）：认识世界和认识自己 [M]. 上海华东师范大学出版社，1996.
② 薛晓阳. 解释学与教育：教育理论的解释功能 [J]. 南京师大学报（社会科学版），2017（3）：75-85.

之路"。

（二）教育理论四重向度的相互关系

教育理论的四重向度之间存在着一种相互依存、相互转化与相互反馈的关系。根据教育理论对教育实践中"人-情-事-物"的关照程度，以及四重向度中"人-情-事-物"的静动状态，可以大体构建教育理论四重向度的分布图景（见图 5-5）。其中，从"本然界"初始，教育理论的发展需要扎根于教育实践的本然世界，通过对"描述性经验"与"先验性认知"的解读，为定义与澄清"事实界"奠定基础，其主要指向静态的教育事物或静态的先验理论。教育理论指向的"事实界"则主要按照教育事物所处的教育情境，对其进行理性化的认识，剔除无关紧要的细枝末节，而保留教育事物主干脉络的发展线索。而"可能界"则是在对"事实界"的构建中，将教育主体与教育情境的不确定性与偶然性纳入建构的范畴，尝试重新赋予其地方性解读的新意。对于"价值界"的构建而言，"可能界"敞开了新的教育"内视域"与"外视域"，引进了衡量教育事物的不同价值尺度，能够为教育事物的发展提供一套新的伦理价值方案。

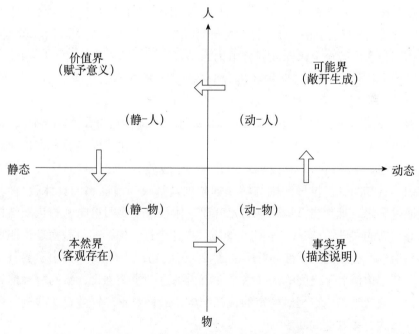

图 5-5　教育理论四重向度的基本分布图景

由此，教育理论的四重向度呈现出一种协同运动的转化关系。当既有的教育理论难以满足新的教育实践而出现急切需求之时，"本然界"、"事实界"、"可能界"与"价值界"会产生一种相互干预的状态，促使教育主体在认知上发生相应的变化，并朝着一个相对稳定的新的四重向度协同运动，其结果是在不同的向度创生出层次更鲜明、内容更丰富的系统教育理论。值得注意的是，四重向度协同运动的背后，是教育主体以开拓与延伸自身的精神生命为内在驱动力，它们之间协同形成兼容性更强、范畴更庞大的下位教育理论的子系统，不断促进新的教育理论的有序生成。

（三）教育理论四重向度的生成理路

对于教育理论指涉的"本然界"而言，其来源于哲学式的审思，是在"回到教育事物本身"的同时，对教育世界保持一定的"观看距离"，进而形成一种先验的教育认知，其自洽性与逻辑性并不依赖具体经验的参与，但需要保持教育概念、教育命题与教育推理的清晰性。而教育理论指向的"事实界"则是在进行教育观察与教育试验的基础上，以理性抽象的形式建构关于教育事实与教育经验的理解框架，以理论概念替代经验概念，以教育基本原理取代教育感性信念，进而对"实然的教育世界"进行描述、说明与批驳。"可能界"的建构则是对一切未来可能的教育时空保持一种开放的状态，其自身既立足于教育现实的实然存在，又对教育现实事物存在不满与抗争，其目的是促使教育主体不沉溺于既往的合理性，而存有一种"可能性边界"[①] 的内在意识。而"价值界"的建构则包含了教育主体介入教育事物的具体过程，即教育主体之间相互"赋予意义、进行评价、作出辩护或者建立规范"[②] 的过程，尤其是对教育价值"坐标系"或"参考系"进行改组、辩护与重建。

教育理论四重向度的生成理路具有协调性、驱动性与整体性等特征。"本然界"、"事实界"、"可能界"与"价值界"的驱动生成是在既有教育理论面对新的教育问题处于失调状态时被触发激活的。原有教育理论四重向度所提供的理论知识、认知图式、推导法则与解释框架难以解决当前面临的具体教育问题，只能通过反思、批判与重构既有的教育理论体系，改变四重向度的认知结构才能探寻到新的"理论-实践"转化平衡点。在这个过程中，一旦教育理论四重向度的新格局所提供的尝试性问题解决策略获得成功，"本然界"、"事实界"、"可能界"与"价值界"之间的内在联系性就得到进一步的强化，新的解释框架也将转化为教育理论内在相对稳定的认知结构，最终对不同的教育实践进行多层次、立体式、多维度的回应。

---

① 邓飞. 后乌托邦时代的教育承诺及其理论想象力 [J]. 湖南师范大学教育科学学报，2012 (3)：100-103.

② 彭虹斌. 论教育理论的文化意蕴 [J]. 湖南师范大学教育科学学报，2011 (3)：46-50.

三、教育理论的基本诉求与内在张力

不同的理论向度需要教育理论自身做出不同的"理论承诺"，而由于研究范式、理论假设、论证方式、思维方法与评价标准的不同，教育理论自身不可避免地存在内在张力。而对完备性的追求是教育理论存在与发展的基本诉求，主要包括对"知识真理性"、"实践适用性"与"价值正当性"的追求，旨在建立一种"可信、可用、可爱"的教育理论体系。

（一）可信：对"知识真理性"的诉求

教育理论对其自身"可信"属性的追求，主要强化教育理论对客观教育事物的规律、特征与本质的解释力与验证力，其对"知识真理性"的追求，主要有以下几种类型[①]：其一，是来自一线真实的教育教学实践，这种"真理性"体现在教育实践者对教育理论解释与应用效果的信服程度上；其二，是来自形而上学式的逻辑论证，这种"真理性"往往以"不证自明"的教育命题，通过逻辑推理与演绎论证实现教育理论自身框架的"自洽性"与"严密性"，并且这种"真理性"往往具有"不可辩驳"的特征；其三，是来自自然科学研究范式的理论构建，这种"真理性"一般具有实验数据的支撑，往往以大样本的数据采集或自变量、因变量、对照组的实验设计来论证教育理论的"真理性"。显然，教育理论对"知识真理性"的追求，需要借助教育"类概念"、"思维方法"与"逻辑规则"等基本条件去描述、理解与解释教育事物，旨在为教育事物提供一种可信的"原理"或"公理"。

对教育理论"可信"程度的追求往往出现"异化"的现象，即将科学标准或逻辑演绎凌驾于教育事实的"真"之上，消解教育理论自身知识类型与性质的特殊性，而本末倒置地追求知识本身的完整性。这种"异化"现象主要有三种表现：第一，是采用"抽象化的方法"，即用"类概念"的抽象普遍性来消除教育事物自身的个体特殊性，以其宏大的理论论述来建构"无可辩驳"或"不证自明"的教育命题；第二，是采用"符号化的方法"，即把教育事物之间的实践关系，演变为不同教育概念符号之间的关系，用抽象化的符号演绎来替代真实的实践论证，逻辑化的封闭体系并不能产生真正的教育理论创新，却能够成为教育理论"知识真理性"的论证依据；第三，是采用"体系化的方法"，即将教育理论作为教育学学科体系的建构内容，更多地关注教育概念、教育范畴与学科体系的完整性、确定性和包容性，但却"忽视了学科体系之外的世界，忽

---

① 魏宏聚，周晓蕾. 教育理论的基本特征及对其认知的刻板印象 [J]. 国家教育行政学院学报，2015（5）：44-48.

略了它建设学科体系的最初动因和所要达到的最终目的"①。可见，这种看似"可信"而"不可用"与"不可爱"的教育理论，与教育理论"适用性""价值性"的追求之间形成了一种无形的"内在张力"。

教育理论对"知识真理性"的追求，需要区别于科学主义对事物客观规律的追求。对于后者而言，"真理性"意味着在客观中立的条件下获得事物本身与价值无涉的本质规律。之所以需要做出这种区分，主要出于以下三个方面的考虑：首先，教育理论的面向对象是"具体的人"，而不是科学主义范式中"抽象的物"，并且对教育理论做出解释的主体也是"具体的人"，不能够完全排除所谓的"主观偏见"；其次，教育理论的面向对象是"真实的事"，其中蕴含着社会意义或文化意义上的人事关系，并不同于科学主义范式中的自然存在之物；最后，教育理论的面向对象是"丰富的情"，包含具体的情境、情感与情意，不能简单地遵循自然科学式的规范实验而漠视教育现象的实践意义与教育主体的情感价值。因此，教育理论对"知识真理性"的追求，并不意味着追求一种绝对正确与客观无疑的知识体系，而是一种真实化与理性化的"理解-诠释"体系。

（二）可用：对"实践适用性"的诉求

作为一种实践性理论，教育理论对"实践适用性"具有强烈的诉求。教育理论的"可用"属性是其通透地理解、认识、批判与反思教育活动的程度特征，蕴含着对教育概念、教育命题、教育推理与教育事物之间"适切性"的考量。教育理论对"实践适用性"的诉求并不是以其学术性的知识生产为标准，其自身拒斥那种为了符合学术分类标准而进行的纯理论生产。"可用"的教育理论并不是一种强迫教育实践者去符合、去证实、去匹配的教育理论，而是解放教育实践者，启发他们"在实际工作中去验证（教育）理论中的概念、信念、假设与价值观，以重整其经验"②，这是因为"没有经过检验的（教育）理论会变得自我证明和自我包容，并只会反映个人偏见、意识形态倾向或者宗教信念"③。可见，教育对"实践适用性"的诉求是以"问题解决"为基础，对教育理论进行整合并向教育实践者提供教育知性资源，促使教育实践者对理论的"实践适用性"进行挑战。

---

① 龙宝新. 教育学理论发展的道路及其动力探源 [J]. 湖南师范大学教育科学学报，2009（1）：5-10.

② 魏宏聚. 何为真正的教育理论：基于三种经典教育理论观的启示 [J]. 国家教育行政学院学报，2014（2）：3-8.

③ 魏宏聚. 何为真正的教育理论：基于三种经典教育理论观的启示 [J]. 国家教育行政学院学报，2014（2）：3-8.

对教育理论"可用"程度的追求往往出现"异化"的现象，即将"实践适用性"直接简化为对教育技术工具或教育方法手段的应用。教育理论对"实践适用性"的追求离不开具体的技术工具或方法手段的应用，但是，不能忽视其自身隐含的"目的假设"与"手段假设"。这是因为，"异化"后的"实践适用性"其实质是一种工具理性指引下的"技术应用性"，即仅仅回答"怎么做"的操作步骤问题，而漠视了"应该怎么做"的问题。后一个问题包含前一个问题的前提性基础是需要对其进行价值观念的考量，并且，后一个问题以"理性价值观念"为依据，而前一个问题则以"经验化教育常识"为主要根据。因此，教育理论对"实践适用性"的诉求，虽然是以"目的-手段"为基础性问题，但更注重对"目的假设"成立条件的考量，以及对"技术假设"实现前提的思考，这就需要将"目的-实践-手段"结合起来，进行"方法论意义上"三者之间"适切性"的探寻。

教育理论对"实践适用性"的追求需要扎根真实的教育实践"土壤"，明确教育实践者对现实教育情境、教育目的与教育手段进行自主判断与选择的必要性与可能性，考察这种必要性与可能性之间的理论假设，而考察的标准就是"方法论意义上"的"适切性"，即考量"能做什么-应当做什么-应当如何做"之间的相互关系。因此，教育理论对"实践适用性"的追求并不在于教育理论本身提供了哪一种规范性的命题知识或哪一些命令式的规章制度，而是在于对采取某种"目的-实践-手段"结构之"应当性"的把握，并据此提出关于教育理论"实践适用性"的新假设，启发教育实践者重新澄清既定概念的实际含义，将基于教育实践的"方法论思想"转化为具体的教育规范命题。

（三）可爱：对"价值正当性"的诉求

教育理论对"价值正当性"的诉求主要基于对教育中"具体的人"的关照。"可爱"的教育理论关涉教育实践者真实的生活，需要"渗透着其对现实教育的价值赋予、情感体验、科学认识等精神生命的力量"[1]。这种教育理论与绝对确定、冷静理性的实证性教育理论不同，前者需要后者在"与情感、欲望、选择发生关联才有意义"[2]，并且，教育理论之所以"可爱"正是由于其对教育现象和活动的自觉的、境遇式的思考与关照而散发出的哲学气质、优雅气度和智慧品格，能够负载教育主体成长的期盼，成为教育实践者追求可能教育世界的精神载体。可见，教育理论对"价值正当性"的追求，其本质反映的是一种人文

---

① 曾茂林. 富有生命力教育理论创生过程机理探析［J］. 西南大学学报（社会科学版），2012（1）：15-19，173.

② 约翰·杜威. 确定性的寻求：关于知行关系的研究［M］. 傅统先，译. 上海：上海人民出版社，2004：32.

关怀式的伦理诉求，即通过教育理论的内在精神世界来唤醒或启发教育活动中的生命力，以此激发与帮助教育主体实现在特定情境中自我重建的愿望。

对教育理论"可爱"程度的追求往往出现"异化"的现象，即将"虚无主义"或"实用主义"作为衡量的标准，认为对"可爱"教育理论的追求容易带来教育行动上的痛苦与烦恼，不能保证教育命题、教育行动与教育规范的完全确定性，不能带来真实的教育实践效益。但是，比如柏拉图的《理想国》，其勾勒出了一个关于理想国家的近乎完美的理论模型，然而其并没有因为不能在现实生活中完全实现这种构想而遭人唾弃，也并没有因此而丧失其思想观念的经典声誉。这是因为，人们已然承认与明晰《理想国》思想理论的高明之处与具体实践的限制条件，会自觉地将其作为一种"知行合一"的"参照物"对其进行实践探索。可见，"可爱"的教育理论通常以思维方式、价值导向或精神意境等内容形式，来促使教育主体认清自身的现实处境与肩负的教育使命，激发教育主体发挥教育能动性和创造性，构建理想的教育图景，最终走向一种教育理论与实践的自觉与自为。

教育理论对"价值正当性"的追求并不是一种理论虚妄或思想僭越，其本质属性在于其自身的理想性，而争议的焦点则在于对教育理性范围、限度与维度的划定。教育理论关涉对"具体的人"的内涵的实践注入，需要对其理论的现实基础与伦理边界进行调整。这是因为，"可爱"的教育理论其立论支点在于对"人"的认定，包括对教育主体的基本属性、人性假设与理想状态的认定，即使是基于逻辑推论的教育理论，也会随着"人"的内涵的变迁而发生根基性的变化。但是，不可忽视的一个前提性条件是，任何"一个（教育）理论，无论它的内容是什么和关系到什么，都应该说明使这个理论本身的产生成为可能的条件，如果它还不能说明这一点，它应该知道问题仍悬置在那里"①。因此，教育理论对"价值正当性"的追求，其实质是对教育之"人性"内涵与外延的探索，是对既有教育理论范围与教育实践局限的一种尝试性敞开。

四、教育理论的融突思维与实践转向

教育理论的内在张力是多种冲突力量相互作用的结果，对"可信"、"可用"与"可爱"教育理论的诉求促使教育理论的建构发生思维方式的转变，即一种"融突思维"，具体表现为从"二元对立式思维"转向"融通创生式思维"、从"局部点状式思维"转向"整体建构式思维"、从"技术手段式思维"转向"反思批判式思维"。实践转向后的教育理论也随之发生了转向，即从"单调宏观的

---

① 秦玉友. 教育理论的分类框架与发展反思［J］. 南京社会科学，2012（5）：120-128.

逻辑演绎"转向"复调微观的理解诠释"、从"主客之间的划界阻隔"转向"主体间性的跨界重组"、从"方法策略的外在呈现"转向"方法论的内在建构"。

（一）从"单调宏观的逻辑演绎"到"复调微观的理解诠释"

教育理论的建构路径决定了其对教育事物的认知图式。以结构功能主义为代表的"宏大教育理论"往往以还原论、普适性的知识构建为基本取向，以二元论分析与简单化的研究思维为主要倾向，具体表现为一种"单调宏观的逻辑演绎"建构路径。其中，"单调"是指这种教育理论建构模式往往基于"不证自明"的教育概念与教育命题，沉迷于对理想理论模型的建构，而不考虑教育事物的其他维度；"宏观"是指其严重脱离教育实践与教育生活，仿佛宏伟的教育论述能够涉及全部的教育现实问题，但往往缺乏解决教育问题的力度和效度；"逻辑演绎"指的则是这种教育理论建构模式的基本理路，即以逻辑演绎的自洽性来代替教育理论的自洽性，"仿佛只要遵循既定的程序，运用既定的方法，就可以得出正确的结论和认识，到达真理的彼岸"[①]。可见，"单调宏观的逻辑演绎"理路下的教育理论往往以勃勃的雄心来解释一切的教育现实，尤其是先验地预设教育理论的整体面貌和标准话语，其实质是一种本质主义与普遍主义导向下的教育理论建构模式，获得的仅仅是静态的、符号化的教育认识。

"实践转向"后教育理论则依循一种"复调微观的理解诠释"建构路径，旨在面向教育实践中的"日常教育生活"，消解宏大教育理论的"求同性"，而致力于对教育可能生活的敞开。其中，"复调"不仅仅指在教育理论写作中"多种声音"的参与，更是指多种情境、多元文化、多类主体的共同卷入；而所谓"微观"则是指教育理论建构的视角与视域发生了改变，逐渐深入特定教育情境中的鲜明生活，关照教育主体的存在境遇、发展需求与教育生活的意义，具有较为强烈的地方性、文化性与批判性；"理解诠释"则旨在反对本质主义与先验决定论式的思维方式，放弃对"与人无涉""与价值无涉"的逻辑演绎，转而以介入的方式融入真实的教育实践中，"重视教育实践旨趣的丰富性和实践形式的多样性，关注人的实践活动和具体生存境遇，强调各种不同教育叙事、教育知识之间'差异'的合法性"[②]。可见，"复调微观的理解诠释"理路下的教育理论不再妄想得出一套理想的解决方案，而是提供启发进一步思考的教育前景，不再以"求同"作为最终依归，而是将"存异"作为对教育现实的基本尊重。

"复调微观的理解诠释"指引下的教育理论，旨在通过理论自身的"本土建

---

① 赖特·米尔斯.社会学的想象力［M］.陈强，陈永强，译.北京：生活·读书·新知三联书店，2005.

② 刘旭东.从思辨到行动：教育理论的时代转向［J］.西北师大学报（社会科学版），2014（1）：100-104.

构"来关照当时的教育情境、当地的教育主体与特定的文化背景，以此来构建真正的本土教育概念与理论体系。这种教育理论的建构路径，主要表现在以下三个方面：第一，是以文化主位的视角切入，即在教育理论的建构过程中，教育理论者站在教育实践者的立场与视角来理解教育活动中的互动范式与文化图式，基于"本土"而突破既有教育理论的局限，增强教育理论的原创性与解释力；第二，是以具体的常人为研究对象，即不再以"类本质的人"来看待教育主体，而是将教育主体纳入具体的时间与空间架构中，考察"具体的人"的生存样态与变迁状态，具有一定的价值取向；第三，是以反身索引性来整合教育理论的基本架构，即在教育理论的建构背景与"具体的人"的行动背景之间建立联系，确保二者能够在一套表达系统中进行"对话"，以便维持协同变革的信息对等，这就需要教育理论通过微观的教育行动来阐释教育现实的运作机理，去揭示教育行动背后潜藏的索引系统。

（二）从"主客之间的划界阻隔"到"主体间性的跨界重组"

教育理论的建构过程涉及教育情境中的"人-情-物-事"以及教育理论构建者自身的文化背景与思想观念。"主客之间的划界阻隔"在教育理论构建过程中主要表现在以下三个方面：首先，是教育理论建构者将自身与研究对象视为一种"主客关系"，即无论被研究的教育对象是"具体的人"还是"静态的物"，教育理论者均将其视作与自身价值无涉的客体存在，仅需要进行远距离的教育观察或近距离的教育实验，便能发现教育发展的规律；其次，是教育理论构建者对教育实践者的"划界阻隔"，即将自身与教育实践者划分为两个完全不同的教育世界，一种经典的说法便是"我是搞理论的，你是搞实践的"，仿佛二者之间天然地存在不可逾越的屏障；最后，是教育理论构建者与其他学科主体的"划界阻隔"，虽然教育理论构建者会不断地从其他学科借鉴相应的理论来演绎自身的教育理论体系，但是自身与其他学科主体的协同合作却少之又少，缺乏自身特色的理论假设与方法论基础。

"实践转向"后的教育理论依循一种"主体间性的跨界重组"的建构路径，旨在实现不同主体之间的对话交往，突破彼此的人为界限与学科限制，呈现多样性、丰富性与创造性的教育形态，促使多元主体重新参与到以"教育问题"为起点的教育行动中来。在这个过程中，教育主体不再将彼此视为一种"主客关系"，而是形成一种以"问题解决"为中心的主体间交往关系。教育主体间的"跨界重组"需要明晰彼此的独特性、文化性和意义性，对彼此的"行动方式、生存状态与深层意义做出阐释"，明确"界限"存在的限制条件与破除"界限"的前提性基础。对于教育理论构建者而言，还要了解自身是如何获得对其他主体意义的解释的，形成对自己所建构的教育理论的批判，为走向多维的学科综合与理论综合奠定"方法论意义上"的基础。

在教育理论的建构过程中，"主体间性的跨界重组"将跳出传统按照教育学科固定模式或操作规则进行教育问题处理的桎梏，而是把更大范围的多种主体力量纳入教育理论的建构过程之中，形成一种以"跨学科"为中心的"跨界重组"模式。这种模式以教育问题的解决为中心，主体间的对话交往不再需要回到传统教育学科的规限之中去寻求确认，尽管这种情形可能无法在现有的学科版图与既定的规章制度中进行定位，但那些认为教育问题必须规限在"一种社会自治的、具有稳定的体制和完善的学科结构的视野"的教育从业者，也将逐渐"在离群索居中慢慢老去"[①]。"主体间性的跨界重组"后教育理论的建构将形成一种"以知识集群、创新网络、分形创新生态系统为核心的组织模式"[②]，这种组织模式强调教育理论"内部结构的多层次、多节点、多形态的多维聚合"[③]。因此，跨界重组后的教育理论主体将在"理论"与"实践"、"基础"和"应用"之间不断交互，其对自洽性教育理论的偏好也将转移到对具体教育情境化的成果探索之中。

（三）从"方法策略的外在呈现"到"方法论的内在建构"

教育理论的建构往往是以解决某一个或某一类教育问题为出发点，呈现一系列针对教育问题的解决方法或解决策略，只是这些方法策略仅在特定的教育情境中有效，一旦构成教育情境的元素或教育主体结构发生变化，这些方法策略也便随之失效。但是，在教育实践中，对教育教学方法策略的痴迷，间接地致使教育理论的建构陷入功利化与技术化的漩涡之中，出现方法主义泛滥与本末倒置的现象。方法策略控制了教育理论的建构，教育理论服务于教育方法，尤其是在面对教育理论与教育实践之间"目的与手段"等二元对立的难题时，教育理论往往呈现出一种"由教育方法策略选择教育对象"的悖论。在这种情况下，教育理论简化为"方法策略的外在呈现"，变成机械化的操作步骤，只能处理程序化的教育问题，而自身却丧失了处理复杂教育问题的整体性思维，难以应对灵活机动的教育情境，这也与教育主体的教育行动背道而驰。

"实践转向"后的教育理论注重对"方法论的内在建构"，以此来应对"教育方法的有限性"与"教育情境的无限性"之间的矛盾。这种矛盾之所以存在，是因为"各种概念、理论体系，不管怎样精雕细琢、自圆其说，都只能是一些

---

① 郭瑞迎. 中国教育学知识生产研究 [M]. 西安：陕西师范大学出版社，2017：19.

② 黄瑶，马永红，王铭. 知识生产模式Ⅲ促进超学科快速发展的特征研究 [J]. 清华大学教育研究，2016（11）：37 - 45.

③ 安涛，韩雪婧，周进. 知识生产模式视野下的教育技术学发展路径 [J]. 电化教育研究，2019（1）：39 - 44.

假说。其所能达到的永不会超过不确定的概然性"①。而"方法论"与"方法策略"的不同之处在于，前者作为一种新的探寻知识的方式，是对"教育内容-教育方法-教育主体"之间"适切性"的考量，是在具体教育情境中对确定性的一种寻求，而后者则仅仅呈现技术手段，缺少对其适用条件、适用对象与适用情境的前提性思考。可见，教育理论对"方法论的内在建构"其实质是一种"内部超越"，即教育理想与教育现实、教育目的与教育手段之间不再是一种对立关系，而是一种生成关系，反思性的教育理论成为教育主体寻求通过"适切性"建立稳定教育关系的基本方式。

教育理论对"方法论的内在建构"需要从情境分析、目的规范、手段规范、实践意欲等各个环节介入具体的教育行动，着重关注教育行动过程中"内容-主体-方法"之间的平衡。这是由于，即使面对同一个教育情境，也存在不同的价值选择，这便需要在不同的教育价值取向、不同的教育规范、不同的方法策略之间做出评价与选择。其评价选择的基本标准则在于明确教育行动的价值旨归，改善教育行动的手段策略，提升教育行动的视野境界。因此，作为一种"方法论意义上"的教育理论，其最主要的力量在于其被教育实践者理解之后转化为自身的认知背景，最终成为反思自身教育实践和衡量他人教育实践的理性依据。

第二节　教育理论与实践之间转化机制的扎根分析

通过对"教育理论与实践"之间概念史、关系史与转化史等问题史的梳理，能够基本明晰已有研究的历史演变脉络，而通过对教育理论基本结构与实践向度的多维审视，则能够呈现教育理论的基本图景。进一步推进研究的深度，需要以实证研究的范式，对"教育理论与实践相互转化"的结构维度与影响因素进行分析，深入研究问题的内部机理并勾勒其内部景观。

一、问题的提出

通过梳理已有关于"教育理论与实践转化机制"的研究可以发现，直接以"转化"为研究中心的文献并不多，大部分以间接的形式关照这一研究主题。研究的问题域则大体经历了从"是否能够转化""实现转化的逻辑是什么""如何实现转化"到"如何实现人的转化"的演变历程，其实质是一个从"形式内容"到"行动主体"的认知推移过程。

已有关于"教育理论与实践转化机制"的研究主要集中在以下三个维度

---

① 杜威. 哲学的改造［M］. 许崇清，译. 北京：商务印书馆，1989：24.

九个方面：首先，是从教育理论研究者的角度出发，表现在教育理论的研究旨趣与实践化改造、教育理论者的角色与介入方式、教育理论研究的范式与方法等方面；其次，是从教育实践者的角度出发，表现在教师内在的理论自觉与专业发展、教师外在的培训体系与研究方式、教师的"反思性实践"研究等方面；最后，是从教育理论者与教育实践者的交往互动出发，表现在对二者交往互动逻辑的研究、对二者交往互动形式的研究、对二者交往互动方法的研究等方面。此外，还有对转化内容的研究，如认为教育理论的实践转化内容是"把外在的知识、价值观念和规范等文化转化为个人的内在精神，是教育活动中最本质的转化"等，以及对转化媒介的研究，如"教育政策""教育技术"等。可见，已有对"教育理论与实践转化机制"的研究，主要是以文献研究、历史研究与比较研究为具体方法，注重从思辨性和演绎性的推理角度出发，从外围层面间接地关涉"转化机制"的问题，亟须以实证研究的范式，从教育实践者（主要群体是"一线教师"）自身的角度出发，直接探寻"教育理论的实践转化机制"的结构维度与影响因素，以此明晰转化机制运作过程的"基本骨架"。

对"教育理论的实践转化机制"的研究，大体包括三个基本环节：第一，是各种教育理论类型之间的转化，即抽象化、学术化与形式化的教育理论文本转化为教育实践者（主要群体为"一线教师"）容易接受，且较为通俗易懂的教育理论文本；第二，是教育研究者（主要群体为高校、科研机构的教育理论者）的"教育理论"与教育实践者的"教育理念"之间的转化，即教育研究者深入教育教学现场，结合教育教学现实案例，对教育理论文本进行具体化的解读，并与教育实践者展开对话；第三，是教育实践者（主要群体为"一线教师"）自身进行"教育观念"与"教育行动"之间的转化，即教育实践者将自己信奉的教育理论或持有的教育观念转化为实际的教育行动。以上三个环节共生共在、相辅相成，共同构成了教育理论实践转化的整体图景。如果说用"打蛇打七寸"形容抓住事物的关键节点与要害部位，那么，"一线教师"作为"教育理论的实践转化机制"的"关键人物"，身处整个转化机制的"七寸部位"，既是具体运作转化机制的主体，也是教育理论研究者的"服务对象"。因此，本研究以"扎根"的方式（见图 5-6）进入他们（"一线教师"）鲜活的教育教学现场，通过他们的言语与诉说来探寻隐匿在"转化机制"之中的结构维度，以及影响"转化机制"形成发展与具体运作的主要因素。

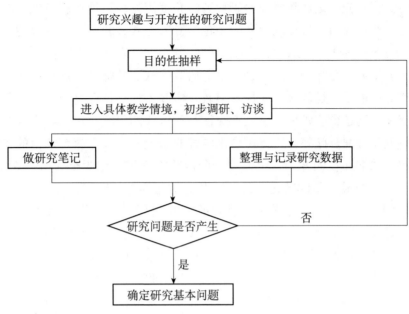

图 5-6　基于扎根理论的问题提出过程

二、研究设计

（一）研究对象

本研究在选取研究对象时，综合考虑研究对象的教学年限、所教年级、加入"新基础教育"研究的时间、所属梯队与职称水平等因素（见表 5-5）。筛选研究对象的基本条件，主要基于以下三个方面的考虑：首先，初始开放式访谈对象是加入"新基础教育"研究时间较长的成熟型骨干教师，因为这种类型的教师基本经历了"新基础教育"理论介入的整个过程，具有深厚的专业成长史与丰富的教学变革经验；其次，进行编码分析的半结构化访谈对象应包括不同年龄、不同教龄、不同"新基础教育"研究梯队的一线教师，既包括刚入职不久的新教师，也包括入职 3～5 年的青年教师，还包括经历"新基础教育"研究介入前后整个过程的老教师；最后，研究对象既包括不同学科的教师，也包括身处不同"职位"（如"学科带头人""学科组长"等）的教师。

表 5-5　用于编码分析的研究对象的基本信息

序号	姓名	学校	性别	年龄	教龄	加入"新基础教育"研究的时间	任教学科	任教年级	学历	职称	备注
1	Gyh	HP	女	38	18	18	数学	五	本科	小学一级	学科组长
2	Gyj	JX	女	32	10	10	语文	三	本科	小学一级	

续表

序号	姓名	学校	性别	年龄	教龄	加入"新基础教育"研究的时间	任教学科	任教年级	学历	职称	备注
3	Sh	JX	男	37	11	11	数学	三	本科	小学一级	
4	Wrf	JX	女	45	25	11	语文	三	本科	小学高级	学科组长
5	Wxw	JX	女	42	21	14	数学	四	本科	小学高级	区学科带头人
6	Cqn	QL	女	22	1	1	数学	一	本科	小学三级	
7	Hyl	QL	女	51	31	13	数学	二	大专	小学高级	区学科带头人
8	Jrj	QL	男	31	6	6	数学	二	硕士	小学高级	
9	Jyy	QL	女	32	8	8	语文	四	本科	小学一级	
10	Sl	QL	女	48	29	13	数学	二	大专	小学高级	学科组长
11	Zjy	QL	女	35	7	7	数学	五	本科	小学二级	
12	Zxp	QL	女	47	27	10	数学	三	大专	小学高级	

（二）研究方法

作为一种自下而上的质性研究方法，扎根理论是基于各种资料形式的收集、分析与提炼，"针对某一现象归纳式地引导出扎根于实际材料"[1] 中的核心概念，并"建立这些概念之间的联系，从而构建理论"[2] 的一种研究方法。在这个研究流程中（见图5-7），作为一种实证研究范式的研究方法，扎根理论不必提出预先假设再进行数据验证，而是直接从经验材料中归纳与提取概念，形成基本范畴，进而对范畴之间的关系进行比较联结，最终形成理论模型，适切于从实际教育教学问题（强调"情境性"）出发而既有理论解释力度较弱的研究。而对"教育理论的实践转化机制"的研究正是需要深入既有研究理论背后的具体教育情境与教师的实际经验中，涉及个体与个体之间、群体与群体之间，以及个体与群体之间的交往互动过程，进而构建与本土情境更具有融通性的理论。因此，作为一种"发现逻辑"的扎根理论，适切于基于教师群体的"教育理论的实践转化机制"的探索性研究。

---

① 冯晓英，宋琼，张铁道，等．"互联网＋"教师培训 NEI 模式构建：基于扎根理论的研究［J］．开放教育研究，2019（2）：87-96.

② 冯晓英，宋琼，张铁道，等．"互联网＋"教师培训 NEI 模式构建：基于扎根理论的研究［J］．开放教育研究，2019（2）：87-96.

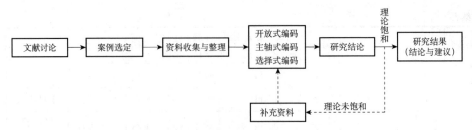

图 5 - 7　扎根理论研究的基本流程图

资料来源：根据 Pandit. The Creation of Theory，A Recent Application of the Grounded Theory Method [J]. The Qualitative Report，1996，2（4）编制。李燕萍，郭玮，黄霞. 科研经费的有效使用特征及其影响因素：基于扎根理论 [J]. 科学学研究，2009（11）：1686 - 1691.

　　运用扎根理论的目的是"从经验资料的基础上建立理论"，其本身是一个概念不断抽象化、命题不断范畴化的运作流程（见图 5 - 8），主要存在以下三个环节：首先，是选择"扎根"，即研究者本人必须亲临教育教学现场进行实地的访谈、观察与情境分析，以获取第一手的经验性资料，注重对经验性资料的系统收集、整理与分析，清晰阐述理论的生成过程。其次，是进行"编码"，即"通过将事件与事件、事件与概念、概念与概念之间进行连续比较，对资料进行概念化，以形成类属及其属性"[1]。根据格拉斯（Barney Glaser）与施特劳斯（Anselm Strauss）对扎根理论编码范式的整合，可划分为三级编码，即开放式编码（"一级编码"）、主轴式编码（"二级编码"）和选择式编码（"三级编码"）。最后，是建构"理论模型"，即通过对非结构化访谈资料的归纳与整合过程，探寻不同编码之间的类属与关联，在确立核心范畴的基础上，提炼与建构不同类属内部以及不同类属之间的逻辑关系，以此形成解释研究主题的"理论模型"。

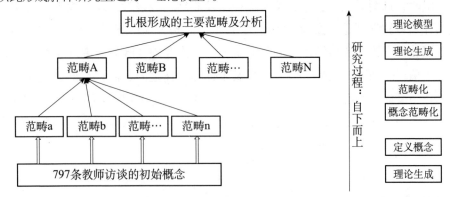

图 5 - 8　扎根理论的分析流程

---

　　[1]　Strauss A，Corbin J. Basics of Qualitative Research：Grounded Theory Procedures and Techniques [M]. Newbury Park：Sage Publications Inc，2014：61 - 142.

（三）数据收集

数据资料收集工作贯穿于整个扎根理论的研究过程（见图5-9），首先需要

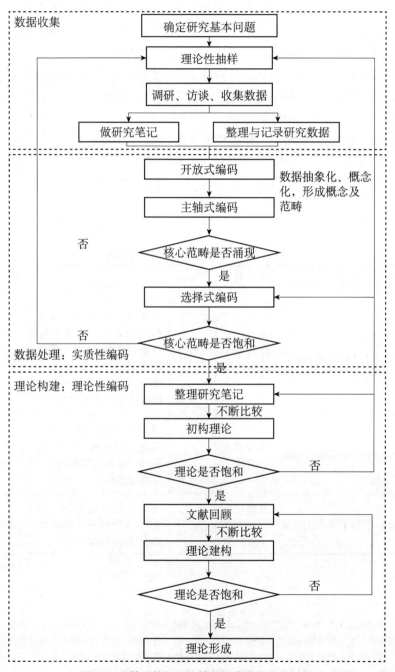

图5-9 基于扎根理论的数据收集与处理过程

进行理论性抽样①，具体可通过调研、访谈、参与式观察等方式进行，随后进行数据转录、整理与修订工作，为下一阶段的编码工作做准备。在实质性编码的数据处理阶段，通过不断地将数据抽象化、概念化形成基本概念及范畴。在这三轮编码的过程中，需要考虑"核心范畴是否涌现"与"核心范畴是否饱和"这两个主要问题。理论性抽样与三轮编码过程需要持续进行，直至没有新的概念或新的范畴关系出现，即从已有数据资料中抽象出的概念范畴已经能够涵盖研究主题，新的数据资料不再能够提供新的概念、范畴与关系，此时，理论达到饱和状态。

在本研究中，数据收集工作主要集中在 2018 年 5 月至 11 月，历时 6 个月，深度访谈 23 次，参与式观察历时 45 天，所有数据均为研究者本人亲自访谈、录音、转录、整理与检视，以确保资料收集过程和解读判断的一致性。其中，具体的数据收集工作主要分为四个基本阶段（见表 5-6），主要采用了三种基本方法：

表 5-6　本研究数据收集的四个基本阶段

数据收集阶段	数据收集形式	受访对象的类型	受访者的数量	主要目的	数据收集时间
第一阶段	个体开放式访谈	经验丰富型的教师	3 名	对开放式的访谈提纲进行问题聚焦，并添加能够更好反映研究主题的访谈问题，剔除不恰当的访谈问题，形成半结构化访谈的基本提纲	2018 年 5 月
第二阶段	个体半结构化访谈	多种类型的教师	18 名	对前期开放式访谈中的问题及疑惑进行确认与追问，提高访谈的深度、广度与效率	2018 年 6—10 月
第三阶段	群体半结构化访谈	具体学科教研组的全体教师	6 人/组，共 2 组	营造一种彼此对话、相互反应的环境，引导教师表达不同看法	2018 年 10 月

---

① "理论性抽样"是指以与已经证实和形成中的理论具有相关性的概念为基础所做的抽样，目的在于寻找那些最有可能呈现出概念间变异情形的人、事、地、物，以增加类属的属性与维度的密实度。此外，理论性抽样讲求抽样的概念相关性和深度，不像统计抽样那样讲求抽样的代表性和广度。详见李方安，陈向明. 大学教师对"好教师"之理解的实践推理：一项扎根理论研究的过程及其反思 [J]. 教育学报，2016（2）：58-70.

续表

数据收集阶段	数据收集形式	受访对象的类型	受访者的数量	主要目的	数据收集时间
第四阶段	日常教育教学情境对话与分析；教师个人的教学反思；教研组的学期规划方案与专题教学研讨记录、教师与专家研讨对话录音转录稿等	参与式观察学科教研组中的诸位教师，尤其关注"学科组长"或"学科带头人"	若干电子资料与纸质资料	收集大量的二手资料，如教研组日常的专题研讨记录、教师个人的教学反思，以及教研组学期规划与学期总结等报告，以便利用二手资料对一手资料进行推敲验证，根据三角验证法，确保分析资料的真实性与有效性，提高数据的效度	2018 年 9—11 月

第一，是深度访谈法（in-depth interview），包括一对一访谈与小组访谈。研究者在征得受访教师同意录音的前提下，首先进行了前期的预备性访谈，采取目的性抽样，即选取了 3 名加入"新基础教育"研究的成熟型骨干教师作为具有足够典型性的访谈对象，包括 1 位拥有 35 年教龄的数学学科组负责人和 2 名拥有 30 年左右教龄的学科骨干教师，对他们进行开放式的访谈，鼓励并引导他们讲述自身加入"新基础教育"研究之前与之后的专业成长发展史，以及在这个过程中遭遇的各种困境、矛盾与关系博弈等。随着访谈的深入，研究者在每次访谈结束之后，都对半结构化访谈提纲进行修订，并与这 3 位教师再次进行讨论商定，以确保访谈问题的切入角度与遣词造句能够适用于下一阶段的访谈对象。此后，访谈逐渐转换为半结构化访谈的形式，主要包括 18 位不同类型的教师，研究者针对不同受访者的真实经历进行连续追问，并根据实际情境的变化进行灵活调整与转述，以便深入挖掘访谈对象的"微言大义"与"言外之意"，这有利于新问题、新资料的自然呈现，一般访谈时间为 1.5~2 小时不等。

第二，是文本分析法（document analysis），即通过各种渠道搜集能够反映研究对象日常研修实践的纸质材料或电子文档，选择其中与本研究主题相关的文本进行分析，具体包括教师日常的教案设计与教学反思、教研组的学期规划方案与专题教学研讨记录、教师与专家（主要是高校、研究机构的教育理论研究者以及教研员等）对话研讨的录音等。针对访谈过程中受访者提到的相关资料与文献，研究者进行了简要的记录，并事后在征得受访者同意的情况下，向其索取了这些二手资料。

第三，是参与式观察（participant observation），即研究者参与到研究对象日常的教育教学工作中，并参与学科教研组的专题研讨活动以及日常的备课、磨课与上课环节，在研究者与研究对象的日常交往对话中，研究者及时记录并查询研究对象提及的典型事件、教学案例与相关经验性资料。此外，研究者对日常的教育教学情境进行了记录、观察与分析，这些材料将作为验证性资料，为理论模型的建构提供证据性支撑。

（四）研究实施

研究者在对 12 个受访者的访谈录音进行转录、整理与修订的基础上，采用 MAXQDA12① 质性分析软件对转录的录音文本材料进行编码分析，主要包括三轮编码过程（见表 5-7）。其中，在利用 MAXQDA12 质性分析软件进行编码的过程中，建立的自由节点对应扎根理论开放式编码中的"贴标签"，以形成初始编码的过程，在将原始访谈资料以词、句或段落为基本分析单位加以分解的基础上，进行逐行编码（line by line coding），逐渐形成树状节点的聚焦编码和主轴式编码，并对每个自由节点归属的概念定义进行归纳与提炼，产生更抽象、涵括范围更大的上位概念与范畴，以实现对原始访谈文本的逐层抽象化与概念化的过程。

表 5-7　基于扎根理论的三轮编码过程

编码进度	编码目的	编码数据	编码结果
第一轮编码：开放式编码	以开放式的态度，通过贴标签的形式，对文本数据进行概念化与类型化，基于三级类属归纳编码方案的二级类属、初步确定编码的基本框架	一对一深度访谈内容、教师的教学反思、教研组内部的研讨记录以及教师与专家之间的对话录音等	形成 72 个二级类属、1 183 个初始概念编码
第二轮编码：主轴式编码	对开放式编码的结果进行筛选、细化、补充与修订，并初步确定上一级的类属编码，基本建立各级编码之间的关系	一对一深度访谈内容、与焦点小组的访谈内容	剔除重复频次小于等于 3 次的初始概念编码；剔除内容表述不一致的初始概念编码；形成 63 个二级类属、974 个初始概念编码
第三轮编码：选择式编码	对主轴式编码的结果进行筛选、细化、补充与修订，确定基本维度，确立一级类属之间的关系，形成"故事线"，最终构建"教育理论的实践转化机制"的影响模型	一对一深度访谈内容、与焦点小组的访谈内容	形成 4 个基本维度、16 个一级类属、56 个二级类属、797 个初始概念编码；确定类属之间关系；构建"教育理论的实践转化机制"的影响模型

---

① MAXQDA12 软件是一款由德国 Verbi Software 公司开发的质性资料分析软件，可以用来分析所有非结构化的数据，比如访谈资料、文章、多媒体等，可用于完成数据的导入、组织、分类、编码、检索工作，并且能够进行可视化的分析。这款软件是研究者于 2018—2019 年在德国奥尔登堡大学（Carl von Ossietzky Universität Oldenburg）进行博士联合培养期间，Hilbert Meyer 和 Babara Moschet 两位教授推荐并指导使用的。

整个研究实施过程包括三个阶段和五个层次（见图 5-10）。在第一轮的开放式编码过程中，研究者遵循"原始资料-贴标签-概念化-范畴化"的基本流程，通过逐行编码的方式，对原始的访谈资料逐句地贴标签，赋予其概念以及类属化的范畴，总共形成了 1 183 个初始概念编码，经多次提炼数量较多且相互交叉的初始概念编码，最终抽象形成 72 个二级类属编码。在第二轮的主轴式编码过程中，研究者对编码数据进行了一个"揉碎再重组"的过程，即发现和建立一级类属与二级类属，以及二级类属之间的联系，对开放式编码中的"分裂数据"进行了重新排列，即再结构化的过程。在这个过程中，研究者剔除了重复频次小于等于 3 次以及内容表述不一致的初始概念编码，总共形成了 974 个初始编码概念和 63 个二级类属编码。在第三轮的选择式编码过程中，研究者对初始概念编码与三级类属编码进一步分析、比较与提炼，尝试寻找能够统领其他范畴和概念的一级类属和主要维度，并建构各种范畴之间的关系，作为建构理论的基础，最终抽象形成 797 个初始概念编码、56 个二级类属、16 个一级类属和 4 个基本维度。

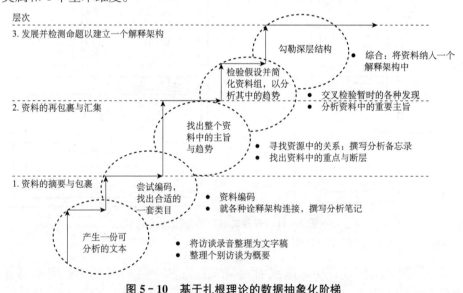

图 5-10 基于扎根理论的数据抽象化阶梯

资料来源：迈尔斯·休伯曼. 质性资料的分析：方法与实践（第 2 版）[M]. 重庆：重庆大学出版社，2008：129.

在整个编码过程中，正值研究者在德国奥尔登堡大学（Oldenburg University）博士联合培养时期，研究者定期与国外导师 Hilbert Meyer 教授讨论编码方案的修订事宜，主要是结合"他者眼光"来修订存在争议的范畴概念，避免研究者本人的主观意向对编码效果产生负面影响，以此确保编码方案的信度和效度。

三、教育理论与实践转化机制的编码分析与范畴提炼

（一）开放式编码

开放式编码主要是对访谈资料中的现象与概念进行指认与限定，用概念和范畴来正确凝练访谈资料的内容，通过不断地对资料与概念进行比较，将那些属性相同、意思相似的概念放在一起，逐渐归纳为一定的范畴，其实质是一个聚敛问题的过程（见图5-11）。

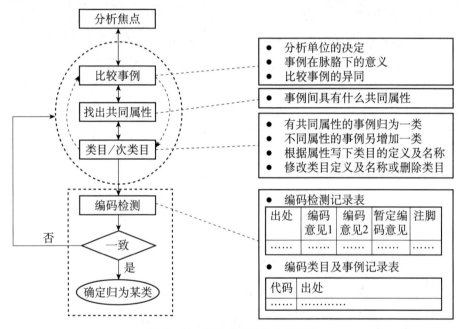

图 5-11　开放式编码的分析范式

资料来源：周翔. 传播学内容分析研究与应用［M］. 重庆：重庆大学出版社，2014：318.

在开放式编码过程中，研究者对文本数据和一对一深度访谈资料持开放式的态度，以整合后（录音转录并添加备忘录）的访谈资料为编码对象，遵循"原始资料-贴标签-概念化-范畴化"的基本流程，借助MAXQDA12质性分析软件对文本资料中的语句进行逐句检查、分解，并对原始资料中的事件或行动"贴标签"（见表5-8），赋予这些原始资料概念，并类属化为范畴。

表 5-8　开放式编码举例

原始资料	标签
学科组一般会集体备课、磨课，"第一棒"一般先由第二梯队的老师来上，同年级的课，先去"第一次试教"，其他老师会去听课，并提出建议进行调整。现在学校同一个年级有两个班级，第一个班试教后，进行调整，再去第二个班级"第二次试教"。当同一年级有四个班的时候，第二梯队老师进行两次试教后，第一梯队的老师再去"第三次试教"。等 Wyp 老师来听课时，我们已经是"第四次试教"了。如果 Wyp 有时间，她会参与到我们其中的一次试教过程中，帮我们搭框架，比如如何进行"三放三收"，但其中的细节还是要我们自己整理，她会给我们一个大概的框架，毕竟她"站得比较高"，重心下移到班级，是我们来做的，但是，落实到课堂之中，问题还是很多的，吴老师可能会设想得很好。当然，我们也是要"面子"的	集体备课、磨课 发展型教师先行 同课异班，多次试教 专家参与，搭建框架 教师实践，重心下移 "面子" VS "里子"

　　通过对 12 位教师访谈资料的整理，在第一轮开放式编码过程中，总共建立了 1 183 个反映教师视角下影响"教育理论的实践转化机制"的自由节点（以"学校名代码＋姓名代码＋序号"的形式编码），形成了 72 个二级类属。随后，经过进一步对相似初始概念编码的比较、筛选与合并，剔除重复率在 3 次及以下的原始概念，最终抽象形成 797 个三级类属编码、56 个二级类属编码，并将这 56 个树节点重新归类，最终形成 16 个新的树节点，即一级类属编码，原来的树节点变为二级树节点（见表 5-9）。

表 5-9　开放式编码的比较与归类

原始语句（初始概念）	贴标签	概念化	范畴化
"现在我读了她的好几本书了，还有一本蛮薄的也很'接地气'的书，与我们的教学实践有关的，这几本书我都读过。"（QL-Zxp-047）	"接地气"		
"我很希望针对某一个具体的内容，有专家具体地给我讲，讲还要'接地气'地讲，如果专家不讲，只让我们看，说白了，我一点兴趣都没有，不想看，也看不进去。"（QL-Zxp-064）	"接地气"		
"说实话，我感觉区里要求的课，更加'接地气'，你能明白我的意思吗？也就是更容易让学生接受，对我们实际的教学更有帮助。"（QL-Sl-046）	"接地气"	(2.2.1)理论与行动的关联程度	(2.2)理论认同
"吴亚萍老师的书，我们还是能读懂的，她比较'接地气'，她的书的内容也是来源于我们'底层'的课例，然后给予我们一些提升，也越来越走进我们的内心。"（QL-Hyl-045）	"接地气"		
"当时是挺痛苦的一件事情，因为两个团队之间是需要磨合的，我们是'地'，专家呢，是站在理论层次的。"（HP-Gyh-003）	"接地气"		

在对原始资料进行概念化与范畴化的过程中，研究者主要采用以下三种命名方式：其一，直接采用一线教师使用的鲜活的本土概念，如在反映教师描述教育理论与实践之间关联程度的原始语句中，编码方案直接采用了受访对象的话语表述——"接地气"等；其二，沿用已存在于学术文献中并能够概括原始资料内容的学术概念，如在描述反映教师行动策略"教学机智"的原始语句中，编码方案采用了施瓦布（Joseph J. Schwab）的"熟虑术"与"折中术"的概念等；其三，编码员之间对同一原始资料进行商议，自行创建能够概括原始资料意涵的概念范畴，如在概括教师在对教育理论进行实践转化的过程中具有的思维意识时，经过与教授及其他编码员商定，编码方案使用了"理解力"、"洞察力"、"融突力"（即"融解冲突的思维能力"）等自行创建的概念。这些初始编码概念是对教师原始访谈语句高度概括的产物，来自原始资料，便于理解教师真实的生活情境。

（二）主轴式编码

主轴式编码主要是在开放式编码的基础上，根据概念之间的关系（如相关关系、语义关系、情境关系、结构关系、过程关系、因果关系、功能关系等）对二级类属编码概念进行归类，旨在建立范畴之间的联系。在本研究中，对二级类属编码和一级类属编码进行重新组合，形成了 4 个主要维度，即情感体验、话语认知、思维意识与行动策略，并对 4 个主要维度和 16 个一级类属编码之间的对应关系及其范畴的内涵进行了界定与阐释（见表 5-10）。

表 5-10　主要维度与一级类属的对应关系及内涵

主要维度	一级类属	一级类属的内涵
情感体验	教育信念	即教师对教育命题的主观看法，是一种确信为真的先验性假设，具有引导教学思想与教学行为的特性
	理论认同	即教师对教育理论的认可与承认的程度，也包含教师对教育理论的亲切程度
	人际关系	即教师与其他个体或群体之间通过交往互动、相互作用而形成的心理关系
话语认知	话语类型	即教育理论文本的抽象程度或教育理论者阐释理论文本的表达形式
	话语偏好	即教育主体在言说教育理论或日常言语中，使用不同表达形式的个体倾向
	话语转化	即教育主体以其他类型的言语或行为，对原有的话语言说进行形式转换

续表

主要维度	一级类属	一级类属的内涵
思维意识	问题意识	即教育主体结合教育理论与教学情境，意识到教学设计或教学过程中存在的主要问题
	学习意识	即教师调动自身的学习欲望，对教育理论具有自觉接触、自觉体悟与自觉尝试的意识
	研究意识	即教师基于已有的教学问题，从教学研究的视角出发，分析问题背后的原因，并筹划教学行动
	反思意识	即教师对自身教育观念或教学行为进行自觉的反省，形成一种自我纠察的意识
	重建意识	即教师在明确问题、剖析原因的基础上，融通与转化问题中的主要矛盾，重新筹划教学思路
	批判意识	即教师对教育理论的适用条件、适用范畴与适用局限进行批判性的审思，是一种高阶思维意识
行动策略	溯源式生成	即教育主体回溯到教育理论的本体论、认识论与方法论层面，调整或形成教学行为策略
	应变式生成	即教师基于教学现场的实际情境，对即时的教学问题做出快速的回应，是多种不确定因素共同作用的结果
	渐进式生成	即教师对教育理论进行日常化与常态化的转化，不断渗透到自身教学的每一个环节之中，逐渐形成稳定的教学策略
	教学机智	即教师形成个人的教学观念和经验技巧，因地制宜、当机立断地解决即时性的教学问题

根据施特劳斯对编码典范模型的研究，将 16 个一级类属编码按照"因果条件（A）-现象（B）-情境脉络（C）-中介条件（D）-行动/互动策略（E）-结果（F）"的逻辑关系（见图 5-12）进行整理。

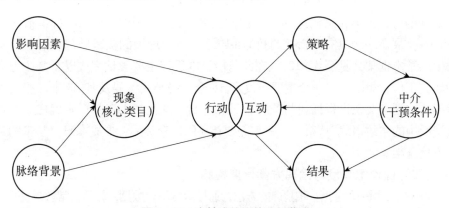

图 5-12 主轴式编码的分析范式

在以行动取向探寻教师进行"教育理论的实践转化"的意图与动机的基础上，形成了可以验证的 4 个维度的"证据链"（见表 5-11）。

表 5 - 11　主要维度的典范模型

主要维度	典范模型				
	前因条件	情境脉络	中介条件	行为方式	结果
情感体验	情感冲突	成长历程	理论效用	倾听对话	积极/消极
话语认知	话语冲突	课堂教学	原有经验	话语转换	以"旧"解"新"/以"新"解"旧"
思维意识	思维冲突	矛盾分析	行为效果	思维重建	守旧/转换
行动策略	行为冲突	教研机制	团队协助	试误更新	机械/灵活

在第一轮开放式编码的基础上，对 797 个三级类属编码和 56 个二级类属编码进一步比较、筛选与分类，建立各级编码之间的联系，主要得出了以下几个方面的结果：首先，是形成 16 个一级类属编码，分别是教育信念、理论认同、人际关系、话语类型、话语偏好、话语转化、问题意识、学习意识、研究意识、反思意识、重建意识、批判意识、溯源式生成、应变式生成、渐进式生成与教学机智；其次，是形成教师"情感体验"维度下的 3 个一级类属编码和 12 个二级类属编码；再次，是形成"话语认知"维度下的 3 个一级类属编码和 12 个二级类属编码；又次，是形成"思维意识"维度下的 6 个一级类属编码和 18 个二级类属编码；最后，是形成"行动策略"维度下的 4 个一级类属编码和 14 个二级类属编码。

（三）选择式编码

选择式编码主要是在开放式编码和主轴式编码的基础上，进一步梳理主要维度之间的关系，提炼二级类属编码和描述现象的"故事线"（story line），形成一个核心类属（core category），将主要维度、一级类属编码和二级类属编码作为支撑性类属（subsidiary category），进而以描述现象的"故事线"来联结主要维度与二级类属编码之间系统性的关系，通过一个整合图式（integrating scheme）展示一个具有逻辑性的教师视野下"教育理论的实践转化机制"结构维度的基本框架（见图 5 - 13）。在此阶段，本研究主要尝试完成以下几个方面的研究工作：第一，对 4 个主要维度和 16 个一级类属编码及其 56 个二级类属编码的内涵与关系进行描述与诠释；第二，结合其他二手资料，明确贯穿在访谈资料中的"故事线"；第三，完善需要补充的概念类属，形成本研究基本的结构维度框架。

（四）理论饱和度与编码方案信度检验

本研究采用三角证据互相验证的方法，通过深度访谈数据，教师日常教学反思与教学设计，学科组日常教研记录以及教师个人与教研团队、专家团队之间的研讨资料进行相互佐证和交叉对比，确保编码资料的可靠性。在为期 45 天的收集资料与参与式观察过程中，研究者借助学科组每两周的教研活动，分别就原始访谈资料中的编码概

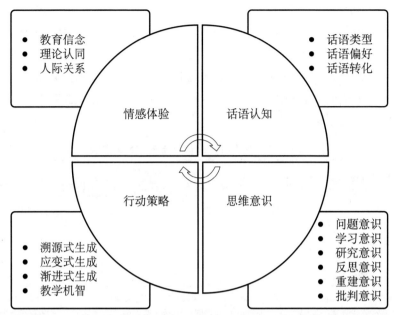

图 5 - 13 教师视野下"教育理论的实践转化机制"的结构维度框架

念及其内涵向 3 位成熟型教师请教，并得到他们的反馈建议，以此确认是否存在理解性或主观性的误读，逐渐形成编码方案（第 4 稿）的结果。

利用扎根理论探寻"教育理论的实践转化机制"的结构维度，需要检验理论的饱和度，即对初始编码方案进行提炼与增新，保障编码方案的有效性，确保最终理论模式的完全饱和性。除了前期预访谈的 3 位成熟型教师外，本研究总共访谈了 18 名教师，抽取 2/3 的受访教师（即 12 名教师）的访谈资料作为编码资料，用于详细编码分析，将剩余 1/3 的受访教师（即 6 名教师）的访谈资料作为理论饱和度检验的文本资料，进行了相同流程的数据编码（即开放式编码、主轴式编码和选择式编码），结果发现从对前述 6 名教师的访谈资料提炼出的概念、范畴均被 4 个主要维度的 16 个一级类属编码所覆盖，没有发现新的编码概念、编码范畴与典型关系，并且结果符合"教师视野下教育理论的实践转化机制的结构维度框架"模型，说明本研究构建的结构维度与影响模型在理论上达到了饱和程度。

对编码方案信度的检验是在保证理论饱和度的基础上，采用编码比较的方式，注重由多名编码者对同一份资料进行编码，然后比较不同编码者编码之间的一致性。本研究邀请两位编码者（两位博士研究生，均长期从事教育理论与实践关系的相关研究，具有较为丰富的研究背景和较为扎实的理论功底）运用MAXQDA12 质性分析软件参照编码指南和编码表，对同一份访谈资料（共计

50 个标签）进行了独立编码，将各类条目放入合适的编码范畴之中，以此让编码员做试点编码，采用斯科特 pi（Scott's pi，π）标准[1]计算编码员间的信度系数（见表 5 - 12 和表 5 - 13）。需要说明的是，在两位编码员进行独立编码之前，研究者对他们进行了额外的培训，即向他们"详细解释每个变量和每个类目的意义所指、涵盖的现象范围，并予以实例讲解"[2]，同时研究者本人也对编码指南和编码表进行了修订与完善。

表 5 - 12　基于斯科特 pi 标准的编码列联表

编码维度		编码员 A				
		行边际总数	情感体验	话语认知	思维意识	行动策略
编码员 B	情感体验	13	0	2	0	15
	话语认知	0	7	1	0	8
	思维意识	1	0	9	1	11
	行动策略	0	0	2	14	16
	列边际总数	14	7	14	15	50

注：所有对角单元格代表的是两位编码员在所测试的某一标签类属的某一个维度上的一致数，如本单元格的观察数代表那些编码员 A 和编码员 B 均将同一个标签编码为"情感体验"维度的案例数。所有非对角单元格代表的是编码员间的不一致数量，如本单元格的观察数代表那些被编码员 A 编码为"情感体验"而被编码员 B 编码为"思维意识"的案例数。

那么，$PA_o = \dfrac{13+7+9+14}{50} = 0.86$

表 5 - 13　基于斯科特 pi 标准的编码计算表

编码类目	边际数		边际数之和	联合边际比例
	编码员 A	编码员 B	A+B	pi
情感体验	14	15	29	29/100＝0.29
话语认知	7	8	15	15/100＝0.15
思维意识	14	11	25	25/100＝0.25
行动策略	15	16	31	31/100＝0.31
合计	50	50	100	1.00

那么，$PA_e = \sum pi^2 = (0.29)^2 + (0.15)^2 + (0.25)^2 + (0.31)^2$
$= 0.084\ 1 + 0.022\ 5 + 0.062\ 5 + 0.096\ 1$

---

① 斯科特 pi（Scott's pi，π）是目前国际上非常通用的针对定类数据的一种测试方法和标准。该计算方法因使用了两位编码员间的联合分布，从而纠正了偶然一致性。它不但考虑了类目数量，而且将编码员如何使用类目纳入了考量。其系数范围是 0～1.00。系数如果在 0.70 以上，则是可以接受的信度系数；如果介于 0.60～0.70 之间，则勉强可以接受；若在 0.60 以下，则表明不可接受。具体参见周翔. 传播学内容分析研究与应用 [M]. 重庆：重庆大学出版社，2014：226.

② 周翔. 传播学内容分析研究与应用 [M]. 重庆：重庆大学出版社，2014：127.

$$=0.265\ 2$$

于是，斯科特 $pi=\dfrac{PA_o-PA_e}{1-PA_e}=\dfrac{0.86-0.265\ 2}{1-0.265\ 2}=\dfrac{0.594\ 8}{0.734\ 8}\approx0.809$

由此可见，对 12 位受访教师访谈资料的 4 个维度进行编码比较，其编码评分结果的一致性系数约为 0.809，位于 0.70 以上，是可以接受的信度系数，说明编码方案具有较高的信度。

四、教育理论与实践转化机制的结构维度与影响模型

通过对 12 位受访教师的访谈资料进行开放式编码、主轴式编码和选择式编码，形成了 4 个关于“教育理论的实践转化机制”的结构维度，每一个维度又包含不同的一级类属范畴，它们共同以“故事线”为线索形成了“教育理论的实践转化机制”的动力模型。

（一）维度之一：情感体验

教师对于新教育理论的介入，首先是以内在的感性认知为主，其实质是一种基于自身教育教学专业成长经历的情感体验（见图 5-14），主要包括以下三个方面的影响因素：其一，教师自身的教育信念，具体包括教师个人的专业成长史、教学文化氛围以及自我效能感等三个方面；其二，教师对新教育理论的认同程度，具体包括新教育理论的关联程度、渗透程度、引领程度以及理论的运用效果等四个方面；其三，教师自身的人际关系，具体包括“教师-专家”之间、“教师-校长”之间、“教师-团队”之间、“师傅-徒弟”之间以及“教师-学生（-家长）”之间的人际关系等五个方面。

1. 教师自身的教育信念

（1）教师个人的专业成长史。教师个人不同的专业成长阶段与成长历史对自身教育信念的形成具有不同程度的影响，主要存在以下三种成长阶段的教师：首先，新入职刚刚接触新教育理论的教师，如“我本科是在 SH 师范大学读的，专业是小学数学，今年（2018 年）是第一年工作……Hyl 老师带着我……我一般是先按教学参考书进行教学，也没有说按照‘新基础’去做一些什么改变……感觉‘新基础’比较重视育人价值，我不知道我的理解是不是正确，我感觉是要让学生去动手，去说，不能让老师替代……学生一个人说还不行，要两个人说，同桌要互相说，感觉有一点点这样的意思”（QL-Cqn-001，004，008）。其次，入职之后直接接触新教育理论的青年骨干教师，如“一开始是不了解的，我不是一个专门的师范类毕业的老师，或许相比其他老教师我的优势是，我刚开始进来就是‘一张白纸’，‘新基础’是直接给我撒上来的，不像其他老教师，她们本身就有一套固定的教育理念，或者她们有她们的教学方法，

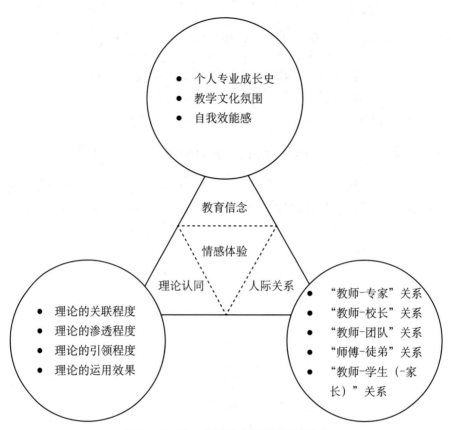

图 5－14　影响教师情感体验的结构维度

然后与'新基础'之间有一段磨合期，我是没有的，我直接进来就是'新基础'"（QL-Jyy-004），"当时，也是'摸着石头过河'"（QL-Zjy-008）。最后，入职若干年之后接触新教育理论的中老年成熟型教师，如"我是 1997 年参加工作的，2004 年加入'新基础'……我的第一个七年（1997—2004 年）是学习如何做一个基本合格的数学老师，第二个七年（2004—2011 年）是学习如何做一个拥有'新基础教育'理念与行动的数学老师……我记得非常清楚，我是 2004 年12 月份去 MH 区听课，那节课讲的是'梯形的认识'，这是我从教 7 年以来第一次听到那样的课，第一次听到这个课的时候还是比较激动的，我就告诉自己要去尝试这样的课"（JX-Wxw-001，003）。

（2）教学文化氛围。教学文化氛围是一个群体或不同群体之间相互作用的结果，这种结果会显性或隐性地影响教师自身教育信念的形成，主要存在以下三种不同的教学文化氛围：第一，开放的教学文化氛围，如"我们是'推门课'，大家都可以来听，即使我们有缺点，也不怕的，我们可以再研究，这种开放的心态是要有的"（QL-Hyl-100）；第二，自主的教学文化氛围，如"可能跟我自己风格有关系，不是说我们学校的整体形式……我会先自己去想，也会想着提高整个效率，我会先去想我先确定哪个主题……其中也走了好几个来回……请了包括我们的校长、副校长和区学科组的 Jdx 老师一起过来研讨，他们对'新基础'比较了解了，一起来商量这个课"（JX-Gyj-057）；第三，平等的教学文化氛围，如"她（Zjy 老师）是从外面转进来的，是个外行，不是师范类出身，缺乏'新基础'的素养，但是她的态度很好，我们会帮助她，比如在'新基础'课堂上第一个环节的第一个问题怎么问，我们（一开始）都是帮她写好的，进行一对一帮扶，每句话怎么说，每个问题怎么问"（QL-Hyl-052）。

（3）教师的自我效能感。教师自身在接触、学习并实践新教育理论之后的自我效能感，也会影响教师自身教育信念的形成，如"对于我们年轻老师来说可能是非常精彩的，课堂上小朋友学得也很快乐，也很有收获，但是在'新基础'眼睛里面可能就一无是处，全部推翻，就是这个也不对，那个也不对，没有一处是对的，我说一无是处真的不夸张，真的被批得一无是处，所以，刚刚接触的时候，老师们的抵触情绪是很大的"（HP-Gyh-012），"在 14 年前，我在老家的时候，以现在的眼光来讲，我可以说我不会讲课，我就是一个教书匠，经过'新基础教育'这 14 年的培养，我感觉我现在才真正学会上课，我才是一名（真正的）教师"（QL-Sl-069），"我回来之后马上就去实践，实践完之后，我马上就感受到了不一样，因为它分系列课和单元课，第一节课是平行四边形的面积，第二节课是三角形的面积，第三节课是梯形的面积，我就按照他们的设计思路一点一点地上了一遍，我就发现学生的成长感与我之前所教的五年级是不一样的，因为那个时候我一直教小学高年级，同样的教学知识，孩子的成长是不一样的……这样的契机对我个人的专业成长来说，我觉得是有历史意义的，因为从那次试验之后，我就觉得我要好好地去研究'新基础'，我要跟着这个大队伍走"（JX-Wxw-008，014）。

2. 教师对新教育理论的认同

（1）理论的关联程度。新的教育理论与教师实际课堂教学的关联程度，影响着教师对理论的认同程度。对教师而言，越是"接地气"的新教育理论，越能够被他们所认同，如"开发育人价值、为了学生的成长啊，什么要激发学生的主动性，探究合作之类的，还有（记不起来了）……我应该把那本书带过来的，哈哈哈，我感觉这些东西目前离我挺远的"（QL-Cqn-014），"当时是挺痛苦的一件事情，因为两个团队之间是需要磨合的，我们是'地'，专家呢，是站在理论层次的"（HP-Gyh-003），"我很希望针对某一个具体的内容，有专家具体地给我讲，讲还要'接地气'地讲，如果专家不讲，只让我们看，说白了，我一点兴趣都没有，不想看，也看不进去"（QL-Zxp-064），"现在我读了她（指高校的'专家'）的好几本书了，还有一本蛮薄的也很'接地气'的书，与我们的教学实践有关的，这几本书我都读过"（QL-Zxp-047）。

（2）理论的渗透程度。新的教育理论如何渗透进教师现实的课堂教学之中，以及新教育理论渗透的程度均影响着教师对新教育理论的认同程度，如"我们校长爱学习，她会送给我们看，校长也会把'新基础'的书当作一种福利待遇，'逼着'我们一起学习，让我们写反思，但是写反思也有好处的，我自己也是有成长的，'新基础教育'的理念就像'洗脑'一样，已经进入我们的脑袋中了，已经具有'新基础'的眼光和思维"（QL-Sl-067），"我们学校也比较关注上位概念的解读，不断地进行'轮番轰炸式'的学习，也慢慢地渗透到了我们学校每天的管理和教学过程之中"（JX-Gyj-087，088），"我是感觉'新基础'的强度特别大，整个团队的老师，我一开始的感觉就是'狂轰滥炸'，每一次参加活动，中间是没有休息的，没有上个厕所或聊个天的时间，满满当当，就是不断进行'洗脑式'的培训……它是一种'团队作战'，大家一起'抱团走'的形式"（JX-Wrf-049，050，051），"做了这么多年了，大家都逐渐有了一种自觉性，就像流到了自己的血液中一样"（JX-Sh-046），"学校老师都或多或少地将'新基础'的思想带入到课堂教学之中，我们感觉都已经有这种'细胞'了，浑身上下都有这种'细胞'的，或多或少"（QL-Zxp-076），"在我这里扎根会更深一些，深入骨髓啊"（QL-Zjy-025）。

（3）理论的引领程度。新教育理论是否具有先进性，是否能够超前地引领教师现有的课堂教学，以及能否提升教师实际的课堂教学实践，均影响着教师对新教育理论的认同程度，如"我们'新基础'的课是什么样子的呢？站得太高了"（QL-Sl-048），"后来我发现，'新基础'与'新课改'不是相互冲突的，'新基础'是一个更加细化和更加先进的理念，觉得挺好的"（JX-Gyj-009，010），"这么多年学习下来，我就感觉各路专家的理念应该说是大同小异的，但是'新基础'的理念可能走得更靠前面一点，他们更早地关注到了这些东西，你看，'新课程'是在后面提到面向全体学生的，而'新基础'是在很早以前就已经提到了这一点，所以，为什么'新基础'始终走在'新课程'的最前沿，我是感觉有它独特的价值和优势"（JX-Wxw-031）。

（4）理论的运用效果。在大部分一线教师的视野中，接受、认同与检验新教育理论的一个重要尺度就是新教育理论在他们实际课堂教学中的运用效果能够实现他们的基本期待，可见，新教育理论的运用效果影响教师对新教育理论的认同程度，如"我是伴随着'新基础'成长起来的，我们教研训基地之所以能够申报成功，我真的要感谢'新基础教育'研究……从'形概念'进行突破之后，我写了一篇关于'点、线、面之间关系'的小学数学研究文章，当时就得奖了，非常开心……就像 Sl 老师说的，这个过程，我们'痛并快乐着'，因为我们看到了学生的成长，看到了团队中老师的成长……我们也编写了自己的校内第一本著作"（QL-Hyl-004，032，088，106），"理念都是好的，关键是怎么在教学过程中，把理念贯彻得更好一些"（QL-Sl-054），"印象最深的就是我在不断变革自己的课堂，就是我自己的课堂观和师生观的变化，之前，虽然我们也会说课堂应该要以学生为中心，但是我们并不知道以学生为中心的课堂具体应该怎么呈现。还有我们平时会说，让学生多说话，但是怎么样让学生多说话呢？让学生成为课堂的中心和主人，老师在这其中到底需要起到一个什么样的作用呢？"（JX-Gyj-024，025）。

3. 教师的人际关系

（1）"教师-专家"关系。一线教师与高校专家之间的关系是"U-S"合作中的主要人际关系，二者交往互动的情况，直接影响教师对高校专家及其新教育理论的认同程度，间接地影响自身教育信念的形成，如"幸亏当时 Yl 老师（高校'专家'）没有把我们'踢'出（'新基础教育'试验研究）外面，我们一直跟着其他学校在听课，类似于旁听……我当时压力是很大的，但是 Wyp 老师（高校'专家'）没有嫌弃我们（基础、能力）弱，参与我们的教学研讨……Wyp 老师会参与到我们其中的一次试教过程中，帮我们搭框架，比如如何进行'三放三收'"（QL-Hyl-005，015，070），"当时专家给予指导的时间也比较多，大家交流的也比较多，我们在这个期间也对'新基础'的一些词语有了进一步的认识和体会"（JX-Sh-011），"Wyp（高校'专家'）对我是很熟悉的，因为我是她一手培养出来的"（JX-wxw-011），"这与十几年之前，我们刚刚接触'新基础'时的状态已经完全不一样了，Wyp 老师（高校'专家'）的状态也在变化，所以我就觉得这是两个团队相互融合的过程，我们的团队也在变化，从一开始的抵触，到后面的融入，现在是追随，接下来我觉得一部分老师已经开始是信奉了，这是一个长期的变化过程"（HP-Gyh-026，027，028）。

（2）"教师-校长"关系。在教师对教育理论进行实践转化的过程中，校长的态度、立场与思想无时无刻不在影响教师的转化过程，具体表现为一线教师与校长领导之间的互动交往关系，这会影响教师的情感体验，如"我们校长是非常重视我们对'新基础'理论学习的，我记得我在实习阶段，我进入学校，校长给我推荐的就是'新基础'的书，当时我感觉很莫名其妙……'新基础'倡导的'生命自觉'这四个字是我们校长经常给我们讲的，可能就是一种自我追求吧……就像我们的校长带领我们学习'新基础'学校管理方面的知识"（QL-Jyy-015.016，021，053），"校长解读完之后，他会落实到每个教研组和备课组具体做哪些事情"（JX-Sh-057），"我们校长的观点就是不要人云亦云，老师就要有自己的想法，哪怕你的尝试是不成熟的，不完美的，甚至是粗糙的，只要代表了你的想法，至少代表了你在思考，在研究，即使走了一点弯路，也是有价值的"（JX-Wrf-055），"校长也一直告诉我们，'新基础教育'这条路，我们要一直走下去"（QL-Hyl-036）。

（3）"教师-团队"关系。与一线教师联系最紧密的团队一般是自己学校的学科教研组，教师与团队的关系蕴含着教师与团队内部每个教师的关系，以及教师与整体团队共同营造的教研氛围与协作情况，这共同构成了教师与团队之间的人际关系，直接影响教师最现实的情感体验，如"大家会在一个单独的会议室里坐在一起，大家来讨论"（JX-Gyj-066），"不管学科组的哪一个老师，只要想'磨课'，大家都会留下来一起'磨课'的，需要你来做什么，需要她来做什么，我们都会很自觉很主动地帮忙的，我是感觉我们这个团队确实不错……我们有时四点半下班，'磨课'能到六七点钟"（QL-Zxp-083），"看完这些理论知识之后，我们再组织分享与实践，比如组内研讨课……我们每两周会有一次这种学科组的组内研讨，在研讨的过程中，来反馈这样的问题"（QL-Zjy-010，022，027），"因为我的课融合了教研组中一些大家共同的想法"（JX-Sh-017），"我们数学组的老师们是很团结的，比如，我只要说今天四点半留下来帮我'磨课'，她们全都愿意留下来的，哪怕到六点钟，她们都没有意见"（QL-Hyl-056）。

（4）"师傅-徒弟"关系。由于一线教师入职有先后顺序，并且他们接触新教育理论的时间不同，因此在中小学教师之间存在一种"师傅-徒弟"的帮带协助关系，具体表现为经验丰富的"老教师"以带"新徒弟"的方式，手把手地"教"新入职的教师，以帮助新教师尽快熟悉新理论，能够熟练地执教，这种"师徒关系"直接影响新教师对新教育理论的情感体验，也具有"教学相长"的作用，如"先是上课，因为理论学习没有那么快，自己是一个新老师，也不可能一下子去理解（新教育理论），所以一开始就是先上课，当时 Wyr 老师带着我们，她还要带着几个比我早一点进入学校的语文老师，不是她直接来听我的课，（而是）我先跟着她们的课堂（听课），然后研究，慢慢地接触到'新基础'理论，等于是先学习（听课），然后用到自己的课堂上进行实践，在这个过程中再去学习理论的"（QL-Jyy-006，007，008），"我刚进学校的时候，一开始是 Hyl 老师带着我，她会来听我的课，具体指导意见，比如环节与环节之间的过渡要自然一点，语气不要太生硬等等"（QL-Cqn-004，015），"我现在能做的是，在一次次展示的机会和比赛的机会中，我就一条条地跟他们列举，这样做叫'重心下移'，那样做叫'结构关联'啊，怎么'互动生成'啊，我也只能这样通过手把手地，甚至有时是一对一地去教"（JX-Wxw-044）。

（5）"教师-学生（-家长）"关系。在现实的课堂教学中，生源质量以及学生的课堂反应会对新教育理论的实践转化产生直接或间接的影响，尤其是课堂教学中学生的即时反应，会直接影响教师教学的情感体验，甚至影响教师的自我效能感，如"我们在实践中总感觉到 Wyp 老师（高校'专家'）的课太深了，我们这里的学生素质没有那么好……就比如展示课，一般都会叫好学生回答问题，平时你可以慢慢引导那些差生，等他3~5分钟，可是展示课是不能叫差生回答问题的……好学生说话非常有条理，老师上课会比较愉悦，思维也会比较活跃，说话也会感觉很有激情"（QL-Sl-043，073），"还有个给我印象比较深刻的是，其实'新基础'的课堂对学生的要求还是挺高的，它要求学生能够在课堂上形成网状的互动，不同课型对于学生的要求其实也是不一样的……但是出乎我意料的是，小朋友岔到其他别的地方去了，他们没有聚焦到这个点去说，包括说到了后面的介绍方式和故事情节"（JX-Gyj-036，046，048），"印象最深刻的也是我最困惑的就是'重心下移'，因为这个度呢确实很难把握，班级之中呢会出现各种层次的小朋友"（HP-Gyh-084，085），"可能其他班级是可以的，自己班却不行，每个班做下来情况是不一样的，我只能根据学生的具体情况进行调整……有很多学生的表现是很出乎我的意料的"（QL-Jyy-037，045）。

（二）维度之二：话语认知

新教育理论往往以文本形式或口语形式存在，一线教师对新教育理论的解读，其实质是一种外在的话语认知与内在话语转化的过程（见图5-15），影响因素主要包括以下三个方面：首先是话语类型，根据教育理论的基本类型进行划分，具体包括普通教育原理（含普通教育理论与教育哲学等）、一般教学论与学科教学论（或学科教学指导纲要）；其次是话语偏好，不同教育主体的话语偏好是不同的，具体包括专家的话语偏好、教师的话语偏好与团队的话语偏好三种类型；最后是话语转化，即一线教师对新教育理论的转化，具体包括教师对新教育理论的理解能力、表达能力，以及地方性话语或地方性隐喻对新教育理论的转化作用，还包括教师日常的话语消费（"以言表意"）、话语生产（"以言行事"）等不同方面。

1. 新教育理论的话语类型

（1）普通教育原理。普通教育原理的话语类型一般是价值性的教育理论和事实性的教育理论，主要的著作有《"生命·实践"教育学派教育信条》《回归突破："生命·实践"教育学论纲》《"新基础教育"研究史》《"新基础教育"研究传统》等。而对于一线教师而言，这些普通教育原理类型的教育话语比较难以理解，如"有一本书我看着挺吃力的，是《'新基础教育'论》"（HP-Gyh-

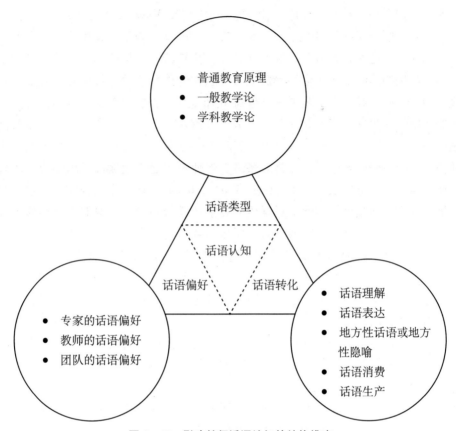

图 5 - 15　影响教师话语认知的结构维度

036），"还有'社会教育力'是让我们去看什么？跟我们有什么关系？跟我们一线老师的具体教学有什么关系？让我们一线的学科老师具体去干什么？根本就没有指向性"（QL-Jrj-015），"前段时间我们要写 Yl 老师（高校'专家'）《回归突破：'生命·实践'教育学论纲》一书的心得感悟，我给我女儿看了一下那本书，真的太难看懂了……如果是数学教学的书，我也会去研究的，但是《回归突破：'生命·实践'教育学论纲》对我的个人需求来说，不是很强烈，课型研究我可以讲得头头是道，这种深奥的书，我很难看懂"（QL-Hyl-096，098）。

（2）一般教学论。一般教学论的话语类型是一种泛在地讨论教学方法、原则与手段等的教育理论，而不涉及具体的学科教学内容，主要的著作有《"新基础教育"课堂教学改革的深化研究》《学校转型中的教师发展》《学校转型中的教学改革》等。对于一线教师而言，这些一般教学理论能够为他们提供一定程度的方向性指导，但往往缺乏具体指向性，如"（思考片刻），比如'育人价值'，感觉太空洞了……我觉得名字挺好听的，但是我们平时在上课过程中是否关注到这些呢？根本就不理解什么叫育人价值，估计没有几个人具体知道并能完整地表达出什么叫育人价值，很模糊的"（QL-Jrj-013，014，016）。

（3）学科教学论。学科教学论的话语类型是一种教学理论与教学案例相结合的理论类型，涉及具体学科的教学知识，主要的著作有《"新基础教育"数学教学改革指导纲要》《"新基础教育"外语教学改革指导纲要》《"新基础教育"语文教学改革指导纲要》等。对于一线教师而言，这些学科教学知识是最贴近他们日常教学实践的理论，如"理论谈论得比较深奥，读起来有一些困难，可能是读的少，理解的就少，有些东西还是比较模糊，在数学方面，比如提出了'长程两段'啊，就是一些术语，一开始我还以为是'万里长城'的那个'长城'，现在我知道了，它是注重过程性和连续性的"（QL-Jrj-004），"像我们数学学科的，一般通过学习《数学教学指导纲要》和《课型研究》，其中，后一本书，Wyp（高校'专家'）把小学、初中相同的课型放在了一起，如'形概念''运算''规律'等"（QL-Zjy-001）。

2. 教育主体的话语偏好

（1）专家的话语偏好。高校的"专家"具有系统的学术话语表达系统，其自身对具体的教育教学实践具有很强的抽象提炼能力，这也在一定程度上代表了他们的话语偏好，即倾向于理论化程度较高的话语表达，如"她（高校'专家'）总是想把一些数学思想凸现出来，分类的思想啊，这个那个思想啊，对学生的趣味性就降低了，学生就像一个小学者一样"（QL-Sl-062），"专家一般会抽离出具体的学科知识来谈论教学……我们学校会对 Yl 老师（高校'专家'）提出的一些理论，邀请专家过来解读"（JX-Gyj-085，092），"因为大学可能是从做学术的角度出发，对小学的教学可能也是一种形而上的认知"（HP-Gyh-008，009）。

（2）教师的话语偏好。一线教师具有系统的课堂教学经验和学科教学观念，与"专家"相比，他们的话语系统相对具象，甚至会利用一些"地方性话语"来诠释他们自身的教育教学观念，他们也比较偏好理论与案例相结合的话语类型，如"Wyp 老师的《课型研究》《数学教学指导纲要》《数学教学新视野》是我平时看的'新基础'的书，因为这些书里面有课例，最好是理论结合课例一起进行说明，我就能理解得更加深刻……Wyp 老师的书我会看得多一点，Yl 老师（高校'专家'）的书比较偏向整个'新基础教育'研究，比较理论化，理论化的书，我有时半页书我都看不进去，比较烦，我只对自己学科内的感兴趣，Yl 老师的书站得太高，我感觉那是校长看的"（QL-Sl-058，064），"可能对于我们一线的教师而言，我们更加希望能够听到具体的建议……比如'开放性'，我们希望能够看到这方面的一些案例，如果有一个案例集出来的话，可能会对一线老师而言有更多的借鉴意义，这样就既能有理论，又能有案例的支撑，这样对我们的课堂更加具有指导性的作用"（JX-Gyj-090，091，093），"前几年接触比较少的时候，感觉那些理论读起来确实很难读懂，很难读下去，当时读理论方面的书，有些畏难，读不懂，可能会把理论的书放在旁边，看得比较多的是那种实际操作类的，对自己教学有用的书，像《班队教学指导纲要》《语文教学指导纲要》等与学科有关的指导纲要看得比较多，这两本书我看得最多，因为当时上课、说课、写反思的时候，两本书对我的帮助很大"（QL-Jyy-017，018）。

（3）团队的话语偏好。在一线教师的教研团队中，出于能够更好地交流沟通的目的，他们一般会更注重结合具体学科的教学内容或教学实践的某一个具体环节来谈论教育教学理论，偏好形成一种"言语社区"，包含理论话语、学科话语与经验话语，如"学校里发的书都要看，我们主要是看数学教学这一块"（HP-Gyh-035），"我们觉得读 Yl 老师（高校'专家'）的文章呢可以洗涤心灵，哈哈哈，读 Wyp 老师（高校'专家'）的文章呢，主要就是具体实施"（HP-Gyh-040，041），"由于论述理论时带有了例题展示，有案例，看上去就能看懂，生动一些……理论性知识比较难懂，有关怎么上课，怎么把课上好，上课方法的部分，我们就非常愿意去看，因为会用到"（QL-Zjy-004，006），"我们数学组一开始是在比较宽泛的范围了解'新基础'的主要理念和名词"（JX-Wxw-023），"那个时候已经是整体推进了，所有的学科全面进入'新基础'，所以我们语文学科在学科组的带领下，备课组和教研组全面深入地进入'新基础'研究，所以当时上课、听课、评课全部用的是'新基础'的理论"（JX-Wrf-002）。

3. 教师个人的话语转化

（1）话语理解。对于一线教师而言，他们对新教育理论的认知首先体现在话语系统的更新上，还体现在对基本术语与基本命题的解读上，他们往往以教学实践的方式来诠释一个较为抽象的理论话语，这是他们进行话语理解的基本过程，如"我们校长为什么要一直激励我们看'新基础'的书，目的就是让我们建立一致的话语系统，因为在话语系统相同的背景下，大家才能相互理解……如果没有一个统一的话语系统进行交流的话，可能大家之间就无法相互理解……与'新基础'建立一个话语的通道，我们都在这个通道里面走"（HP-Gyh-046，047，049），"有一些专业术语比较难懂，比如'长程两段'，就是那种感觉，字都认识，连起来就不知道什么意思了"（QL-Cqn-018），"我刚加入'新基础'的时候，确实很难理解，一开始，她们给我说'长程两段'，我不明白啥叫'长程两段'啊"（QL-Zjy-007），"刚刚入职一年的 Cqn 老师，她缺乏课堂实践和理论素养，她对什么叫'新基础教育'是不懂的，不懂什么叫'三放三收''生生互动''重心下移''资源捕捉'，她能够把一节课完整地上下来，已经很不错了，所以，她就要多听听我们的课，她就会慢慢知道什么叫'重心下移'"（QL-Hyl-047）。

（2）话语表达。一线教师对新教育理论的话语表达过程，是在话语理解的基础上，利用既有的教育教学经验以及自身的教学实践，对新教育理论进行重新理解、重新联结、重新建构，以此建立起具有自身表达风格的话语系统，如"我们在这个话语系统里面，当然可能别人看我们也会感觉我们挺傻的，我们看别人也会觉得他们挺傻的"（HP-Gyh-050），"有的时候我需要外出学习，我在听到别人讲其他话的时候，我就在脑袋里不停地进行转换，之前有段时间，'新课改'说要'面向全体学生'，其实我知道就是我们的'重心下移'，一个大问题放下去，让每个孩子去经历这个过程，不就是重心下移了么，不就是面向全体了么，所以我能听懂他们所说的理论，我就用'新基础'来解读他们……我就在这个过程之中不停地去转换"（JX-Wxw-028），"进入到'新基础'之后，它有自己的话语系统，我进入之后需要将'新基础'的话语系统与'新课改'的话语系统进行对接……必须把'新课改'的理念和'新基础'的理念完全融合在一起……它们就是用不同的话语系统来诠释同一个现象"（JX-Wrf-005，006）。

（3）地方性话语或地方性隐喻。一线教师并不是"空着脑袋"来接触、学习、转化与表达新教育理论的，他们往往基于自身已有的教育教学条件和具体的教学实践情境，对新教育理论进行地方性的"应用"，其中包含了教师基于地方性话语或地方性隐喻对新教育理论话语的认知，如"那到底什么叫'三放三收'呢？道理我们都懂，但是对于实际问题，从哪里放？怎么放？什么时候怎么收合适呢？里面包括很多细节呢，就像是导演，跟演员说得都很明白，想让他这么演，演员未必都能把导演的想法演绎得很好，有时候老师就像是一个演员，专家就是导演，理论就像是一个剧本"（QL-Sl-054），"有的（理论者）他光讲，如果我不接受的话，我上得'依葫芦画瓢'，上不出那个'味道'……还有一本蛮薄的也很'接地气'的书……这几次'磨课'只是希望在一些细节方面更完美一些"（QL-Zxp-016，047，080），"当时，也是'摸着石头过河'……教学内容太多，学生'吃不下来'"（QL-Zjy-008，031），"这是一个在课堂之中'织网'的过程，所谓的这个织网就是能够敏锐地捕捉到学生的信息源，然后把所有不同的信息源'打一个结'，形成一个新的生长源，这个生长源再推动着课堂向外发展，辐射到一个新的高度，又重新有资源出来，又结了一个'网'，她说至少应该有这样一个'织网'的过程"（JX-Wrf-013）。

（4）话语消费。一线教师在话语理解、话语表达的基础上，建立自身初始的话语系统，这种话语系统具有个性化的色彩，同时具有较强的融通转化性，能够引导一线教师对相似的教育理论话语进行联结，其实质是一个"话语消费"的过程，如"现在我发现，'新基础'的话语系统也在被外围的很多理论吸收，包括《课程·教材·教法》《小学数学教师》这些核心期刊，很多不是'新基础'研究团队的人，他们也会借用'新基础'的某一个名词……（关键是）经由这个词对我们核心观念的理解，这个必须是日积月累的过程，其他人可能只看到了这个词语的表面，感觉这个词很好，很新潮……但是在具体的实施过程中，他们到底做得怎么样就不知道了"（HP-Gyh-055，056，057），"我们现在做了'新基础'，在平时的表达过程中都是用'新基础'的话语系统，其实并不冲突……我就告诉她们怎么去解读，怎么转换，你心中的理念肯定是最新的，如果你要去考试，就要用'新课程'的话语怎么表达，它们是相通的，但是回到我们的日常研究之中，我们当然说的是'新基础'的话语……因为'新课标'来得比较晚，'新基础'来得比较早"（JX-Wxw-032，036）。

（5）话语生产。一线教师对新教育理论的话语认知并不仅仅是一个简单的学习、接受、转化与表达的过程，还包含着一种"话语生产"的过程，即教师以自身多元化的教学实践对新教育理论的话语进行创造性的解读，不仅能够深化教师的话语认知，还能够丰富新教育理论话语的内涵，如"当时我们遇到的一个困难是，其实当时'新基础'的书我们是看不懂的，我可以这样直白地告诉你，我们是看不懂的，因为里面有很多很多的专业名词，什么'重心下移''结构开放'，你说那个话谁能看得懂啊，没有人能看得懂，所以有一个阶段，我们教研组是专门来解读这些专业名词，怎么做叫'重心下移'，所以当时我们是一边实践，一边看书，然后在实践的过程之中，比如说回放某一个片段，在这个片段之中，怎么处理就叫'重心下移'，怎么处理就叫'开放式的问题设计'，怎么处理就叫'资源捕捉'，怎么叫过程中的再次'重心下移'，还有许多类似的这种词汇是通过我们片段的回放（得到诠释的）"（JX-Wxw-017，018，019），"那个时候教学指导纲要的著作还没有出来，'长程两段'的思想也是我们用教学实践一点点地充实起来的，我们在实践之中成长"（QL-Hyl-083）。

（三）维度之三：思维意识

教师的思维意识是其对新教育理论进行实践转化的一种内在思维认知，是一线教师对新教育理论进行情感体验与话语认知的内在思维图式，更是一线教师进行自我转化的一种内在驱动力，主要包括以下六个方面的思维意识（见图5-16）：

第一，教师的问题意识，具体包括教师认识问题、分析问题与解决问题的意识；第二，教师的学习意识，具体包括教师的学习动力、学习毅力和学习能力；第三，教师的研究意识，具体包括教师的理解力、解释力与想象力；第四，教师的反思意识，具体包括教师的感知力、洞察力与鉴别力；第五，教师的重建意识，具体包括教师的融突力、贯通力与重构力；第六，教师的批判意识，具体包括教师的判断力、决策力与创造力。

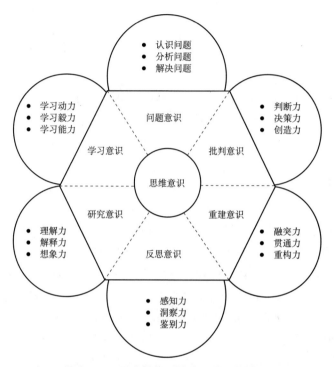

图 5－16　影响教师思维意识的结构维度

1. 教师的问题意识

问题意识是教师面对新的教育理论时，能够结合新的教育理论、现实的教学情境以及自身的教学经验，意识到自身存在的教学问题以及原有教学环节或教学设计中存在的问题。具体包括：

（1）认识问题的意识，即教师能够觉察到教育教学问题的所在，如"小学教学对初中课堂教学会有什么影响，如果我们备课备不到的话，会影响初中老师们的教学，她（指高校'专家'）会考虑这样一种衔接，但是我们属于'井底之蛙'，我们无法站得太高"（QL-SI-041）。

（2）分析问题的意识，即教师能够在认识问题的基础上，分析问题出现的原因，如"因为我们不了解中学的知识系统"（QL-SI-042）。

（3）解决问题的意识，即教师能够在认识问题与分析问题的基础上，自觉构想并尝试解决问题的方法，如"即先从整体认识，然后分类，说明我们今天上课研究哪一类，这一类有什么特征……从整体进入认识结构……是不是所有的课都适合分类呢？这是需要思考的一个问题……我们还要融入我们的一些想法，毕竟她（指高校'专家'）提供的只是一个框架，只有框架还不行，有血有肉的教学设计还需要老师自己去做"（QL-Sl-004，035，042）。

2. 教师的学习意识

学习意识是一线教师或学科教研团队对新教育理论具有自觉接触、体悟与尝试的意识，能够调动自身的学习欲望，转化为学习动力与学习毅力，不断磨砺自身的学习能力。具体包括：

（1）学习动力，即一线教师或学科教研团队面对新的教育理论，具有自觉接近、自愿参与及自主学习的内在驱动力，如"一开始 SY 小学和 MQ 小学是'新基础教育'研究的试验点，我们只是想跟着人家学，有这种学习的欲望，Yl 老师（高校'专家'）认为我们跟着学是可以的，但当时没有让我们正式加入'新基础教育'研究"（QL-Hyl-007，008）。

（2）学习毅力，即一线教师或学科教研团队在面对新教育理论学习的艰难或困难之时，能够不断坚持，不断历练，不断前进，如"但我感觉自己很失败……Sl 老师就跟我'争破脸'，这蛮有趣的，我就给她慢慢分析，我感觉很正常……我们不怕'丢脸面'，我们敢做……我会带着问题参与到学科组研讨之中，我会把我的'困惑'提出来，她们也不会'虚情假意'地只说好话，她们会提出反对的意见，给予我改善建议的"（QL-Hyl-027，028，085，058，059）。

（3）学习能力，即一线教师或学科教研团队在遇到学习困惑之时，能够自觉主动地寻找解决困惑的突破口，集结自身或团队的资源，形成一股新的学习力量，如"我在教五年级的时候，进行过区教学质量检测，我连续教了 8 年四、五年级，我对自己的教学质量进行分析，就发现五年级的'形概念'的教学质量比较弱，有些学生对'形概念'的学习不合格，可能是'数概念'简单一点，包括计算和简单的应用题，学生还是可以掌握的，但是到了'形概念'时，学生就比较弱，我就思考从哪里可以找到突破口……对于年轻的老师，我会让她把每一个问题和困惑都要写出来，教学设计的每个环节，准备如何问问题，都要写出来，写好之后，等到放学后，我们再找一个空的教室来讨论，新教师在讲台上模拟课堂提问，这时是没有学生在场的，其他老师就在下面把自己当作学生，来听新教师如何进行课堂提问"（QL-Hyl-023，063）。

3. 教师的研究意识

研究意识是一线教师或学科教研团队基于现实存在的教育教学问题或新教育理论的转化问题，以教学研究的视角对其审视，把它们当作研究问题来看待，在分析问题背后原因的基础上实施教学行动，而不仅仅是一个简单的"执行应用"过程。具体包括：

（1）教师的理解力，即一线教师对新教育理论介入教学实践之后产生的困惑与问题，能够透过纷繁复杂的现象，明晰新教育理论背后的意涵及其关系，如"噢，原来这个理念讲的是这么一回事儿，那个讲得类似，它们就是用不同的话语系统来诠释同一个现象，如果把这两者想通了，那马上就可以理解'新基础'的理念了，应该是这个样子的"（JX-Wrf-006）。

（2）教师的解释力，即一线教师能够通过自己的话语表达方式或教学实践方式对研究问题进行诠释，将形而上的教育理论转化为实际的教育教学试验，如"真正的成长是自己要上课，承担'新基础'的上课任务，然后把认识和理解呈现出来……我们不将它称为一种'试教课'，而是称为一种'研究课'，就是用不同的学生来研究同样的教学内容，可以观察不同班级对这个学科知识的兴趣点和把握点到底有什么不一样，每个班级不同学生的语言表达形式在里面，如果班级数量少，我们也会把一个班级拆成两个部分来上课……我需要说明的一点是，无论哪一次试教，我们绝对不是（说）把学生当作'试验品'，这一点与原来理解的'试教'是完全不一样的，概念不一样"（JX-Wrf-024，037）。

（3）教师的想象力，即教师面对现实的教育教学困惑，能够以研究的眼光来看待自身存在的困惑，教师的这种"想象力"并不是一种毫无理论依据的"胡思乱想"，而是基于现实的教育教学情境及新教育理论的先进理念，尝试勾勒自身未来教学成长的可能性，如"我们教研组也有专门的理论学习，理论学习也不像以前那种应付形式的，我们会结合今天研究的主题，进行主题式研究或专项式研究，我们会把这个研究主题可能涉及的'新基础'哪些方面的理论……每一年需要不断地创新……但是我们自身向谁学习呢？我们要往哪里走呢？我们自身新的生长点在哪里呢？"（JX-Wrf-046，061）。

4. 教师的反思意识

反思意识是一线教师或学科教研团队在学习理解新教育理论之后，对自身教育观念或教学行为的一种反省意识，或者教师个人在转化过程之前、转化过程之中或转化过程之后，对自身存在的教学问题形成的一种纠察意识。具体包括：

（1）教师的感知力，即教师对自我、他人与教学环境的感知意识，如"我的感觉是，这种课堂与我自己还是学生时的课堂太不一样了……有一些内容对于我们小学低年级来说有一些难……我有的时候是站在讲台前面的，那位（有经验的）老师就会一直在讲台下面，走到学生之中……带领学生的时候，我有时更像是一名旁观者，学生在那边小组讨论，我就站在旁边，老教师则是走近学生"（QL-Jyy-009，025，033）。

（2）教师的洞察力，即教师在理解感知的基础上，能够明晰自我与他人的差异或差距，对新教育理论产生新的认识，如"……我们发现我们自己的理解很狭隘，我们想的角度很小，或者没有真正地做到开放，我们认为自己（的课堂）已经很开放了，其实没有，或者只是从我自己的角度，为了开放而开放，为了强行地达到目标而做，没有真的从学生的立场或角度出发，把育人价值落实到这个活动之中……噢，其实学生立场不是在嘴巴里面说出来或教学设计里面写出来的，都比较虚，而是需要教师用具体的行为去融入学生……在后面开班会课或语文课的时候，自己就会慢慢注意起来"（QL-Jyy-032，034）。

（3）教师的鉴别力，即教师在面对不同的教育理论或不同的教学情境时，自身能够区别并透析它们之间的区别与联系，进而明晰各自的优劣之处，如"我出去学习的时候听到过'后茶馆式教学'，就是先学后教，当时电子书包刚刚进入学校……我感觉它跟'新基础'有一点相似的是学生有一个生命自觉，学习必须是主动的……到现在我也认为，电子书包不是作为一节课的主要部分，因为它不是一种理论，它只是一种技术支撑而已"（QL-Jyy-066，068）。

5. 教师的重建意识

重建意识是一线教师或学科教研团队在接触新教育理论之后，挖掘自身存在的教育教学问题，并对这些问题背后的原因进行反思性分析，明确隐匿其中的各种教育教学矛盾，再对这些矛盾进行融通化解，最终勾勒出一种新的教育观念、教学框架与思考理路。具体包括：

（1）教师的融突力，即教师融通化解冲突与矛盾的能力，尤其是在面临不同教育理论的要求时或处于新旧教育理论相互介入的阶段时，如"'冲突'肯定是有，其实每一节课都有冲突……Wyp 老师（高校'专家'）一定要我们按照她设计好的课来上，但是有时我们与她的设计还存在矛盾，有想不开的时候"（QL-Sl-012，017），"我记得我刚刚进入学校的前几年，那个时候冲突其实是蛮厉害的，因为区里的展示课让我们看到的是虚的，就像我们的教研员说的，其实就是年轻教师要评职称申报的一节课，各个学校的老师基本上都对这种展示课说好话……我也怀疑上这个展示课的老师是否真的会根据建议去反思和重建……冲突非常明显，这些区里的公开课，学生的立场不凸显，我们学了'新基础'之后，我们是从'新基础'的角度看课的"（QL-jyy-062，063）。

（2）教师的贯通力，即教师对新教育理论的迁移运用的能力，考察教师是否具有一种突破既有教育理论边界的意识，如"后来我接到这节课（'班队课'）的时候，没有特别慌乱，因为毕竟以一个语文老师，一个旁观者的角度，我看到整个班级正在做的事情……其实我感觉自己是用了一种'新基础'的思想"（QL-Jyy-055）。

（3）教师的重构力，即教师基于新教育理论的思想观念，对课堂教学的部分或整个环节重新进行架构，改变自己之前固有的教学模式，重新将新教育理论融入课堂教学的具体环节之中，如"那次活动持续时间很长，因为'新基础'是注重前延后续的，一次班会课不只是一节课的呈现，是一个活动的呈现……因为之前没有尝试过，先试试看，毕竟我刚刚接手工作，先从小范围做起来，但是我是有这个意识的……有一种'长程'意识，做活动都是要一个系列推进的，不是说我做一个活动就只是一个点，结束之后就完事的"（QL-Jyy-036，054）。

6. 教师的批判意识

批判意识作为一线教师较为高阶的思维意识，是在接触、学习与转化新教育理论过程中，对新教育理论的适用条件、适用对象、优劣之处以及应用局限的一种批判性审思，这种思维意识并不是对新教育理论简单的否定或抛弃，而是对其理论内涵与实践外延进行探寻，是一种"方法论意义上"的思维意识。具体包括：

（1）教师的判断力，即教师对新教育理论具有明确的认识，尤其是体现在对新教育理论的优势与劣势的分析上，如"'新基础'分类思想做下来之后，学生做练习题的时候还是会出现问题，我还得通过练习课来解决，Wyp 老师（高校'专家'）的课没法与练习题进行对接，二者衔接的口径是不一样的……但是我感觉 Wyp 老师的课，对学生的整个成长是有帮助的，对学生的整个思维和表达能力是不一样的……学生的数学语言系统，也会出现这种分类的思想，学生也能梳理得很清楚，其实学生是跟着老师学的"（QL-Sl-050，051，052）。

（2）教师的决策力，即教师在对新教育理论进行清晰判断的基础上，面对既有的目标冲突与教学矛盾，能够基于具体的教学情境即时做出决策，如"Wyp 老师（高校'专家'）总说这样一句话：'我要求的课，35 分钟是上不完的，可以允许你们上到 40 分钟'，但是小学怎么可能呢？不可能的，就是因为它的容量大，一堂课教授的东西太多了，都融合在一起教，学生是受不了的……所以，很多因素导致很难达到真正的融合，展示课呢，我们严格按照'新基础'的来做，实际上平时呢，我们还是尽量将自己的实际和'新基础'的理念融合在一起"（QL-Sl-053，056）。

（3）教师的创造力，即一线教师并不仅仅是对既有新教育理论文本的学习、解读、转化与应用，尤其是在转化与应用环节，教师往往会对其进行创造性的转化与创新性的实践，如"'新基础'需要对教师进行梯队划分并分析，这启发我想到'学生也有梯队'，一层一层的，这叫作分层教育，二期课改叫作'因材施教'"（QL-Hyl-038）。

（四）维度之四：行动策略

行动策略作为一线教师或学科教研团队将新教育理论进行实践转化的外在方法，关涉教师内在的教育信念或教育思想能否具体转化为现实的教育教学行为，可以说是教师转"识"成"智"的观念，更是教师对新教育理论的行动式转化，其实质是一个转化生成的过程，具体包括以下几个方面（见图 5-17）：首先是溯源式生成，具体包括教师在教学实践中对新教育理论的本体论、认识论与方法论的溯源等三个层面；其次是应变式生成，具体包括教师的现场学习、学生的现场反应、教师的瞬间判断与即兴决策等因素；再次是渐进式生成，具体包括教师对学情的把握、教师的模仿尝试与迁移改造、教师参与团队协作和循环重建等方面；最后是教师的教学机智，具体包括教师的"熟虑术"与"折中术"两种策略方法。

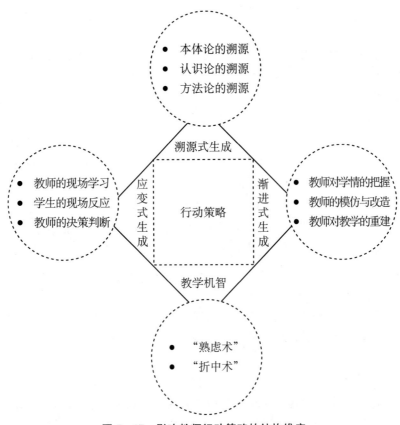

图 5-17 影响教师行动策略的结构维度

1. 溯源式生成

教师行动策略的溯源式生成是在对新教育理论进行深度解读的基础上，通过对其本体论、认识论和方法论的溯源进而调整或形成原有的行动策略，这种行动策略的形成方式不同于方法手段的简单生成，而是对某一种教育教学方法或手段背后的原因进行追溯，是基于教育教学理论依据而生成的行动策略。具体包括：

（1）教师对新教育理论本体论的溯源，即教师对学科教学方法的来源进行追溯，探究某一种或某一类教学方法背后的教育教学理念的本质，进而为自己的行动策略寻找理论依据，如"课堂的开放讲的是把更多的实践让学生占主体地位，然后它讲的是大版块教学，体现的就是一种开放，其实我感觉'新基础'讲的就是一种思维方式的变革，不能用线性的、割裂的思维来串讲式教学，'新基础'的语文课堂更是一种整体化、结构化的教学，就像你昨天听的那堂课一样，不再是单个知识点的训练，而是将其放在学生三年级语文核心素养的整体之中，才会发现其具备科学素养的同时，具备人文素养"（JX-Wrf-007，008）

（2）教师对新教育理论认识论的溯源，即教师对新教育理论或学科教学方法背后的原因进行追问，即"为什么"要使用这种教学行动策略，这种行动策略的具体教学行为是怎样的等，如"教研活动都会框定一个主题，我们之前有一个主题就是抒情类文章的研究……我们当时推出两堂课，一年级是送给盲婆婆的蝈蝈，高年级是青海高原一株柳，老师们需要聚焦这样一个抒情类课文的研究，研究如何实现课堂的开放和育人价值，我们的学科主任就会讲，她哪些方面已经做到了'重心下移'，那时我就在想什么叫'重心下移'呢……什么是'重心'呢？老师如果把控得很紧，紧紧地握住了这个问题，刚有一个学生回答，老师就开始介入，然后就听不到第二个、第三个学生的看法了……而所谓的重心放下来就是老师要管住自己的嘴巴，要倾听，老师需要对前面三个孩子的发言进行总结、评价和学生点评，噢，我马上就明白了，为什么要进行'重心下移'"（JX-Wrf-017，019，020）。

（3）教师对新教育理论方法论的溯源，即教师对新教育理论、教学对象与行动方式三者进行适切性的追问，对新教育理论进行"方法论意义上"的探寻，如"什么是'互动生成'呢？总是老师问，学生答，这是点状的课堂问答，老师问，A、B、C三个学生答，D学生还会进行总结，或者D学生还会对A、B、C学生的回答进行补充，课堂上就形成了师生间、学生间的互动，这样就不会出现课堂之上只有一两个学生在回答问题，全部学生都在参与，可能A学生理解的是比较浅显的，B学生的理解深入了，D学生可以进行总结了，对于每一个学生，在这个课堂之中，都在思考和倾听，这样的课堂就是一个具有生机和充满活力的课堂，叶澜老师所说的'让课堂焕发生命活力'应该是这样一种状态"（JX-Wrf-022）。

2. 应变式生成

教师行动策略的应变式生成是教师基于新教育理论对具体教学情境中的现实问题进行快速回应的方式，这种教学行动策略的生成是许多不确定因素共同作用的结果，更是教师对新教育理论进行创造性教学实践的过程。具体包括：

（1）教师的现场学习，即教师身处具体的教学情境中，并不断向具体的教学情境学习，对于一线教师而言，比较典型的现场学习方式就是"试教"，如"学科组一般会集体备课、磨课，'第一棒'一般先由第二梯队的老师来上，同年级的课，先去'第一次试教'，其他老师会去听课，并提出建议进行调整。现在学校同一个年级有两个班级，第一个班试教后，进行调整，再去第二个班级'第二次试教'，当同一年级有四个班的时候，第二梯队老师进行两次试教后，第一梯队的老师再去'第三次试教'，等 Wyp 老师（高校'专家'）来听课时，我们已经是'第四次试教'了"（QL-Hyl-068）。

（2）学生的现场反应，即学生在每一个课堂教学环节的个人反应或集体反应情况都在考验教师的应变能力，进而影响教师应变式行动策略的生成过程，如"在 MH 小学试教效果可能很好，学生的反馈和上课过程都很顺利，但是再返回到我们 QL 小学自己的班级来上课时，效果还是不好，教学设计推不下去，所以，还是要抓学情，首先要研究自己学生的学情，到底学生对知识点的理解到了什么水平和状态，实际上学生自己的老师是最了解的"（QL-Zjy-031，032）。

（3）教师的决策判断，即教师将课堂教学中学生的现场反应、新教育理论的教学观念以及教学情境等各种因素进行综合考虑，对面临的教学问题做出即时的决策判断，其实质是一种"即兴教学"，如"在试教的时候，学生说到了，我就帮他总结了……但是在上午的课上，我不是这样呈现的，不知你有没有感觉到，其实这一环节其他老师可能会感觉有点乱……当时，在我看到资源很丰富的时候，我就开始想着我该怎么开始收了，这是我当时第一个想到的，这是一个开放的问题，从我之前试教的不够开放，到我正式呈现这堂课时，我及时调整了我的策略，这是因为我希望尝试一下比较开放的课堂"（JX-Gyj-044，047）。

3. 渐进式生成

教师行动策略的渐进式生成是教师对新教育理论进行日常化与常态化的转化过程，在这个过程中，教师需要对自己所教学生和班级的学情进行整体把握，并在初期的模仿尝试中不断地迁移改造，以此在不断的教学重建中形成自己较为稳定的教学行动策略。具体包括：

（1）教师对学情的把握，即教师对特定学生个体与群体的学习情况、学习状态与学习水平进行分析，这会潜移默化地影响教师行动策略的渐进式生成，如"但是在'磨课'的过程中，我们发现走得太深了，因为三年级上学期的学生刚刚开始接触科普童话，我们还没有让学生了解科普童话到底是什么样的一个概念，就跳跃到下一步如何创编语言形式之中去了，这样一来，学生其实压根儿就没明白……所以学生可能就不会创编，他们可能只顾着去描述，而整个框架可能就不知道了，所以这次就推翻了"（JX-Gyj-055）。

（2）教师的模仿与改造，即教师在对其他较为典型的教学案例进行模仿尝试的同时，不断地在教学体悟中改造既有的案例模式，以适切于自身的课堂教学，形成自身稳定的教学意识，如"可能会说，我之前在课堂上是随机应变的，是'应变'的，渐渐地，这逐渐成为备课中的常态，我感觉这种转变不是说在一次或两次课堂之中，而是在不断地'磨课'之中去体验和体悟，才能慢慢地形成这样一种'意识'，这个过程挺痛苦的"（JX-Gyj-034）。

（3）教师对教学的重建，即教师在对原有教学框架进行分析的基础上，明确原有教学设计存在的问题及其原因，进而对其"推翻重来"，重建新的教学框架，如"推翻之后，我们就定位在让学生走进科普童话，这样主题才确定下来……我们把水上飞机、航天飞机和跟踪台风的卫星放在一起，将多种元素融入进去，同一类的和对立的，因为对立的角色关系在科普童话中是最复杂的，将这三篇文章一起来教，这就能够变成一种'群文'了，整个教学设计的重心也就改变了"（JX-Gyj-061，062，063）。

4. 教学机智

教学机智是教师通过对新教育理论的理解与转化，形成个人的教学观念（或理论），结合个人独特的经验技巧，因地制宜、当机立断地解决即时性的教育教学问题。在赫尔巴特看来，教学机智是处在教育理论与教学技艺之间的"中间环节"，相当于亚里士多德的"实践智慧"，对教师而言，新教育理论、教学机智和教学经验共同构成自身的教学行动策略。具体包括：

（1）"熟虑术"。此处借用施瓦布的"熟虑术"一词来描述教师在实际的教学实践中多角度、复合地检讨已知知识，即教师通过对具体教学情境和对象的解读来深化对新教育理论的认识，并以此优化教学实践的方法策略，如"我们真的认可'新基础'的课堂，很好，它至少整体性很强，但是一遇到考试，当中好像有一个'界'，有一个'鸿沟'，联系不起来……比如说，'新基础'很多的课会讲究内容整合，不要割裂开来，但是整合了以后，接下来的练习是很多很多的……区教育局倡导的理念好在哪里呢，它一节课就要求讲一个知识点，但在'新基础'的要求下，学生课下的练习与你这个课堂的整体性就完全两回事儿了，不配套……我需要在成绩考核、学生练习与'新基础'的课堂之间不断地'回旋'，找一个平衡点"（QL-Zxp-075，077）。

（2）"折中术"。此处借用施瓦布的"折中术"一词来描述教师从多种角度出发直面现实的教学实践问题，做出取舍并综合各种因素的方法策略，如"我下面这句话有点自私，就是我们的老师出去比赛，我可能进行两者结合，我比赛的目的是为了拿奖，我会用'新基础'的理念来设计，但我可能会在课堂的开头和结尾搞得花哨一点，就是外面的人比较常见的那种套路吧，一开始怎么抓住别人的眼球啊，我会两者结合来帮助我们的老师设计比赛课，所以一般成绩都蛮好的……但是，回到我们日常的课堂教学之中，我觉得我们还是比较'朴素'的"（JX-Wxw-038）。

（五）影响模型的构建与阐释

基于对已有访谈资料的编码分析，以及二手资料的支撑性验证，可以发现在主要维度中，"情感体验"属于教师个人及其在交往互动中的内在感性认识，"话语认知"属于教师对教育理论各种类型表达形式的外在理性认识，"思维意识"属于教师对各类教育情境和复杂教育条件的内在转化意识，"行动策略"则属于教师在以上三个维度基础上所做出的外在行为手段与行为结果。这四个主要维度分别作为教师进行"教育理论的实践转化"过程中的内在感性认识、外在理性认识、内在转化意识与外在行为结果，均与"教育理论的实践转化机制"有关，可以勾勒出"教师对教育理论进行实践转化的动力机制模型"（见图5-18）。

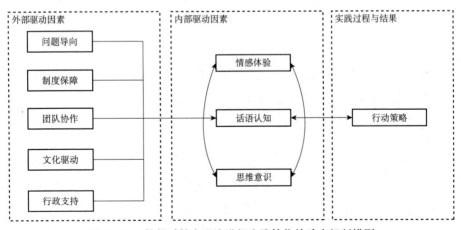

图5-18　教师对教育理论进行实践转化的动力机制模型

因此，可以用"教师对教育理论进行实践转化的动力机制"作为本研究的核心范畴，再依据典范模型"因果条件（A）-现象（B）-情境脉络（C）-中介条件（D）-行动/互动策略（E）-结果（F）"的逻辑关系，围绕核心范畴形成如下"故事线"：一线教师通过个人教学体验及其与团队、专家的交往互动，获得对新教育理论的情感体验，并制定进行教育理论实践转化的目标；通过日常专家指导与教研团队的研讨来保障对新教育理论的话语认知，为教育理论的实践转化提供学习指导，并营造较为浓厚的教学研讨氛围，建立区域化生态式的教研共生体；通过各种类型的教研方式转变与强化教师的思维意识，转变教师处理教育问题的思想观念，帮助教师重建新的教育教学理念，形成内在转化意识；通过相互滋养与协同融通，在前三者的作用下提升教师在"方法论意义上"的教育教学行动能力，培养教师进行独立思考的教学品质与团队协作的合作能力，最终促进"教育理论的实践转化"及其运作机制的不断完善。

五、研究结论与建议

（一）研究结论与启示

在本章中，对"教育理论与实践转化机制的结构维度与影响因素"的研究，主要是采用了基于教师群体的扎根理论方法，选取了加入"新基础教育"研究合作校中的一线教师为研究对象，基于深度访谈资料、教师日常教学反思与学科教研组的日常研讨记录等大量质性数据进行开放式编码、主轴式编码和选择式编码，得到了 4 个主要维度、16 个一级类属编码、56 个二级类属编码以及 797 个初始编码概念，并基于编码结果的四个主要维度情感体验、话语认知、思维意识与行动策略，构建了"教师对教育理论进行实践转化的动力机制模型"。整个研究过程归纳出了影响教师进行教育理论实践转化的核心概念、主要问题、结构维度与影响因素，并结合具体深度访谈的实录对各个结构维度进行了验证性的说明与解释。

可以看出，"教育理论的实践转化机制"是一个复杂关联的运作整体，涉及一线教师、高校"专家"、学科团队、学校领导、所教学生等多元化的教育主体，更是关联到"教师-专家"、"教师-教师"、"教师-团队"和"教师-学生"等教育主体间的交往互动。教育理论的实践转化过程，其实质是"人"（教育主体）的动态转化过程，更是教育主体的情感体验、话语认知、思维意识与行动策略的转化创生过程，既需要对其进行整体概观式的考察，也需要深入日常鲜活的教育教学"田野"，与多元的教育主体进行对话互动，将真实"田野"中的转化机制动态地呈现出来，以此才能弥合教育理论向实践转化过程中的巨大"鸿沟"。

（二）研究局限与下一步研究方向

本章的研究存在一定的研究局限，主要表现在以下几个方面：首先是研究者主观见解的影响，虽然研究者通过"悬置"自己的主观看法，力图对数据保持中立态度，但是在具体的研究过程中，自身的主观见解难免会影响结果的客观性；其次是理论的饱和度尚需大样本的验证，由于时间、人力和精力的限制，研究对象还可扩大至更多不同教龄、不同学科以及不同梯队水平的教师群体；最后是各维度及各要素之间相互作用的关系还需要进一步进行细化研究，即需要研究者进一步深入洞察数据所蕴含的内在意义，对各级类属进一步提炼与丰富，追问不同要素之间相互作用的关系，以及其在教育理论的实践转化机制中发生与运作的条件。

　　基于教师群体的扎根理论分析，对教育理论与实践转化机制的结构维度与影响因素进行研究，是一种停留在受访群体"描述言说"层面的分析，勾勒出了转化机制的整体框架。但是，这还尚未将"转化机制"的发生运作过程动态地呈现出来，即有必要进一步探寻其"动态转化"的过程，这就需要研究者以"参与式观察"的形式深入受访者日常的教学实践与学科教研之中，进行田野考察，以此透析"转化机制"的动态性、连续性与整体性，并对"转化机制"的各个维度进行考察，最终以"总体-部分-总体"的理路揭示"教育理论的实践转化机制"的整体面貌。

第三节　教育理论与实践之间转化机制的田野考察

　　教育理论的实践转化机制既包含内在的"结构骨架"，又涵括外在的"机体运作"。如果说基于扎根理论对教育理论实践转化机制的结构维度与影响因素的分析，是一种静态化、文本化的"结构骨架"分析，那么以具体个体或群体为对象，对教育理论实践转化过程进行田野考察，则是在前者基础上的一种动态化、事件化的"机体运作"剖析。虽然教育理论的实践转化最终是在一线教师的教育教学行动中完成的，但是教育理论的实践转化作为一种整合性、交互性与行动化的过程，是发生在由具体的日常教研互动构成的鲜活的学科组内部或同侪交流的现场之中的，特定场域中的日常教研场景构成了教育理论实践转化的基础条件与环境，特定场域中的情感体验、教研氛围、成员结构、教研"亚文化"则直接影响着转化过程的具体发生。基于此，对教育理论实践转化过程的田野考察，是在扎根理论分析的基础上，对结构维度、影响因素与关键事件整合而成的"转化机制"进行动态剖析的过程，旨在彰显教育理论实践转化机制的现实样态，透析教育理论与实践之间的"现实张力"，最终建构二者转化机制的运作理论。

一、田野考察的基本思路

　　对教育理论实践转化过程进行田野考察的基本思路，是对研究问题、研究方法与研究主体之间适切性思考的具体展开，其实质是一种研究 "方法论" 的追问与梳理过程。教育理论的实践转化过程发生在日常的教学或教研活动之中，将教师对教育理论进行实践转化的过程与行为放在整个学科组或日常教研生活中进行理解，通过与田野中的 "这一个人" 及其背后 "这一群人" 面对面地交流，以及对整个学校教学变革氛围中 "这一个" 学科组中教研 "亚文化" 的亲身体会，进入 "参与式观察"，能够发现影响教师对教育理论进行实践转化的一般性因素，发掘在特定时空、特定背景与特定场域中教师对教育理论进行实践转化的具体过程及其 "各种波折"，进而透析具体的转化机制，探寻教育理论实践转化的发生、形成与发展机制，以及整个过程折射出的教研文化的象征意义。因此，通过对教育理论实践转化过程的田野考察，尝试解决的核心问题是：教师对教育理论进行实践转化的运作逻辑是如何展开的？这一核心问题具体包括以下几个方面的子问题：

（1）教师对教育理论进行实践转化呈现出何种现实样态？

（2）教师对教育理论进行实践转化的运作系统是怎样的？

（3）教师对教育理论进行实践转化的行动逻辑是什么？

根据以上核心问题及其子问题，田野考察的目标具体包括以下几个方面：

首先，描述以教师为中心的学科组或同侪之间日常教研活动（主要是对教育理论的实践转化环节）的外在生态与内部图景。其中，外在生态包括学校转型性变革的生态、学科组内部教学变革的生态以及教师个人实践性变革的生态，它们共同构成了教育理论实践转化的 "三重场域"；而内部图景则包括教师在学科组内日常的教学与教研活动，以及不同学校同一学科组之间的教学交流与教研活动，它们共同构成了教师对教育理论进行实践转化的 "常态化" 的具体时空。

其次，勾勒教师对教育理论进行实践转化的具体过程，即根据教师具体的课堂教学情境，结合其欲进行教学实践转化的教育教学理论，对学科教学的某一具体环节进行分析，主要关注以下三个方面：一是教师个人的 "行动逻辑"，包括转化什么、如何转化、为何如此转化等；二是其他教师的 "建议逻辑"，包括其他教师认为转化什么、如何转化以及为何如此转化等；三是教师个人的 "行动逻辑" 与其他教师的 "建议逻辑" 之间的相互作用，包括二者之间存在何种冲突、如何缝合以及如何最终转化为教师个人具体的教学行动。

最后，从运作机制与行动逻辑的层面，反思教师对教育理论进行实践转化的具体过程，探寻不同结构维度与影响因素对转化机制的具体作用，以及在这个转化机制中蕴含的 "亚文化逻辑"，最终尝试呈现一幅以教师为聚焦中心的教育理论实践转化的现实图景。

根据以上的研究问题与目标，田野考察思路的具体展开过程如图 5－19 所示。

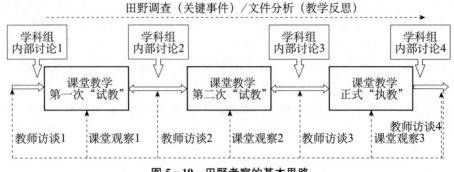

图 5－19　田野考察的基本思路

二、进入田野地点的过程

（一）田野地点的选择：为何选择 QL 小学数学组

田野地点的选择作为田野考察的首要环节，是研究者进入教育现场的关键。关于田野地点的选择标准，研究者主要基于以下三个方面的考虑：第一，田野地点具有时间较为长久的实践性教学变革历史，这是因为，教育理论的实践转化过程本身就是一个较为长期的过程，选择具有长久实践性教学变革历史的田野地点能够探寻到较为丰富的第一手田野资料；第二，田野地点在变革初期的学校基础处于一般或较差的水平，或者说田野地点的"前世"处于较差水平，而田野地点的"今生"处于较高水平，较大的"反差"利于探寻曲折的转化历程与丰富的转化经验；第三，田野地点对研究者或外来者具有较为开放的容纳或接纳态度，这样有利于研究者长期性、循环性、日常性地参与到具体的教学或教研活动之中。

1. 为何选择 QL 小学？

在研究的初期阶段，研究者采用"滚动雪球抽样法"，以熟悉的师友为关系媒介，分别进入 QL 小学、HP 小学、SY 小学和 JQ 小学进行前期开放式教师访谈，每次访谈结束之后，研究者再请这些受访教师介绍其他教师作为受访对象，以此方法不断扩大研究范围。其中，在对 QL 小学 Hyl 老师和 Jrj 老师的访谈之后，研究者初步将 QL 小学作为最佳的田野地点，主要是因为：第一，QL 小学 2001 年自愿加入"新基础教育"试验研究，距今有 18 年的实践性教学变革历史，并且"我们是比较'接地气'的，一心一意地研究'新基础教育'，校长也一直告诉我们，'新基础教育'这条路，我们要一直走下去"（QL-Hyl-035，036）；第二，QL 小学初期基础比较薄弱，如"幸亏当时 Yl 老师（高校

'专家')没有把我们'踢'出（'新基础教育'试验研究）外面，我们一直跟着其他学校在听课"（QL-Hyl-005），且"Wyp 老师（高校'专家'）没有嫌弃我们（基础、能力）弱，参与我们的教学研讨"（QL-Hyl-015），而且在 2018 年 QL 小学进入了合作校第一梯队发展的行列，较大的提升"反差"是转化经验积淀的结果；第三，QL 小学对研究者持有开放的接纳态度，在研究者初步表达希望以"实习生的身份"参与教研活动时，Jrj 老师和 Hyl 老师表示非常欢迎。

2. 为何聚焦 QL 小学的数学组？

将田野地点进一步聚焦到 QL 小学的数学组，主要是出于以下三个方面的考虑：首先，QL 小学的数学组是整个学校进行实践性教学变革的"领头羊"，如"当时，我们校长建议从数学组开始突破"（QL-Hyl-013），具有先行尝试的探索经验；其次，QL 小学的数学组在研究者田野考察阶段具有丰富的教研活动，包括学科组内部以及校际学科组之间的教研活动；最后，QL 小学的数学组对于研究者而言比较容易"进入"，并实现"局内人"身份的转换，如"我们不怕'丢脸面'，我们敢做……我们是'推门课'，大家都可以来听，即使我们有缺点，也不怕的，我们可以再研究，这种开放的心态是要有的"（QL-Hyl-085，100）。因此，无论是对 QL 小学田野地点的选择，还是对 QL 小学数学组的进一步聚焦，都是基于田野地点与研究问题之间适切性的追问与思考，既考虑到田野地点的可能性，即能够反映研究问题隐含的各个层面并将研究问题推向更深层次的思考，又考虑到田野地点的现实性，即能够契合研究者"局内人"的身份转换与时间安排等各方面的现实状况。

（二）局内身份的形塑："入乎其内"与"出乎其外"

在选择了合适的田野地点之后，如何进入田野地点并建立研究者与研究对象之间的关系是田野考察顺利进行的关键环节。对于研究者而言，田野考察需要不断从"在这里"（being here）、"到那里"（being there）和"回到这里"（coming home）的循环往复中实现"离我远去"与"反观自我"，其实质是研究者通过不断"卷入"与"脱离"的过程，获得"文化持有者的内部眼界"[①]。这里的"我"并不仅仅指这个人，还指包括个人生活于其中的文化，而"这里"与"那里"也并不仅仅是地理位置上的位移，还指不同文化情境与社会场域之间的切换。因此，在这个"卷入"与"脱离"田野的过程中，研究者需要处理好三种对应关系，分别是田野地点的"生"

---

① 克利福德·吉尔兹. 地方性知识：阐释人类学论文集［M］. 王海龙，译. 北京：中央编译出版社，2000：71.

与"熟"、考察时间的"长"与"短"，以及人际关系的"远"与"近"，最终在不断地"化生为熟"与"化熟为生"的交替过程中，自由地行走于"书斋"与"田野"之间。

1. 田野入场方式

对于研究者而言，以何种方式入场是进入田野地点之前必须考虑的问题。为了能够尽快顺利进入现场并与研究对象建立较为"亲密"的人际关系，研究者首先通过导师的私人关系联系到了 QL 小学的 W 校长。无论是以实习生的身份，还是以调研者的身份进入任何一所小学，都是需要经过校长同意才可以进入田野现场的。考虑到这种"由上至下"的"官方安排"容易引起研究对象的抵触心理，或者致使研究对象认为研究者有一定的"来头"，误认为研究者会与上级领导串通一气，对他们实施间接的"监督检查"，研究者首先与 W 校长私下进行了协商，得知 QL 小学数学组的 Jrj 老师硕士毕业于 H 大学教育学系，与研究者是校友关系，W 校长也正有此意，即准备通过 Jrj 老师安排调研事宜。

研究者通过微信和手机的方式联系到 Jrj 老师，表明了我们是校友关系之后，先是相互畅聊了各自在 H 大学教育学系的求学过程，意料之外的是，研究者与 Jrj 老师不仅是"校友关系"，而且还是"老乡关系"，这使得在真正进入田野现场之前，减少了研究者对田野地点的陌生感，进一步增强了研究者与田野地点的亲近感。在不断的聊天中，研究者向 Jrj 老师表达了自己此次进入田野地点的"真正目的"，即研究"教育理论的实践转化机制"，而 QL 小学作为最佳的田野地点，研究者需要在此地进行较为长期的田野考察。Jrj 老师向研究者表达了"同情"，如"师弟，读博可不是一个轻快活啊，我当年就是担心读博毕不了业，当然感觉自己也不是那块料儿，才到这里来当小学老师的，后来发现啊，当小学老师也不轻松啊，反正都不容易"（QL-Jrj-M03）。Jrj 老师提议我（指"研究者"）以后不要称呼他"J 老师"，两人直接以"师兄-师弟"的关系相互称呼，并简单介绍了 QL 小学的概况，以及 QL 小学数学组（Jrj 老师也在数学组）的人员组成，及该数学组每位老师的个性特点。Jrj 老师建议我以"实习生"的身份，在 2018 年 9 月 10 日（教师节，周一）早上 8：00 到 QL 小学数学组"报到"，他将把我一一介绍给数学组的其他老师。

值得一提的是，在与 Jrj 老师的聊天中，他建议我以"实习生"的身份进入 QL 小学数学组，主要出于以下几点考虑：第一，当年 Jrj 老师也是以 H 大学教育学系师范生的身份进入 QL 小学实习的，并且 QL 小学每年都会接纳 H 大学和 S 大学等师范类高校的实习生，这样容易获得数学组其他老师的接纳；第二，"实习期"是其他老师正式"入职"的必经阶段，能够以求教和学习的姿态向其他老师提出问题；第三，通过"实习生"的身份能够将我安排在数学组办公室，便于与其他老师进行日常接触与交流，尽快缩短"社会距离"，拉近"同事关系"。

至此，研究者为进入选择的田野地点找到了关系熟络的"中间人"，即 Jrj 老师成为研究者进入 QL 小学数学组的主要"私人关系"。可见，研究者先后以两种类型的入场方式为顺利进入选定的田野地点"铺路"，即首先是"通过行政渠道的介绍和私人关系的安排"[①]，与 QL 小学的 W 校长取得联系，获取入场资格，随后"沿着私人的亲情朋友关系网络进入调查现场"[②]，与 QL 小学数学组的 Jrj 老师建立"老乡关系"与"师兄弟"关系。因此，熟人关系或私人关系的入场方式为研究者提供了一种"最初的优势"。与此同时，这种"熟人"或"私人"关系可能也存在某种程度的劣势，即"人们总是有意无意将研究者与介绍其入场的'熟人'或'私人'联系起来，这种联系某种程度上会阻碍研究者与其他受访者关系的建立，尤其当研究逐步深入到具有利害关系的关键性事件时"[③]。这种担忧警示研究者需要与数学组的其他老师建立更加"亲近"的交流关系。

2018 年 9 月 10 日，按照 Jrj 老师的安排，我顺理成章地以"实习生"的身份进入 QL 小学数学组进行田野考察。以下是我当天正式进入田野地点的记录片段：

> 2018 年 9 月 10 日，天气晴朗。早上 6：30 从宿舍出发，辗转两次地铁换乘，大约在 7：45 到达 QL 小学校门口。从地铁站出口到 QL 小学大约有 1.5 公里的路程，需要步行。这段路程，需要穿过一条主干道，约 1 公里，然后左转进入居民区的辅路，约 0.5 公里。在辅路的两旁，是外来务工人员开设的卖生鲜、蔬菜与熟食的小门头房。
>
> 到达 QL 小学校门口时，学生已基本进入教室学习，只有三四位家长骑着电瓶车，送孩子上学。我正想走进校园，被一位中年门卫拦住，见我"眼生"而不让进门，上下打量一番后，询问道："你不是这里的老师吧？来做什么的？要找谁啊？"我急忙报出校长的名字，并说明前来实习的目的。随后，门卫指了指窗台的登记簿："外来人员需要登记，写上你的姓名、电话和到访目的"。登记之后，"那我能进去了吗？"我急忙问道。"不行，你得联系你说的那位老师，让他（从楼上）下来领你进去，这是我们这里的规定！"门卫严厉地说道。

① 李培林.村落的终结：羊城村的故事［M］.北京：商务印书馆，2004：6.
② 曹锦清.黄河边的中国［M］.上海：上海文艺出版社，2001：4.
③ 穆树航.小学教师办公室生活研究：基于县城 Z 小学的田野考察［D］.上海：华东师范大学，2017：35.

我抓紧打电话联系 Jrj 老师。两分钟后，Jrj 老师从教学楼里跑了出来，连忙向门卫解释："这是××大学新来的实习生，校长知道的，可以让他进来，他在这里要实习挺长一段时间。"随后，门卫示意允许我进入校园。

Jrj 老师告诉我，他刚刚在"盯课堂"，以后跟门卫打招呼，可以直接进入校园。Jrj 老师建议我先去与校长见面，然后把我介绍给数学组的老师们。校长办公室位于教学楼五楼的中间位置。见过校长后，出校长办公室右转，第一个房间是财务室，第二个大房间就是数学组、语文组和实践活动组的"大通办公室"。各学科组相互隔开，单独设门。

数学组位于会客厅的右侧，里面共有 7 张"隔断式"办公桌，靠近门口的办公桌上摆放着一摞摞的数学练习册。Jrj 老师向数学组的其他 5 位老师介绍了我的姓名、学校和到访目的，并说明了我与他的"校友关系"与"老乡关系"。初次见面，我带了一点家乡的特产，作为见面的"小礼物"，分享给数学组的老师们。

2. 选择关键据点

田野考察需要研究者进行较为长期的"蹲点"观察，这里的"点"不仅仅是某一个学校或某一个办公室的较大区域，更是研究者进行日常参与式观察的某一个具体的"据点"。其中，这个"据点"是指"有利于田野研究者获取研究信息和掌握当地人们生活内在结构的关键位置"[①]。在刚刚进入田野现场时，QL 小学的 W 校长可能是出于"礼节"等原因，告诉 Jrj 老师把我安排在数学组隔壁的"会客厅"，随后我对这个"会客厅"的位置进行了前期的考察，那是一个单独的房间，里面布置有办公桌、书橱、沙发等，难以对数学组老师们的日常交流互动进行参与式观察。

对于本研究而言，由于考察的是学科组教师们日常的教学或教研活动，因而选择数学组老师们经常互动交流的地点作为"关键据点"是非常必要的。在 Jrj 老师带领我去认识数学组的其他老师时，我对数学组办公室的相对位置与布置格局进行了考察（见图 5-20），发现数学组办公室共有 7 张"隔断式"办公桌，数学组的 6 位老师分别坐在内侧靠墙和外侧靠墙的位置，唯独直接背对门口的一个"隔断式"办公桌没有人坐，并且上面摆满了每个年级学生的数学作业。于是，我就以"开玩笑"的方式表达了希望搬到数学组办公室这张空的办公桌来的想法，其他老师也都表示同意，并帮我收拾出了那张办公桌。至此，研究者选定了在 QL

[①] 穆树航. 小学教师办公室生活研究：基于县城 Z 小学的田野考察 [D]. 上海：华东师范大学，2017：38.

小学数学组进行田野考察的关键据点。

根据空间布局和地理位置，研究者选择这个"关键据点"主要出于以下三个方面的考虑：第一，这个"关键据点"相比于隔壁的"会客厅"，能够促使研究者参与到数学组教师们日常的交流之中，有助于尽快"拉近彼此关系"；第二，这个"关键据点"坐落在办公室的一角，能够观察到数学组老师们的互动交流，视野较为广阔，便于观察和记录；第三，这个"关键据点"靠近门口，对老师们来说是一个"危险位置"，靠近门口的位置是一个用于日常"烧开水"沏茶或冲咖啡的长条吧台，研究者可以"手脚勤快一点"，及时帮忙烧开水，不仅能够增加与老师们交流的机会，而且能够增加老师们对研究者初步的好感。

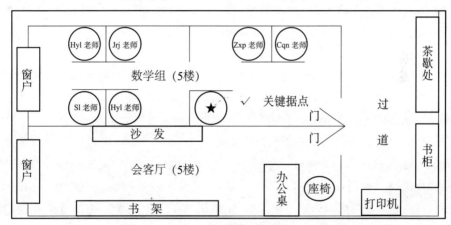

图 5 - 20　QL 小学数学组办公室位置与布局

3. 选定"守门员"

选择"关键据点"只能说是占据了田野考察的有利位置，而决定田野研究顺利展开的关键是在数学组的 6 位教师中寻找相对合适的"守门员"，即"在被研究者群体内对被抽样的人具有权威的人"[1]，其对于研究者而言是一个消息灵通且能协助研究者参与各种教研活动的"情报员"。这是因为"一个能言善道的人能够提供很多有价值的信息"[2]。因此，除了 Jrj 老师外，如何在数学组的其他 5 位教师中选择信息提供人是非常关键的。关于"守门员"的选定条件，研究者主要基于以下三个方面的考虑：其一，是一个对学校基本发展情况以及数学组"知根知底"的教师，即熟知学校内部以及数学组中的人事关系与内部情况；其二，是一个"善于交谈"的教师，即能够协助研究者与其他教师进行沟通，并交流数学组日常整体的教研活动；其三，是一个相对熟知或经历过"新

① 陈向明. 质的研究方法与社会科学研究［M］. 北京：教育科学出版社，2000：151.
② 大卫·费特曼. 民族志：步步深入［M］. 龚建华，译. 重庆：重庆大学出版社，2013：8.

基础教育"试验研究的教师，即能够有利于研究者参与到日常典型的教研活动之中。

通过与数学组 6 位教师为期一周的交往互动以及初步的开放式访谈，研究者进入每一位教师的日常课堂教学中进行"听课学习"，并参与整个数学组的教学研讨，平时也与数学组的 6 位教师一起去学校食堂吃饭，增加交流机会。最终，选定了 Hyl 老师作为田野考察的"守门员"或信息提供人。

Hyl 老师专业成长史的素描

Hyl 老师，女，51 岁，拥有 31 年教龄，大专学历，小学高级教师职称，任教 QL 小学二年级（2）班数学学科，加入"新基础教育"研究已有 13 年的时间，属于"第一梯队"的教师。学科组的其他老师一般称呼她为"老大"或"二胡"。

2003 年，Hyl 老师调入 QL 小学。2005 年 QL 小学开始进行"新基础教育"研究。Hyl 老师参与了 QL 小学"新基础教育"研究的全过程，非常了解 QL 小学的变革发展史。

Hyl 老师性格开朗，善于交流。之前由于长期教小学高年级，说话速度偏快。自从 Hyl 老师开始教小学低年级，数学组的其他老师就一直在"纠正"她"语速快"的问题。

Hyl 老师能言善道，是 QL 小学数学组的学科带头人，也是区级教师研修基地的负责人。其将"教研训基地"申报成功的原因，归结于 QL 小学数学组加入了"新基础教育"研究。在进行"新基础教育"研究之前，Hyl 老师连续教了 8 年四、五年级，并负责区级的教学质量检测工作，喜欢对区级考试题目进行改编，倾向于"狠抓教学质量"（主要是学生的数学成绩）。

2015 年，在其带领下，QL 小学数学组编写了校内第一本教学指南《数学学科"形概念"单元类结构课堂教学设计指导手册》，Wyp 老师（高校"专家"）为这本书写了序言。Hyl 老师曾经做过心脏搭桥手术，校史读本《校无贵贱：是花朵就会绽放》中有段描述——"我记得有一位老师得知校长要去听她的随堂课，她请求校长'您不要来听好不好，我要发心脏病的'"，她就是 Hyl 老师。

4. 转换身份角色

研究者曾跟随导师观摩学习"新基础教育"试验研究的活动，只是并未进入某一个具体的学校或学科组内部进行长期的参与式观察。对于刚刚进入田野现场的研究者来说，可以将自身界定为"局内的局外人"，或者说是一个"熟悉的陌生人"。如果一定要对身份角色进行区分的话，那么相对于一线教师而言，研究者属于"教育理论者"，而一线教师属于"教育实践者"。对于彼此而言，均是一种"他者"的存在，需要相互了解与认识。

研究者在进入 QL 小学数学组的一周内，自身的身份角色经历了一个"相互调查"与"入乡随俗"的过程：首先是"研究对象"对"研究者"的调查过程，即研究者作为一种"外人"的符号，在进入田野现场的前几天难免引起数学组其他老师的"提防"或"戒备"，这一阶段教师们对研究者的"刺探"主要集中在以下几个典型问题，如"你是谁?""你来自哪儿?""你来做什么?""你做这些事情的目的是什么?""我们能够从你的研究或与你的相处过程中得到什么?"；其次，是"研究者"对"研究对象"的调查过程，即研究者通过日常聊天直接或间接地了解数学组每位老师的专业成长史，目的是获得数学组最真实的信息，而不仅仅是写在书面报告或挂在墙面展板上的信息，即那些"针对外人的表面的、无关痛痒的或是不属于研究对象真实想法和感受的歪曲事实"[①]；最后，是"研究者"与"研究对象"之间"家常话式"的交流，即研究对象逐渐将研究者视作数学组的一员，平时交流也逐渐"非官方化"与"非礼节化"。

研究者判定自己身份角色的转换，主要根据以下几点标志性的变化：第一，Hyl 老师经常用上海吴语方言称呼研究者为"小弟"，Jrj 老师称呼研究者为"师弟"，其他年长的教师称呼研究者为"小李"，年轻的教师直呼研究者本人的名字，不再是刚刚进入田野现场时的各种所谓"尊称"；第二，参与到了数学组的食堂聚餐之中，教师们在"吐槽"各种"八卦"之时，对研究者毫不避讳；第三，数学组的每一位教师都将各自的课程表给予研究者，研究者只要有兴趣便可以随时去听他们的每一节"家常课"，不用提前"打招呼"。研究者比较顺利地完成了"入乎其内"的角色转换。此外，研究者本人通常利用田野考察的空闲时间撰写田野备忘录，并在当天晚上完成这一整天的田野笔记，不断地完成"出乎其外"的角色转换。

（三）深描案例的筛选：代表性与典型性

在进入田野现场之后，研究者主要通过以下三种方式搜集田野资料：其一，参与式观察，即研究者参与到 QL 小学数学组老师个体与个体、个体与群体、群体与群体之间的教研活动与非教研活动中，如数学组不同老师之间的日常交流、数学组内部的教研活动以及数学组与其他学科教师之间的互动等，主要观察他们关于"新基础教育"研究说什么、学什么、做什么、如何做和如何反馈评价等，并尝试探寻这些话语及其行为背后所遵循的基本逻辑；其二，深度访

---

① 张婷."入乎其内，出乎其外"：田野考察的求真之路［J］.广西民族研究，2011（1）：82-86.

谈，即研究者在进入田野现场的前期，主要是通过开放式访谈，了解教师关于教育理论的实践转化的基本态度、思维意识与教学策略等，与此同时，不断完善与修订访谈提纲，在中后期，则主要通过半开放式访谈，探寻教师在"新基础教育"研究前后的专业成长史，以及在这期间遭遇的关键事件、重要他人、负面经验以及转折性事件等，以此尽可能地勾勒出教师对新教育理论进行实践转化过程的全貌；其三，搜集其他相关资料，如数学组的学期发展规划与学期总结，教师的教案设计与教学反思，高校"专家"教研活动的照片、录音与录像等。

在田野资料的收集过程中，研究者重点关注教师在"新基础教育"研究前后遇到的"重要他人"、遭遇的"关键事件"，以及经历的"痛苦与快乐体验"等，并将它们作为深描（deep description）的重点案例。在追问与筛选这些深描案例时，研究者拟定的选择标准分别是代表性与典型性。其中，"代表性"意味着研究者在参与式观察或深度访谈中，重点追问与延展研究对象所遭遇的"关键事件"的广度与深度，如何时发生、处于自身专业成长的哪一阶段、自身体验如何、涉及哪些主体、转折性环节是什么、对结果的评价如何等，并追问是否其他教师也曾有类似的成长遭遇，目的是验证深描案例的群体代表性。而"典型性"则是研究者在参与式观察或深度访谈中，追问研究对象自身独特的内心体验、对自身成长的关键所在，以及自身独特的专业成长史起到了何种作用等，呈现深描案例对"这一个"教师而言独特的内涵解读与价值意义，目的是探寻深描案例的个体典型性。

（四）叙述逻辑的说明："关系性他者"的遭遇

在对深描案例的叙述中，为了尽可能地呈现"关键事件"的发展线索与演变脉络，研究者将重点关注贯穿"关键事件"始终的"重要他者"。在这里，"他者"是指深描案例中的某一个具体教师，而且"这一个"教师还被视作串起整个"项链"（指"关键事件"）的主线，来贯穿深描案例中的每一粒"珍珠"（指"重要他人"），以此勾连其整个的叙述逻辑。也就是说，研究者将以一种"关系性他者"的叙述逻辑来呈现深描案例的全息图景，描述生活在数学组这一群体中每一位教师在教育理论的实践转化过程中的身份角色、作用价值以及成长体验。这种"关系性他者"是将每一个"具体的人"置于具体情境的交互性事件之中，关注的是"主动接受他人影响，再反过来影响他人的关系性力量"①，这其实是一种叙述逻辑的转向，即不再以原子式、割裂式或单一式的叙述方式来呈现单一个体，而是转向以主体间交互生成为叙述主线，以联结式、关系式和生成式的叙述逻辑来呈现"关系性他者"所编织的"意义之网"。

---

① 康敏. 论民族志者在田野作业中的"自我"意识 [J]. 广西民族研究，2014（4）：57-63.

研究者选择以 "关系性他者" 的遭遇为叙述逻辑，还出于另一个重要原因，那就是田野研究的 "教育学立场"。教育研究作为一种事理研究，"它不同于一般所言的现象研究，仅要求对现象进行描述和说明……它是一种既要说明是什么，又要解释为什么，还要讲出如何做的研究"，并且 "在中国教育时空里，有着各式各样的人物、思想、声音与经验，它们会聚在一起，构成等待我们去考察的教育事件，而这些事件的流动性及其复杂意义常常只有通过叙事的方式才能表达出来，尤其是实践中的个人 '生命颤动' 的揭示"[①]。也就是说 "教育学立场" 下的田野研究，不仅仅关注人类学意义上的 "族群生活"，更要关注 "族群生活" 场域中具体个人的成长转化过程。因此，以 "关系性他者" 的遭遇为叙述逻辑，需要关注以下三个方面：首先是关注 "这一个" 教师对周围教育情境开放并接受其他教师影响的过程；其次是关注 "这一个" 教师吸收、转化与创造新教育理论或其他教育经验的过程；最后是关注 "这一个" 教师对其他教师的影响过程。

在具体的叙述形式上，研究者将采用深描叙事与理论分析相结合的方式。根据美国人类学家舒尔茨的 "远经验"（experience-far）和 "近经验"（experience-near）理论[②]，"远经验" 即用研究者自己概括性或学术性的语言来描述所研究的 "异文化"，而 "近经验" 则是用研究对象的话语来贴切地描述当事人的 "文化建构"。基于此，研究者将采用 "近经验" 理论进行深描叙述，目的是将教师的真实话语作为一个 "开放性的文本"，这样 "能够让不同的人从中 '观看' 出不同的体验和感受"[③]；而采用 "远经验" 理论进行理论分析，目的则是在 "讲故事" 的同时 "讲道理"[④]，从具体的深描案例中不断析取理论元素并建构理论框架。因此，在具体深描案例的过程中，以 "关系性他者" 的遭遇为叙述逻辑，将不断地进行 "事件-现象-理论" 的三级提升，避免造成 "讲故事" 与 "讲道理" 之间 "两张皮" 的样态，逐渐从深描案例中形成理论化结构。

三、作为背景分析的田野素描

（一）QL 小学："校无贵贱，是花朵就会绽放"

通过对学校领导和多位 "老教师" 的开放式访谈，以及对学校发展历史资料的查阅，研究者了解到 QL 小学是一个 "起点很低" 的学校，这在研究者查阅一本名叫 "校无贵贱：是花朵就会绽放" 的校史资料时得到了验证。QL 小

---

① 丁钢. 声音与经验：教育叙事探究 [M]. 北京：教育科学出版社，2008：15.
② 张婷. "入乎其内，出乎其外"：田野考察的求真之路 [J]. 广西民族研究，2011（1）：82 - 86.
③ 李云星. 学校变革中的冲突与观念生成：一项教育人类学田野考察 [D]. 上海：华东师范大学，2013：167.
④ 折晓叶. "田野" 经验中的日常生活逻辑：经验、理论与方法 [J]. 社会，2018（1）：1 - 29.

学位于上海市西南角的老城区，该城区是上海电气行业基地，吸引了来自全国各地的外来务工人员，在每年秋季的招生中，有 70% 的生源是外来务工子女，大多来自经济不发达地区，学前教育程度参差不齐，往往在语言、生活习惯、思维方式与学习方式等方面与本地学生存在一定差异，且绝大部分学习成绩较为落后，学习意识和课堂纪律观念相对薄弱，对班级活动呈现出排斥的状态，总体而言，QL 小学的这些生源呈现出"低年级随迁子女多、中年级插班学生多、高年级回乡学生多"且"家庭收入低、家长文化程度低、对子女教育投入低"的特点。而本地生源则主要有三种：其一，是家庭经济困难买不起新房而未能搬迁走的；其二，是父母离异或单亲家庭，一般是老人隔代抚养的；其三，是动迁居民在 QL 小学附近临时租房的。梳理 QL 小学的发展史，其大致经历了以下四个历史时期：

第一阶段，1949—2002 年，即 QL 小学创始于中华人民共和国诞生之年，其中在 1949—1997 年，QL 小学处于"厂办学校时期"，作为 QL 机厂职工子女小学，归属于国有企业，"QL 小学当时是 QL 工厂里面的一个部门，那个时候，我就已经工作了，我是作为 QL 厂招工进来的，当时 QL 小学没有资格招人的，是 QL 厂招人，进入厂里的人事部，人事部再把我分配到 QL 小学来……当时也不正规，QL 厂从来不招师范生，主要招的是工人和技术人员一类的，当时他们看我有美术方面的特长，就让我过来（QL 小学）教美术……（那时）甚至连教学上的一些探讨、外出学习深造的机会都没有"（QL-Zxp-002）。1997—1999 年，为了配合国有企业改革，减轻企业负担，QL 小学作为厂办学校开始脱离企业，进入公办学校（划归教育局）的过渡时期，面临着师资严重"老化"的局面（平均年龄约 46 岁）。到了 2000—2002 年，QL 小学开始实施"三鹰"（教师、少先队、学生家庭）奖章活动，也正是在这个时期，QL 小学在文化建设上，以校园里遍种的石榴为形象标志，寓意"教师-学生-家长"要像石榴的果实一样紧紧相依，精诚团结。

第二阶段，2002—2009 年，即在"新基础教育"实践中崛起的阶段。与同一地区的其他学校相比，QL 小学晚两年加入"新基础教育"研究。2002 年 1 月，QL 小学的 R 校长抱着旁听的初衷参加了区里举办的"新基础教育"校长研修班，下定决心使 QL 小学成为试验校的一员，并制定了"创建新基础教育新型学校三年行动规划"。"当时我们的师资严重'老化'，平均年龄都 46 岁，很多老教师都认为，工作就是'燃烧自己，照亮别人'，现在自己已经燃烧得差不多了，只想着能够平平静静地熬到'退休'，然后'告老还乡'"（QL-Wpy-A03）。针对厂办学校遗留下来的"教学观念陈旧问题"，QL 学校的管理团队以

"新基础教育"的"三观十性"① 来引导教师转变职业观念,组织了多种形式的教学反思与重建活动,对教师开展新旧教学观念的对比学习,并引导教师参加集体备课、听评课、教育沙龙等互相学习的活动,形成了学习"新基础教育"观念的氛围。"QL 小学的教师之前是非常不自信的,不敢被人听课,难得开一次研讨课,也希望别人说好话,经不起批评,我记得有一位老师得知校长要去听她的随堂课,她请求校长'您不要来听好不好,我要发心脏病的',还有的教师会说'如果校长来听我的课,我就先吃几颗安定药,稳定情绪后再上课',哈哈哈,这就是当时我们的样子,你说可笑不可笑"(QL-Wpy-A06)。在这 7 年里,QL 小学获得 80 余项区级以上集体荣誉,并于 2006 年在区级办学水平督导评估中获得"A 等一级"。但是由于比其他学校晚两年加入"新基础教育"研究,作为一所由厂办转制的薄弱学校,QL 小学经常处于"追赶"的状态。

第三阶段,2009—2012 年,即 QL 成为"基地校"并进入扎根性研究的阶段。在 2008 年,来自另一所"新基础教育"基地校的 Wpy 副校长成为 QL 小学的新校长,这为学校延续"新基础教育"提供了有利条件。2009 年,QL 小学发现内部"宝塔式"科层组织结构以及中层干部的"官本位意识"阻碍了学校的发展,于是,党政合力对学校内部组织架构进行了重建,转化为学校高层与基层直接沟通的"扁平型"组织结构,将中层的职能部门"德育部"改为"学生发展部",突出"学生发展"首要功能,在横向维度上,增设了学校"年级组",在纵向维度上,增设了学校"学科组"。"我们这样做呢,一方面是为了凸显学生发展的年段特点,另一方面也是为了同一个学科不同年级的老师能够增加平时交流的机会,当然,我们还有课题组形式的非行政组织,比如'干部培养助理实习岗'和'年级学生成长主题策划组'等等"(QL-Wpy-A08)。在这段时期里,QL 小学通过"三量"② 和"三美"③ 行动来打造"每个教师的发展",通过一系列的调研项目(见表 5-14)来找出问题、诊断问题、找出症结和解决问题,并通过增设岗位来调动学校青年教师自觉成长的积极性,以此解决学校管理结构"老化"的问题。"我们的这个尝试得到了 Yl 老师(高校'专家')的支持,说我们这是一个非常聪明的做法"(QL-Wpy-A12)。

---

① "三观十性"中的"三观"是指教育的"价值观"、"学生观"和"学校教育活动观","十性"是指教育具有"未来性"、"生命性"、"社会性"、"主动性"、"潜在性"、"差异性"、"双边共时性"、"灵活结构性"、"动态生成性"及"综合渗透性"。参见叶澜."新基础教育"论:关于当代中国学校变革的探究与认识 [M]. 北京:教育科学出版社,2006:216-230.

② "三量"是针对 QL 小学教师队伍薄弱这一"软肋"而采用的调研办法,具体包括"自己量自己,直面找问题""学生量教师,改变学生观""同伴量同伴,成长 1+1"。

③ "三美"是针对提高师德修养提出的,具体包括"师爱之美(学生家庭走访日)→教育之美(异域课堂的校本研修活动)→生命之美(职业体悟交流活动)"。

表 5－14　2009—2012 年 QL 小学各项调研项目内容表

项目	内容	调研实践	次数
学校管理 （10 次）	学校发展愿景等	每学期 1 次	6
	办学成效社区听证	每学年 1 次	2
	青年教师发展愿景	扎根前期	1
	学生家庭文化背景	扎根前期	1
教师发展 （6 次）	"学习力"状况调查	扎根前期	1
	队伍状况调查	扎根前期	1
	成长愿景	扎根前期	1
	师德专题	扎根前、后期	3
学科建设 （18 次）	起始年级知识基础调查	每学年 1 次	3
	语文阅读情况、概括能力调查	扎根中后期	4
	英语学习兴趣、英语学习基础状态调查	扎根中期	2
	数学计算能力、图形计算等	扎根前、后期	4
	课程建设家长问卷	每学期 1 次	5
学生工作 （15 次）	学生问卷	每学期 1 次	5
	开放活动反馈	每学期 1 次	5
	家长读书反馈	每学期 1 次	5

资料来源：转引自关于 QL 小学变革史的文献资料（鉴于研究伦理问题，此处做匿名处理）。

　　第四阶段，从 2012 年至今，即 QL 小学对"新基础教育"生态式推进实践的阶段。QL 小学和另外一所学校同时担任区域生态式推进"新基础教育"实践研究第四生态区的组长校，任务是与组内的 2 所核心校、5 所成员校和 2 所民办民工子弟学校共同开展"新基础教育"实践研究。在这个阶段，QL 小学设计了生态区内的"三级责任制"①、"领导素质自我诊断会"② 以及"三段式"研讨学习交流制度③，分别用来促进学校团队价值取向的更新，确立学校整体

---

　　① "第一级指组长校担当'强己及人'责任，把自己学校的变革研究融入区域研究背景之中，既做强自身发展，又发挥引领辐射作用，在开放中增强自身'造血'机能；第二级是指成员校的校长担当本校日常推进'新基础教育'第一责任人；第三级指生态组内的'新基础教育'研究中心的'兼职研究院'，要积极做好校内外各领域的日常主题研讨活动的组织策划和沟通协调。"转引自关于 QL 小学变革史的文献资料（鉴于研究伦理问题，此处做匿名处理）。

　　② "各校校长会参照'价值取向与引领''学习更新能力''领导决策能力''组织管理能力'等要素进行自我诊断反思……形成和带起了一支拥有共同发展愿景的学校领导管理团队。"转引自关于 QL 小学变革史的文献资料（鉴于研究伦理问题，此处做匿名处理）。

　　③ "第一时间段形成活动计划。成员校根据自己的需要，学期末向组长校提出研讨活动的申请，可以是组内、校内的，也可以是校际联动的，经协商后列入生态区学期活动计划。第二时间段做活动前方案策划。承办校提交研讨主题及方案，导师和兼职研究院进入承办校现场指导。第三时间段拓展深化。活动后，听课教师回校重建，学习转化'自我教学现场'、'他人教学现场'，以及'跨学校经验交流现场'的新方法、新思维。"转引自关于 QL 小学变革史的文献资料（鉴于研究伦理问题，此处做匿名处理）。

转型发展的"参照系"和提升教师队伍的现场学习力。"我记得，曾经 WJ 小学有一位青年教师听了 MQ 小学一位老师执教的'三位数加法的估算'课后，觉得上课的内容并不难，也想试试，结果同样的内容 MQ 小学的老师用 35 分钟上完课，她上了 50 分钟也没有完成，这个老师在自己的教学反思中写道：'新基础教育'的课是基于学情的课，想要移植是很难的，学生思维品质和学习方法的培养必定是日积月累的过程，无法在一节课上实现"（QL-Wpy-A15）。2018年 10 月 QL 小学进入"生命·实践"教育学合作校第一梯队发展行列。研究者在搜集到的田野资料中，发现了 QL 小学 Wpy 校长对办一所"好学校"的理解，她认为"'好学校'不取决于出身，而取决于师生对教育的选择、努力、坚持和创造，以及师生精神生命的真实成长"（QL-Wpy-B07）。QL 小学是区域里第一个向随迁务工人员子弟开放招生的学校，这也正是以"校无贵贱，是花朵就会绽放"来描述 QL 小学的原因。QL 小学位置及布局平面图见图 5-21。

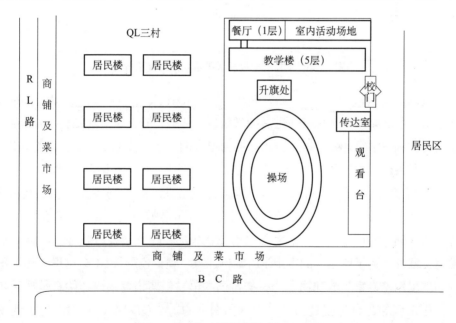

图 5-21　QL 小学位置及布局平面图

（二）数学组："第一个吃螃蟹"

QL 小学数学组在"新基础教育"小学数学教学改革的研究中，以《"新基础教育"数学教学改革指导纲要》为蓝本，遵循"整体综合"、"长程规划"、"结构关联"与"互动开放"的原则与策略，率先在学校展开了探索转化的教学改革。数学学科组目前共有 6 名教师，其中包括 5 名女教师和 1 名男教师，其办公室位于 QL 小学教学楼 5 楼（顶层），同一层的其他办公室分别是校长办公室、财务办公室、语文学科组和实践活动学科组，具体位置如图 5－22 所示。

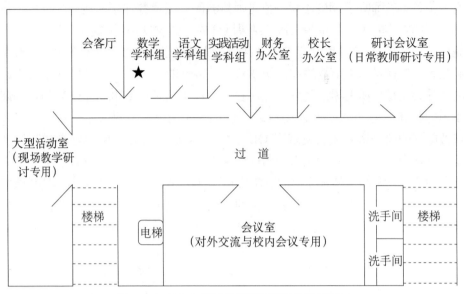

图 5－22　QL 小学数学学科组所处位置示意图

数学组是 QL 小学推行"新基础教育"研究中"第一个吃螃蟹"的学科组，也是 QL 小学第一个有突破性进展的学科组。"我们加入'新基础教育'之后，校长建议从数学组开始突破，我当时压力挺大的，毕竟我们是'第一个吃螃蟹'的啊，开头是很难的"（QL-Hyl-014）。2005 年，数学学科组有 6 位教师，其中 3 位教师教龄在 25 年以上，2 位教师刚从外校引进，拥有 16 年的教龄，还有 1 位新教师，教龄不满 3 年。"当时数学组的那 6 位老师虽然有参与的欲望，但是对'新基础'的理论学习是不怎么主动和积极的，除非学校行政部门集体培训或写文章时，为了给自己的那个学科案例加点'理论色彩'，才会这里一句那里一句地引用'专家'或刊物上的一些名词术语或经典语句，一开始真是缺乏实践转化意识的，有时就是为了'装点门面'的"（QL-Wpy-A21）。为了促使"第一个吃螃蟹"的数学组脱离这种"窘境"，"我们就商量着借助外力来'逼'他们一把，就请了'新基础教育'的 Wyp 老师来引领他们，带他们去其他学校观摩学习，学习人家做得比较好的学校数学组的经验和成果"（QL-Wpy-A22）。在那段时期，"我们主要跟区域的其他几个学校的数学组，围绕着'计算课型'、'规律探究课型'和'统计课型'等展开课例研讨，学习了很多，也收获了很多，只是拿到自己的课堂上时，大多只是'形似'，最本真的东西我们没有把握到，感觉当时自己就像一个'跟屁虫'，人家做什么课型，我们就学着做，根本没有自己明确的目标和计划，有一种'随大流'的感觉"（QL-Hyl-018）。研究者在当年的一堂教学研讨课的记录中，找到了高校'专家'Wyp老师的评语："这样的课，可以说学生是动起来了，但教师满足于学生自发状态的发展，停留于不同方案的展示，缺乏通过方案形成的过程剖析来揭示其内在本质，缺乏通过点拨使学生得到进一步的提升，我们的教学要让学生明白'怎么想'才能实现转化的思路，教师要进行高水平的点拨，成为课堂动态生成的'重组者'和'推进者'"（HS-Wyp-B03）。可见，"第一个吃螃蟹"的QL小学数学组接触"新基础教育"理论的初期经历了一个从懵懂到模仿、从模仿到形似、从形似到反思的过程。

数学组进入"新基础教育"扎根阶段（2009年）之后，QL小学的班级数量从15个增加到18个，数学学科组教师也从6人发展到10人。对于数学组的发展而言，"转折性事件"是发生于对QL小学2010届学生毕业考试后的数学教学质量分析时，数学组的教师们发现连续两届毕业班的学生在"图形与几何"这一部分的通过率只有50%～55%，并在其他年级的调研中也发现有类似情况，通过率都在50%～60%，这给数学组的教师们带来了非常大的"震动"。"我在教五年级的时候，进行过区教学质量监测，我连续教了8年四、五年级，我对自己的教学质量进行分析，就发现五年级的'形概念'的教学质量比较弱，有些学生对'形概念'的学习是不合格的……我就在思考从哪里可以找到'突破点'"（QL-Hyl-023）。数学组的教师们将这种困惑告诉了高校"专家"Wyp老师，并在其指导下设计了"三步走"的教学行动①，从"一维的线段度量"到"二维的面积度量"再到"三维的体积度量"进行整体综合的对比分析，并基于年段知识的网状关联，展开了一系列的教学专题研究（见表5-15和表5-16）。

---

① "'三步走'：第一步，对上海版的小学数学教材进行知识结构再梳理。此次重新梳理，是在前期研究的基础上进行的，教师已有了结构的意识，每位数学教师分年级把教材按内容进行分类梳理，打破年级界限，由下至上，由上至下，几次研讨，初步形成了数学学科小学阶段各类知识结构的体系。对小学一至五年级图形与几何知识重点进行了结构性梳理，使教师形成了小学阶段的图形知识结构体系。第二步，学科组以课题为载体开展课堂实践研究，从整体上规划并进行教学长段的递进教学，形成了学科组研究的课题——'小学数学学科"线、面、体"类结构的教学策略研究'。学科组教师带着课题进课堂进行实践探索，围绕'形概念'展开一系列教学研究，从纵向去研究发现知识间的内在联系，形成内在关系的教学结构；从横向研究一个单元的整体结构，使研究不再关注某一节课，而是有意识地形成一类相关知识的教学。第三步，从纵横贯通的意义上，把握小学阶段各年级教学知识点，同样是'点'，但每个'点'不再是孤立的'点'而是整体中的相互关联的'点'。"转引自关于QL小学变革史的文献资料（鉴于研究伦理问题，此处做匿名处理）。

表 5-15　长度、面积、体积的学习对比分析

内容结构	长度概念	面积概念	体积概念
知识的框架结构	一维度量	二维度量	三维度量
学习的方法结构	直接比较（观察重叠一条边）间接比较（借助工具：一条边）	直接比较（观察重叠两个方向的边）间接比较（借助工具，一个面）	直接比较（观察重叠三个方向的边）间接比较（借助工具：一个物体）
知识形成的过程结构	感知概念—形成长度度量工具和度量单位标准统一——延伸更大的长度单位	感知概念—形成面积度量工具和度量单位标准统一——延伸更大的面积单位	感知概念—形成体积度量工具和度量单位标准统一——延伸更大的体积单位

资料来源：转引自关于 QL 小学变革史的文献资料（鉴于研究伦理问题，此处做匿名处理）。

表 5-16　QL 小学数学学科"形概念"教学结构一览表

研究主线	研讨主题	研讨内容	相关年级
纵向结构	图形直观、要素、类型认识	物体的形状	一年级
		角与直角	二年级
		三角形和四边形分类	三年级
	图形特征认识	长（正）方形认识	二年级
		三角形认识	三年级
		平行四边形认识	五年级
		梯形的认识	
横向结构	面积	面积的认识	三年级
		长（正）方形面积计算	
	周长	周长的认识	三年级
		长（正）方形周长的计算	
	体积	体积的认识	五年级
		长（正）方体体积计算	
	直线的位置关系	两条直线的位置关系	四年级
		垂直	
		平行	
	平面图形面积计算	平行四边形面积	五年级
		三角形、梯形面积	

资料来源：转引自关于 QL 小学变革史的文献资料（鉴于研究伦理问题，此处做匿名处理）。

2011 年之后，数学学科组与高校"专家"Wyp 老师一道，通过自身的教学研究实践，不断寻求个人教学经验与团队教学智慧的结合方式，先后创造性地实施了"课堂观察与诊断"观课议课新方式、"单元主题系列"课例研究、"三环（'探索-实践-反思'）四落实"等将"新基础教育"理论转化为具体教学实践的运作方式，同时形成了"同伴合作联动式""专家引领讲学式""定人定向连环式"的教研方式，并制定出 QL 小学数学组独特的听评课"五个要"标准①。尤其是在 2015 年，QL 小学数学组在校内出版了教师课堂教学改进读本《数学学科"形概念"单元类结构课堂教学设计指导手册》，并将其作为 QL 小学数学教研组全体教师将"新基础教育"理论转化为数学学科教学实践，再对实践研究努力进行理论提炼、抽象与转化的智慧结晶，并在整个生态区域内形成了自己独特的研究风格，逐渐成为"走出校门、联动研修"的数学核心团队，实现了从"做强自己"到"生态辐射"的跨越式发展。

（三）人物原型："各具特色，个性明显"

研究者在进入 QL 小学数学组时，整个数学组共有 6 名教师，他们的教龄、所教年级、所属梯队以及接触"新基础教育"的时间等情况，如表 5-17 所示。

表 5-17　QL 小学数学组全体教师基本信息

序号	姓名	学校	性别	年龄	教龄	加入"新基础教育"的时间	任教年级	学历	职称	备注
1	Cqn	QL	女	22	1	1	一	本科	小学三级	新入职教师
2	Hyl	QL	女	51	31	13	二	大专	小学高级	区学科带头人
3	Jrj	QL	男	31	6	6	二	硕士	小学高级	"老乡关系""师兄关系"
4	Sl	QL	女	48	29	13	二	大专	小学高级	学科组长
5	Zjy	QL	女	35	7	7	五	本科	小学二级	"专家"重点扶持对象
6	Zxp	QL	女	47	27	10	三	大专	小学高级	刚进校时为"美术教师"

通过对 6 位教师进行开放式和半开放式的深度访谈、日常的参与式观察、查阅学科组和学校的学期发展规划及学期总结报告等文献资料，研究者尝试对

① QL 小学数学组听评课的"五个要"标准，即：一要"有备而来"，二要"重点突出"，三要"夹叙夹议"，四要"详略得当"，五要"求同存异"。

6 位教师的人物原型进行初步的描写刻画，具体见表 5 - 18 至表 5 - 23。

表 5 - 18　Hyl 老师专业发展情况

姓名	培养梯队类别	目前教学优势	存在的问题	发展目标
Hyl	学科骨干→品牌教师	有丰富的教学经验，参加"新基础教育"研究时间较长，课堂教学能做到重心下移，课堂比较开放，对熟悉的课型把握得比较好，有一定的研究能力	缺乏理论研究的水平及创新的能力，表现在对新课型结构的把握及核心过程的推进上。课堂的"魂"有时把握不住，知识的框架体系不到位，深入研究碰到一定困难	已经参加过扎根阶段学科核心团研修班学习，之后还要通过学习相关书籍提高理论修养、数学素养，打造成为"新基础教育"的"品牌教师"，带动组内后几个层次教师进步

表 5 - 19　Sl 老师专业发展情况

姓名	培养梯队类别	目前教学优势	存在的问题	发展目标
Sl	有潜力教师→准骨干教师	有较丰富的教学经验，参加"新基础教育"研究时间比较长。课堂教学能做到重心下移，课堂比较开放，对熟悉的课型把握得比较好。对"新基础教育"有一定的领悟能力	缺乏理论基础，课有形无神，对课堂的"魂"有时还把握不住，缺乏独立研究的能力	已经参加过扎根阶段学科核心团研修班学习。之后还要注重日常化的研究，把握各类课型的整体结构和核心推进过程，提高"新基础教育"的研究能力，成为学校核心团骨干成员

表 5 - 20　Zxp 老师专业发展情况

姓名	培养梯队类别	目前教学优势	存在的问题	发展目标
Zxp	有发展态势教师→准骨干教师	有一定的教学经验，能积极投入"新基础教育"的教学研讨中，积累了一定的"新基础教育"教学经验，在课堂教学中全面研究"三放三收"，在教学实践中，对"放"的把握已逐渐成型	由美术教师转教数学，数学素养有待提高。对"新基础教育"的理念领悟不够，缺乏日常化教学。对学生资源的敏感度不够，收得不够到位	已参加过扎根阶段学科核心团研修班学习。之后还要尽快提高数学素养，把握各类课型的整体结构和核心推进过程，提高"新基础教育"的研究能力，成为学校核心团骨干成员

表 5 - 21　Zjy 老师专业发展情况

姓名	培养梯队类别	目前教学优势	存在的问题	发展目标
Zjy	有发展态势教师→准骨干教师	有研讨的积极性，对"新基础教育"的课堂有一定的认识，在课堂教学中能体现"新基础教育"的理念。有研究的愿望，也能学习"新基础"教育的理论	相对缺乏独立设计"新基础教育"课堂教学的能力，在各类课型的把握方面还有待提高	主动接近前几个层次教师的课堂，观摩学习，课后积极参与研究，逐步把握各类课型的结构，上出有"形"有"神"的课，为成为准骨干教师做准备

表 5 - 22　Jrj 老师专业发展情况

姓名	培养梯队类别	目前教学优势	存在的问题	发展目标
Jrj	科研潜力教师→准骨干教师	有良好的研究基础，能够结合"新基础教育"理论研究课堂实践教学。在课堂教学中能体现"新基础教育"的基本理念	由于教龄较短，对课型的整体把握有待提高，对学生资源的敏感度把握不够，收放学生资源方面的教学设计相对较弱	利用自身的研究优势，不断结合"新基础教育"的理论进行教育教学实践的尝试。"新基础教育"的课堂教学要做到日常化，对于已经研究过的课型要上得有形有神

表 5 - 23　Cqn 老师专业发展情况

姓名	培养梯队类别	目前教学优势	存在的问题	发展目标
Cqn	新入职教师→希望之星	有研讨的积极性，对"新基础教育"的课堂有一定认识，在课堂教学中的某一方面能够体现"新基础教育"的教学理念，有研究的愿望，也能学习"新基础教育"的理论	教龄只有一年，非常缺乏教育教学实践经验，对"新基础教育"理念的理解不够全面、深刻。更缺乏独立设计"新基础教育"课堂教学的能力，不能较好地把握各类课型	有研究的愿望，也能学习"新基础教育"的理论，对于已研究的课型要逐步把握，上出有形的"新基础教育"的课

四、"情理之中"与"意料之外"的关键事件

在整个田野考察的过程中，研究者几乎参与了 QL 小学数学组所有的系列教研活动，具体包括校内数学学科组日常的集体备课、关于如何在某一教学环节渗透"新基础教育"理念的讨论、不同年级数学学科知识之间衔接的设计讨

论、"新基础教育"理论文本的学习解读，以及校际数学学科主题的教学观摩与现场研讨等。为了完整呈现教师在教学设计中渗透"新基础教育"理念的行动模式，描述教师从观摩主题教学课、初步教学设计、集体备课、尝试教学、集体商议、修正教学设计、重新尝试的循环递进过程，考虑到对"关键事件"深描的连续性、代表性与典型性，研究者选取了一次典型的跨区域校际数学组的教学研讨课为"深描案例"，目的不是判断教师转化教育教学理论的"对"与"错"，而是关注在"关键事件"的发生推进过程中，"主角"教师及学科组"配角"教师是如何形成、转化与呈现他们对"新基础教育"理论的基本看法的，是如何在"应然"与"实然"的矛盾、冲突与博弈中重建自身的课堂教学行动的。

（一）"关键事件"的背景分析

1. 关键事件的基本线索

2018 年 9 月中旬，QL 小学数学组接到校长的通知，将于 2018 年 10 月 22 日在 QL 小学举行两个地区之间"学科育人价值深度开发"的现场研讨活动，将有两个地区的百余位教师参与这次现场教学的观摩研讨活动。活动的目的是以"开发学科育人价值"为新的切入点，进一步提升教师的现场学习能力，实现"新基础教育"理论的实践转化。QL 小学 Wpy 校长计划让数学组的老师们准备一堂现场研讨课。

作为数学学科组的"带头人"，Hyl 老师将这一消息通知到了学科组的其他 5 位教师，顿时，数学组的办公室"热闹"了起来："又是持续一个月的'磨课''持久战'啊！""咱们准备派哪位'将士'出战？""与咱们共同研讨的是哪一个学校的数学组啊？""咱们准备在哪个年级开哪一节课好呢？""老大（指 Hyl 老师），要不这节课你来上？"……在数学组 6 位老师你一言我一语的交谈中，研究者感受到，QL 小学数学组对这次跨区域校际学科组教研活动充满"期待"，虽有"压力"但愿意去"竞争""展示"，而在数学学科组内部的教师之间，则呈现出一种"跃跃欲试"、"欲拒还迎"与"通力合作"的情态。

2. 关涉主体及其相互关系

在收到活动通知后的四五天中，数学组的 6 位老师时不时讨论一下这次现场研讨活动的准备工作，具体包括现阶段各自所教年级的教学进度、哪一个年级的哪一个数学主题适合这次教研活动、哪一位教师适合呈现这次现场教研课等。大约一周之后，QL 小学数学组的老师们得到消息，HS 小学数学组的学科负责人 Wp 老师将执教"和倍关系实际问题"一课作为这次活动的现场研讨课。"既然对方是数学学科负责人亲自执教，我们也让我们的'老大'（指 Hyl 老师）亲自出马吧！""我同意！""这样'平等'，我同意！"……数学组其他 5 位老师都表示同意由教学经验丰富的 Hyl 老师执教这次现场教研活动。"小弟啊，他们都叫我'老大'，都选我上这次研讨课，我不能表现太差，争取给大家'打个样板'出来"，在访谈中 Hyl 老师告诉研究者。可以看出，学科组内部的集体氛围、教师之间的人际关系以及"榜样的带头作用"在前期的研讨活动中发挥着重要的作用。

　　纵观整个跨区域校际数学组的现场研讨活动，涉及的参与主体及其相互关系主要包括以下四个圈层（见图 5－23）：第一圈层，是执教"主角"，即具体执教现场教学研讨课的 Hyl 老师，她需要选定教学主题、设计教学环节、尝试教学并不断修正教学设计；第二圈层，是执教"主角"所在学科组的其他教师，即 QL 小学数学组的其他 5 位教师，他们需要对执教"主角"的教学设计进行讨论，并通过说课、听课、磨课等集体讨论来完善执教"主角"具体的教学设计和教学环节；第三个圈层，是高校"专家"（或"教育理论者"），即指导 QL 小学数学组的高校"专家"Wyp 老师，主要是对执教"主角"的教学设计与现场研讨课的实践过程进行分析、评价与重建；第四个圈层，是参与观摩现场研讨课的其他教师，即来自其他学校数学组或本校其他学科组的教师们，他们既是"观众"，也是"现场学习者"，还是"现场研讨者"。这四个圈层的参与主体拥有着各自不同的"角色"，并且发挥着不同的"角色效应"。

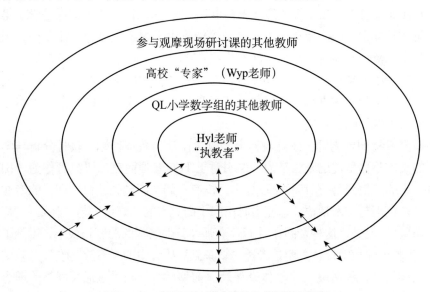

图 5－23　现场研讨活动关涉主体的关系圈层

3. 教学设计中渗透的教育理论

　　在确定现场研讨活动的执教"主角"之后，QL 小学数学组的 6 位教师进行了第一次"集体研讨"，目的是确定 Hyl 老师执教的学科主题、教学设计、预设环节以及设计意图等。在综合考虑 Hyl 老师现阶段所教年级（即"二年级"）、教学进度、教学计划与教学设计等各方面的因素之后，Hyl 老师及其他 5 位老师均同意准备小学二年级上册"统计表初步"一课。在 Hyl 老师对"统计表初步"一课的教学设计中，研究者发现 Hyl 老师利用"新基础教育"提倡的教学设计格式，分别从教学目标、教材分析、学生分析、课前准备、教学过程（教学环节、教师活动、学生活动与设计意图）等各个方面设计了整堂课的教学框架。

Hyl 老师将小学二年级"统计表初步"的教学目标设定为："1. 初步学会用划'√''正'字等方法记录、整理数据并填写统计表，能对统计的结果进行简单的分析；2. 在统计活动中发现和感悟统计结果的不确定性，亲身经历统计的过程；3. 在合作交流活动中，培养学生学习数学的积极情感和良好的合作学习习惯"。

Hyl 老师对小学二年级"统计表初步"的教材分析是："统计是一种数学思想，也是认识客观事物、描述生活现象、解决实际问题的一种方法。本节课是本套教材中第一次涉及有关概率和统计方面的内容，通过儿童熟悉的场景，学习分类整理数据的方法，学会用简单的符号记录、整理数据，并把经过整理的数据填在简单的统计表里。本节课重点是要让学生在统计活动中亲身经历统计的过程，学习用'√''正'等简单的符号来整理数据，引导学生在实践中体会统计策略，发现和感悟统计结果的不确定性"。

Hyl 老师对小学二年级"统计表初步"的学生分析是："本节课是学生第一次接触统计知识，因此要从学生感兴趣的情景中学习统计概念，让学生经历数据的收集、整理、描述等过程，使学生在这个过程中既学习一些简单的统计知识，又初步了解统计的方法，初步认识统计的意义和作用。本部分内容实践性较强，要尽量让学生进行实际操作，通过学生具体实践，发挥学生的主体作用来培养有关统计的初步概念"。

研究者将 Hyl 老师"统计表初步"教学设计中教学目标、教材分析与学生分析的文本整体呈现出来，是为了说明对于 Hyl 老师而言，研究者作为"田野现场"中的"他者"，在其教学设计中，没有看到"新基础教育"理论的专业术语、学术词汇与文本话语。这在当时引起了研究者的"好奇"与"怀疑"，甚至是"质疑"。但是，这种疑问在对 Hyl 老师及其他老师的深度访谈中，得到了解释。"我整个的教学设计主要是渗透'新基础'研究中的'三放三收'、'教结构与用结构'、'长程两段'、'整体设计'、'前移后续'与'融通关联'的理念与策略，比如，我对教材的分析和对学生的分析就是利用'长程两段'与'整体设计'的理念，这节课是学生在整个小学阶段第一次接触统计知识，是'长程两段'中的'开端'……再比如，你看我的教学设计中有分层呈现教学资源的环节，这个环节就是在'收放教学资源'的过程中教学生'统计结构'，并在练习环节中引导他们学会'用结构'，还有在……"（QL-Hyl-A21）当研究者追问为何在教学设计中基本没有出现"新基础教育"理论的术语命题时，Hyl 老师解释："我刚刚接触'新基础'的时候会经常在教学设计中堆一些'新基础'的术语，说实话，那时还只是停留在口头上说说，装点一下'门面'，后来自己对'新基础'的课感受深了，自己的教学设计也就变得更加'朴实'了，不那么花里胡哨的了，其实啊，你仔细揣摩我的每个教学环节，其实都渗透着'新基础'的理念的……小弟啊，你不提醒我，我还真没发现自己的这个变化哩"（QL-Hyl-A27）。

可以发现，一线教师对教育理论的实践转化是一个长期的、潜移默化甚至难以自我察觉的过程。这个过程中，存在着以下几种转化现象：第一，是刚接触新教育理论后的照搬模仿，以及对学术话语的堆砌挪用，尤其是在教师的教学设计中，这是一个"理论术语"频繁出现来"装点门面"的阶段；第二，随着一线教师对新教育理论"课堂实践"感受与体验的丰富，"理论术语"在教学设计中出现的频率逐渐减少，一线教师也开始注重在具体教学环节中解读、渗透与诠释教育理念；第三，尤其是对成熟型教师而言，教学设计中新教育理论的专业术语已然"隐匿"，但基本每一个"朴实"的教学环节中都体现出新教育理论的思想内涵。纵观这个潜移默化的转化过程，其实质是一个教育"理论表达"逐渐"隐匿"，而教学"实践行动"逐渐"彰显"的演变过程。

（二）第一次"试教"：对专家建议合理性的初次争论

在 QL 小学数学组对"统计表初步"教学设计的集体研讨之后，2018 年 10 月 16 日，Hyl 老师根据教学设计进行了第一次"试教"①。QL 小学二年级共有

---

① "试教啊，按照 Yl 老师（高校'专家'）的要求，'新基础'的课是不允许试教的，但是实际上为了获得学生的学情信息和对教材的把握，不试教是永远发现不了问题的，太粗糙的话，研究的价值就不是很大了。但是，我们坚持的一点是，最后上课的一定是自己班的学生……我们会把每一次试教视为寻找在这个班级（里的）学生会呈现哪些资源，尽可能把学生所有的资源都捕捉到，这样的话，最终在自己班上呈现的时候会比较从容淡定，不用害怕，遇到学生出现的资源，我前面已经预设过了，我如何应对、调控、点拨和提升，就能做到心中有数了……所以，我们不将它称为一种'试教课'，而是称为一种'研究课'，就是用不同的学生来研究同样的教学内容，可以观察不同班级对这个学科知识的兴趣点和把握点到底有什么不一样，每个班级不同学生的语言表达形式在里面，如果班级数量少，我们也会把一个班级拆成两个部分来上课，没有办法的……我需要说明的一点是，无论哪一次试教，我们绝不是（说）把学生当作'试验品'，这一点与原来理解的'试教'是完全不一样的，概念不一样"（JX-Wrf-024，037，039）。"会'试教'的，具体'试教'次数也要看情况的。有一些老师自信心不足的话，可能要多'试教'几次，有一些教师可能觉得没有必要'试教'那么多次。我一直跟我们的老师讲，关键是要自己想清楚，自己没有想清楚的情况下，'试教'一百遍都是没有用的，自己想清楚了，可能只要试教一次或者只是自己没有把握的环节就可以了。'试教'的背后是什么，其实就是对学生状况的不了解，因为对教材的分析和对知识的把握，这个并不是试教的内容，老师试的是学生对其教学环节的接受程度、反应情况和资源呈现，所以盲目'试教'很多次是没有必要的，如果自己原有的教学设计不改变的话，试来试去都还是一样的"（HP-Gyh-075，076，077，078，079，080，081）。

两个班级，Jrj 老师是二（1）班（共 31 名学生）的数学教师，Hyl 老师是二（2）班（共 32 名学生）的数学教师。为了能够增加一次"试教"的机会，Hyl 老师与 Jrj 老师商量之后，决定先抽取二（1）班学生的一半（实际 16 名）学生进行第一次"试教"。

1. 模仿尝试："这套教学设计在其他学校尝试过，效果不错！"

对于"统计表初步"这一节课，Hyl 老师有观摩学习与集体研讨的教学经历。在研究者对 Hyl 老师的深度访谈中，Hyl 老师回忆了其与高校"专家"Wyp 老师互动研讨的情景。"当时，我们的'统计教学'，我们进行第一次'试教'时，我们只有两个班级（现在的五年级），他们要开两节课，班级不够用了，但'新基础教育'有生态区，Wah 老师（曾经在 QL 小学数学组，现已调走）就去 MH 小学'借班上课'，结果出乎意料，效果很好"（QL-Hyl-073）。

但是，让 Hyl 老师印象深刻的是，相同的一份教学设计，同样的教师，不同的上课班级，教学结果出现了很大的差别。"当时，Wyp（高校'专家'）老师把教学要求拔得很高，我们（QL 小学）的学生是不行，问学生的问题达不到'新基础'的要求，比如用'正'或'√'的统计方式，在 MH 小学试教时，两种（教学）资源都有，教学过程很顺利，那边的学生表现太好了，Wyp（高校'专家'）老师听完课后，需要再帮老师们理一理思路，认为还能提高要求，结果，再到我们（QL 小学）这边来试教时，'正'和'√'两种（教学）资源都没有出现，学生只会用'｜'（竖杠）一个一个地数，当时 Wah 老师在黑板上将'｜'直接变成'√'，并告诉学生，二者是一样的，这就考验教师的'应变能力'了，结果这一节课就没有引出用'正'来统计"（QL-Hyl-74，75，76）。

既有的观摩研讨经历为 Hyl 老师的教学设计提供了"经验支撑"，在与研究者的交谈中，Hyl 老师认为"这套教学设计在其他学校尝试过，效果不错"，并表现出信心满满的姿态。在数学组的教研过程中，Hyl 老师根据观摩学习的经历，总结了教学设计中容易出现教学问题的环节。"这就启发我在试教的第三个环节，主动引导学生用'正'来统计，再去'收'（教学资源），看看学生们的课堂表现"（QL-Hyl-077）。

2. 实践过程："自我感觉还是比较满意的"

在第一次"试教"之前，作为二（1）班的数学老师兼班主任，Jrj 老师将 16 名二（1）班的学生带领到 QL 小学教学楼三楼的大教室，Hyl 老师已经在教室中等待他们。从这 16 名学生与 Hyl 老师的课前互动情形可以看出，学生们能够与 Hyl 老师正常进行课堂交流，师生关系比较"熟络"。对于 Hyl 老师之前着重关注的用"正"字统计的教学环节，研究者进行了梳理与刻画，具体见表 5 - 24。

表 5 - 24　Hyl 老师执教片段之一：用"正"统计数量

教学片段	研究者备注
大象准备邀请小动物们到家里做客，它想做一些正方形、圆形和三角形的巧克力招待大家。（动画与声音依次为不同小动物想做的不同形状巧克力。）	创设故事情境
H 老师：大象想知道这三种形状的巧克力各做多少个？一起听一听，回答大象的问题。（第一次播放。） 学生 1：老师，太快了，能不能再一遍？ H 老师：那我们再听一遍，大家注意用自己喜欢的方式来记一记。（第二次播放）	激发统计需求
H 老师分层次"收资源"。（至此完成第一次"放收"的过程。） 学生资源的收集主要按照学生不同的记录方法：（1）图形记录，可分为两种资源，即按出现顺序记录（□△□□……）和按类别记录（□△○）；（2）符号记录，可分为三种资源，即按"｜"或"√"记录、按数字（1/2/3/4…）记录、按"正"字记录。	呈现不同记录方式
H 老师向全班投影呈现图形记录的两种资源，问学生能否看懂两种记录方法，并小组讨论更喜欢哪一种记录方法？（至此完成第二次"放收"过程。） 接着，H 老师向全班投影呈现符号记录的三种资源，问学生能否看懂三种记录方法，并小组讨论更喜欢哪一种记录方法。（至此完成第三次"放收"过程。）	对比教学资源

在课后的数学组内部研讨中，Hyl 再次对自己引导学生用"正"统计数量的教学片段进行了回顾，尤其是对"三放三收"的环节，Hyl 老师表示"自我感觉还是比较满意的"，在教学设计中预设的教学资源全部呈现出来，这在一定程度上进一步增强了 Hyl 老师的教学信心。数学组的其他 5 位老师分别对 Hyl 老师教学过程中的具体细节提出了不同的改进建议，比如 Hyl 老师在引导学生呈现"教学资源"时的教学语言、前后顺序、板书布局以及学生在上课过程中表现出的各种反应与问题等。在 Hyl 老师与二（1）班数学教师 Jrj 老师的谈话中，研究者了解到参加第一次"试教"的学生是班级里数学成绩中游偏下的一群学生。Hyl 老师信心十足地对研究者说："小弟啊，这次试教学生的数学成绩在班里是比较一般的，我们第二次试教会用另一半学生，效果应该比这次还要好"（QL-Hyl-A33）。

3. 产生怀疑："Wyp（高校'专家'）老师的想法可能不适合咱们的课堂！"

在数学组的研讨过程中，占据一半研讨时间的讨论话题是第三个教学环节，即引导学生感受统计结果的不确定性。在这个过程中，Hyl 老师的教学设计如表 5 - 25 所示。

表 5-25   Hyl 老师执教"统计表初步"的第三个教学设计环节

教师活动	学生活动	设计意图
（一）合作试验 1. 提出问题：抛 1 次双色片会出现几种情况？如果抛 10 次，那么蓝色和红色朝上的次数又会出现什么情况呢？下面我们带着数学思考来玩这个游戏。 2. 出示要求：抛双色片 10 次，用画"√"的方法记录蓝色朝上和红色朝上的次数各是多少。 （二）发现和感悟不确定性 1. 引发思考：你们每人统计的结果一样吗？ 2. 小结：同样抛 10 次双色片，蓝色和红色朝上的次数是不一样的，有的同学蓝色朝上的次数多一些，有的同学红色朝上的次数多一些，还有的同学两面出现的次数同样多。所以统计的过程中要不断调查，找一找其中的规律。通过以后的学习，你们就会知道其中的奥秘啦！	同桌合作完成：一人抛，另一人记录并完成统计表。再交换活动。 学生交流统计情况，呈现多个不同资源。 学生感悟不确定性。	抛双色片活动不但提供给学生一个用学到的新本领统计随机事件的机会，而且让学生发现和感悟到了统计结果的不确定性，并且为今后的学习埋下伏笔。

在这个教学环节中，Hyl 老师不仅花费了较多的课堂教学时间，而且学生同桌之间的合作学习表现得比较"混乱"，"这个环节看似热闹，如果活动当天我专门叫成绩好的学生来回答这个环节的问题，也能'糊弄'过去，但是那就没意义了，而且学生在课堂上可能会表现得'无所适从'，甚至引发假的'合作学习'的'混乱局面'"（QL-Hyl-A37）。而其他 5 位数学组老师讨论的中心则聚焦在"抛双色片 40 次"的教学设计上。"我觉得抛 40 次太多了，根本就没必要，你看刚才课堂上，学生们乱抛（双色片），同桌之间也不知道咋统计"（QL-Sl-A05），"是的，40 次太多了，抛这么多次的设计意图是什么呢？刚才在这个环节，学生们的表现简直都乱套了"（QL-Zjy-A07），"也许当时 Wyp（高校'专家'）老师建议增加抛双色片的次数是有一定教学目的的呢？到底是为什么呢？我感觉这其中肯定有她的想法的"（QL-Cqn-A03）。

针对"抛双色片 40 次"的初始设计意图，研究者在对 Hyl 老师的深度访谈中找到了缘由。"当时（在 MH 小学试教时），Wah 的教学设计中是抛 10 次，（由于抛 10 次）数量少，学生们感觉用打'√'的方式更方便，结果没有达到预期的教学目标（即划'正'统计更方便，且引导学生感受统计结果的不确定性），Wyp（高校'专家'）也比较生气，所以就调整到现在要抛 40 次，目的是让学生知道，抛得次数越多，越需要用'正'来统计"（QL-Hyl-078）。研究者询问 Hyl 老师自己的想法时，她表示"其实，我感觉 20 次就够了，因为前面我已经有所铺垫，所以后面时间也能来得及"（Ql-Hyl-079）。

经过数学组 6 位教师的讨论，其他 5 位老师都认为 Wyp（高校"专家"）老师的教学设计建议不合理。"Wyp（高校'专家'）老师的想法可能不适合咱们的课堂！"Hyl 老师则表示自己会再思考一下这个环节的教学设计，暂时保留原来抛 40 次的设计方案，希望通过其他办法解决这个环节的"课堂混乱"。可以看出，当一线教师的课堂教学实践与高校"专家"的设计建议产生矛盾或冲突时，往往会有三种不同的"博弈"结果：其一，"遵循"专家的意见，进一步揣摩"专家"的设计意图；其二，"否定"专家的想法，认为"专家"并没有接触到现实的课堂教学实践，其建议不一定适切于具体的课堂教学；其三，"妥协"或"折中"，在保留专家教学建议的同时，寻找其他方法来化解矛盾或冲突，尝试实现既定教学设计中的教学目标。

（三）第二次"试教"：数学组内部讨论的妥协结果

根据第一次"试教"的情况及数学组老师们的建议，2018 年 10 月 18 日，Hyl 老师进行了第二次"试教"。

1. 充满期待："这次试教的学生成绩都比较好，问题不大"

研究者对 Hyl 老师第二次"试教"前后的准备工作进行了参与式观察。在进行第二次"试教"之前，Hyl 老师重新梳理了整个课堂教学的脉络，尤其是各个教学环节之间的"衔接问题"。第二次"试教"将用二（1）班尚未参加第一次"试教"的 15 名学生。据二（1）班的数学老师兼班主任 Jrj 老师反映，参加第二次"试教"的 15 名学生在自己班里的数学学习成绩是比较好的。在研究者帮助 Hyl 老师调试课堂多媒体设备时，Hyl 老师信心十足地告诉研究者，"这次试教的学生成绩都比较好，问题不大"（QL-Hyl-A36）。研究者猜想，或许 Hyl 老师认为学习成绩好的学生能够弥补第一次"试教"中存在的诸多不足，并抱有能够解决第一次"试教"中的"疑难问题"的想法。

2. 实践过程："唉……还不如第一次试教的效果好呢"

在第二次"试教"的过程中，Hyl 老师按照教学设计展开各个教学环节。根据 Hyl 老师的教学设计，第一个教学环节，即"经历统计表的生成过程"，包含三个部分：首先，是激发学生的统计需求，即利用"大象准备邀请小动物们到家里做客，它想做一些正方形、圆形和三角形的巧克力招待大家，看动画，大象想知道这三种巧克力（分别是圆形、正方形和三角形）各做多少个？听一听，回答大象的问题"的故事情节设置教学情境，以此激活学生的思维，使学生产生记录的需求；其次，是经历记录过程，即引导学生利用不同的方法进行记录，教师再收集学生不同的"统计方法"，以此作为差异性的教学资源，进行分类比较，目的是凸显"分类记录"比较"清楚"，"简单符号"比较"方便"

的统计方法；最后，是在记录的基础上生成统计表，即引导学生认识统计表的构成（标题、项目、数量等），并将数据结果填入统计表，发掘统计表中蕴含的信息。

在第一个教学环节的第二部分中，Hyl 老师与数学组听课的老师产生了"不同意见"，具体教学片段见表 5 - 26。

表 5 - 26　Hyl 老师第二次"试教"教学片段：收放教学资源

教学片段	研究者备注
在播放完动画之后，Hyl 老师走下讲台，到学生中去收集不同的"教学资源"（学生采用的不同"统计"方法）。 Hyl 老师：第一个同学，你是怎么记录的呢？ 学生 1：我是按照小动物们喜欢的巧克力形状，一个一个画下来的，然后再数一数就好啦。 Hyl 老师：好的，第一个同学是一个一个地来记录的，最后再数一数每一种形状的巧克力有多少个。这是一种记录方法。第二个同学，你是怎么记录的呢？ 学生 2：我是先画好三种图形，听到那一个图形，我就画出哪一种图形。 Hyl 老师：好的，第二个同学也是利用画图形的方法。但是她是用"分类"记录的，对不对啊？你们感觉这两种分类方法，哪一种更好呢？ 学生 3：我觉得第二种方法好。因为…… Hyl 老师：（还没等学生 3 说完）对的，因为第二种方法是按"分类"来记录的，便于观察，得到结论。对不对啊？ （这时，在一旁听课的数学组 Sl 老师突然打断了 Hyl 老师的上课过程。） Sl 老师：学生说第二种方法好，为啥第二种方法好啊？你（Hyl 老师）干嘛要解释啊，要让他（学生 3）来解释啊。 （整个课堂出现一种尴尬的氛围，Hyl 老师愣了几秒钟之后，连忙为自己的失误"打圆场"。） Sl 老师：我们强调"重心下移"，就是要把权利还给学生啊。对不起，继续继续，我不应该打断你的……	□□△□○…… □　　△　　○ □　　△ □ 整个"试教"过程出现了几分钟的中断，Hyl 老师原有的上课状态被"破坏"

在第二次"试教"的教学片段中可以发现，由于 Hyl 老师在学生 3 回答完毕之前，无意地"抢先"说出选择第二种统计方法的好处，即"用'正'进行分类记录，便于观察，得到结论"，致使"新基础教育"理论强调的"重心下移"没有实现，反而出现了"新基础教育"理论所批判的"教师替代"现象，即教师替代学生回答问题，没有将回答问题的时间与空间还给学生。这或许也正是 Sl 老师急于打断 Hyl 老师第二次"试教"过程的原因。课后，研究者对 Hyl 老师进行了开放式的访谈，Hyl 老师对整堂课的教学节奏并不满意。"唉，

小弟，你也看到了，这次试教还不如第一次试教的效果好呢，感觉这次'试教'是我的个人状态不好，整个教学节奏有些混乱，慌里慌张的，不是学生的问题"（QL-Hyl-41）。

3. 争议激化："我们可以暂时忽略 Wyp（高校'专家'）老师的想法！"

在第二次的"试教"中，数学组内部的争议还是集中在"抛双色片 40 次"这一教学设计上，具体的教学片段见表 5 - 27。

表 5 - 27　Hyl 老师第二次"试教"教学片段：抛双色片

教学片段	研究者备注
Hyl 老师：我们利用刚刚学过的统计方法，同桌一起来做一个小游戏——抛双色片。那么，我们抛一次双色片，会出现几种情况呢？ 学生 1：有可能是红色的一面向上，也有可能是蓝色的一面向上。 Hyl 老师：对的，听好老师的要求啊，我们总共要抛 40 次双色片，左边同学先抛 20 次，右边的同学记录，我要问了，40 次你们感觉用哪种记录方法好啊？ 学生（齐）：用"正"字。 Hyl 老师：好，左边同学抛 20 次，右边同学给他记录好，开始。 （学生开始抛双色片，整个课堂又出现了"混乱"，许多学生把双色片抛到了地上，就钻到课桌底下去找自己的双色片……）	Hyl 老师忘记提醒学生，前 20 次抛完之后，同桌互换：左边同学记录，右边同学再抛剩余的 20 次

在第二次"试教"之后，数学组的 6 位教师直接现场研讨，主要围绕两个问题：其一，在引出用"正"统计的"教学资源"时，Hyl 老师出现了"新基础教育"理论所批判的"教师替代"现象，并认为产生这一问题的主要原因在于 Hyl 教师自身没有把握好课堂教学的节奏；其二，"抛双色片 40 次"太多，仍旧争论要不要减少抛的次数，暂时忽略 Wyp（高校"专家"）老师抛 40 次的想法。"咱们二年级的学生还不怎么容易建立游戏规则意识，一听抛双色片，就乱抛，都扔到地上了，然后再爬到桌子底下去找，能不混乱么"（QL-Sl-A37），"抛得次数太多啦，没有考虑到学生的实际啊"（QL-Zjy-A22），"我们可以暂时忽略 Wyp（高校'专家'）老师的想法！我建议抛 20 次就够了，把我们这堂课的重心返回到'统计'上，Wyp 老师的想法是好的，但不符合咱们学生的情况啊"（QL-Jrj-A19）。Hyl 老师这次暂时"听从"了数学组其他 5 位老师的想法，进行了"妥协"，将这一环节的教学设计由"抛双色片 40 次"改为"抛双色片 20 次"，"可是，我们这堂课的重心就改变了，亮点可能也缺少了，没办法啊"（QL-Hyl-A43）。

（四）正式"执教"：争议问题得到解决，新的问题再次涌现

在第二次"试教"之后，Hyl 老师时常会在数学组的教研活动中提起"试教"过程中存在的问题及其各种尝试解决问题的策略。数学组的其他 5 位教师也积极评估各种策略的优点、缺点以及可能存在的各种情况。2018 年 10 月 22 日，跨区域校际数学组的现场教研活动在 QL 小学教学楼三楼举行，约有 40 名教师现场观摩学习。参加这次教研课的学生是 Hyl 老师自己所教的二（2）班，共有 32 位学生（1 人生病请假）。

1. 灵机一动："可否用这种方法来解决存在争议的教学环节？"

在正式"执教"的前一天，研究者比 Hyl 老师早到办公室。当 Hyl 老师匆匆来到办公室之后，对研究者说的第一句话是："小弟啊，可否用这种方法来解决存在争议的教学环节呢？""我这两天一直在想'抛双色片 40 次'的问题，我告诉你啊，我现在有一个想法，我昨天看我女儿在看'短视频'，就是那种几十秒的"（QL-Hyl-A52），Hyl 老师显得有些激动和兴奋，"我认为啊，我们'抛双色片 40 次'出现混乱的问题不在教学设计上，是学生们没有学会怎么抛，二年级小学生（年龄）太小了，我们也可以拍一个名叫'教你抛双色片'的'教学微视频'啊"（QL-Hyl-A53）。研究者急忙向 Hyl 老师追问："H 老师，这样做与原来的做法区别在哪里？为什么要这么做呢？""小弟，你想啊，对于二年级的学生，无论是我把抛双色片的规则写出来，还是说出来，都抽象得很，学生不理解啊，我们录个'微视频'，我还想过，我请两个学生过来录'微视频'，这样二年级的学生一看'微视频'，既有兴趣又很直观，肯定很快就能学会"（QL-Hyl-A54），Hyl 老师连忙解释。

大课间活动（9：30—10：00）时，Hyl 老师将自己的想法与数学组的老师们集体讨论了一下："我觉得'抛双色片 40 次'的教学设计本身是没有问题的，我们先别急着否定它，我觉得课堂出现'混乱'的关键是学生还没学会怎么抛（双色片），我今早跟小弟说过，我想录一个'微视频'，那样的话……"（QL-Hyl-A58），"我觉得可以试试"（QL-Sl），"嗯嗯，这个方法倒是不错"（QL-Zjy），"这或许不仅能解决'混乱'问题，还能成为我们一个新的亮点呢"（QL-Zxp），"赶快录，赶快录，我去找个三脚架"（QL-Jrj）……中午时，Hyl 老师请来两位四年级的学生来录制"微视频"。"我们来分工吧，我来抛，你来记，1 红，2 红，3 蓝……"（学生 1），"我们来交换吧，你来记，我来抛，1 蓝，2 红，3 蓝……"（学生 2），整个视频约 40 秒，Hyl 老师将其链接到明日授课的课件之中。

至此，在"统计表初步"的教学设计中，Hyl 老师依然坚持"抛双色片 40 次"的教学环节，前提是她自己"灵机一动"，想到了解决"课堂混乱"的方法与策略。"明天课堂上实际效果怎么样，我心里还是有些'打鼓'的"（QL-Hyl-A60）。

2. 实践过程："争议环节是解决了，又出现了新的突发情况"

在现场教研课开始之前，Hyl 老师将自己班的学生带入 QL 小学三楼的一间教室，并与学生展开简短的课前互动。针对前两次"试教"中数学组集中讨论的两个环节，即"收放教学资源"（防止出现"教师替代"现象）与"抛双色片 40次"的问题，研究者记录了这两个教学片段，具体如表 5 - 28 所示。

表 5 - 28　Hyl 老师正式"执教"教学片段："收放教学资源"与"抛双色片 40 次"

教学片段	研究者备注
课前活动环节，H 老师要求学生在半分钟内写"正"字，数一数一共写了几个"正"字，一共有几笔。 （情境引入环节，同课堂片段 1） 在第二次"收放资源"环节（播放第二遍动画）时， H 老师：同学们，想一想，我们可以怎样帮助大象记录不同形状巧克力的个数呢？ 某学生：（未举手，较大声）用画"正"的方法。 在第二次"收资源"的时候，H 老师发现班里大部分的学生都用了"正"字记录，比第一、二次"试教"时，学生资源的种类和数量都少。但 H 老师还是将前两次"试教"的资源通过投影呈现给了学生。 注：针对第三环节"合作试验，抛双色片 40 次，感受统计结果的不确定性"，容易出现课堂混乱的问题，H 老师采纳 J 老师的建议，提前录制了操作规范的"微视频"，在第三环节开始之前，引导学生观看"微视频"，学习如何抛得又快又好。	Hyl 老师神情有些慌乱

课后，研究者针对本次教研活动的具体教学环节，对 Hyl 老师进行了开放式的访谈。

关于第一个教学环节中的"三放三收"部分，"小弟，你可能也发现了，我们的争议环节是解决了，可又出现了新的突发情况"（QL-Hyl-B05），Hyl 老师解释道，"在'三放三收'的环节，真的是出乎我的意料啊，我本以为能够自然而然地出现我们前两次'试教'时的全部'教学资源'，结果，你看，G（指教学片段中的'某学生'）没举手回答，直接说出要用'正'来统计，引着其他学生没有了发言机会，以为这就是'正确答案'，全班几乎所有同学都用'正'字来记录了"（QL-Hyl-B07）。可见，在第一个教学环节中，由于"某学生"未举手而脱口而出的"正确答案"，使得 Hyl 老师教学设计中分层呈现资源的教学目的"落空"。"这次不是'教师替代'了，而是由于突发情况，也可能是我自己没有掌控好（课堂的）局面，出现了'学生替代'，这是一个新的问题，完全出乎我们的意料啊"（QL-Hyl-B11）。

对于"抛双色片 40 次"的问题，"小弟，你有没有听到，我们这个部分的教学设计得到了前来听课的老师和专家的表扬啊，说这是我们的一大亮点呢，真的没有辜负我们的一片心血啊……还说我们的这种方法值得借鉴与推广呢"（QL-Hyl-B13）。针对第三环节"合作试验，抛双色片40次，感受统计结果的不确定性"部分，由于借用"微视频"，Hyl老师在当天执教过程中，顺利完成了这一教学环节，虽然有31名学生，但是课堂没有出现"试教"时的混乱局面，并实现了Wyp（高校"专家"）初始的设计意图，即将二年级"统计表初步"与四年级"统计与可能性"建立关联性。

3. 自我感慨："课堂是灵动的！"

在跨区域校际数学组现场教研活动的第二天，QL小学数学组的6位教师进行了内部的研讨，总结了两次"试教"与正式"执教"中的得与失。

"在昨天课后的研讨互动环节，我也告诉了前来参加此次活动的外地老师们，我们已经'借班上课'且'试教'了两次，前两次'试教'过程中的学生差异性资源还是很丰富的，只是昨天正式上课的时候没有展现出来，我觉得这没有关系的，重要的是我们对这节课的设计更加深入了，我觉得这是关键"（QL-Hyl-C03），"真是没有想到这个局面，G（指教学片段中的'某学生'）也没举手，就直接脱口而出用'正'统计，结果所有学生都跟着他的'答案''跑'了"（QL-Sl），"不过，我们的'微视频'设计还是蛮不错的，以后咱们可以多多尝试一下这个策略"（QL-Zjy），"无论怎么说，咱们对'统计表初步'这节课的教学设计是又加深了一步，以后上课就更'踏实'了"（QL-Zxp）。

数学组研讨结束之后，研究者问Hyl老师："H老师，你能用一句话概括这次教研活动的感受吗？"Hyl老师笑着回答："小弟啊，课堂是灵动的！"

五、教育理论进行实践转化的"现实张力"

通过对QL小学数学组的参与式观察、对"情理之中"与"意料之外"关键事件的深描叙述，以及对QL数学组6位教师的开放式与半开放式的深度访谈，可以发现，教育理论的实践转化机制的运作是多种因素相互作用、多元主体相互联动、多种可能触发涌现等共同作用的结果。教育理论的具体转化过程卷入了不同的教育主体、不同的学科内容和不同的教学行动，它们各自又存在着"现实而又必要的张力"。

（一）转化主体之间的"现实张力"

纵观田野考察的整个"生态系统"，大致可以分为以下三个层次：第一，"大系统"，即在以"学校"为基本单位的"整体生态区"内部，不同学校之间协同进行教育理论的实践转化，也包含学校内部不同学科组对教育理论的实践转化，既是一种"地域交流"，也是一种"资源交互"，更是一种"文化再生"；

第二，"中系统"，即在以"学科组"为基本单位的"局部生态区"内部，同一学科不同教师之间的协同转化，也包括不同学校同一学科之间的团队交流，营造的是一种"教研文化"；第三，"小系统"，即以"教师"为基本单位创生的"个人生态区"，其实质不仅仅是某一个教师，更是涉及以某一个教师为中心的教研转化人际网络。

从以上三个"生态系统"基本单位的主体构成可以看出，卷入教育理论实践转化机制的主体主要有以下四类：其一，高校"专家"或教育理论者；其二，区域或学校的行政人员（如校长、教研员等）；其三，学科教师（如语文、数学、英语、实践活动等学科）；其四，具体年级段的学生。在教育理论的实践转化过程中，四类转化主体之间主要存在以下五种"现实张力"：其一，教育理论者与中小学校长之间的"学术与行政"张力；其二，教育理论者与学科教师之间的"抽象与具体"张力；其三，学科教师与所教学生之间的"预设与实现"张力；其四，中小学校长与学科教师之间的"命令与自觉"张力；其五，学科教师与同侪之间的"个性与共性"张力。所有这些转化主体之间的"现实张力"以不同程度的相互作用影响教育理论实践转化机制的运作过程。

（二）转化内容之间的"现实张力"

从学科教师对自身专业成长史的回顾以及田野考察中关键事件的发展线索，可以看出，教育理论的实践转化过程是以转化主体为内在驱动力，以转化内容为外在媒介物，以转化行动为外在实现形式，以"人的转化"为最终旨归的融通关联与交互滋养的过程。这个过程主要涉及以下三类转化内容：第一，高校"专家"的教育理论，其中包括价值观念类的教育理论、一般教学类的教育理论和学科教学类的教育理论等；第二，是学科教师的教学理念，其中包括学科教师"信奉的教育理论"、"使用的教学方法"与"创造的教学策略"等；第三，年级学科的教学设计，其中包括学科教师把握"教学目标"、"教材分析"、"学生分析"与"教学环节"的内在理据。可以发现，在教育理论的实践转化过程中，不同的转化内容之间并不是一种线性、单向的与机械的执行关系，而是一种交互的、双向的与联结的创生关系。

不同转化内容之间的"现实张力"，是以不同转化主体之间的交往互动为基本前提的，具体表现在以下三个方面：首先，高校"专家"的教育理论与教师"信奉的教育理论"之间的现实张力，其实质是两类转化主体对"好教育"理念的价值认同过程；其次，教师"信奉的教育理论"与教师"使用的教学方法"之间的现实张力，其实质是同一个转化主体对"理想主义"与"实用主义"之间得与失的内在自我博弈过程；最后，教师的"教学设计"与学生的"课堂实现"之间的现实张力，其实质是对教师的"理想课型"与课堂的"实然因素"

之间的适切性的追问过程。因此，不同转化主体持有不同的转化内容，怀揣不同的转化理想，担负不同的转化责任，多种转化内容之间的"现实张力"共同交织出教育理论实践转化机制运作的"内在张力"。

（三）转化行动之间的"现实张力"

转化行动作为教育理论实践转化的外在表现形式，是以转化主体与转化内容之间的融通创生为基础的。根据转化主体与转化内容的不同，教育理论的实践转化过程主要涉及以下三个方面的转化行动：第一，教育理论者的转化行动，即教育理论者需要实现不同类型教育理论之间的内容自洽、形式自洽与价值自洽，保证同一教育理论不同类型之间的连贯性、融通性与整合性；第二，是教学设计的转化行动，即学科教师需要不断将自身"信奉的教育理论"转化为"使用的教学方法"，不仅仅将自身信奉的教育理论作为个人的教育价值观念，更要将其渗透到课堂教学设计的每一个环节之中；第三，是教师课堂的转化行动，即教育理论实践转化的最终落脚点是现实的课堂教学，教师需要不断追问每一个教学设计环节与自身所教学科、年级、学生具体情况之间的适切性，在"方法论意义上"保障自身的教学行动合规、合法与合理。

在透析教育理论的实践转化过程时，以上三类转化行动是以不同的转化主体与转化内容为分析单位进行的基本分类，而不同的转化行动之间又存在不同的"现实张力"，具体表现在以下三个方面：其一，教育理论者与学科教师转化行动之间的"现实张力"，即教育理论者所进行的"实践转化"与学科教师所进行的"实践转化"二者之间存在一定的差异，甚至是矛盾、冲突与博弈关系，如话语表达形式、理论抽象程度、学科涉及程度等；其二，学科教师之间转化行动的"现实张力"，典型的例子是中小学的"师徒关系"与"同侪关系"，如经验丰富的成熟型教师之间及其与经验贫乏的初入职教师之间共享同一套教育理论，如何审视、思考与批判二者之间教学实践转化的差异，便涉及同一类主体之间的教学智慧、教学策略、教学风格的差异性与多样性等；其三，学科教师与所教学生转化行动之间的"现实张力"，即学科教师的课堂教学行动与所教学生的课堂学习反应之间存在着一种"确定性"与"不确定性"的张力关系，需要教师在"即兴教学"中灵活应对，现场转化，彰显的是教师的课堂教学智慧。

六、教育理论实践转化问题的"创造性解决"

对 QL 小学数学组进行田野考察，目的是描述、呈现与建构教育理论的实践转化过程，除了需要参与式观察与撰写田野日志外，还需要初步对研究问题进行理论建构。纵观田野考察中的"关键事件"可以发现，无论是 Hyl 老师两次"试教"中对学生差异性"教学资源"的收放与把握，还是数学组内部对Wyp（高校"专家"）"抛双色片40次"教学设计合理性的认同与质疑，在整个"关键事件"的曲折发展中隐匿着一个内在的关注焦点，即教育理论实践转化问题的"创造性解决"。

（一）激活教育情境，形成实践转化的"焦点问题域"

教育理论的实践转化最终是要落脚到现实的教育情境之中，而教师作为把握"最一般"与"最日常"教育情境的实践者，无时不身处其中。根据教育场域的不同，教育情境大体可分为以下三类：第一，由教育理论者（或高校"专家"）与学科教师共同组成的教育理论转化情境，即教育理论者与学科教师架构"好教育"的共同愿景，并不断反思教育现实中存在的主要矛盾，以此作为教育理论建构与转化的依据，学科教师则将抽象化的教育理论转化为内在信奉的教育信念，并结合既有的教育教学经验对其进行"筛选"与"验证"；第二，由学科教师共同形成的教学研讨情境，即同一学科不同年级的教师共同对教育理论的转化条件与转化限度进行探寻，其初衷是在"求同存异"的原则下化"多"为"一"；第三，由学科教师与所教学生形成的课堂教学情境，即教师的教学设计、课堂的教学行为与学生的课堂反应共同形成"教学理念转化为教学行动"的现实情境，这种现实的教育情境是教师尝试寻求教学确定性的结果。

激活教育情境为教育理论的实践转化创造了契机，即形成转化行动的"焦点问题域"。无论是教育理论者对教育理论的"实践化"改造，还是学科教师对教育理论的"实践化"行动，其围绕的中心都是一个明确的"焦点问题域"。根据以上三种教育情境的分类，结合田野考察中的深描案例，教育理论实践转化过程中的"焦点问题域"主要集中在以下三个方面：首先，"如何将抽象化的教育理论转化为实践化的教学理论"，即教育理论者与学科教师共同围绕"理论实践化"与"实践化理论"的中间转化过程，形成两类主体间的"焦点问题域"；其次，"如何将实践化的教育理论转化为行动化的教学设计"，即学科教师根据既有的"学科教学理论"进行某一学科主题的教学设计，其实质是关注"实践化理论"与"行动化设计"的中间转化过程，以此形成学科教师之间的"焦点问题域"；最后，"如何将行动化的教学设计转化为现实化的课堂实践"，即学科教师根据既有的"教学设计"预设课堂实践的每一个环节，其实质是关注"行动化设计"与"现实化实践"之间的中间转化过程，以此形成学科教师与所教学生之间的"焦点问题域"。

（二）架构行动网络，生成教师群体的"实践性知识"

在现实的教育场域中，虽然教育理论的实践转化过程最终是以学科教师具体的教学行动为阶段性"转化终点"的，但是在整个转化的过程中却隐含着一个较为完整的"行动者网络"。构成这种行动者网络的教育主体，主要包括以下几类：其一，高校"专家"（或教育理论者），他们不仅仅生产抽象化的教育理论，还需要将抽象的教育理论转化为教学的"实践化理论"，并介入学科教师的教学设计与课堂教学之中；其二，学科教师及其教研团队，他们主要负责将"实践化理论"转化为"具体教学设计"，需要将教学理念渗透到教学设计中的教师活动与学生活动的每一个环节，体现基于教学理念的设计意图；其三，学科教师与学生共同形成的课堂行动网络，即教师需要将"教学设计"中预设的教师活动与学生活动转化为现实的课堂师生互动，以具体的课堂教学实践彰显教育理论的丰富内涵，考察教育理论的适用条件，探寻教育理论的外延限制。

教育理论在教育主体架构的"行动者网络"中完成实践转化的过程。在这个过程中，与高校"专家"（或教育理论者）的教育理论知识不同，教师群体能够生成自身独特的"实践性知识"，这种"实践性知识"作为"教师对自己的教育教学经验进行反思和提炼后形成的，并通过自己的行动做出来的对教育教学的认识"[①]，其形成是教师群体不断进行"实践性反思"与"反思性实践"的结果，分别代表着教师群体的一种"反思意识"与"行动能力"，具体包括教师关于自我的知识、关于学科教学的知识、关于所教学生的知识以及关于教育情境的知识，而这些"知识"不仅仅是"知道怎么做"的方法手段，更是教师在面对具体的教学问题情境时，通过操作、尝试与重建等环节，解决教学问题之后获得的认知结果，其实质是一种"存在于实践行动中，对他人身体化的关切以及存在于个人空间、情绪和关系氛围中的知识"[②]，是一种含有"尝试、体悟、实践、重建与提升"等含义的"适用型知识"。

（三）创获教学智慧，成为实践转化的"方法论学家"

教育理论实践转化问题的"创造性解决"，不仅仅体现为一种新的教育理论或教学理念的"贯彻落实"过程，更是需要教师基于本土化的教学情境，利用自身已有的教育教学经验，将教育教学理论转化为个人的教学"实践性知识"，并在具体的课堂行动中转化为个人的教学"实践性智慧"。在三个层面的两次转化过程中，教师需要完成三重境况的转化：首先，由教育"本然界"向教育"事实界"的转化，即将形而上的抽象化教育理论转化为对现实教育教学事实的认知与把握；其次，由教育"事实界"向教学"可能界"的转化，即教师基于对教育事实的整体认知，探寻课堂教学的多种可能性，具体表现为教师对教学

---

① 陈向明. 搭建实践与理论之桥：教师实践性知识研究［M］. 北京：教育科学出版社，2011：230.

② 陈向明. 搭建实践与理论之桥：教师实践性知识研究［M］. 北京：教育科学出版社，2011：233.

设计的策划与构想；最后，由教学"可能界"向行动"价值界"的转化，即教师根据自身构想的教学设计，结合教材分析、学生分析与情境分析，将构想的教学预设转化为课堂的教学行动，并不断追问这种转化行动的价值与意义，尤其是对自身专业发展与学生生命成长的价值与意义。

教师的教学智慧在教育理论的实践转化中起着关键性的作用，而教学智慧的形成则是教师在具体教学行动中对教育主体、问题情境、教学内容、理论依据与行动策略之间"适切性"的追问过程，这是教师融合转化冲突与化解转化矛盾的关键所在，具体体现为以下三个方面：第一，教师对教学内容与教学主体之间"适切性"的追问，即教师在对学科教学内容与自身所教学生的具体情况进行分析的基础上，把握学科教学内容的知识特性，明晰所教学生的年级特征，并反思与考量二者的适用关系；第二，教师对教学内容与教学方法之间"适切性"的追问，即教师需要根据学科教学内容的知识特性来选择或创造合适的教学方法，而不是"削足适履"，为了呈现某种教学方法而使用某种教学方法；第三，教师对教学方法与教学主体之间"适切性"的追问，即教师需要反思某种教学方法或教学策略是否适切于自身的教学风格，是否适切于自身课堂中的师生互动，是否适切于学生的学习成长等。因此，教师成为教育理论实践转化的"方法论学家"，能够从"方法论意义"的层面出发，不断追问各种转化矛盾、行动冲突与主体博弈背后的思维范式，从各种影响因素塑造的漩涡之中抽身而出，形成教育理论在个体自我专业成长中的实践转化机制。

七、田野考察的结论与反思

对教育理论的实践转化机制的研究，如果说基于教师群体的扎根理论分析，是一种静态式的结构分析，目的是剖析教育理论实践转化的结构维度与影响因素，那么，基于 QL 小学数学组的田野考察，则是一种动态式的过程分析，目的是呈现教育理论实践转化的发生过程与运作机制。

（一）研究结论

本章内容是以 QL 小学数学组的日常教研活动与典型的"关键事件"为研究对象，运用田野调查的方法呈现教师对教育理论进行实践转化的表层现象、深层结构与隐性机制，以具体的教研对话、课堂描述和观察记录相结合的方式进行田野民族志式的撰写，目的是在"夹叙夹议"中深描以教师为行动主体的教育理论的实践转化过程的整体样态。根据深度描述进行理解、诠释与批判，对教育理论实践转化过程进行田野考察的研究结论如下。

教师对教育理论的实践转化是一个长期的、复杂的过程。在这个过程中，涉及的教育主体及其承担的角色主要有以下三类：其一，教育理论者（或高校

"专家"），主要是建构教育理论，并将其不断转化为"实践化的教育理论"；其二，学科教师组成的学科教研团队，主要是将教育理论转化为"信奉的教育理论"和"使用的教学方法"，并不断地将其转化为具体的"教学设计"；其三，学科教师及其所教的学生，主要是将预设的教学设计转化为现实的课堂教学实践，探寻教育理论的实践内涵，验证教育理论的实践限度，重建教育理论的转化机制。当然，在教育理论的实践转化过程中，学校领导及行政人员也为转化机制的正常运作提供了制度保障与政策支持。在教育理论的实践转化过程中，存在着转化主体之间、转化内容之间以及转化行动之间三重"现实张力"，分别形成了转化过程中的矛盾、冲突与博弈关系。而教育理论实践转化的关键本质在于转化问题的"创造性解决"，需要教师循环递进式地完成三个环节的连续性转化任务：首先，激活教育情境，形成实践转化的"焦点问题域"；其次，架构行动者网络，生成教师群体的"实践性知识"；最后，创获教学智慧，成为实践转化的"方法论学家"。

总体而言，教育理论的实践转化有其自身的运作机制与转化逻辑，并非是一种简单的执行操作过程，而是处于一种"教研重建"与"个人行动"的亚文化之中，是教师将"教育确定性"与"教学不确定性"、"理论优先性"与"实践适切性"、"筹划设计"与"即兴教学"等进行"联姻"的发生与运作过程，涉及情感体验、话语认知、思维意识与行动策略四个结构性"转化维度"的共同运作。对教育理论的实践转化机制的研究亟须对这四个结构性的"转化维度"进行深入的揭示、分析、呈现与建构，这也将成为本课题接下来的主要研究任务。

（二）研究反思

以 QL 小学数学组为研究对象，对教育理论的实践转化过程进行田野考察，其涉及的研究对象、深描案例与研究结论，是否可以反映发生在教师日常教研生活中教育理论实践转化过程的整体样态？即，"小地方"的"局部范围"能否反映"大社会"的"整体范畴"？这是研究者在进行田野考察过程中一直"自我反思"与"自我批判"的问题。当然，这也是田野研究的基本假设性问题。无论是费孝通的《江村经济》通过对中国南方"江村"的田野考察来反映特定时代整个中国的命运，还是王笛的《茶馆》通过对镶嵌在成都"茶馆"内微观世界的深度刻画来反映成都区域的公共生活，这都反映了田野研究的基本假设："小地方"可以反映"大社会"。但有一个前提性的假设，那就是二者之间的群体、结构与文化具有一定的"家族相似性"。

期望以对 QL 小学数学组的田野考察来反映全部教育理论实践转化的整体样态，其实是不现实和不合理的。事实上，本章的田野考察更多的只是反映参加"新基础教育"研究的教育主体进行教育理论的实践转化过程的基本样态，甚至是 QL 小学所在"生态区"教育理论实践转化过程的基本面貌。当然，也可以换一个角度来看待这个问题，即不从田野地点所能代表的区域范畴出发，而是从"问题域"的角度出发来理解"教育理论的实践转化机制"，即从某一微观的田野地点可以管窥哪些共性的普遍论题。反思视角转化之后，本研究对 QL 小学数学组的田野考察，从研究关注的"问题域"上来说涉及"教育理论的实践转化过程"的整体表现形式，能够反映转化过程中蕴含的运作机制与行动逻辑，具有一定的普遍性与代表性，可以为理解不同语境、情境与主体参与下的"教育理论的实践转化机制研究"提供一种类型式的参照。

从研究本身来看，本研究仍存在几个有待深化拓展的方面，这也将成为后面几章的研究重点。首先，将扎根理论分析与田野考察内容结合起来，对情感体验、话语认知、思维意识与行动策略四个结构性的"转化维度"分别进行剖析与建构；其次，以某一个研究对象为深描案例，在对其个体专业成长史的梳理中，探寻"教育理论的实践转化机制"；最后，基于"教育学立场"的视角来研究"如何有助于教师对教育理论的实践转化"，即以"人"的成长与发展为旨归的教育学"学科的自我意识"为研究立场，在"成事成人"的视域中，致力于关照"教师专业成长"（即"主体"）与"教育理论（即'内容'）实践转化（即'方法'）"的适切性关系，从"方法论意义"上凸显本研究的"价值关怀"，即本研究能够为教师进行"教育理论的实践转化"提供何种可能路径。以上几点研究反思，也将成为下面几章研究内容的起点与重点。

第六章
论题的深化：教育理论与实践"转化逻辑"的运作机制

教育理论与实践之间"转化逻辑"的具体运作，是教育主体出于教育、教学或研究的需要，对教育理论工作者利用各种媒介所传递的教育教学理论进行选择、理解、整合、内化、诠释与外化行动的过程。这个过程涉及多元教育主体的共同参与，尤其是教育教学理论的生产者（如高校的"研究者"或"专家"）和教育教学实践的行动者（如中小学一线学科教师）之间的交往互动。可见，对教育理论的实践转化机制的研究，并不能仅仅关注教育理论本身的性质，也不能仅仅关照教育实践本身的属性，而是需要将研究的"聚光灯"照射到"人的转化"上。这是因为"没有教师的协助及其积极参与，任何改革都不能成功"[①]，教育理论也就不可能真正地、持久地、深入地转化为教育实践。

第一节 转化维度之一：教育主体间的"情感体验"

教育理论的实践转化首先表现为教育主体对教育理论的认同与接受的过程，既包括对教育理论的理性认识与反思，也包括对教育实践的感性理解与体验，更包括教育主体间知性的交往互动与表达，三种性情相互作用，共同形成教育主体间"情感体验"的转化过程。

一、作为教育主体间"内源性转化动力"的情感体验

在文本表述上，"教育理论的实践转化"看似是一种"自上而下式"的单向线性转化过程，即新的教育理论作为教师的"执行文本"或"操作文本"，将教师视为"执行者"或"操作者"的角色，为教师如何开展课堂教学提供可操作的建议或方案，教师只需要遵循"理论-学习-执行-实践"的教学流程，便能够得到教育理论假设的理想效果。

如果教师的教学行动达到了理想的教学效果，教师便成为"被表扬"或"被忽视"的对象，其归因的方式主要有两种：一是教师按照"操作步骤"准确地"执行"了教育理论的要求；二是忽视教师的"作用"，将教育理论成功转化为教育实践的结果归因于教育理论本身的"优越性"。如果教师的课堂教学没有达到理想的教学效果，那么教师往往成为"被指责"或"被批评"的对象，其归因的方式也存在两种：一是认为教师是教育理论实践转化的阻力，是教师的教学能力导致了教育理论"执行"过程的失败；二是从教师的角度出发，将教学"失败"的因素归咎于教育理论的"不合理性"或"难以实践"。

可以看出，无论教育理论的实践转化效果如何，作为转化主体的教师都是一种"悖论性"的存在，既是教育理论实践转化的动力，也是教育理论实践转

---

① 联合国教科文组织．教育：财富蕴藏其中［M］．北京：教育科学出版社，1996：15.

化的阻力。如果暂时假定教育理论自身不存在问题，即教育理论自身是自洽的、合理的、可转化与可实践的，那么，在以上教育理论的实践转化机制中蕴含着一种基本假设：教师作为一种"客体"角色，只是教育理论实践转化过程中的"执行者"，被视为教育理论的"输入对象"与"输出对象"，以及教育实践效果的"批判对象"与"改造对象"，其实质是遮蔽了教师的"主体性身份"与"主观能动性"，悬置了教师的根本立场与教学需求，忽视了教师的理论认同、身份认同与关系认同等因素，而这些因素相互作用，最终形成教师对教育理论实践转化过程的"情感体验"，并决定教师"内源性转化动力"的大小。

教育理论的实践转化作为理性认知与感性体验相互作用的结果，其实质是教育主体间"人"的转化，首先作用于教育主体间的"情感体验"，形成教育主体对教育理论实践转化的动机、信念、态度和行动倾向。如在"新基础教育"研究中，涉及多元的教育主体（见图6-1），他们共同形成一种经验性、动态性与关系性的存在样态。

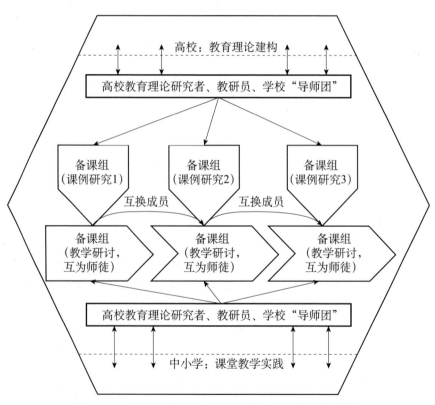

图6-1 "新基础教育"研究的项目开展和教师发展结构

资料来源：根据张向众、叶澜的《"新基础教育"研究手册》（福建教育出版社，2015）相关内容绘制。

而教育主体间"情感体验"的认同作为一种复杂的心理活动，其发生的过程"并不是个体内部心理的简单外射的结果"①，而是"个体借助自身的心理结构和思维特质对价值客体做出情感上的肯定评价，是人们对客体在内心获得肯定、满意、喜爱、赞同等体验的基础上产生的积极态度，实质上是一种内化认同"②，而这种内化认同便是一种由外在的客体认知向内在的主体意识的转化过程，即教育主体对教育理论本身的内化认同过程。当然，除了定义中强调的"个体对价值客体"的认同过程，其背后还隐含着"主体与主体"（如"高校专家"与"一线教师"，以及"学科教师"与"学校领导"，以及一线教师之间等）间"关系互动"的过程。所谓"情通则理达""理达则事成"正是说明"情感体验"作为"认知"与"情感"相互作用的产物，是教育主体对教育理论实践转化之"意向"的萌芽与发端，促使教育主体自觉或不自觉地显现出转化的意向、意图、态度与行动倾向。

因此，对于每一个教育主体而言，由于各自教育经验、教学能力、转化需求、变革动机、教育信念与教学实践的不同，"情感体验"作为理论学习与实践行动的内在情绪与外在态度，是教育理论实践转化的"内源性转化动力"，决定着教育主体的教育信念、价值追求与行动选择。

二、教育主体间"情感体验"转化的前提条件

基于扎根理论对教师访谈文本的分析，以及对教育理论实践转化过程的田野考察，可以看出，教育主体间"情感体验"转化的前提条件主要包括三个方面：第一，教师接纳、承认或认同教育理论中蕴含的"教师身份"或"教师角色"；第二，"教育理论"本身具有合理性、转化性与实践性，并能够被教师认同；第三，教师对教育理论与教育实践背后隐匿的主体间关系的认同。三种认同关系共同作用于教育主体间的"情感体验"，作为"内源性转化动力"影响教师对教育理论进行实践转化的内外动机与行动倾向。当然，教育理论的实践转化效果作为反馈结果，也将"反哺"教育主体间的"情感体验"。

（一）身份认同，形成"自我生成场"

不同的教育理论蕴含着不同的教师"角色定位"，形成教育主体间不同的"情感体验"。根据理论性质与价值属性的不同，教育理论实践转化过程中的教师"角色定位"大致可以划分为以下三种情况：其一，教师作为"无关者"，即教育理论的实践转化过程仅仅关注教育理论的"输入条件"与教育实践的"输

---

① 谈儒强．从情感视角看教师的专业认同［J］．教育与现代化，2008（1）：51-55，60.
② 王伦光．论社会主义核心价值观的情感认同［J］．理论探讨，2018（5）：64-68.

出结果"，并不关注教师在转化过程中的"地位"与"作用"，更不会将教育主体的角色、身份与作用纳入分析转化效果好与坏原因的思考范畴；其二，教师作为"执行者"，即教师表面上"参与"了教育理论实践转化的具体过程，但是其在外部力量的推动下，"忠实地"扮演着教育理论规定的"教师角色"，教育理论作为"剧本"，教育专家作为"导演"，教师作为"演员"，共同演绎出教育理论的"理想效果"，在这个过程中教师的"角色定位"作为外在教育制度或教育理论的功能性规定，蕴含着对教师自主身份定位的控制，并以一种规定性角色居于支配性的权力地位；其三，教师作为"行动者"，即教师通过"话语表述"或"行为表达"来显现自己对教育理论实践转化过程的情感、态度、动机与反应，不断地在"规定性角色"与"自主性角色"、"应然性角色"与"实然性角色"之间来回穿梭，教师既是一种"为他的存在"，更是一种"为我的存在"。

可见，在教育理论的实践转化过程中，不同教育理论对教师的"角色定位"形成了教师不同的"期待性角色"，需要教师在"成为代表"与"成为自己"之间进行选择与平衡，而这将直接影响教师在教育理论实践转化过程中的"身份认同"，间接地影响教育理论工作者与教育实践工作者的人际互动关系，它们共同作用于教育主体间的"情感体验"。

在教育理论的实践转化过程中，教师的"身份认同"作为教师"个体依据个人的经历所反思性理解到的自我"①，既包括教师个人的专业成长史，也包括教师个人的未来发展期望，是教师根据教育理论对"我是谁""我的角色定位是什么""我要构建何种身份""我为何要建构这种身份""我为何属于某一个特定群体""我将要成为谁"等一系列问题的理解、诠释与行动。它是以教师"自我生成场"的建构为轴心展开的，是对教育理论的实践转化过程中自我身份不断评估、权衡与确认的过程。

基于扎根理论对教师访谈文本的分析，以及对教育理论实践转化过程的田野考察，教师的身份认同作为教师身处"结构-个人-群体"互动关系中"对自我身份的确认和对所归属群体的认知以及所伴随的情感体验和对行为模式进行整合的心理历程"②，是"教师个体在特定情境脉络中与他人互动磋商，并以自身经验为参照系，在自我反思的过程中不断动态建构的"③，其实质是教师不断

① 吉登斯. 现代性与自我认同：现代晚期的自我与社会 [M]. 赵旭东，方文，译. 北京：生活·读书·新知三联书店，1998：275.
② 张淑华，李海莹，刘芳. 身份认同研究综述 [J]. 心理研究，2012（1）：21-27.
③ 李茂森. 自我的寻求：课程改革中的教师身份认同研究 [D]. 上海：华东师范大学，2010：118.

地比较区分与互动联系的"求同存异"过程，更是教师对个人角色的"辨识"、"确认"与"成为"的过程。在教育理论的实践转化过程中，教师往往要经历焦虑、迷惑、理解与适应的转化过程，并遭遇由"理论冲击"或"文化震荡"导致的"身份认同危机"。

对于教师而言，这种"身份认同危机"的形成体现在"两个方面"，即教师的身份认同会遭遇"自我意义"与"群体归属"的危机。具体表现为：在内在向度上，教育理论的"规定性角色"容易致使教师的自我同一性遭到解构，打破教师自我在心理与行为上原有的平衡状态，产生对自我价值与自我意义的质疑、批判，是教师对"我是谁""我将要成为谁"等问题的合理性追问；在外在向度上，教师在将教育理论中的"规定性角色"演绎、顺应与内化为自我的"身份认同"时，需要从社会环境、教育制度与重要他者中获得群体自我的归属感和位置感，是教师对"我属于哪一个群体""我为何归属于这个群体"等问题的合法性判断。因此，在教育理论的实践转化过程中，教师的"身份认同危机"主要表现为对"个体自我"与"群体自我"的认同危机，其实质是一个寻求"自我差异性"与"群体共通性"的过程。

此外，在教育理论的实践转化过程中，教师"身份认同危机"的化解作为教师"保持自我个性"与"成为他人期待"二者不断调和与折中的结果，至少需要经历以下"三个阶段"（见图6-2）：首先，"个体身份"与"群体位置"的模糊阶段，即根据教育理论中的"规定性角色"，教师缺乏对自我身份的独特认知，难以决断"自己究竟是谁"；其次，将"个体身份"拓展到"他者认知"或"群体互动"的阶段，即教师通过与群体中他者的比较，以及自身与群体之间的差异，以他者作为自我身份认同的"新参照物"或"他者镜像"，经由模仿学习等环节，依托群体身份认同形成对于"我们是谁""他们是谁"的外在规约性认同，明确自身所属的文化群体；最后，教师建构"自我新身份"的阶段，即教师在经历了"从众模仿"、"差异认知"与"反思建构"等环节之后，寻找到能够包容"个体差异性"与"群体共通性"的平衡空间，形成具有"自我内在同一性"的认知评价、情感体验和价值承诺，不断地对"自我生成场"进行改组与改造。

（二）理论认同，形成"价值共识场"

在教育理论的实践转化过程中，教育理论的认同是教师通过对教育理论的学习、接受、转化、实践与评价等环节采取的取舍态度，以及最终转化为教育行动，形成教育信念的过程，其实质是一种理性的认知过程。

教师对教育理论认同的前提条件是教师出于教育或教学需求产生认同教育理论的动机，这种动机可能存在以下三种类型：第一，一种外源性的动机，即

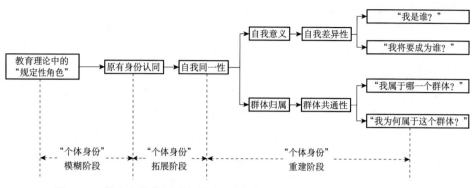

图 6-2　教育主体化解"身份认同危机"的"两个方面"与"三个阶段"

教师在外在要求或外部环境等外力推动下产生学习、接受与转化教育理论的需求，其实质是一种外在动机或外在需求；第二，一种内源性的动机，即教师基于个人专业成长的要求或积极解决自身现实教学问题的诉求，产生学习、接受与转化教育理论的需求，其实质是一种内在动机或内在需求；第三，一种二重性的动机，即教师对教育理论的认同，既是出于一种自我实现的内在需求，也是出于一种外在变革力量的推动。在这种情况下，教师可能一开始被外在力量所驱动，并逐渐将外在动机转化为内在动机，也有可能由于职业倦怠等因素，内在动机逐渐弱化，而外在驱动力量相对增强，等等。因此，教师对教育理论认同的不同动机类型，其背后隐含着教师"积极认同"与"消极敷衍"，甚至"直接抗拒"的态度倾向。可见，教师在何种动机或需求的驱动下完成教育理论的认同过程，将直接影响教育主体间的"情感体验"。

　　在教师具有理论认同需求或动机的前提下，教育理论本身的"质量"也将影响教师对教育理论的认同程度。基于扎根理论对教师访谈文本的分析，以及对教育理论实践转化过程的田野考察，教育理论的以下特征属性将直接或间接地影响教师的理论认同程度：首先，教育理论的关联程度，即教育理论是否与教师的教育教学具有紧密的联系，用教师的话语来形容，即教育理论是否"接地气"，而所谓的"地气"便是教师日常的教育教学活动，而"接"则是指代教育理论关联日常教学实践的属性；其次，教育理论的渗透程度，即教育理论能否以教育实践者"喜闻乐见"的形式，渗透到他们日常课堂教学的每一个环节之中，用教师的话语来形容，即教育理论能否"洗脑"，能否渗透进每一个"细胞"，能否"深入骨髓"；再次，教育理论的引领程度，即此种教育理论是否比其他教育理论更能代表教育的未来发展趋势，是否比其他教育理论更具有优越性与领先性；最后，教育理论的运用效果，即此种教育理论是否"适切于"自己日常的课堂教学实践，是否"有助于"实现理想的课堂教学。可见，教育理论的关联程度、渗透程度、引领程度与运用效果代表着教育理论的"可信"（逻辑真理性）、"可用"（可检验性）与"可爱"（价值引领性）属性（见表6-1），隐含着教育实践者对教育理论"质量"的整体诉求，更蕴含着教育理论的发展方向。

表6-1　理论认同视角下教育实践者对教育理论属性的基本诉求

属性诉求	基本功能	意义倾向
"可信"（逻辑真理性）	逻辑自洽	信任
"可用"（可检验性）	实践可行	采纳
"可爱"（价值引领性）	价值超前	认同

在教育实践者产生教育理论的认同需求、教育理论属性满足教育实践者基本诉求的前提下，教育实践者的专业品质也会影响教育理论的认同程度，主要包括以下三个方面：第一，教育实践者的理论素养，即教育实践者已有的理论基础与理论品质，以及其对教育理论的敏感程度与体悟能力；第二，教育实践者的学习能力，包括教师的现场学习能力、转化学习能力和实践学习能力；第三，教育实践者的意志品质，即教师对教育理论进行理解、诠释与行动的持久程度与用心程度。此外，团体内部与群体之间形成的理论学习氛围、转化氛围与实践氛围也将间接地影响教育实践者对教育理论的认同程度。

因此，教育主体对教育理论的认同程度将影响教育主体间的"情感体验"，而教育实践者对教育理论的认同需求、教育理论的基本属性、教育实践者的专业品质以及群体内部的认同氛围都将对教育理论的认同程度产生直接或间接的影响。教育理论自身蕴含着一种对理想教育与教学的价值追求，教育主体共同促成教育理论的价值认同，将有利于形成教育理论实践转化的"价值共识场"，即教育主体在平等的互动中，推动教育理论的思想观念与价值追求逐步走向认同，最终形成一个彰显教育价值旨趣、明晰教学行为规范与唤醒教学本质内涵的"价值共识场"。

（三）关系认同，形成"平等对话场"

在教育理论的实践转化过程中，作为教育实践者的教师不仅仅是一种"个体性的存在"，还是一种"关系性的存在"。教育理论的实践转化并不是教师自我的内部接受与外部执行的过程，而是一个与他者共在的互生互成过程，这是因为"当教师试图在关系场中发现、确定自己的位置时，总是需要借助于与他者的关系来实现，并且得到他者的承认"[①]，这就意味着教育主体处于一种"由

---

① 李茂森. 自我的寻求：课程改革中的教师身份认同研究 [D]. 上海：华东师范大学，2010：112.

关系认同确立起来的关系认同结构之中"①，而"关系认同"作为"两个或多个行为体之间形成的对他们具有特定关系连接、关系身份和关系角色的认知与认可，以及相互认知与认可"②，其形成过程的实质是自我与他者之间的对话与相互塑造，而不是一种独白式的简单演绎。教育主体间的"关系认同"赋予了教育主体不同的关系连接、关系身份与关系角色，教育主体通过相对于自身的亲疏远近的关系考量，来定位自己的身份、角色和利益，并确定自己的行动倾向，它们是"形成、维系和再造关系网络的基本维度和基本元素，是行为体确立相互关系的核心组件"③。可见，教育主体间"关系认同"的亲密程度和强烈程度，将直接决定教育主体之间相互支持的力度与合作的程度，进而影响教育主体间的"情感体验"。

不同教育主体之间的"对话关系"形成了不同的"关系认同"。基于扎根理论对教师访谈文本的分析，以及对教育理论实践转化过程的田野考察，在教育理论的实践转化机制中，主要存在以下几种主体间的"认同关系"：第一，"教师-专家"之间的关系认同，即一线教师与高校理论研究者对合作关系中各自身份、角色与利益的认知与定位；第二，"教师-校长"之间的关系认同，即一线教师与作为学校领导的校长对二者之间领导与被领导、管理与被管理等关系的认知与定位；第三，"教师-团队"之间的关系认同，即一线教师将自身嵌入学科教研组的关系网络之中，形成一种个体与群体之间的关系定位；第四，"师傅-徒弟"之间的关系认同，即经验成熟型教师与经验不足型教师二者之间形成的一种引领与被引领、模仿与被模仿的关系定位；第五，"教师-学生-（家长）"之间的关系认同，即一线教师与所教学生形成的一种新型的"师生关系"，这种关系的背后渗透着一种"学生观"与"教师观"，而家长作为学生的背景性关系，在这种关系认同中处于一种隐匿状态，间接地影响这种关系认同的形成与定位。

此外，根据教育主体身份与角色的定位，可以将教育主体间的关系认同分为以下几种类型④：其一，"强制性认同"，即教育主体均在外部力量的强迫下被动地接受某种教育思想、实施某种教学行为或遵循某种规章制度，是一种被动无奈的认同；其二，"博弈性认同"，即在强制性认同与协商性认同之间，教育主体之间通过理论论证与实践验证等方式，实现负和博弈、零和博弈或正和博弈；其三，"劝说性认同"，即教育主体借助第三方的力量，通过利益协调等

① 高尚涛. 关系认同：结构与行为［J］. 国际观察，2019（4）：92-119.
② 高尚涛. 关系认同：结构与行为［J］. 国际观察，2019（4）：92-119.
③ 高尚涛. 关系认同：结构与行为［J］. 国际观察，2019（4）：92-119.
④ 胡敏中. 论认同的涵义及基本方式［J］. 江海学刊，2018（3）：64-71.

方式达成关系认同的价值共识；其四，"协商性认同"，即教育主体依靠各自的优势，以交流对话的方式形成一种契约性认同关系；其五，"指导性认同"，即教育主体通过引导与说服等方式，让对方自觉自愿地接受某种教育思想与价值体系，形成稳定的关系认同；其六，"自觉性认同"，即教育主体各自主动寻找关系认同的共同基础、共同利益和共同追求，并自觉地秉持互惠互利的原则，对各自的身份认定与价值追求做出适当的调适与权衡，最终自愿达成价值共识。

可见，教育主体间的关系认同具有"二重属性"，既具有名词属性，也具有动词属性。前者是一种作为状态的关系认同，指代的是教育主体将角色关系内化为自我描述的意愿程度，表征的是教育主体与角色关系之间的认知性联系；而后者则是一种作为过程的关系认同，指代的是教育主体将角色关系的本质和状态内化为自我认定的方法论，表征的是教育主体从角色关系中获得自我描述的过程。这种"二重属性"需要教育主体间形成"平等对话场"，并在这个关系互动的场域中，构建关系认同的具体过程（见图 6-3）。

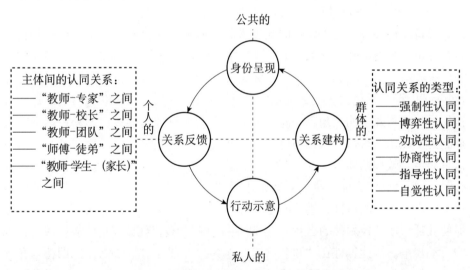

图 6-3　教育主体间关系认同的基本过程

在这个过程中，教育主体间的关系认同主要经历了四个循环递进的阶段：首先是"身份呈现"，即教育主体进入角色关系时，先通过模仿、言说与行为向关系伙伴发送"我是谁"的信号，目的是呈现自身的身份，并展开协商的过程；其次是"关系反馈"，即关系伙伴对彼此呈现的身份做出是否接受的决定，包括"肯定关系"与"否定关系"两类情况；再次是"行动示意"，即教育主体实际参与关系网络之中，并尝试通过教学行动来理解关系伙伴对身份认定所做出的行为反应；最后是"关系构建"，即教育主体通过对过去、现在与未来自我身份的构建，表达出"我过去是谁""我现在是谁""我将来是谁"的角色发展定位，并将这种定位置于关系网络中，形成自我构造的连贯性与一致性。在架构这种关系认同的过程中，教育主体既是身份的定位者，也是关系的反馈者，教育主体之间在"平等对话场"中逐渐对"我是谁""你是谁""我们是谁""你们是谁"等问题达成共识，形成稳定的关系认同。

三、教育主体间"情感体验"转化的边界张力

在教育理论的实践转化过程中，教育主体间的"情感体验"是多元教育主体、不同教育思想和复杂关系网络等因素共同作用的结果，既有理性的认知，也有感性的体悟。而矛盾或冲突往往发生在"边界"的位置，并形成不同的张力性关系。当然，这种边界张力一方面呈现了影响教育主体间"情感体验"的矛盾与冲突，另一方面则敞开了促进教育主体间"情感体验"的"可能空间"与"路径方向"。

（一）外在"角色规定"与内在"身份认同"

教育理论往往从一种外在的角度来思考教师的主体性问题，提出一些符合教育变革理想特征并要求教师达到的"标准"，而这些由行政机构或高校"专家"等外在力量"构想"出来的"标准"，作为一种控制性的、外在赋予的"角色规定"，形成了教师在教育理论实践转化过程中应该"扮演的角色"。这种外在倡导与他者赋予的"角色规定"背后隐含着一种理论假设，即外在的理论性控制力量赋予了教师"何种角色"或要求教师"怎么做"，教师就可能会"扮演这种角色"或按照要求"这么做"。外在"角色规定"倾向于告诉教师"是什么"与"如何做"，而很少引导教师思考"为什么"与"我是谁"，其实质强化了"制度安排"的特性，遵循的是一种"应该""必须"式的思维取向，目的是促使教师形成"技术性的自我"，不断地执行符合教育理论规定或教育政策标准的行动规范。因此，外在"角色规定"作为教育理论对教师的角色期待与角色规范，是关于"教师应当如何"的理论规约，体现的是一种"理论规定"或"他者期望"，强调的是教师的"功能性存在"。

内在"身份认同"则是教师基于个人的专业成长史、现实的教学要求和未来的专业发展倾向，对外在"角色规定"进行选择、过滤与扬弃的过程。在教育理论的实践转化过程中，教师表现出来的各种"不合作"、"不配合"、"沉默抵制"与"行动退却"等外在行为与情绪态度，其实质均是对外在"角色规定"的一种"过滤"与"扬弃"。如果说外在"角色规定"以"应然式"的思维方式对教师角色的高低优劣做出了区别，促使教师只能选择其中的一种"固定角色"，设定其中的一种"固定形象"，那么，内在"身份认同"则是以"实然式"

的思维方式呈现教师灵活转化角色的现实样态，表现出教师个体"自我建构"的特性与"动态角色"并存的可能。在内在"身份认同"的过程中，教师将对"如何认识自己"与"如何认识教育世界"进行一场自我追问与省思。因此，内在"身份认同"作为教师自我的角色期待与角色规范，是关于"我要如何"或"我能够如何"的自觉规约，其实质是一种内在需要与自觉践行，体现的是一种"自我期望"或"自我规定"，强调的是教师自我的"生命性存在"。

外在"角色规定"与内在"身份认同"之间的边界张力，主要表现在以下四个方面：第一，主体视角不同，即外在"角色规定"是教育理论者作为"他者"对教师"应该"扮演的角色及其规范做出的期望性的要求，其实质是一种"规范论"的视角，而内在"身份认同"则是教育实践者通过对他者的"角色规定"与自我的"角色期待"进行权衡与选择，主动进行的自我建构，其实质是一种"存在论"的视角；第二，关注焦点不同，即外在"角色规定"关注的是作为"教师"的人，强调的是教师固定的"职业属性"，而内在"身份认同"关注的则是作为"人"的教师，强调的是教师动态的"身份选择"；第三，提问方式不同，即外在"角色规定"追问的是"教师如何才能达到教育理论实践转化的要求"，而内在"身份认同"追问的则是"教育理论的实践转化对我意味着什么"；第四，价值标准的不同，即外在"角色规定"依据的是由教育专家或教育政策的理论文本来裁定与规划的"专业教师"的标准，而内在"身份认同"遵循的则是基于教师个人诠释系统对自我专业实现要求所做出的"好教师"的标准。因此，对于教育实践者而言，外在"角色规定"与内在"身份认同"之间的边界张力，其实质是一个"成为代表"（理论的价值规范）与"成为自己"（个人的存在意义）、"集体的同一性"与"个体的差异性"、"为他存在"与"为我存在"之间的选择与平衡问题。

当然，对外在"角色规定"与内在"身份认同"之间边界张力的分析，并不是出于一种"二元对立"的思维，将二者割裂开来，而是旨在透析产生边界张力、冲突与矛盾的原因，并不断探寻缓解与化解这种边界张力的新可能与新路径。

（二）专家"倡导的理论"与自我"运用的理论"

在教育理论的实践转化过程中，教师往往面临两种不同的理论形态：其一，由高校"专家"或其他教育理论研究者所撰写或宣传的"他者理论"，可以归结为教育专家"倡导的理论"；其二，教师在实际的课堂教学或日常的教学研讨中遵循的"自我理论"，可以归结为教师自我"运用的理论"。也就是说，教育理论的实践转化过程，并不是一种简单的"执行"与"操作"的过程，而是不同教育理论形态相互交织、互相作用、协调转化的过程。

教育专家"倡导的理论"作为一种公共显性的理论知识，面向的是一般的、抽象的教师群体，难以顾及教育实践的每一个特殊情境和每一个具体细节。而教师自我"运用的理论"作为一种个人隐性的实践知识，面向的是特定的、具体的课堂教学，难以进行抽象化的理论表达，却能够直面日常课堂教学的每一个特殊情境与每一个具体环节。如果专家"倡导的理论"必须要经过教师这一教学行动主体转化为具体的课堂教学实践，就必定会出现两种教育理论类型的"相遇"、"对话"与"转化"，当然，也有可能会出现两种教育理论类型的"冲突"、"博弈"与"摩擦"。

可见，教育专家"倡导的理论"只有真正转化为教师自我"运用的理论"，才能为教育理论的实践转化奠定基本前提。这是因为教师自我"运用的理论"实质是教师"教学习性"的内在理论性建构，即教师在长期的学科教学实践中，并非仅仅单纯按照教育理论的逻辑规范行动，更会关注特定教学情境、具体教学问题与实际教学对象之间的"适切性"，并以此决定自身的实践行为与行动框架，而教师自我"运用的理论"便是这种"教学习性"经过内化而逐步形成，并由教学信念、即兴发挥与行为倾向构成的一种"心智结构"。

教师自我"运用的理论"以教师个人的实践性知识为核心，是教师内心真正信奉并行之有效的理论，支配着教师日常的教育价值观念与课堂的教学行为。对于教师而言，教育专家"倡导的理论"属于一种"他者存在"，而自我"运用的理论"涉及个人的专业成长史、具体的教学对象与特殊的教学情境，自然会影响对专家"倡导的理论"的选择与认同。

对教育专家"倡导的理论"而言，教师自我"运用的理论"既可能是转化专家"倡导的理论"的阻碍因素，也有可能是转化专家"倡导的理论"的"催化剂"。二者之间的边界张力主要体现为以下三点：首先是对话属性，即教育专家"倡导的理论"能够与教师自我"运用的理论"进行对话，这涉及两种理论的抽象程度、话语表述与个体偏好；其次是适切属性，即教育专家"倡导的理论"是否适切于教师"运用的需求"、"运用的问题"、"运用的对象"与"运用的情境"；最后是实践属性，即教育专家"倡导的理论"是否实质性地作用于教师课堂教学问题的解决，是否能够促进教师教学行为的改善等。两种教育理论类型在三种属性层面的"联结"与"转化"情况，将直接影响教育理论实践转化的具体过程。

（三）理论逻辑的"确定性"与教学行动的"不确定性"

在教育理论的实践转化过程中，教师作为教育实践的主体，对于教育理论的认同，表现为对理论逻辑"确定性"的寻求。教师会将教育理论推论与实际的教学实践效果进行对照，主要表现为以下三个环节：第一，对教育理论的实践转化过程进行实地观察，如现场观摩学习等，并随之校验教育理论对教学实践的改善效果；第二，依据教育理论的演绎逻辑，对他者的课堂教学进行初步的模仿、试验与修正，探索教育理论的实践效果能否嵌入自身特殊的教学情境之中；第三，对他者实践效果与自我实践效果进行反思，根据教育理论的确证或否证对教育理论做出评价。在整个过程中，如果教育理论得到确证，那么教育实践者将对理论采取确信认同的态度；如果教育理论得到否证，那么教育实践者将对理论采取否定拒斥的态度。

教育理论本身具有逻辑"自洽性"与逻辑"确定性"，但需要对教育理论的"适用对象"、"适用情境"与"适用条件"做出详细的说明，这是对教育理论自身"质量"的要求。

我们借用唐纳德·舍恩（Donald Schon）对专业实践领域所做的隐喻来说明理论逻辑与教学行动之间的边界张力。可以说，教育理论逻辑处于"高硬之地"，体现出一种"确定性"，而教师教学行动则处于"低湿之地"，体现的是一种"不确定性"。当教育实践者认同教育理论逻辑的"确定性"，却遭遇教学行动的"不确定性"时，二者之间的强烈反差，以及卷入其中的多种因素，将直接或间接地影响教师对教育理论的"二次认同"程度。教师可能会自觉地进行自我反思，将实践效果的好与坏归结于不同的因素，如自身的教学能力、生源质量、教学氛围等，教师也有可能直接将实践效果归结于教育理论自身，对教育理论直接做出肯定性或否定性的评价。

教学行动的"不确定性"主要来源于两个方面：一方面，是教师教学实践内蕴的"不确定性"，即教师的课堂教学本身具有价值多元性、复杂多变性与动态生成性，教师需要对自身的课堂教学行动做出慎思性与临场性的选择，这是由于"教师将不会也不能够只是被告知要做些什么……教师实践是一种艺术，做什么、怎么做、和谁，以及该以怎样的速度等，每天发生数以百计的瞬时抉择，而且是每一天和每一组学生都会发生不同的抉择时刻，没有任何命令与指示能够规划得如此完善，以致能控制'教师'的精巧判断与行为，使之做出经常性的即时选择，来符合每一个不同情境的需求"[①]。另一方面，是外在的教学变革力量对教师教学行动造成"冲击"而形成的"不确定性"，即新的教育理论将对教师自我"运用的理论"造成一定的"颠覆效应"，并且致使教师对实践转化的结果把握不定，甚至产生未知的恐惧，新的教育理论在瓦解教师旧有教学行动秩序的同时，使得原本处于"舒适区"的教师不断走进"风险区"，对教师原有的价值观念与"本体性安全"造成冲击与威胁，这是因为教师的"生活需

---

① 李茂森. 自我的寻求：课程改革中的教师身份认同研究 [D]. 上海：华东师范大学，2010：54.

要一定的本体性安全感和信任感，而这种感受得以实现的基本机制是人们生活中习以为常的惯例"①。

可见，理论逻辑的"确定性"与教学行动的"不确定性"之间的强烈反差，将直接作用于教育主体间的"情感体验"，影响教育实践者对教育理论的认同接受程度，进而影响教育理论的实践转化进程。而在这种边界张力的角逐中，存在着教育实践者"风险担当"的问题，这是由于"风险既是我们生活的动力机制，也是我们面临的新两难困境的中心难题……在机遇与风险之间，能否达到有效的平衡，就取决于我们自己了"②。因此，理论逻辑的"确定性"与教学行动的"不确定性"之间边界张力形成的"风险区"，既导致了教育实践者的"存在性焦虑"，也为教育实践者带来了"新的可能性"，而在面对这种边界张力之时，有两种选择摆在教育实践者的面前：一种是退回到自己的"舒适区"，固守自己原有的教学惯例，遵循自己旧有的教学习性；另一种是积极地走进"风险区"，寻求合理的归因方式，转换自身的价值观念、思维方式与行动方式，在不断超越与完善自我中，完成教育理论的实践转化。教育主体拥有何种"风险意识"和采取何种"应对行动"，也就决定了如何面对理论逻辑的"确定性"与教学行动的"不确定性"之间的边界张力。

四、教育主体间"情感体验"转化机制的基本构成与运作逻辑

教育主体间的"情感体验"作为"内源性转化动力"，是构成教育理论的实践转化机制的重要维度，并形成了自身相对独立的转化机制，具有自身独特的基本构成与运作逻辑。在对教育主体间"情感体验"转化的前提条件与边界张力进行分析的基础上，进一步探寻教育主体间"情感体验"的基本构成与运作逻辑，对于整体地透析教育理论的实践转化机制具有重要的理论价值和实践意义。

（一）动力激活：教育实践主体的"利益需求"

教育主体间"情感体验"的真正转化，需要不断激活教育主体的"利益需求"，这也是促使教育理论者与教育实践者相遇对话、推动教育理论转化为教育实践的必要条件。

"利益需求"是激活教育实践主体的重要驱动力，而没有"转化需求"的教育实践主体往往缺乏思考与创造的热情，具体表现为以下三种情形：其一，直接拒绝，即教师认为自己的教学已然符合基本要求，并且对新的教育理论缺乏

---

① 安东尼·吉登斯. 社会的构成：结构化理论大纲 [M]. 李康，李猛，译. 北京：生活·读书·新知三联书店，1998：8.

② 安东尼·吉登斯. 第三条道路 [M]. 郑戈，译. 北京：北京大学出版社，2000：196.

实践转化需求，呈现出悬置漠视或直接拒绝的态度；其二，应付表演，即教师承认教育理论的正确性与优越性，但并没有意识到自身的课堂教学问题，从而对新的教育理论没有产生内在的转化需求，往往碍于"面子"或行政等外在力量，在特殊的场合做出点缀式的调整，而不做实质性的改变；其三，甘愿充当外在"角色规定"的"执行者"，并且在教学行动上"百依百顺"，看似是教育理论转化为教育实践的忠实拥护者，实则是以教学行为代替了自我的教学思考，而转化成果的好与坏则与他并没有任何关系。

教育实践主体的"利益需求"既包括内源性的利益需求，也包括外源性的利益需求。根据马斯洛的需要层次理论，教师对教育理论进行实践转化的"利益需求"也存在以下几种不同的类型：第一，生理需要与安全需要，即教师以"谋生"为取向，将教育理论的实践转化视作自我谋生的手段，如为了"评职称""升迁加薪"等；第二，社交需要和尊重需要，即教师以"谋技"为取向，将教育理论的实践转化作为自身融入某个群体或受人尊重的手段，如为了找寻"归属感"、"拿奖项"或"不丢面子"等；第三，求知需要、至善需要与自我实现的需要，即教师以"谋道"为取向，将教育理论的实践转化视作自我觉醒的内在使命，触及自身对"好教学"与"好教师"的内在信念，如为了实现"教学理想"等。

可见，教育实践主体的"利益需求"既包括内源性的需求动机，也包括外源性的利益动机。内源性的需求动机可以直接激活教育实践主体对教育理论进行实践转化的内在需求，而外源性的利益动机作为教育实践主体在外在力量作用下产生的驱动力，在一定时期内可以作为激活转化需求的动力，但并不能保证这种转化动力的持久性，而是需要进一步唤醒教育实践主体内源性的需求动机，以此作为面对转化困境的着力点，形成教育理论实践转化机制的根本动力。

（二）外在验证：教育理论转化的"实践效果"

基于扎根理论对教师访谈文本的分析，以及对教育理论实践转化过程的田野考察，教师对教育理论的认同与转化，除了教育实践者对教育理论具有"利益需求"外，对于教育理论本身而言，至少还需要满足以下三个方面的要求：首先是教育理论的客观真理性，即教育理论的逻辑性与真理性相统一、教育理论的形式与内容相统一，既有自洽的逻辑形式，又能反映客观的教育事实，教育理论的逻辑性以真理性为基础，而教育理论内容需要借助必要的合理形式来表现；其次是教育理论的价值效用性，即教育理论除了具有反映客观教育实在的真理性和严密无矛盾的逻辑性外，还需要具有强大的事实解释力、问题解决力与发展预测力，教育理论建构的目的是满足教育发展的需要，作为教育认识成果的教育理论必然具有一定的价值效用性；最后是教育理论的客观真理性与价值效用性的结合，即教育理论的客观真理性是价值效用性的基础，而教育理论的价值效用性则是客观真理性的价值验证与效果呈现。

　　教育理论转化的"实践效果"需要同时满足以上三个方面的基本要求。这是因为，存在具有"客观真理性"而无实际"价值效用性"的虚构的教育理论，这种教育理论以已有的教育理论为基础，通过合乎逻辑的演绎推理而具有严密的逻辑结构，也能对现实的教育事实进行解释，但是这种教育理论并不能为解决新的教育问题提供任何价值效用。也就是说，即使一种教育理论被认定具有客观真理性，并得到了教育主体的确信，也仍旧不能保证这种教育理论会得到教育实践者的认同，因为它未必是一种新的教育理论知识，尚不能验证它是否具有实际的转化价值。教育理论的"价值效用性"需要在确信教育理论"客观真理性"的基础上，通过进一步的实践验证被确认，其最根本的依据"在于这个理论在事实面前的有效性"[①]。因此，对于教育理论转化为"实践效果"的外在验证，需要同时考虑教育理论的"客观真理性"与"价值效用性"，并把二者统一起来。

　　对于教育实践者而言，教育理论转化为"实践效果"的外在验证，至少需要经历三个基本过程（见图 6 - 4）。

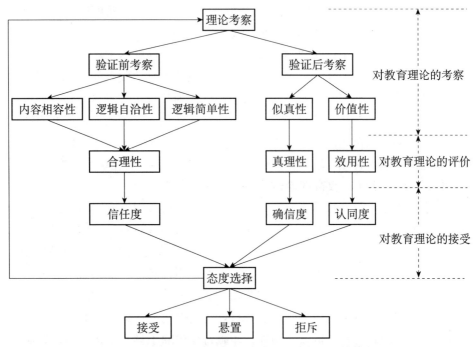

图 6 - 4　教育实践者对教育理论考察、评价与认同的基本过程

---

　　① 沈洪豪. 理论接受过程的方法论探析 [D]. 武汉：华中师范大学，2006：16.

第一，对教育理论的考察。根据教育实践者对教育理论考察的先后顺序，主要包括验证前的教育理论考察和验证后的教育理论考察。

其中，验证前对教育理论的考察内容主要体现在以下三个方面：首先是对教育理论的内容相容性的考察，即将新的教育理论内容与原有教育理论内容或其他教育理论内容进行对比，探寻它们之间的共同点与差异性；其次是对教育理论的逻辑自洽性的考察，即对新的教育理论的结构逻辑进行推理验证，确保教育理论的各个命题和理论整体系统没有逻辑矛盾性；最后是对教育理论的逻辑简单性的考察，即教育理论将一切教育概念与教学关系整合为尽可能少的逻辑演绎，并归结为相对独立又相互联系的基本概念或公理，如田野考察中教师使用的"三放三收""教结构与用结构""长程两段"等。

而验证后对教育理论的考察内容主要体现在以下两个方面：其一，对教育理论似真性的考察，即教育理论的"客观真理性"无法在现实的课堂教学中得到完全的验证，需要在特定的教育条件下对客观的教育事实与规律进行描述与总结，也就是说，对教育理论似真性的考察只能无限接近教育理论的"客观真理性"，近似地反映客观的教育事实，并且教育理论始终处于不断丰富、修正、充实与发展的状态；其二，对教育理论价值性的考察，即考察教育理论对现实教育事实的解释力、对现实教学问题的解决力，以及对教育发展的预测力。

第二，对教育理论的评价。教育实践者在对教育理论进行验证前和验证后的考察之后，主要做出以下三个方面的理论评价：首先是对教育理论的合理性的评价，主要依据验证前对教育理论内容相容性、逻辑自洽性与逻辑简单性进行考察而得出的评价结论，指向教师对教育理论的信任度；其次是对教育理论的真理性的评价，主要根据验证后对教育理论似真性进行考察而得出的评价结论，指向教师对教育理论的确信度；最后是对教育理论的效用性的评价，主要是根据验证后对教育理论价值性进行考察而得出的评价结论，指向教师对教育理论的认同度。

第三，对教育理论的接受。教师会综合以上三个方面对教育理论的评价结论，并最终形成对教育理论的基本态度，可分为接受、拒斥与不拒绝（或悬置），这取决于教育实践者对教育理论的"客观真理性"、"价值效用性"与自身"利益需求性"的综合权衡。

值得一提的是，教育实践者对教育理论的"悬置"态度是一种较为复杂的情况，指的是教育"理论虽然通过一定的评价具有价值，但由于接受主体的心理状态而暂时被搁置不采取接受态度的情形"[①]，主要存在两种可能的情况：一

---

① 沈洪豪．理论接受过程的方法论探析［D］．武汉：华中师范大学，2006：23．

种是教育理论的确信度仍然没有达到教育实践者的心理预期，或者在验证的过程中出现了"反复无常"的情况而没有取得教育实践者的完全确信，但是教育理论本身具有一定的价值，教育实践者不愿意放弃对教育理论的继续验证；另一种是教育理论虽然得到了教育实践者的肯定性评价，但对于教育实践者而言，暂时没有对新教育理论进行实践转化的"利益需求"，仍旧坚守原有的"教学习性"而暂时搁置新的教育理论。

（三）关系联结：教育主体之间的"人际信任"

教育主体间的"情感体验"需要在多元教育主体的交往互动中产生关系联结，这是在保障教育理论具有良好的实践转化效果的前提下，教育主体相互合作、共同参与、协调行动不可缺少的"黏合剂"。而"黏合剂"的作用强度以教育主体在互动交往中建立的情感关联与达到的熟悉程度为基础，直接指向教育主体之间的"人际信任"。

教育主体之间的"人际信任"并不是教育理论预先给定的，也不是某一教育主体单方面作用的结果，而是自我与他者双方之间相互开放且不断动态建构的结果，其实质是"一个相互的自我开放过程"[①]。在这个过程中，涉及以下三个方面的信任关系（见图 6-5）：首先是教育主体的自我信任，即教育主体需要完成对作为一个独特个体的自我概念的认知，明确自己的个体差异性，并将自己的积极情感延展到人际关系与团队合作中，并基于自我的教学风格，将教育理论转化为独特的教学实践，形成自我独特的教学品性；其次是教育主体的关系信任，即教育主体对"自我与'专家'""自我与同侪""自我与学生""自我与领导"等人际互动中内含的身份关系进行自觉的认知与定位，将自我与"重要他人"的相处调节至舒适的程度，将他者对自我的角色期待纳入自己的教学行动之中，顾及他者"利益需求"的实现；最后是教育主体的团队信任，即教育主体强化集体自我的认知，权衡群体"利益需求"与自我"利益需求"之间的关系，形成团队内部利益最大化与不利最小化的自我管理，形成共同的团队承诺。以上三个方面的信任关系相互作用，共同形成了维系教育主体间"人际信任"的关系网络。

在这个关系网络中，"人际信任"的过程与结果主要作用于以下两个方面：一方面是形成"情感关系"的联结纽带，减少教育主体之间的相互猜忌、相互质疑与相互摩擦；另一方面是为自我建构"他者镜像"，即教育主体作为"关系中的自我"，通过他者对自我形象的描述、评价与想象，将他者视为一面认识自我的"镜子"，既映照他者，也在他者中映照自我，正如查尔斯·库利

---

① 安东尼·吉登斯. 现代性的后果［M］. 田禾，译. 南京：译林出版社，2000：106.

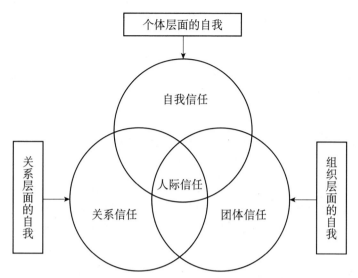

图 6-5 教育主体之间的 "人际信任" 关系图

(Charles Horton Cooley) 提出的 "镜中自我" 概念[1]所揭示的，教育主体之间 "人际信任" 的过程与结果将不断引导教育主体思考 "自我如何存在于群体之中" 与 "群体如何存在于自我之中" 的关系性问题。

此外，教育主体之间的人际信任 "依赖于人们共同遵守的规则和群体成员的素质"[2]，根据霍伊（Hoy）和莫兰（Moran）对互动双方形成 "人际信任" 基本特质的界定[3]，可以将教育主体之间 "人际信任" 形成的条件归结为以下五点：首先，教育主体之间相互表达 "善意"，即让彼此的 "利益需求" 得到对方的保护而不受侵害；其次，教育主体之间相互表达 "可靠"，即让彼此能够体验到教育观念与教学行动的一致性，并且能够彼此相互支持；再次，教育主体之间相互表达 "胜任"，即让彼此相信对方有足够的能力去实现某种托付；又次，教育主体之间相互表达 "诚实"，即让彼此都能够实事求是而不弄虚作假；最后，教育主体之间相互表达 "开放"，即让彼此相互敞开胸怀并乐于共享教育理论实践转化过程中遭遇的各种情况。

（四）精神支柱：教育主体达成的 "价值共识"

维持教育主体间 "情感体验" 的精神支柱是不同教育主体共同达成的 "价

---

① 刘仁贵. 认同概念发展的三条线索 [J]. 齐鲁学刊, 2014 (1)：67-70.

② 弗朗西斯·福山. 信任：社会美德与创造经济繁荣 [M]. 彭忠华, 译. 海口：海南出版社, 2001：30-31.

③ Hoy W. K., Tschannen-Moran, M. Five faces of trust: An empirical confirmation in urban elementary schools [J]. Journal of School Leadership, 1999, 9 (3)：184-208.

值共识"，即具有不同"利益需求"的教育主体形成共同的认知、观念、行动与理想。教育主体间达成"价值共识"离不开主体之间的"交往实践"，而"交往实践"作为"多极主体间通过改造或变革相互联系的客体的中介而结成网络关系的物质活动"①，贯穿在教育主体达成"价值共识"的整个过程之中。根据扎根理论对教师访谈内容的分析，以及对教育理论实践转化过程的田野调查，教育主体间的"价值共识"是多种教育价值观念在教育主体交往互动过程中不断双向建构与整合的结果，更是教育主体间思想共振、观念认同与行动创生的动力源泉。

教育主体间"价值共识"的达成，主要包括以下两个基本环节：其一，双向建构，即教育主体"通过主体之间的实践交往，使得不同主体的资质、能力、性格、思维等特质尽可能地获得'最大公约数'，个体之间包容共生，和谐共存"②，一方面基于多元的"利益需求"建构团队关系网络，另一方面基于交往实践的反身性达到对自我主体性的重建，其实质是一个求同存异、自我建构的过程；其二，双向整合，即教育主体对教育理论的合法性与教育实践的合理性进行整合，并促使"主客体关系与主体间关系趋向和谐"③，一方面在交往实践中整合生成"主体系列"，另一方面按照对应关系整合生成"关系系列"，其实质是一个异中求同、价值提升的过程。

可见，教育主体间"价值共识"的达成，并不是主体单方面接受某一种教育价值理念而获得某一种"规定性的角色"，而是以价值认同为基础，既强调教育价值的同一性，也重视教育价值的差异性。也就是说，教育主体间"价值共识"的达成并不是一个"自上而下"或"自下而上"的价值灌输过程，而是具有不同"利益需求"的教育主体带着各自的"偏见"，在承认并超越不同"偏见"的基础上，不断地展开交往实践，在不同"视域"交互运作的过程中达成一种"视域融合"，重构一种"你中有我"与"我中有你"的价值共识。

教育主体间达成"价值共识"的过程旨在实现"人与人精神的契合"④，而"每个人纯粹的精神世界，都是其独特的能动性创造的世界，不会简单地接受外界影响和别人意见，必须经过自己的创造、理解、体验，才能形成自己内在的

---

① 薛键飞，浦玉忠. "跟进式教育"理念的价值认同机理研究［J］. 河海大学学报（哲学社会科学版），2016（6）：16-21.

② 薛键飞，浦玉忠. "跟进式教育"理念的价值认同机理研究［J］. 河海大学学报（哲学社会科学版），2016（6）：16-21.

③ 薛键飞，浦玉忠. "跟进式教育"理念的价值认同机理研究［J］. 河海大学学报（哲学社会科学版），2016（6）：16-21.

④ 雅斯贝尔斯. 什么是教育［M］. 邹进，译. 北京：生活·读书·新知三联书店，1991：2-3.

精神世界"①。为了寻求更加广泛的认同基础，教育主体间需要不断达成罗尔斯
（J. Rawls）所谓的"重叠共识"②。这种底线性的"重叠共识"并不是教育主体
之间简单纯粹的"临时协定"，也"不只是一种对接受某些建立在自我利益或群
体利益基础上的权威的共识，或者只是对服从某些建立在相同基础之上的制度
安排的共识"，而是基于教育主体的"正当性"、教育理论的"合法性"与教育
实践的"合理性"，按照教育主体自身认同的教育价值观念进行自主选择，并以
"价值共识"为教育主体间交往实践的"精神支柱"形成的一个共享教育思想观
念、共建理想课堂教学、共生教育生命内涵的价值场域。

（五）教育主体间"情感体验"转化机制的运作模型

　　基于扎根理论对教师访谈文本的分析，以及对教育理论实践转化过程的田
野考察，教育主体间的"情感体验"作为教育理论实践转化的"内源性动力"，
其转化机制可以绘制成如图 6 - 6 所示的运作模型。

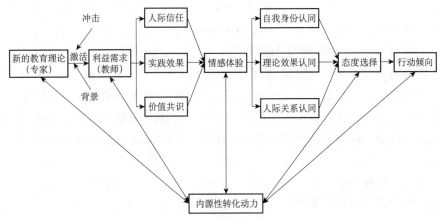

图 6 - 6　教育主体间"情感体验"转化机制的运作模型

　　教育主体间"情感体验"转化的整体过程，均会对教育主体的"内源性转
化动力"产生直接或间接的作用。当一种新的教育理论进入教育实践场域时，
首先需要考虑的是激活教育实践主体的"利益需求"，其背后隐含着教育理论者
与教育实践者的交往实践活动。在教育主体间"利益需求"彼此激活的前提下，
教育主体间建构的"人际信任"、教育理论转化的"实践效果"与教育主体间达
成的"价值共识"，才能构成教育主体间"情感体验"的基本内容，并形成交互
作用关系，分别决定教育主体对自我身份、理论效果与人际关系的认同程度。

　　① 石鸥，侯静敏. 在过程中体验：从新课程改革关注情感体验价值谈起 [J]. 课程·教材·教法，
2002（8）：10 - 13.

　　② 约翰·罗尔斯. 政治自由主义 [M]. 万俊人，译. 南京：译林出版社，2000：156.

教育主体结合自身的"利益需求"权衡三个方面的认同程度，表现出自身对教育理论接受与否的基本态度，并最终形成教育主体内在的行动倾向。

五、教育主体间"情感体验"转化的可能路径

根据教育主体间"情感体验"转化机制的前提条件、基本内容、组成结构与运作过程，可以将激活教育主体"内源性转化动力"的关注重心集中在三个方面：首先，关注教育主体的自我身份认同，为教师的专业成长"赋权增能"；其次，关注教育理论转化的"实践效果"，整合教育理论的"三重诉求"；最后，关注教育主体间的人际关系与价值共识，构建教研协同的学习"共生体"。

（一）为教师的专业成长"赋权增能"

在教育理论的实践转化过程中，教育实践者（主要是"一线教师"）自我身份的认同危机，主要表现为对自我专业身份支配权力的"无力感"与"无意义感"，亟须从"被悬置者"、"旁观者"与"执行者"的规定性角色转向"参与者"、"阐释者"与"行动者"的自我身份建构，由"边缘参与"转向"中心参与"，实现对教师专业成长的"赋权增能"。

为教师的专业成长"赋权"，主要体现在以下三个方面：第一，"制度"赋权，即教育行政机构或学校领导机构需要在具体的教育教学制度层面赋予教师课程与教学的自主权；第二，"专家"赋权，即教育理论研究者需要在建构教育理论的过程中，以及在与教师的交往实践中，赋予教师主体性的地位与权力，将本该属于教师的课堂设计权、课堂建构权与课堂表达权还给教师；第三，"自我"赋权，即教师需要主动地发挥自己专业的权力身份，阐述个人的教育思想，表达自我的教学见解，形成独特的课堂教学，成为自己的"方法论学家"。

为教师的专业成长"增能"，则主要体现在以下三个方面：其一，增强教师"理解自我"的能力，即教育理论者需要通过教育叙事等形式引导教师回顾自我的专业成长史，分析当下课堂教学中存在的现实问题，进而明晰教师专业身份的优势与不足，并形成教师未来专业发展的变革愿景与理想蓝图；其二，增强教师"诠释教学"的能力，即通过教育理论及教育理论者的深度介入，结合教师具体的教学经验，引导教师全面理解自身的专业背景与现实状况，转变教师原有诠释教学的话语体系，形成一套不同于经验性话语与学术性话语的独特话语体系，进而增强教师"诠释教学"的能力；其三，增强教师"教育行动"的能力，即通过具体的教学设计，延展教师对所教学生、所教学科与所教内容的分析范畴，以整体融通的眼光审思教学过程中的"确定性"与"不确定性"，形成教师的教学风险意识，培养教师应对教学风险的能力，以此直面教育理论实践转化过程中的各种困境。

（二）整合教育理论的"三重诉求"

在教育理论的实践转化过程中，教育实践者对教育理论本身的诉求，主要体现在以下三个方面：首先是"可信"，即教育理论的逻辑自洽而无内在矛盾，能够经受得住推理验证；其次是"可用"，即教育理论具有一定的实践属性，或者说，具有转化为实践的可能路径，并接受具体教学实践的检验；最后是"可爱"，即教育理论具有一定的思想先进性和价值引领性，能够对教师的教学观念起到变革作用，并符合课堂教学、学生与教师的"利益需求"，符合教学发展的时代精神，符合育人价值的发展方向。

整合教育理论的"三重诉求"，主要体现在以下三个方面：第一，增加教育理论的验证证据，即通过提供常规验证证据与异类验证证据，明晰不同教育理论的内涵、外延与适用条件，同时提供支撑教育理论的实证案例以及特殊案例，强化教育理论的"可信"维度；第二，延展教育理论的指涉范畴，即将抽象化、学术化的教育理论不断与具象化、现实化的教育现实进行对话，探寻二者联结的共同基础，增强教育理论的实践属性，强化教育理论的"可用"维度；第三，增强教育理论的想象力，即通过分析教育理论实践转化过程中的边界张力，延展各种边界张力的"可能空间"，同时将其转化为教育理论的"发展空间"和教学实践的"探索空间"，进而拓展教育理论的"原创空间"与"想象空间"，保持教育理论的知识生产与思想原创，强化教育理论的"可爱"维度。

（三）构建教研协同的学习"共生体"

为了提升教育主体间"情感体验"的转化程度，培育教育主体之间的合作文化是理想选择。构建教研协同的学习"共生体"，可以通过教育主体的相互合作与集体行动来改造教学实践。对于教育主体而言，尤其是对于一线教师而言，更是需要"一种持续的、反思的、合作的、宽容的、学习取向的、指向发展的方式来分享和批判性地协商自身的实践"[①]，而教研协同的学习"共生体"在实现信息共享与经验交流的同时，不仅能够为教育实践者提供一种情感归属的场所，帮助教师获得一种"思想沟通"与"情感交流"的自然情境，而且能够为其提供一种实践参与的场所，帮助教师在"个性"与"共性"的对话中优化自身的教学实践，还能为教育实践者提供一种自我实现的可能空间，帮助教师在"过去"与"现在"的叙事转化中明晰自我专业发展的"未来方向"。

构建教研协同的学习"共生体"，根据涵括范畴的不同，主要存在以下三种形式：其一，以教育实践者所在学校的学科组为基本单位，建立学校内部的学

---

① Louis Stoll，Ray Bolam. Professional Learning Communities：A review of the literature ［J］. Journal of Educational Change，2006，7 (4)：221 - 255.

科"共生体"，根据教育主体间的合作关系，创建具有学科特色的"共生体"文化，为教育主体间的"关系认同"与"价值共识"提供"本土视角"；其二，以教育实践者所在区域的学科组为组成单位，涵括不同学校同一学科的所有教育实践者，建立区域性的学科"共生体"，不同学校的学科组之间根据交往互动关系，形成交互作用的关系网络，为教育主体间的"关系认同"与"价值共识"提供"他者视角"；其三，以教育实践者所参与的教育变革团体为构成单位，建立不同地区、不同学校与不同学科共同构建的教研协同"共生体"，目的是实现教育理论实践转化成果的差异化共享，增强不同转化成果与转化经验的流动性，为教育主体间的"关系认同"与"价值共识"提供"多元视角"。

第二节　转化维度之二：教育主体间的"话语认知"

在教育理论的实践转化过程中，教育理论者通常以文字、声音等符号化的话语形式，将教育理论呈现在教育实践者的面前，如教育理论专著、学术期刊、学术报告、听评课与教学研讨等。教育主体对教育理论进行实践转化，首先需要完成教育理论的"话语认知"过程，而教育主体间的"话语认知"则是一种教育理论的理解、解读、转译、诠释与行动的综合过程。根据扎根理论对教师访谈文本的分析，以及对教育理论实践转化过程的田野考察，作为教育主体间"表征性理论重建"的话语认知，具有相对独立和较为完整的运作逻辑与转化机制。因此，在明晰教育主体间"话语认知"的基本性质、转化的前提条件与边界张力的基础上，分析其转化机制的基本构成与运作逻辑，尝试性地探寻教育主体间"话语认知"转化的可能路径，对于整体建构教育理论的实践转化机制具有结构性的作用。

一、作为教育主体间"表征性理论重建"的话语认知

"话语"作为一个跨学科的概念，其英文表述为 discourse，词头"dis"具有穿越、分离的含义，词根"course"则表示路线、行走等意思，两者组合意指"叙述、演绎和推理的过程"。《现代汉语名词辞典》将"话语"定义为"说出来的能够表达思想的言语"[①]，而《辞海》则将其视为"运用中的语言"[②]。"话语"一词经过语言学、哲学、社会学和人类学等不同学科的运用与解读，其内涵与外延在经历了两次转向（即"语言学转向"与"实践转向"）之后得到了

---

① 陶然，萧良，等．现代汉语名词辞典［Z］．北京：中国国际广播出版社，1995：195.
② 辞海编辑委员会．辞海（1999 年版）［S］．上海：上海辞书出版社，2000：1125.

丰富与延展。

从索绪尔（Ferdinand de Saussure）到巴赫金（Mikhail Bakhtin），“话语”经历了“语言学转向”。索绪尔在《普通语言学教程》中，提出了话语“能指”（即一个个语言符号）与“所指”（即语言符号所代表的实际存在的事物）的范畴，区分了作为符号集合的“语言”和作为语言具体经验性存在的“言语”①。巴赫金针对索绪尔意义上的“死话语”，提出了“活话语”②的基本范畴，始终围绕着“人”来探讨“话语”的社会意识形态属性及其内在的对话本质，其“关注的是人如何通过话语来实现自己对生活的参与，体现自己对他人话语的态度”③，并对“他人话语与自己话语”的相互关系进行了研究，认为“话语意义处于相互关联且相互竞争之中，所有的词语都被它们的使用者各自的概念体系、对象世界和情感表达等吸收”④。此外，维特根斯坦（Ludwig Josef Johann Wittgenstein）的“语言游戏说”⑤（即词语意义存在于具体的使用之中，存在于具体条件下人与人之间的话语实践之中）、奥斯汀（John Langshaw Austin）的“言语行为”⑥（即“以言表意”、“以言行事”与“以言取效”）以及詹姆斯·保罗·吉（James Paul Gee）的“小写的话语”（即语言、文本以及人们对语言的使用）与“大写的话语”⑦（即将语言和非语言整合起来以获得某种认同和进行某些活动的各种方式）的分类等，都延展了“话语”的内涵与外延。

从福柯（Michel Foucault）到费尔克拉夫（Norman Fairclough），“话语”经历了“实践转向”。福柯分别在《疯癫与文明》、《知识考古学》和《规训与惩罚》中论述了话语的“功能性”，其将话语看作“主体和客体之间以及权力与欲望之间的一场通过语言及其它社会实践进行的争夺”⑧，并且他将人与世界的关系视作一种话语关系，认为“话语虽然由符号所组成，但它所做的要比用这些

---

① 威廉·F. 派纳，等. 理解课程：历史与当代课程话语研究导论 [M]. 张华，等译. 北京：教育科学出版社，2003：436.

② 谭斌. 教育学话语现象的文化分析：兼论中国当前教育学话语的转换 [M]. 北京：首都师范大学出版社，2006：118.

③ 萧净宇，李尚德. 从哲学角度论“话语”：巴赫金语言哲学研究 [J]. 中山大学学报（社会科学版），2002（5）：135-140.

④ 奈杰尔·拉波特，乔安娜·奥弗林. 社会文化人类学的关键概念 [M]. 鲍雯妍，张亚辉，译. 北京：华夏出版社，2009：377.

⑤ 奈杰尔·拉波特，乔安娜·奥弗林. 社会文化人类学的关键概念 [M]. 鲍雯妍，张亚辉，译. 北京：华夏出版社，2009：108.

⑥ 张世英. 进入澄明之境：哲学的新方向 [M]. 北京：商务印书馆，1999：226.

⑦ 詹姆斯·保罗·吉. 话语分析导论：理论与方法 [M]. 杨炳钧，译. 重庆：重庆大学出版社，2011：28.

⑧ 吴猛. 福柯话语理论探要 [D]. 上海：复旦大学，2003：4.

去指物来得'更多'，正是这个'更多'使得我们不能简单地把话语归结为语言和言语，而我们正是要揭示和描述这个'更多'"①。这里的"更多"反映出福柯对话语内涵与外延的界定，即"话语"一方面由字面文本理论构成，另一方面则蕴含着权力属性、文化属性和价值属性，这是由于"在任何社会里，话语一旦产生，即刻就受到若干程序的控制、筛选、组织和再分配"②。可见，福柯把话语作为系统地形成这些话语所言及的对象的实践来研究，试图克服传统的人所说的（语言）和人所做的（实践）之间的鸿沟。费尔克拉夫在考察话语与意识形态关系的基础上，认为"话语不仅反映和描述社会实体与社会关系，话语还建造或'构成'社会现实与社会关系，不同的话语以不同的方式建构各种至关重要的实体，并以不同的方式将人们置于社会主体的地位"③，其将话语视为一种三维的概念（见图6-7），其中，文本（text）即书面语或口语，话语实践（discourse practice）即书面语或口语的生成与解释及其相互之间的关系，社会实践（social practice）即话语的生成过程及其与社会因素之间的关系。

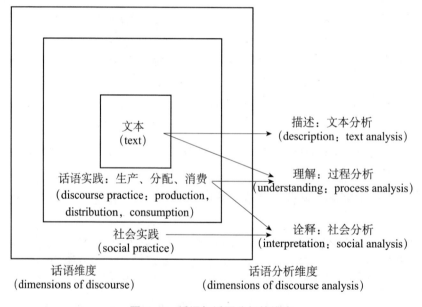

图6-7 话语与话语分析的维度

资料来源：Fairclough F. Critical Discourse Analysis：A Critical Study of Language. London：Longman，1995：98.

---

① 米歇尔·福柯. 知识考古学 [M]. 谢强，马月，译. 北京：生活·读书·新知三联书店，2003：149.

② Michel Foucault. The Archaeology of Knowledge&the Discourse on Language [M]. New York：Random House Patheon Books，1972：227.

③ 诺曼·费尔克拉夫. 话语与社会变迁 [M]. 殷晓蓉，译. 北京：华夏出版社，2003：3.

话语作为 "在特定语言文化环境中，运用范畴、概念和术语进行言语交际形成的结果"，已经不再仅仅是一个语言单位，而是指向关涉主体意图、情感态度与价值取向等维度的一种诠释或实践过程，具有描述诠释、权力再生产、符号与意义建构的功能，具有 "你在说话" 与 "话在说你" 双重指向。因此，"话语" 通过从语言学、语用学、哲学、社会学到人类学等学科范畴的跨越，使得其自身同时具有 "文字语言" 的名词特征与 "言语实践" 的动词特性，成为主体在一定社会文化背景下的实践性表达，融合了理性知识与感性经验、规范制度与个体意愿、历史根源与现实指向，其背后存在 "一种隐匿在人的意识下却又暗中支配人的不同言语、思想和行为方式的潜在逻辑"[1]，并充斥着各种矛盾、冲突与博弈关系。

在教育理论的实践转化过程中，"话语" 处于 "语言" 与 "言语" 之间，既作为一种 "语言的形式" 存在，又作为教育 "文化生活的所有形式和范畴"[2] 存在。其中，前者并不仅仅是语词性的存在，也是一种图像性、声音性与动作性的存在，具有表征教育思想与承载教育意义的功能，而后者并不仅仅是教育主体间的对话交往内容，也包括交往行动背后所蕴含的 "意义、活动、身份、关系、立场与策略、联系、符号系统和知识"[3] 等，具有转化教育理论与建构教育意义的功能。话语内含连接性与关联性的基本属性，表征着教育理论与教育主体、教学实践、社会背景的内在关系。

教育主体间的 "话语" 主要以三种形式存在（见表6-2）：第一，文本式的理论呈现，即教育理论的书面表现形式，具体 "表现为以独特的范畴、术语、逻辑，描述教育事实或教育现象，揭示教育特征或教育规律，论述教育的价值取向或行为规范"[4]，大致可分为教育理论者的教育话语与教育实践者的教育话语两类，体现为 "教育主体-教育理论文本"，如教育理论学术著作、学术期刊文本等；第二，双向度的现场解释，即对教育理论文本意义的解释或诠释过程，包括教育理论者与教育实践者对相同教育理论文本的解读与对话过程，体现为 "教育主体1-（教育理论文本）-教育主体2"，如现场的教师培训、学术报告等；第三，意义式的交往互动，即教育主体对教育理论文本中反映的情感态度、价值取向与行动规范等进行意义建构，体现为 "教育主体1-话语1（个体性话

---

① 赵一凡. 阿尔都塞与话语理论 [J]. 读书，1994 (2)：92-101.

② 牛海彬，曲铁华. 基于福柯教师话语观的师生对话特征解读 [J]. 外国教育研究，2010 (1)：67-71.

③ 詹姆斯·保罗·吉. 话语分析导论：理论与方法 [M]. 杨炳钧，译. 重庆：重庆大学出版社，2011：12-14.

④ 余清臣. 教育理论的话语实践：通达教育实践之路 [J]. 教育研究，2015 (6)：11-18.

语）-教育理论文本（公共性话语）-话语 2（个体性话语）-教育主体 2"，如现场的教学研讨、听评课活动等。

表 6-2　教育主体间"话语"的主要存在形式与基本关系

存在形式	话语逻辑	基本关系	表现形式
文本式的理论呈现	单向度话语逻辑	"教育主体-教育理论文本"	教育理论学术著作、学术期刊文本等
双向度的现场解释	双向度话语逻辑	"教育主体 1-（教育理论文本）-教育主体 2"	现场的教师培训、学术报告等
意义式的交往互动	交互式话语逻辑	"教育主体 1-话语 1（个体性话语）-教育理论文本（公共性话语）-话语 2（个体性话语）-教育主体 2"	现场的教学研讨、听评课活动等

话语认知作为一种意向性诠释，可以看作"通过心理感知、语言解码、假设、记忆心理图式的激活和运用知识综合推导的过程"[①]，是教育主体"在意向系统合理性预设的前提下，通过对命题态度（即信念、欲望等意向心理状态）的归与，以给出合理的理由，从而达至其解释的目的"[②]，其实质是个体意向性根据具体语境实施的"意义赋予"与"理论重建"过程。

可见，教育主体间的"话语认知"并不仅仅局限于对语言内部结构及其语言结构的理解，还包括主体-客体、主体-主体、主体-客体-主体之间互动的认知，是教育主体之间相互理解、诠释与行动的过程，其实质是一种"表征性理论重建"。话语认知的表征性体现在教育主体对教育事物的表象、事实与实践予以确认，并赋予教育事物与教学行动完整和确切的意义。话语认知的重建性则体现在教育主体对既有教育理论知识的再理解、再生产与再诠释，已经不再单纯是对于各种教育图景、教学问题和事件现象的被动反映，而是一种积极主动的建构或重建过程。

二、教育主体间"话语认知"转化的前提条件

根据对"话语"内涵与外延的界定与分析，教育主体间的"话语"并不仅仅是指教育理论的文本形式，还涉及教育主体的身份与关系、话语认知的情境与文化，以及教育主体间话语转化产生的意义建构等。教育主体间"话语认知"

---

① 刘建芳. 认知语境对话语理解的解释和制约 [J]. 河南大学学报（社会科学版），2004（2）：122-124.

② 王姝彦. 意向解释的自主性 [J]. 哲学研究，2006（2）：92-98.

转化是基于教育主体对教育理论话语与教育实践话语的认知需求进行的话语理解、话语诠释与话语实践过程。基于扎根理论对教师访谈文本的分析，以及对教育理论实践转化过程的田野考察，文本认知、情境认知与意义认知是实现教育主体间"话语认知"转化的三个前提性条件，分别旨在形成教育主体间"话语认知"的"语脉"、"境脉"与"情脉"。

（一）文本认知，形成话语认知的"语脉"

教育理论作为"教育现象和教育规律的理性认识的成果"，通常以描述性、解释性、指引性或规范性的文本话语形式呈现出来。基于扎根理论对教师访谈文本的分析，以及对教育理论实践转化过程的田野考察，通过对教育理论者的研究著作、学术报告与叙述风格的分析，以及对教育实践者经常阅读的教育刊物、图书类型与叙述形式的分析，可以发现不同的教育主体对教育理论具有不同的偏好（见图6-8），教育理论者偏好以学术化研究的话语来描述与解释各种教育现象，具有抽象化、推理化与逻辑化的特点，而教育实践者偏好以叙事化探究的话语来描述和解释自身的日常教学实践，具有生活化、经验化与通俗化的特点。在教育理论的实践转化过程中，当不同的教育主体面对同一种教育理论时，就形成了教育主体间不同话语系统的认知、对接、认同与转化的问题。

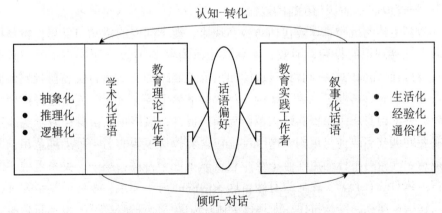

图6-8 不同教育主体对教育理论的不同偏好

教育理论文本作为教育话语的书面或口头表现形式，是以文本符号的形式呈现出的教育理论，涉及构成教育理论的概念术语、命题范畴与逻辑推理，也涉及教育主体的主观意图、情感态度与价值取向，可以看作教育主体"描述某种共同的对象、阐述方式、概念或主题的陈述的集合"[1]。而教育主体间的文本

---

① 吴猛. 福柯话语理论探要 [D]. 上海：复旦大学，2003：44.

认知主要包括以下三种类型：首先是教育理论者对教育实践话语的认知，即教育理论者对教育实践者的书面或口头表达形式的文本进行理解与诠释；其次是教育实践者对教育理论话语的认知，即教育实践者对教育理论者的书面或口头表达形式的文本进行理解与诠释；最后是教育理论者与教育实践者共同对某一个教育理论文本或教育实践文本进行理解与诠释。在这三种类型的文本认知过程中，教育主体间的文本认知实质是达成一种共享的"话语信码"，即"一种存在于他们各不相同的语言中的、各个不确定的符号将代表或表征各个不确定概念的未成文的文化契约"①，促使教育主体间倾听与言说的可理解性成为可能，并且在教育主体间的概念与语言之间建立起可转换性。换句话说，教育主体间文本认知的过程就是建立共享话语图式的过程，就是通过建立共享话语系统理解同一个教育世界的过程。

在教育主体间的文本认知过程中，教育主体通过将原有的教育理论转换成不同版本的语体，使其转换为具有话语功能的各种符号，以适应多种教学实践场合的话语要求，从而获得不同教育主体的认同与接纳。教育主体对共享话语规则与信码的建构，其实质是对教育理论"话语秩序"的重新表达（见图6-9）。基于扎根理论对教师访谈文本的分析，以及对教育理论实践转化过程的田野考察，影响话语规则与信码建构的因素主要表现在以下三个方面：其一，"文本语体"，即教育主体与他者的交往模式，如上下级的交往模式、官方交往模式等，突出的是文本认知的行动功能；其二，"话语角度"，即教育主体从特定角度对教育事物进行描述与阐释，突出的是文本认知的表征功能；其三，"文本风格"，即教育主体对其表达内容与视角所持的基本的教育立场，突出的是文本认知的身份功能。因此，"文本认知"作为教育主体间"话语认知"的基础性前提，旨在建构一套共享的语言规则与符号信码的规制体系，即一种教育主体共同遵循的"话语秩序"，以此协助教育主体在各种教育力量的综合作用下把握教育话语的符号规律，形成教育主体间话语认知的"语脉"。

（二）语境认知，形成话语认知的"境脉"

教育主体间的"话语认知"发生在特定的教育教学情境之中，是教育理论文本与具体语境相互作用的结果。认知语境作为教育主体的心理建构体，"是一系列被主体感知或假设的事实构成的集合，是主体所识别的输入信息（话语信息、环境信息等）与被识别的输入信息所激活的相关信息之和"②，是教育主体

---

① 斯图尔特·霍尔.表征：文化表象与意指实践［M］.徐亮，陆兴华，译.北京：商务印书馆，2005：22.

② 钟秋香.话语生成读解与认知语境［D］.福州：福建师范大学，2008：38.

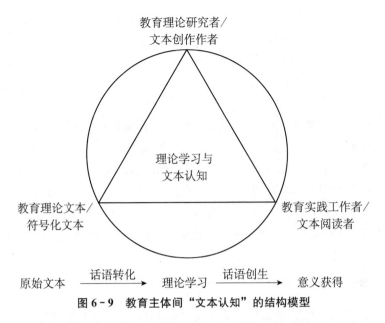

图 6 - 9　教育主体间"文本认知"的结构模型

之间与外在客观的教育世界双向建构创造出来的。认知语境作为一个开放性的整体，并不是纯粹客观的外在现实，而是教育主体将教育理论的文本语境、具体的教学情境与个人的专业经验进行整合化、内在化与结构化后建构的"话语场"，它能够为教育主体参与交往互动或正确理解教育理论话语提供一系列的前提假设。

根据扎根理论对教师访谈文本的分析，以及对教育理论实践转化过程的田野考察，教育主体间的认知语境包括以下三种类型：第一，教育理论的文本语境，即教育主体在建构教育理论过程中创建的理论情境，需要根据教育理论的建构背景、概念术语的基本内涵与外延，以及上下文的逻辑推理进行认知；第二，客观现实的情景语境，即具体的教研情境或教学情境，以及教育主体间交往互动的特定情境，既包含话语认知的物理情境，也包括教育主体间形成的关系式对话情境；第三，特定场域的文化语境，即不同教育主体形成的具有地方性文化特点的认知语境，涉及具体的教研文化、学校文化与区域文化等，既与教育主体的专业背景与知识结构有关，又与团队集体的思维方法与观念信仰有关。可见，教育主体间的认知语境是多种因素、多元力量相互作用形成的，是教育主体对客观教育现实进行选择、调用、互动与建构的结果，只是教育主体在"话语认知"的过程中，并不可能调用全部的认知语境来完成教育理论的实践转化，而是根据特定的认知目标选取某一特定的语境。

语境认知作为教育主体的"理解-推理-建构"的动态过程（见图 6 - 10），是教育主体"运用全部知识、经验对外界刺激进行信息加工、推理判断，从而获取新信息、产生行为的一种主体和客体相互作用的活动"①。但是，这仅仅是一种单向度的界定方式。教育主体间的语境认知，则是一个更为复杂的认知过程，具体表现出以下三个方面的特性：其一，动态性，即具体的教学环境、教育主体的经验知识、个人的认知能力等作为语境认知的基础性前提，具有差异性与动态性，也就是说"理解每一个话语，需要的语境因素是不同的，因此听话人要在话语理解的过程中为每一个话语建构新的语境"②；其二，主体性，即语境认知因教育主体的不同而有所差异，并且教育"认知主体从自己的信念、态度、知识等出发建构整合认知语境"③，具有极强的主体性；其三，主体间性，即教育主体之间的交往互动关系制约着语境认知的整合与建构，并且教育主体往往"从主体间的关系即听者和说者的关系出发建构整合认知语境"④，促使每一个言说者都隐含着一个或多个倾听者，具有明显的主体间性。

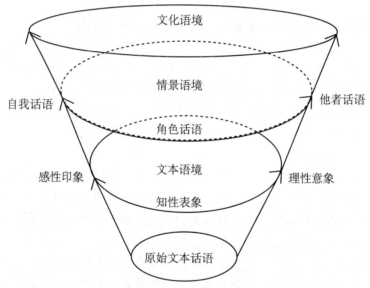

图 6 - 10　教育主体间"语境认知"的结构模型

因此，教育主体间的"话语认知"需要教育主体探寻与适应不同的认知语境，充分考虑对话者的职业身份、认知能力、专业背景、知识结构、文化素养与认知需求等情况，建构不同的"语境化过程"。而教育主体间"语境认知"的

---

① 钟秋香. 话语生成读解与认知语境 [D]. 福州：福建师范大学，2008：4.
② 钟秋香. 话语生成读解与认知语境 [D]. 福州：福建师范大学，2008：7.
③ 胡霞. 认知语境研究 [D]. 杭州：浙江大学，2005：69.
④ 胡霞. 认知语境研究 [D]. 杭州：浙江大学，2005：69.

关键则在于建构"共享的语境"，对动态变化的教学环境与关系情境的识别是激活共享语境的前提。在这个过程中，教育主体需要相互考虑对方是否具备必要的语境知识，来理解语码所承载的全部信息，有意识地进行语码的转化与语境的共建，促使双方均能够从共享的认知语境中激活相关要素，而不是一味地强迫对方或自身被动地接受某一方单独建构的语境。这是由于"对对方认知语境的正确预设，有助于恰当地遣词造句，布局谋篇，提高语义传达的有效性"①。可见，语境认知是一个动态的选择、建构与生成的过程，是教育主体间共享的情境框架。教育主体可以通过对语境认知的调控，打破对方原有的单向度的语境期待，共建共享新的认知语境，为彼此之间的"话语认知"形成衔接性、连续性与共享性的语境脉络。

（三）意义认知，形成话语认知的"情脉"

作为特定时空规限下嵌入在文本、言辞与行动中的教育主体精神活动和思想观念的外在形式，话语呈现的是"特定思想的向度、特定精神活动的场域和特定理论的标识"②，蕴含着教育主体的主观态度、价值立场与思想观念，负载着丰富的教育价值，表达着教育主体间的权力关系，彰显着教育主体间的生命体验，具有明显的价值意义属性。在教育理论的实践转化过程中，"教育理论者与教育实践者生活在各自不同的意义世界，并以其不同的意义世界感知、理解、思考、建构和言说着教育"③，而不同的教育话语蕴含着不同的教育意义，亟须教育主体间进行话语意义的理解、表达、建构与生成，完成教育主体间的"意义认知"（见图 6-11）。在这个过程中，教育主体间话语的"意义认知"通过相互寻求、标识与诠释各自交往互动的意图、背景、情境与状态，激活、联结与重组教育主体间的内在知识与经验，在符号世界、生活世界与意义世界中生成教育的知识话语、权力话语与生命话语，探寻与建构教育主体间"话语认知"的核心意义与衍生意义，形成教育主体间"话语认知"的"情脉"。

教育主体间的"意义认知"并不是对预设固定物的单向接受过程，而是教育主体围绕交往互动的情感需求与特定意图而展开的双向建构过程。而构成教育主体间"意义认知"的主要成分，则包括以下四个方面：第一，表象成分，即教育主体在言语交际中所激活的教育现象、教学事实与教育形象等；第二，表事成分，即教育主体间的话语意义中涵括的教育事件、教育知识与教育观念等；第三，表意成分，即教育主体话语中蕴含的意识倾向与意向内容，或者说，

① 钟秋香. 话语生成读解与认知语境 [D]. 福州：福建师范大学，2008：19.
② 金德万，黄南珊. 西方当代"话语"原论 [J]. 西北师大学报（社会科学版），2006（5）：53-57.
③ 余清臣. 教育理论的话语实践：通达教育实践之路 [J]. 教育研究，2015（6）：11-18.

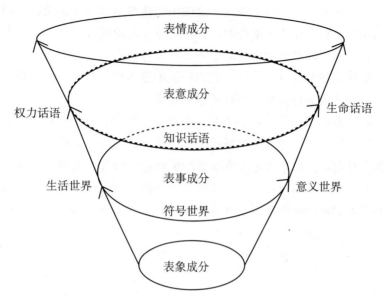

图 6-11 教育主体间"意义认知"的结构模型

是教育主体基于"何种意图倾向"表达"什么意向内容"；第四，表情成分，即教育主体间"话语认知"蕴含的情感体验与价值判断。

根据以上构成教育主体间"意义认知"的四种主要成分，结合詹姆斯·保罗·吉的话语分析框架，可以基本梳理出教育主体间"意义认知"的基本"问题域"（见表 6-3）。与此同时，"问题域"的追问线索则构成了教育主体间"话语认知"的基本"情脉"。

表 6-3 教育主体间"意义认知"的基本"问题域"

序号	基本问题	主要指向
1	这段话语是怎样使事物有意义的？是以什么方式使事物有意义的？	意义
2	这段话语被用来促成（让别人明白正在促成）哪种或哪几种活动的开展？	活动
3	这段话语被用来促成了哪种或哪几种身份的确定（即让他人承认其有效性）？	身份
4	这段话语要促成与他人（在场或不在场）之间的哪种关系？	关系
5	这段话语交流的是关于教育思想的什么观点？	立场与策略
6	这段话语如何在教育事物之间建立或断开联系？如何使教育事物彼此相关或不相关？	联系
7	这段话语如何使某种教育符号系统占优势或不占优势？如何使获取教育知识和教育信念的方式占优势或不占优势？	符号系统与知识

根据扎根理论对教师访谈文本的分析，以及对教育理论的实践转化过程的田野考察，如果将教育主体间"意义认知"的过程与结果用 S＝s＋s' 来表示与划分，代表教育主体间"意义认知"平等共享的理想状态，其中 S 表示教育主体间"意义认知"的最终结果，s 表示教育理论的文本意义，s' 表示教育主体生成的认知意义，那么，教育主体间的"意义认知"主要存在以下四种类型：其一，S＝0，即教育主体间没有实现真正的交往互动，互相不认同或不接纳彼此，如教育主体间"互不买账"的现象；其二，S＝s，即教育主体通过对教育理论文本的识别与解读，全盘接受且止于教育理论文本的表层信息，教育主体也可能会按部就班地遵循教育理论规范的基本教学步骤，但是在教育理论文本的语意表征与话语真正的思想意涵之间存在一定的差距，如教育主体间"说者有意，听者无心"的现象；其三，S＜s＋s'，即教育主体根据自己现实的教学需求与兴趣爱好，片面地解读原有的教育理论文本，同时对其进行个性化的改造，教学行动的不确定性与风险性显著增加，如教育主体间"言者意在此，而听者意在彼"的现象；其四，S＞s＋s'，即教育主体在通透地理解教育理论文本的来龙去脉、理论依据与思想观念的同时，不断对现实教学情境中"主体-问题-方法"之间的"适切性"进行追问与探索，生成教育理论文本"下位概念"意义上的新的教育实践话语，并将其与教育理论者共享、互动和对话，这便是一种教育理论与教育实践相互滋养的共生共长的状态，如教育主体间"言者有心，听者有意"或"言者无心，听者有意"的现象。

三、教育主体间"话语认知"转化的边界张力

"话语认知"是教育主体将各种术语概念、思想观念和情感体验嵌入一个可被表达、阐释与转化的符号形式中进行表征与建构的过程。教育主体以其各自独有的方式"占有"各自教育话语生产与再生产、消费与再创造的"疆域"，而教育主体间的"话语认知"则由于教育话语的言说方式、教育教学的观念立场与所处话语情境不同而表现出较大的差异性，甚至在教育主体交往互动的边界形成一种"断裂性的话语地带"，蕴含着教育主体间"话语认知"的矛盾、冲突与博弈关系。

（一）主体关系："属我"的话语与"属他"的话语

在教育理论的实践转化过程中，教育主体身处在一个五彩缤纷的话语体系竞相追逐、璀璨夺目、魅力四射的教育世界中，到处充斥着"陌生"而又"熟悉"、"新鲜"而又"陈旧"的教育话语，其中，既有宏大思辨的"豪言壮语"，也有迷人眼球的"花言巧语"，还有各式各样的"胡言乱语"。面对这种现象，一方面可以理解为教育话语多元开放的"文化胸襟"，另一方面可以理解为一种

"话语紧张"的态势。教育主体通过所运用的词语、所讲述的故事、所制造的形象、所产生的情绪等话语表征方法来赋予教育事物多元的内涵、价值与意义。教育理论也借助话语认知得以符号化，教育实践借助话语认知得以结构化。但是，需要省思的是：这些教育话语是谁提出来的？这些教育话语是谁在言说？言说这些教育话语的实质性主体是谁？言说这些教育话语的意图是什么？这些教育话语在为谁言说？

基于扎根理论对教师访谈文本的分析，以及对教育理论实践转化过程的田野考察，可以发现，教育实践者拥有一套相对清晰地描述和概括自己实践及其背后观念的话语系统，只是这种话语系统的学术表达性、理论建构性、概念抽象性与教育理论者的话语系统相比，存在较大的"差距"。而这种"差距"既可以理解为教育理论话语与教育实践话语的"逻辑差异"，也可以理解为教育话语中蕴含的教育主体间的"身份距离"。荷兰社会学家泽德菲尔德（Zijderfeld）提出了"抽象社会"的概念，认为现代社会充斥着各种复杂而抽象的观念，是一个符号化社会，而个体正是生活在一个由话语、意识形态或符号构成的表象世界中。教育主体身份认同的危机就是"属我"教育话语与"属他"教育话语之间对立割裂的结果，教育理论话语或教育政策话语常以有形或无形的方式强制性地渗入教育实践的场域之中，而教育实践者也总是将自身话语边缘化，放弃自身鲜活的教育话语，并且习惯于直接"借用"一些自己"不求甚解"的教育理论话语来"装点门面"，以此"彰显"自身的教育理论素养与教学理论水平，陷入一种"他言他思""我言他思""我言迷失"的尴尬境地。

（二）权力关系："权威性话语"与"个体性话语"

教育理论话语或教育政策话语在教育场域中扮演着"公共性话语"与"权威性话语"的角色，为教师的教育教学提供了行动的参照坐标与价值认同的可能性。但与此同时，教育理论者的"权威性话语"与教育实践者的"个体性话语"之间存在着一种不对等的权力制衡关系。正如伽达默尔所言，"谁拥有语言，谁就'拥有'世界"[①]，并且教育话语是教育主体思想观念的表现形式，可以说，"话语的界限意味着思想的界限，话语的贫困意味着思想的贫困"[②]，"话语中包含着权力，话语言说的实质就是权力的运作，即在特定的情境中形成一种控制性的关系和行为"[③]。对于教育实践者而言，"权威性话语"蕴含着"权力性控制"的特质属性，能够"对争执不下的意见纠纷做出仲裁与抉择，并最

---

① 张世英. 进入澄明之境：哲学的新方向 [M]. 北京：商务印书馆，1999：65.

② 王艳敏. 论教育学话语 [D]. 长春：东北师范大学，2015：18

③ 傅春晖，彭金定. 话语权力关系的社会学诠释 [J]. 求索，2007（5）：79–80.

终决定哪些意见是正确的和应该被遵守的"①。但是，根据扎根理论对教师访谈文本的分析，以及对教育理论实践转化过程的田野考察，可以发现，在"权威性话语"与"个体性话语"边界张力的角逐中，教育实践者的"个体性话语"往往被挤压在边缘地带，存在"唯权威性话语是从"的"本本主义"或"教条主义"现象。

可见，拥有教育话语意味着拥有教育权力，不同的教育话语背后蕴含着不同的话语权力。在双方信息、经验与知识等教育资源不对称的前提下，教育主体中控制教育话语的一方就具有明显的教育支配性权力。教育理论者的"权威性话语"与教育实践者的"个体性话语"之间的对立割裂正是在工具理性的支配下形成的一种教育主体间的地位不对等的权力关系。对于教育实践者而言，在这种权力关系中，自身的教育表达与教学行动往往出现"知行不一"的问题，他们自身对"权威性话语"并没有强烈的需求或浓厚的兴趣，但是"权威性话语"却成为他们公开言说或书面论述中的"高频关键词"，而自身实际的教学行动又遵循着个体化的教学经验，甚至背离"权威性话语"的内在要求。在这种失衡的权力关系中，教师对教育理论的实践转化常常停留在复述"权威性话语"的层面，或成为"公共性话语"的"传声筒"，不断把自我的"话语权力"主动地或被动地让渡给"他者"，抛弃自身对教育理论的"立法权"与"仲裁权"，沦为单向度的"执行者"与"复述者"。

（三）转化关系："应然价值判断"与"实然事实判断"

在教育理论的实践转化过程中，教育理论者的理论论述具有两种倾向：一种是抽象化的描述分析倾向，即教育理论者基于个人的理论知识与主观判断，对教育现象中的细节或环节进行筛选、裁剪与舍弃，从某一种理论视角来分析现实的教育问题；另一种是应然化的价值判断倾向，即教育理论者基于自身的教育理论或想象力，勾勒出理想课堂教学的图景，教育理论中充斥着"应该如何"与"不能如何"的表述方式，仿佛将各种教育元素想象成最好的样态，就能实现理想的教育图景。对于这两种教育理论的话语表述倾向，教育实践者往往持一种"表面赞同"但"不屑一顾"的态度，这是由于这两种话语表述倾向均没有对教育理论的适用对象、适用地点、适用条件等做出相应的界定，看似"万能万用"，实则"一无是处"。而对于教育实践者来说，他们对教育理论的话语表述方式往往具有叙事化、生活化、案例化的倾向，他们更愿意将教学实践中的每一个细节进行详细的描述与分析，最终做出一种实然性的事实判断。

---

① 齐格蒙·鲍曼. 立法者与阐释者：论现代性、后现代性与知识分子 [M]. 洪涛，译. 上海：上海人民出版社，2000：5.

可见，教育理论者的"应然价值判断"实质是一种"话语中的实践"，而教育实践者的"实然事实判断"则是一种"实践中的话语"。"话语中的实践"虽然能够得到教育实践者的赞同，但终归还是某种抽象化的理论阐述，可以作为一种理想的教育实践的可能性或"理论图式"；而"实践中的话语"则是教育实践者不断寻求自我，不断接近教学现实的结果，可以作为一种现实的教育实践的案例样本或"实践图式"。对于教育实践者而言，两种不同的话语表述方式之间存在一种边界张力与转化关系，具体包括以下三个循环式的转化环节：首先是教育理论者"信奉的理论"与教育实践者"信奉的理论"之间的边界张力与转化关系，即教育主体如何化解教育思想观念的冲突关系；其次是教育实践者"信奉的理论"与自身"运用的理论"之间的边界张力与转化关系，即教育实践者内部如何化解"知行不一"的矛盾关系；最后是教育实践者的"实践中的话语"与教育理论者的"话语中的实践"之间的边界张力与转化关系，即教育主体如何面对"理论实践化"与"实践理论化"的博弈关系。因此，"应然价值判断"与"实然事实判断"的转化关系需要缝补教育主体间"断裂的经验"，并通过经验赋予与理论嵌入形成教育主体间的"话语联盟"。

四、教育主体间"话语认知"转化机制的基本构成与运作逻辑

根据扎根理论对教师访谈文本的分析，以及对教育理论实践转化过程的田野考察，教育理论的话语类型、教育主体的话语偏好与认知能力都会对教育主体间的"话语认知"产生作用，影响教育主体间的话语认同、话语生产、话语消费与话语创造。话语主体与关系、话语内容与形式、话语情境与方法作为基本的话语认知元素，共同构成了教育主体间"话语认知"转化机制的运作模型。

（一）话语认知的主体与关系

在教育理论的实践转化过程中，主要存在两类话语认知的主体，分别是教育理论者（或"说话者"）与教育实践者（或"对话者"）。二者的主体性是"自我转向"的结果，即他们通过将自己视为言说自我的独特个体而把不同类型的教育话语占为己有，以此"占有自己的本质特性"，并在教育话语的言说中确立自己的主体身份。正如福柯所言："你以为自己在说话，其实是话在说你"[①]。主体身份与话语认知是一种相互构建的关系，这是由于"话语不仅反映和描述社会实体与社会关系，话语还建造或'构成'社会现实与社会关系，不同的话语以不同的方式构建各种至关重要的实体，并以不同的方式将人们置于社会主

---

① 王治河. 福柯［M］. 长沙：湖南教育出版社，1999：182.

体的地位"①。也就是说，话语认知主体的身份是基于自身能动性而主动建构的结果，教育主体间的话语认知关系更是二者在具体的"语脉"、"境脉"与"情脉"的内在沟通中，通过建立交往互动的关系框架而生成的。在这样的关系框架中，教育主体一方面通过话语认知来解释自我，表达自身的教育思想、教学立场与价值观念，另一方面则在教育实践中借助话语的认知结构来创造自我，探寻自身的主体身份、特质属性与教学地位。

在教育主体的"话语认知"关系中，教育主体"通过话语来实现自己对（教育）生活的参与，表达自己的伦理立场，体现自己对他人话语的态度"②，既包括"为他性"，也包含"为我性"，这便是话语认知的对话性与开放性，既能够不断地从"自我"走向"他者"，也能够不断地从"他者"走向"自我"（见图6-12）。而教育主体间"话语认知的"开放式的双向对话，主要表现在以下三个环节：第一，教育主体在接触需要认知的教育话语之前，尽量"悬置"自身已有的教育理论模式或教育价值观念，实际地去分析教学实践行动中话语的建构过程与运作模式；第二，教育主体从教育话语建构者的角度出发，梳理教育理论话语的提出过程，把握教育理论话语的内涵与外延；第三，教育主体运用教育话语建构者的方法，根据不同的实践目的来认知话语实践的"适切性"，体验理论话语与话语实践之间的差异性，探寻话语认知过程中的运行秩序与转化模式。通过以上三个循环式的转化环节，教育主体间"话语认知"的主体关系形成一种"自我言说"与"他者言说"相互依存、彼此呼应、多音齐鸣与异音和声的转化样态。

（二）话语认知的内容与形式

教育主体间存在多种类型的话语认知内容。根据话语认知主体的不同，可以将教育话语划分为"意识形态话语"、"知识精英话语"、"平民实践话语"与"大众诗性话语"四种基本类型③，每一种类型代表着教育主体不同的思维方式、言说方式与生存方式。基于认知层次的不同，可以将教育主体间话语认知的内容划分为以下三个层面（见图6-13）：其一，文本话语，即教育主体需要理解教育理论的具体语篇，包含概念术语、基本命题与逻辑推理等语言形式，其实质是一种表达层面的意义理解过程；其二，情境话语，即教育主体需要围绕教育理论话语的认知、生产、消费与创造等过程，探索话语秩序的构成及其在具体情境中的运作模式，其实质是一种语境层面的意义赋予过程；其三，行

---

① 诺曼·费尔克拉夫. 话语与社会变迁 [M]. 殷晓蓉，译. 北京：华夏出版社，2003：3.

② 萧净宇，李尚德. 从哲学角度论"话语"：巴赫金语言哲学研究 [J]. 中山大学学报（社会科学版），2002（5）：135-140.

③ 张荣伟. 论中国基础教育改革的四种话语类型 [J]. 中国教育学刊，2009（10）：8-11.

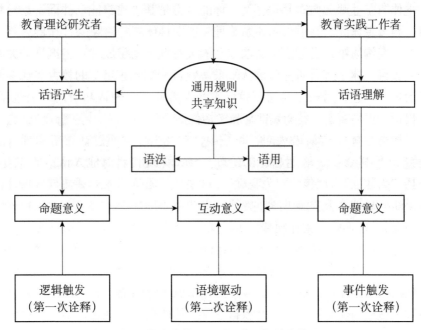

图 6 - 12　教育主体间"话语认知"的主体关系

动话语，即教育主体需要探寻话语秩序内在的权力关系，以及这种权力关系在具体的教学实践行动中的关键环节与运行机制，其实质是一种行动层面的意义创生过程。以上三种话语认知的内容构成了教育主体三种层面的话语认知过程，其实质是一个不断丰富话语认知元素、不断延展话语认知场域、不断充盈话语认知意义的过程。

　　教育主体间"话语认知"三个层面的话语内容并不是相互割裂的，而是具有连续的流动性。文本话语、情境话语与行动话语相互之间具有互文性，而互文性能够将理论文本（显性的存在）、教育主体（知性的存在）与教学文化（隐性的存在）结合起来，即每一个话语"都是观念的意义、人际的（身份和关系）的意义以及文本的意义的结合"①。这是由于"文本中的每一种表达都是多种声音相互交叉、相互渗透以及文本世界各式任务展开对话的结果……它总是包含和承载着多重意义，每个文本的背后都存在着多种人物的多重声音"②。可见，这种话语间的互文性犹如一根无形的"绳索"，将三个层面的话语内容联结在一起，形成了一种"话语间性"。这种话语间性意味着教育主体间的话语认知具有

---

　　① 诺曼·费尔克拉夫. 话语与社会变迁 ［M］. 殷晓蓉，译. 北京：华夏出版社，2003：70.

　　② 李小坤，庞继贤. 互文性：缘起、本质与发展 ［J］. 西北大学学报（哲学社会科学版），2009
（4）：152 - 155.

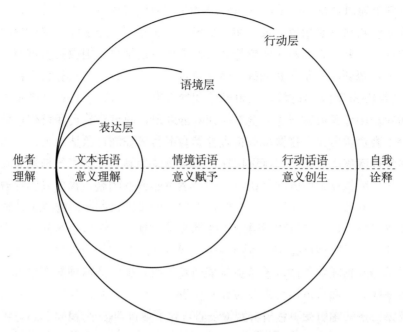

图 6 - 13　教育主体间"话语认知"的整体内容与基本形式

一种持续流动的特性，是一种"关系论"的认知范式，能够使教育主体间"互动-理解-冲突-诠释-行动"的辩证过程嵌入具体的时空之中，并将文本话语与情景话语、行动话语沟通起来。此时，"不仅一切思想与概念形成在语言对世界的建构中，而且语言（在其本质上）正是言说者凭借'理解'而参与其中的行为"[①]。因此，教育主体通过三个层面的话语交流，能够获得一种差异性的理解，并共同更新对话的语境，并深入各自的文化传统中，对话语的内在逻辑进行认知与解读。

（三）话语认知的情境与方法

教育主体间的"话语认知"是主体、话语与语境因素相互作用的过程，而认知情境作为教育主体言语交际行为发生的具体时空状况，既是教育主体交往互动的场域，也是教育主体感知或推断各种教育事实的构成集合，更是教育主体主动选择和建构的结果。而教育主体的情境认知则至少包括外部信息的接受与内部认知图式的激活，分别是教育主体对交往互动发生的时空等物理情境的认知，以及对人际交往关系所生成的"意义"的认知。可以说，话语认知的情境是一个综合性的概念，蕴含着教育主体间交往互动的"事件"与"意义"。法

---

① Cristina Lafont. The Linguistic Turn in Hermeneutic Philosophy [M]. Massachusetts：The MIT Press，2002：40.

国语言学家本维尼斯特（Émile Benveniste）认为："语言再生产着现实……通过语言，现实被重新生产出来。说话的人通过他的话语使事件以及他对事件的体验重生，听他说的人首先把握到话语，并且通过话语，把握到被重新生产的事件"①。也就是说，话语认知的情境是教育主体、教育话语与教育事件的"黏合剂"，它将为教育意义提供一个开放的生成空间。

基于扎根理论对教师访谈文本的分析，以及对教育理论实践转化过程的田野考察，教育主体，尤其是教育实践者具有多种多样的话语认知方法，大致可以归结为以下三类：第一，对比性认知，即将原有的教育话语与新的教育话语进行比较，分析二者之间在"语表"与"语里"方面的联系与差异，在寻找共同对话基础的前提下完成话语的认知；第二，约定性认知，即教育理论者与教育实践者通过约定，重新确定某一个概念术语或基本命题在特殊教育情境中的内涵与外延，以此形成双方对话的基础；第三，隐喻性认知（或称为"相似性认知"），即教育主体使用双方较为熟悉的事物及其内在的逻辑关系来表达陌生的教育事物及其内在逻辑。

在田野考察中发现，隐喻性认知是"人们用语言思考所感知的物质世界和精神世界时，能从原先互不相关的不同事物、概念和语言表达中发现相似点或者创出相似点，建立想象极其丰富的联系"②，而作为一种概念系统的跨领域映射，隐喻性认知是一种具有典型特征的话语认知方法（见图 6-14），它根植于教育主体的日常生活，并与现实的教育情境具有紧密的贴合性。教育主体"派生的隐喻语段虽质朴、平实，但构成的互文对比却闪烁着睿智，洋溢着新意，使受众有'他乡遇故知'的亲切和愉悦之感"③。可以说，隐喻性认知在指向教育话语抽象意义的同时，也为教育主体所生活的教育世界的体验与感知创造了新的话语情境，它"并未迫使我们在谓词理论与形象理论之间进行抉择"④，而是为教育主体间的交往互动打开了一个"可能的世界"，在话语认知层面实现教育理论与教育实践的转化。与此同时，这种情境的相似性也将引发教育主体间情感体验的相似性。因此，隐喻性认知可以作为教育主体创造性想象的产物，其表象是教育概念的呈现，但是其诠释效应却远远超出概念的表面意涵，能够促使教育主体的思想观念得到生动的阐释，并帮助教育主体发现相似教育话语

---

① 刘欣．保罗·利科的"话语事件"思想［J］．安徽师范大学学报（人文社会科学版），2016（3）：310-315.

② 周志远，邵艳春．语言哲学视域下的认知隐喻研究［J］．浙江师范大学学报（社会科学版），2017（2）：36-40.

③ 方颖．话语操控语境的认知解读［J］．现代外语，2014（4）：472-480.

④ 保罗·利科．活的隐喻［M］．汪堂家，译．上海：上海译文出版社，2004：261.

之间的本质特性，揭示教育世界最本真的存在样态。

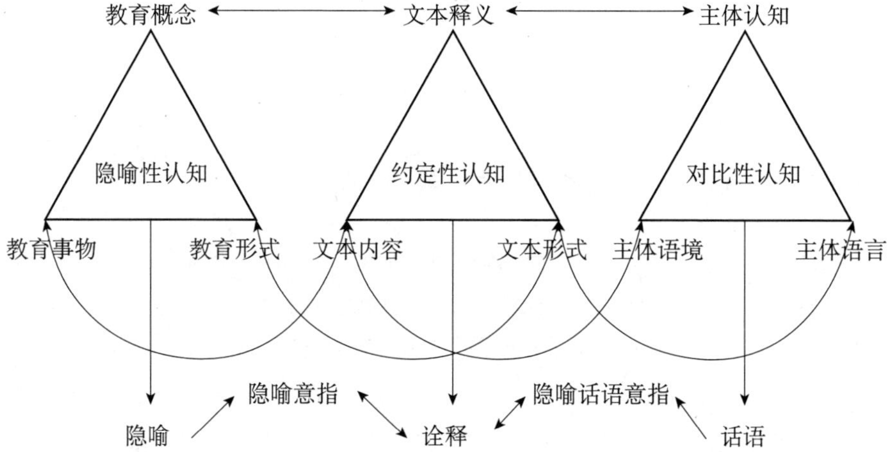

图 6 - 14 教育主体间"话语认知"过程中的语境认知与隐喻转化

（四）教育主体间"话语认知"转化机制的运作模型

教育主体间的"话语认知"是基于教育主体的认知需求，在特定的教育情境中展开的教育主体与教育文本、教育主体与教育主体、教育主体与教育行动以及教育文本与教育行动之间相互作用的过程。教育主体间"话语认知"转化机制的运作（见图6-15）可以概括为以下三个过程：第一，多模态话语建构的过程，即教育主体间的话语认知首先表现为"教育主体-教育文本"之间的"单模态话语认知"，其次是"教育主体-教育文本-教育主体"之间的"双模态话语认知"，最后是"教育主体-教育文本-教育行动-教育主体"之间的"多模态话语认知"；第二，教育主体间视域转化与融合的过程，即话语认知是对教育主体经验、知识、智慧进行整合、转化与融通的过程，其最终以话语表达的形式呈现出来；第三，教育世界的敞开过程，即通过话语认知，教育主体间的视域得到延展与敞开，在打通话语认知"语脉"、"境脉"与"情脉"的同时，联通教育主体生存与发展的历时空、共时空与超时空，贯通教育的本然界、事实界、可能界与价值界，其实质是一个教育理论的实践转化价值不断丰富扩充的过程。

五、教育主体间"话语认知"转化的可能路径

教育主体间的"话语认知"涉及教育主体的文本认知、情境认知与意义认知，亟须打通话语认知的"语脉"、"境脉"与"情脉"。根据扎根理论对教师访谈文本的分析，以及对教育理论实践转化过程的田野考察，探寻教育主体间"话语认知"转化的可能路径，主要存在以下三条：其一，解决教育理论话语"不接地气"的问题，强化教育主体话语认知的实践品性；其二，解决教育主体

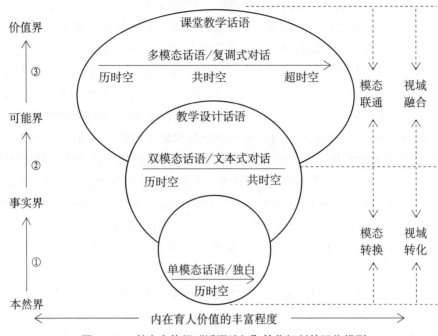

图6-15　教育主体间"话语认知"转化机制的运作模型

注：①文本实践：既定差异的挖掘；

②话语实践：关系特征的建构；

③文化实路：意义价值的提升。

话语"认知情境单一"的问题，丰富教育主体话语认知的转化情境；其三，解决教育主体间话语"认知框架缺乏"的问题，构建教育主体间共享的话语认知框架。

（一）实践性理解，强化话语认知的实践品性

教育理论作为由术语概念、命题范畴与逻辑推理构成的教育话语，追求的是抽象概括性与逻辑自洽性，与教育实践具有不同的运作逻辑，经常给教育实践者以"不接地气"的感性印象，也就是缺乏实践品性。佐藤学（Manabu Sato）在《课程与教师》中认为，"教育的实践借助话语得以结构化。用怎样的话语构想教育的目的与主题；用怎样的话语构成这种实践；用怎样的话语实现这种过程；用怎样的话语赋予这种过程中发生的变化；用怎样的话语去反思、表达这种实践的经验，这一连串用话语所构成、所实现、所反思、所表达的活动，就是教育实践"①。对"话语认知"进行教育实践化的改组与改造，需要在深刻理解教育理论话语的基础上，分析教育理论"语表"的陈述方式与语用结

---

① 佐藤学．课程与教师［M］．钟启泉，译．北京：教育科学出版社，2003：3．

构，揭示教育理论"语里"的人性假设与潜在观点。这是由于"实践化的教育理论应该是能够尊重教育实践情境性与多样性的教育理论，是能够兼容复杂人性的教育理论，是能够与其他教育理论对接的教育理论，也是能够使用亲近教育实践者的语言表述的教育理论"①。可见，对教育理论话语进行"实践化理解"，就是探寻教育理论话语"实践性认知"的内在转化机制，架起教育理论话语、教育实践行动与教育主体之间的桥梁。

因此，强化教育主体间"话语认知"的实践品性，可以从以下三个方面进行尝试性的探索：首先，将教育理论话语转化成不同版本的语体，即根据教育主体不同的实践需求进行语用层面的转换，转化为教育主体易于接受、主动认同的话语系统。谢富勒曾将教育话语的转换形式归结为教育定义、教育口号与教育隐喻三种类型。其次，将教育实践话语转化为约定型话语，即教育主体以一种"自下而上"的话语认知思路，对教育实践中具有代表性、典型性与融通性的话语进行群体内部的约定，重新提炼、概括与界定教育实践话语的适用情境、适用主体与适用对象等。最后，延展话语认知、运用、生产与创造的空间，即将教育理论话语单一的文本模态转化为视频、图像、身体语言、社会身份等多样化的话语模态，将宏观抽象化的话语表述转化为日常教学生活细节的微观建构，转化为教育主体日常的教学方法与内在的教育德性。

（二）叙事性诠释，丰富话语认知的转化情境

教育主体间的"话语转化"需要寻找能够促使多元教育主体共同对话的基本形式与话语通道，既能理解教育理论话语的"有字之书"，也要诠释教育实践话语的"无字之书"。而"教育实践具有的情境性和自由性，要求应用于其中的教育语言能够做出相应的转化，进而发展出适合教育实践要求的语言特征与元素"②。叙事性诠释作为表达教育主体间共同经验、个性事件与多元意义的推理模式，尊重教育主体经验的生活意义，能够联结与揭示教育实践过程中主体、内容、形式、方法、事件、体验与意义等各种元素及其复杂关系，这是由于"教育经验的复杂性、丰富性与多样性决定了任何一种预先设定的理论框架都会陷入叙述紧张"，而"以'叙事'方式回归教育时空中各种具体的人物、机构及事件，叙事本身所揭示的各种教育存在方式或行为关系，以及当事人在此行为关系中的处境与感受，便成了教育学文本所要表达的'意义'"③。可见，叙事性诠释作为教育主体间"话语认知"所共同拥有的表达模式，能够激活教育理

---

① 余清臣. 论教育理论的实践化改造 [J]. 教育研究，2016（4）：25-31.
② 余清臣. 论教育理论语言的实践转换 [J]. 中国教育学刊，2013（10）：26-29.
③ 丁钢. 教育经验的理论方式 [J]. 教育研究，2003（2）：22-27.

论话语的对话情境，拉近理论秩序、话语秩序与实践秩序之间的距离。

叙事性诠释能够揭示教育主体最内在的思想观念与情感体验，因为"当教师不直接谈论教育理论，只反思教育生活中发生的教育事件时，教师的教育理论常常蕴涵其中，而且这些教育理论已经不是一般意义上的理论，它已经转化为教师的教育信念"①。因此，丰富教育主体间"话语认知"的转化语境，需要在把握话语边界张力的基础上，实现教育理论话语与教育实践话语之间的"转义"。而转义指的是"从关于事物如何相互关联的一种观念向另一种观念的运动，是事物之间的一种关联，从而使事物得以用一种语言表达，同时又考察到用其他语言表达的可能性"②。最典型的转义方式便是教育主体的"隐喻行为"，其自身具有极强的双向转化能力，即"上导融入理论，下导融入实践"，具体可以分为以下三种形式③：其一，学科之间的隐喻，即教育主体利用其他学科的话语增强教育理论话语的解释力与适切性，丰富教育主体间话语认知的情境；其二，学科之内的隐喻，即教育主体将教育理论话语与教育实践话语进行比较、对应与联结，形成文本与行动、事件与意义的统一关系；其三，学科之外的隐喻，即教育主体从日常的生活中寻找隐喻的生动案例，完成教育理论话语的重心下移，增强教育理论话语对教育实践生活的牵引动力。

（三）意义性行动，构建共享的话语认知框架

共享的认知框架是教育主体间话语认知的基础性结构，也是教育主体间正常展开交往互动的关键。这个共享的认知框架大致包含以下四个层面：第一，"话语-话语"层面，即话语作为教育主体表征与建构某种共同对象、概念与命题的陈述集合，并不仅仅决定于话语本身表面层次的遣词造句与规则体系，还决定于教育主体在话语实践过程中对话语深层次历史结构的探寻与体验；第二，"话语-权力"层面，即教育主体对不同类型教育话语背后的权力关系、权力运作机制与权力效应的认同与接纳过程；第三，"话语-世界"层面，即教育主体对话语表征与建构的教育世界图景的理解程度，对教育主体、话语内容、思想观念与社会背景之间内在一致性的认识；第四，"话语-自我"层面，即教育主体将以上三个层面的认知目标转向"认识自我"与"改变自我"，追问经过话语实践之后的自我是否改变了某种不合适或不妥当的行为方式。以上四个层面的认知序列共同构成了教育主体间话语认知的共享框架。

构建教育主体间话语认知的共享框架，需要选择、调整与重构教育主体间

---

① 刘良华.校本教学研究［M］.成都：四川教育出版社，2003：139.
② 丁钢.声音与经验：教育叙事探究［M］.北京：教育科学出版社，2008：26.
③ 折延东，龙宝新.隐喻在教育理论研究体系重构中的作用［J］.教育评论，2004（2）：10-12.

的"话语秩序"，批判性地重新构造话语的演化谱系与转化脉络，缓解"绝对符合"与"有限表达"之间的边界张力，弥合"理论话语"与"实践话语"之间的边界裂缝。构建教育主体间话语认识的共享框架，实现话语认知过程的"生产"与"再生产"，可以分为以下三个主要环节：首先，话语秩序的激活，即教育主体将与交往互动意图相关的知识完全调动起来，从不同方面激活认知的话语秩序；其次，话语秩序的联结，即教育主体将被激活的相关知识与新的话语系统以多种方式建立联结关系，具体表现为相关知识、动机意图与话语系统之间的相互联结；最后，话语秩序的重组，即教育主体对各种联结关系加以识别、选择与权衡，找出最适切于具体教育情境的联结关系，求得最佳的认知重合，最终取得最佳的话语认知效果。

第三节　转化维度之三：教育主体间的"思维意识"

思维意识作为教育主体认知教育理论、看待教育事物与采取教学行动的基本立场，具有内在规定性，是教育主体解释教育世界、规范教育世界与改变教育世界的思考框架。在教育理论的实践转化过程中，如果说教育行为的改变是一种外在表现的形式变化，那么思维意识的改变则是一种内在实质的深层变革。不同的思维意识会使教育主体形成不同的认知结构，导致不同的认知结果，进而引发不同的教育实践行为。可以说，思维意识作为教育主体教学观念的预演，直接指向教育主体的对象性实践活动，是教育理论方法论层面的内化，关涉教育主体的生存方式、教育理论的转化形式与教育实践的行动样式，对于教育理论的实践转化过程具有方向性、引导性与决策性的作用。思维意识作为教育主体思考教育问题的审视角度、决策方法与判断依据，是教育理论实践转化机制的内在环节。因此，在明晰教育主体间"思维意识"的基本性质、转化的前提条件与边界张力的基础上，分析其转化机制的基本构成与运作逻辑，尝试性地探寻教育主体间"思维意识"转化的可能路径，对于整体建构教育理论的实践转化机制具有内在的联结性作用。

一、作为教育主体间"驱动性认知结构"的思维意识

对思维意识的探寻直接关联着对人的生存方式与物的存在方式的思考。意识作为"人在各种活动中养成的把握周围环境或活动对象的基本观念及相应的行为方式的统一体，表现为为人做事的意向、技能和能力"[①]，意味着主体"觉

---

① 黄甫全. 关于教育研究中的问题意识 [J]. 华南师范大学学报（社会科学版），2003（4）：119-124.

察到了外部事物以及内部状态的某种变化，是对变化的一种知觉"①，是客观世界在人脑中形成的主观映像，也是人脑对客观世界的能动反映。

而思维既是人认知外部世界的方法与能力，也是"认识的发动、运行和转换的内在机制和过程"②，强调的是"人们如何认识外部世界及自身与外部世界的关系"③，是"一定的世界观、方法论在人脑中的内化"④。可见，思维作为一种意识与自我意识的活动，既包括设定对象的我思过程，也包括将对象作为一种差别物的呈现过程，还包括设定自我与对象之间关联的过程。也就是说，思维既关涉意识的内容，又关涉意识的形式，既统摄对象意识，也统摄自我意识，既把握思想的内容，也把握思想的活动。

如果说意识构造了符号意义世界，那么思维则关联并运行了符号意义世界，这是因为"思维世界的符号能力，在组织客观世界意义关系网过程中，组织起意识自身"⑤。而从人的生存方式与物的存在方式的整体构成出发，思维意识作为人关联、构造与运转符号世界、实践世界与意义世界的内在认知结构，是联结人的生存方式与物的存在方式的统一体（见图6-16），分别指向人（自我与他者）作为主体的能动的思维意识和物（理论符号与具体事物）作为认知客体的反映的思维意识。

在教育理论的实践转化过程中，思维意识作为"教育实践主体基于一定的反映教育特质的概念及其系统和逻辑程序，去理解和把握教育世界的本质、规律和普遍联系的方式、过程与结果"⑥，是教育主体从教育理论的视角出发，在审视自我内心教育世界与周围外在教育世界的过程中，所形成的有关教育意向、教学直觉、决策判断或教学行动的内在认知状态，是教育主体将教育理论的规定性意识化、观念化与思维化的过程，其结果是转化为一种教学观念、教育思想与教学行动的可能性。根据扎根理论对教师访谈文本的分析，以及对教育理论实践转化过程的田野考察，"思维意识"实质是一种教育主体的"内在认知性结构"，具有两种基本属性、三种不同指向与四种构成要素，它们共同构成了教育主体间思维意识的整体样态（见图6-17）。

首先，思维意识是一种"内在性认知结构"。不同的教育理论蕴含着不同的教育观念、思维方法与文化知识，不同的教育理论对教育主体有着不同的内在

---

① 马罗丹．新课程改革背景下教师课程意识研究［D］．长春：吉林大学，2016：11.
② 陈家斌．教育思维方式：结构、功能及意义［J］．教育理论与实践，2014（16）：11-14.
③ 时龙．关于思维研究与思维教育若干问题的探讨［J］．教育科学研究，2019（1）：5-12.
④ 罗祖兵．教学思维方式：含义、构成与作用［J］．教育科学研究，2008（Z1）：72-75.
⑤ 赵毅衡．范畴与筹划：思维对意义世界的重要作用［J］．人文杂志，2017（7）：61-67.
⑥ 周霖．教育理论思维与教育理论发展研究［D］．长春：东北师范大学，2011：10.

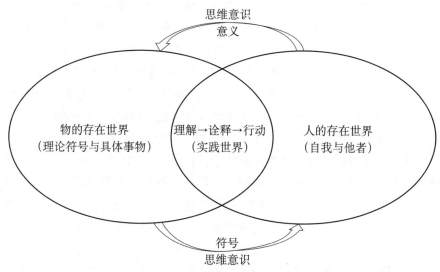

图 6 - 16　思维意识对人的生存方式与物的存在方式的联结融通

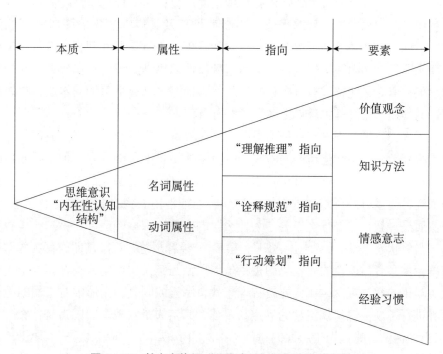

图 6 - 17　教育主体间"思维意识"的整体构成样态

规定性。思维意识作为教育主体理解教育理论、诠释教育事物与筹划教育行动的内在程式，是在教育主体间交往互动或教育主体认知教育世界的过程中，阶段性地定型化了的内在性认知结构，更是教育主体"观念性地理解和把握教育世界的方式、过程与结果"①，表现为教育主体看待教育事物、评判教学行为与采取教育行动的审思视角。作为教育主体的"内在性认知结构"，思维意识存在于教育现象、话语言说与教学行为的背后，决定着教育主体日常的教育言行、教学方式与专业发展方向。在教育理论的实践转化过程中，教育主体的思维意识既是一种促进力量，联结教育理论与教育实践的中间环节，也是一种阻碍力量，制约教育理论背后新的思维意识的学习转化。可以说，在思维意识层面，教育理论实践转化过程的实质是教育主体"内在性认知结构"的转化。

其次，思维意识蕴含两种基本属性。在教育理论的实践转化过程中，教育主体间的思维意识具有两种不同的属性，据此可把思维意识分为两种：一种是作为名词属性的思维意识，即思维意识作为教育主体在教育理论转化为教育实践过程之前、过程之中与过程之后所形成的一种认知状态，它既是"教育理论认识在教育实践面前的凝结，也是教育实践经验在人们认识中的凝结"②，既包含显性的话语知识形态，也涵括隐性的观念知识形态，它们既是教育主体教学实践的产物，也是教育主体转化教育理论的产物；另一种是作为动词属性的思维意识，即"思维的过程是概念、判断和推理及其遵守逻辑的一般规则的过程"③，可以将思维意识看作教育主体对教育理论进行选择性理解、连贯性诠释与建构性行动的内在认知过程，虽然这种属性的思维意识建立在教育实践的基础之上，但它又能超越教育实践的直观经验而深入到教育事物的本质，在教育理论的实践转化过程中获得更多的意指内涵。

再次，思维意识具有三种不同指向。在教育主体思维意识的形成运作过程中，根据教育理论转化目的的不同，教育主体的思维意识具有三种不同的目的指向：第一，"理解推理"指向，即教育主体对教育理论体系的逻辑范畴进行推理演绎，通过对教育事物内在矛盾的理解而推理出教育事物发展的必然趋势，其实质是对教育"是什么"与"为什么"的本体论层面的追问，指向的是教育的"当然状态"，属于"本体之知"；第二，"诠释规范"指向，即教育主体对教育理论体系背后蕴含的教育思想进行价值层面与意义层面的诠释，其中不乏个人主观化的教育观念，在构建自身理想教育图景的同时，无形中对应然的教育世界进行了规范性与规定性的界定与重建，其实质是对教育"应当是什么"与"应当如何做"的认识论层面的追问，指向的是教育的"应然状态"，属于"价值之知"；第三，"行动筹划"指向，即教育主体在理解推理与诠释规范的基础

---

① 周霖. 教育理论思维与教育理论发展研究 [D]. 长春：东北师范大学，2011：10.

② 刘庆昌. 教育思维：教育理论走向教育实践的认识性中介 [J]. 教育理论与实践，2006 (5)：6-10.

③ 李亚峰. 对思维及其产生之可能性的思辨性探讨 [J]. 理论探讨，2001 (5)：38-39.

上，分析教育事物辩证运动的内在规律，把握教育理论中蕴含的教育事物发展趋势，结合自身日常的课堂教学实践，因势利导，筹划自身课堂教学的行动方案，其实质是对教育"如何筹划"与"如何行动"的方法论层面的追问，指向的是教育的"实然状态"，属于"实践之知"。

最后，思维意识由四种要素构成。作为教育主体间"内在性认知结构"的思维意识，其构成成分涵括感性因素、知性因素与理性因素。根据扎根理论对教师访谈文本的分析，以及对教育理论实践转化过程的田野考察，思维意识的形成与转化过程关涉教育主体的价值观念、知识方法、情感意志与经验习惯四个方面的构成要素。其中，价值观念是构成教育主体思维意识的目的要素，决定着教育主体思维意识的结构与功能，潜在地组织着教育主体的思维意识活动；知识方法是构成教育主体思维意识的工具要素，既包括显性知识，也包括隐性知识，是教育主体用来辨别、认知与评判教育事物的工具手段；情感意志是构成教育主体思维意识的组织要素，是教育主体自身以及教育主体间交往互动中的感性因素，对于思维意识的唤醒与转化发挥着个性化作用；经验习惯作为教育主体定型化了的思维方式，是在长期的教育实践中形成的一种思维定式，在教育主体间思维意识的转化生成过程中发挥着促进或阻抗的作用。

二、教育主体间"思维意识"转化的前提条件

教育主体间"思维意识"的转化是一个潜移默化的质变过程，而不是一个瞬间完成的自动过程，需要教育主体经过长期的理论解读、实践探索与反思重建逐渐升华而成。在这个过程中，主体意识的觉醒、思维窠臼的跳脱与知识结构的完备是教育主体间实现"思维意识"转化的前提条件。

（一）主体意识的觉醒

思维意识的转化是人作为主体的能动性的体现，首要的前提条件是"有意识"，这是由于"思维开始于某种模棱两可的交叉路口的状态，在这种不确定的状态中，试图寻找某个立足点去审视补充的事实，以便寻找某些证据，从而判断这些事实彼此之间的关系"[①]。也就是说，教育主体需要对不同思维意识的特点、差异与变化有所觉察，在把握"意识对象"、"意识内容"与"意识活动"的同时，分析不同思维意识的意向构成性、预期指向性与整体视域性。思维意识转化的另一前提条件是形成或唤醒"主体意识"，即教育主体充分觉察自身的主观能动性、自为性、创造性与自觉性，形成改组原有思维意识、改造自身教育观念与改善自身教学行为的主观意识与积极态度。可见，主体意识的觉醒至少

---

① 约翰·杜威. 我们怎样思维［M］. 姜文闵，译. 北京：人民教育出版社，1991：3.

需要经历从"有意识"到"有主体意识"的唤醒过程。

在教育理论的实践转化过程中，根据存在样态的不同，可以将思维意识划分为以下四种类型：其一，教育理论者的思维意识，即教育理论者在建构、阐述与推理教育理论的过程中蕴含的审思角度、推演逻辑与评判标准；其二，教育理论文本展现的思维意识，即作为文本话语形式的教育理论所蕴含的思维形式、逻辑方法与意识形态；其三，教育实践者的思维意识，即教育实践者在理解教育理论、诠释教学理念和筹划教育行动的过程中蕴含的思想观念、行为逻辑与价值追求；其四，教育实践行为展现的思维意识，即教育实践者形塑日常教学行为时所遵循的基本思想、行为逻辑与价值理念。其中，前两种思维意识的主体是教育理论者，后两种思维意识的主体则是教育实践者，而第一种与第三种思维意识是教育主体内在的思维意识形态，第二种与第四种思维意识则是教育主体外化的对象性实践活动。

教育主体对以上四种存在样态的思维意识进行转化，都需要唤醒主体意识，而这种主体意识的觉醒主要体现在以下三个方面：首先是自我意识的觉醒，即教育主体对自身思维意识产生觉知，这"意味着人不仅能把握自己与外部世界的关系，而且具有把自身发展当作自己认识的对象和自觉实践的对象"①，形成对自我思维意识的清晰认知；其次是他者意识的觉醒，即教育主体对他者思维意识产生觉知，一方面教育主体需要觉察他者思维意识与自我思维意识的差异，另一方面教育主体需要觉察他者思维意识的变化状态，其目的在于引导教育主体跳出"习以为常"的惯用角色或"日用而不觉"的行为模式，"从陌生人的视角来反观自己的生活世界，如同陌生人一样，以探究、惊奇的眼光来看待自己的课堂教学生活"②，打破原有思维意识的疆界；最后是主体间性意识的觉醒，即通过直接或间接的交往互动，教育主体对彼此思维意识的属性特点、逻辑形式与适用条件进行差异化的对比或相似性的联结，以此明晰思维意识转化的基础前提、关键环节与运演过程。

（二）思维窠臼的跳脱

根据扎根理论对教师访谈文本的分析，以及对教育理论实践转化过程的田野考察，思维意识作为教育主体经过长期理论"学习"与实践"检验"所形成的行事逻辑，具有固定化、模式化与刻板化的倾向。这是由于"任何人从事任何事项，都根据某种看法作为行动的理由，不论他运用哪种'官能（faculties）'，它所具有的理解力（不分好坏），都不断引导他；所有的活动能力，不

① 刘徐湘. 教师专业发展中的意识分析 [J]. 高教发展与评估，2016（2）：65-71.
② 程良宏，马新英. 教师课程批判意识及其提升 [J]. 教育发展研究，2009（6）：58-61.

论真伪，都受这种看法的指导。……人们心中的观念和意象才是不断控制他们的无敌的力量，人们普遍地顺从这种力量"①。长期处在思维意识"舒适区"的教育主体，容易陷入经验主义的泥淖之中，把长期形成的教育经验固化为不变的教学定式，演化为一种惯性思维，使原本"熟悉"的优势沦落为"守旧"的劣势，"理所当然"与"按老规矩办事"是这种惯性思维的典型表现，与此同时，"大家都是这么教的"成为思维意识依赖"舒适区"、规避"挑战区"、躲避"转化风险"的推脱借口，最终形成一种思维窠臼。

在教育理论的实践转化过程中，教育主体的思维窠臼主要体现为以下三种类型：第一，盲目的崇拜思维，即教育主体将教育理论视作一种无须批判性审思的纲领性文本，并"以权威之言作为推论的前提、证明的论据或思维的结论"②，对教育理论者的思维意识缺乏必要的怀疑、批判、否定与超越的意识，自动漠视或放弃自我的主观能动性；第二，片面的求同思维，即教育主体对教育理论缺乏好奇，对教育理论背后的推理逻辑缺乏兴趣，往往以一种"对号入座"的形式，用既有的教学实践行为对应教育理论文本，以此为自身原有的教学实践寻找"证据"，固化原有教学理念存在的"合理性"，忽视新教育理论的整体系统；第三，操作化的工具思维，即教育主体将教育理论的实践转化过程视为简单的知识传递过程，其思维意识的重心在于"步骤流程-技术操作-照搬模仿"，其对自身角色意识的定位也只是"用别人设计好的教学计划达到别人制定的目标的知识传递者"③，其实质是教育主体陷入了一种操作化的工具性思维之中，遵循的是一种线性执行的思维逻辑。

以上三种典型的思维窠臼会导致教育主体表现出怀特海所谓的"具体性误置的谬误"，主要表现为"以抽象的概念或理论去解释具体的事情或将抽象的概念当作具体的事实"④，其中"具体"指的是教育主体直接经验到的教学事实，具有不可分割的整体性，而"抽象"则是超越于现实教育事物的概念、逻辑或命题，虽然其没有脱离现实的教学事物，但却不能与"具体"相等同。因此，教育主体要跳脱出思维意识的窠臼，至少需要具备以下三种意识：其一，探索意识，即教育主体需要打破固有教育理论的权威"魔咒"，在具体的教育实践中审视教育理论的适用对象、适用范围与适用条件，寻找教育理论实践转化的个性化"疆界"；其二，辩证意识，即教育主体需要辩证地审思"等同-相似-差

① 约翰·杜威. 我们怎样思维 [M]. 姜文闵，译. 北京：人民教育出版社，1991：17-18.

② 陈萍. 变革思维方式：教师专业发展的理性诉求 [J]. 课程·教材·教法，2012（12）：89-94.

③ 胡萨. 反思：作为一种意识：教师成为反思性实践者的哲学理解 [D]. 北京：首都师范大学，2007：13.

④ 张香兰. 从实体到过程：现代教育的思维转向 [D]. 济南：山东师范大学，2007：12.

异""具体-模糊-抽象""合理-合规-合适"等思维边界的相互关系，在具体的教育情境中区别性地辨别评判；其三，风险意识，即教育主体需要直面"无知之幕"开启后可能遇到的各种情况，并根据具体的教育情境进行分析、评估与化解，而不是为了简单地规避风险，自动地沉沦在思维窠臼的泥淖之中。

（三）知识结构的完备

无论是主体意识的觉醒，还是思维窠臼的跳脱，教育主体间思维意识转化的基础性前提条件则是教育主体知识结构的完备。如果教育主体缺乏必要的知识背景，则教育理论的实践转化过程将频繁出现误解与误读的现象，主要表现在以下三个方面：第一，完全基于自身长期积累的教学经验，对教育理论进行字面化的解读，难以发掘教育理论背后蕴含的实质性内涵；第二，以原有的教育理论对新的教育理论进行解读，其实质是以原有的思维意识来框定现有的教育理论，难以意识到二者之间的思维边界；第三，在教育理论中寻找既有教学实践的"理论依据"，片面性地选择教育理论中肯定自我教学实践的论述，而自动忽视不相符合的部分。可见，完备的知识结构是教育主体间"思维意识"理解、诠释、对话与转化的必要条件。

教育主体拥有完备的知识结构，至少蕴含着以下三个方面的要求：首先，教育主体具有充足的知识储备，即教育主体需要拥有不同类型的知识储备，对教育教学本体论、认识论与方法论的论述背景、阐述形式与适用条件进行理解与诠释；其次，教育主体具有多元的方法技巧，即教育主体不能仅仅拥有足量的知识储备，还需要将这些知识储备转化为理解教育理论与解决教学问题的能力，正如埃德加·莫兰主张的那样，"一个构造得宜的头脑胜过一个充满知识的头脑"①，教育主体需要对不同类型的知识加以联结，并赋予它们结构化的意义；最后，教育主体具有动态发展的知识观念，即教育主体尊重不同类型知识的多元化理解，基于教育本质与教学发展的过程，完整地理解教育理论的动态演变轨迹，为不同的教育理论留足理解与诠释的空间。

具有完备的知识结构，教育主体就能通过对教育理论的解读、对教育现象的澄清和对教育问题的剖析，形成教育行动的筹划方案，继而做出判断、计划或决策，以改变教育主体原有的教学实践。这是由于"一个能够思维的人，其行动取决于对长远的考虑"，它能做出有系统的准备，"它能够使我们的行动具有深思熟虑和自觉的方式，以便达到未来的目的，或者说指挥我们去行动，以

---

① 埃德加·莫兰. 复杂性理论与教育问题［M］. 陈一壮，译. 北京：北京大学出版社，2004：109.

达到现在看来还是遥远的目标"①。因此，具有完备知识结构的教育主体能够通过对一定教育事实的积累，对教育基本概念的认知，对自我与他者教育经验和教学行为的梳理、比较、反思与重建，逐渐形成个人独特的思维意识，并以这种思维意识去理解、分析、诠释、评价与创造教学实践主题，游刃有余地对教育理论的实践转化机制进行个性化的调适，并将其渗透在教学目标、师生关系、课堂教学与评价方式等各个方面。

三、教育主体间"思维意识"转化的边界张力

在教育理论的实践转化过程中，思维意识存在于不同的教育主体之中或蕴含在不同的教育理论文本或教学实践行为之中，而思维意识的转化则直接地发生在教育主体之间，以及间接地发生在教育主体与教育理论文本或教学实践之间。根据扎根理论对教师访谈文本的分析，以及对教育理论实践转化过程的田野考察，教育主体间"思维意识"转化的矛盾与张力主要发生在思维意识的边界地带，分别体现在本体论、认识论与方法论等不同方面。

（一）本体论：实体性思维与关系性思维

对于外来的教育理论，教育主体通常以主客二分的思维方式来解构新教育理论中的概念、推理与命题，并将其视为一种先于教育实践而独立存在的客体，是教育实践内在固定不变的基础、前提与本质，其实质是在本体论层面以"实体性思维"的方式来把握教育理论，也就是通过教育理论的定义来把握教育事物不同的"本质属性"，并以逻辑演绎的方式套用在即将开展的教学实践之中，即"把存在预设为实体，把实体理解为事物的本质属性，并借此诠释一切的思维方式"②。在这种思维意识的规范下，教育实践者往往将教育理论者论述的教育本原当作自身教学实践本原的产物或属性，出现以"存在"替代"存在者"的现象，即只是把教育存在当作一种绝对静止的本质来看待，并预设复杂的教育世界仅仅是"实体的集合"，忽视教育事实世界中的矛盾运动过程。

关系性思维则是教育主体基于教育理论的基本思想，从教育事物之间的相互关系中观察和分析各种教育现象与教学问题，并揭示教育事物之间关系属性与发展规律的一种思维方式。在这种思维意识下，教育主体对教育理论的实践转化主要体现出以下三个方面的特性：其一，主体建构性，即教育主体将教育理论、教育事物与教学实践视作一种关系性的存在，关系是教育主体基于各种教育实践要素建构的结果，而关系的改变在一定的条件下会引起教育事物及其

---

① 约翰·杜威. 我们怎样思维 [M]. 姜文闵，译. 北京：人民教育出版社，1991：13.
② 刘风景. 关系思维的法学意义 [J]. 法商研究，2019 (5)：126－136.

本质属性的变化；其二，立场转换性，即教育主体会不断地将教育理论的推理视角与教育实践的行动立场进行对比与切换，基于它们的共同基础探寻二者之间转化的可能性；其三，视域整体性，即教育主体不断突破原有的视域界限，并将新视域中新的教育事物纳入已有的关系网络之中，最终形成一个整体化的系统网络，在互动关系中动态地追问教育理论转化为教育实践的前提与基础。

通过以上分析可以发现，在本体论层面，实体性思维与关系性思维在思维指向、思维方法与思维重心等方面存在矛盾与张力。实体性思维作为一种"非此即彼"的思维意识，源于本体论哲学对"形而上"的追求，寻求教育事物存在的最普遍一般的原理，超越教育主体的感觉经验，从本质、规律、原理和模式的视角出发来看待教育理论，并用其来诠释教学实践活动的具体过程。而关系性思维则将教育理论的实践转化过程预设为一种"动态关系"，将其中的"存在者"预设为关系网络中的潜在因素，转化过程中的人、事、物、情都不是孤立存在的，而是在特定时空中相互联结的关系性存在。实体性思维提前设定了先于教育主体与教学实践存在的"事物本身"，并且这种固有的"本质"或"属性"不可消解，预设了主体（主观）与客体（客观）的分离，关照"是什么"的本质分析，而不关心教育实践怎样生成，强调"知其然"，旨在以一种教育理论中的"能指"找出教育实践中的"所指"。而关系性思维则是"以关系的眼光审视一切"，关照"为什么"与"如何成为"的过程分析，强调"知其所以然"，以相互影响、动态关联、整体融通的视角审思教育事物，并不断寻求教育理论关联性转化为教育实践的契机。

（二）认识论：预成性思维与生成性思维

以实体性思维为意识导向，教育主体将教育理论视为预先设定的教育事物的本质规律，认为教育实践的存在与发展就是这种本质规律的具体体现，并运用这种预设的本质规律来控制干预教育实践的开展，使教育事物按照预先设定的轨道朝向既定的目标发展。在这种思维意识的视野中，教育主体对教育理论与教育实践的认识论，具有如下三个方面的特征：第一，实体性，即实体性思维主导下教育主体对教育事物存在本质的把握。第二，替代性。预成性思维是在实体性思维的基础上发展而来的，实体性思维预设了教育事物存在的本质，而预成性思维则预设了教育事物发展的规律，并以前者替代后者，以后者替代教育实践过程的具体展开。第三，单向线性，即教育主体认为教育实践过程包含的教育事物之间的相互作用是一种简单的线性执行过程，教育事物之间的相互影响是一一对应的因果关系，并将教育理论能够成功转化为教育实践的希望寄托在对规律的把握与遵循上。

以关系性思维为意识导向，教育主体将教育理论视为对教育事物"实然状态"与"应然状态"的理解与诠释，而教育理论的实践转化过程则是教育主体在特定的教育时空中对各种教育要素进行关系性联结，并没有固定预设的转化模式。在这种思维意识的视野中，教育主体对教育理论与实践的认识论，体现出以下三个方面的特征：其一，关系性，即关系性思维主导下教育主体对教育事物存在过程的把握；其二，创造性，即教育事物并不存在绝对的本质规律与发展必须遵循的模式轨迹，按图索骥地将教育本质规律套用在具体的教育实践中就丧失了意义，重心转移后的思维意识将重点关照教育事物的演化过程与运行机制；其三，多向非线性，即教育"系统与组成要素或子系统之间的大多数变动关系和变量关系不是一种按均匀比例变化的关系，而是一种不规则、不均匀、不成比例的关系"①，教育主体需要用一种不确定性、非连续性与多向度性的视角去看待教育理论的实践转化过程。

在认识论上，预成性思维与生成性思维是教育主体观察、理解、把握与诠释教育世界的两种不同思维意识。在预成性思维视野中，教育理论作为"已完成"的内在规定，具有永恒不变的本质，并且这种本质决定着教育实践过程"是其所是"，而在生成性思维视野中，教育理论作为"未完成"的先行诠释，始终处于动态变化的过程之中，并且这种动态生成的过程决定了教育主体在教育理论实践转化过程中的关系性生存方式，关照的重心也从唯一不变的本质规律转移到特定教育时空下教育情境的复杂性与特殊性上，转移到教育主体一次次具体的教学行动上，转移到教育主体对教育理论的每一次解读上，转移到教育主体教学行为的选择与创造上，转移到学生课堂的当下感受与成长上。

（三）方法论：分析性思维与筹划性思维

基于实体性思维与预成性思维对教育事物存在与发展的本质规律的把握，教育主体通常将教育理论提供的概念、推理或命题作为"眼光"来理解与诠释教育世界，甚至作为"方案"来筹划与开展教育行动，以为按照教育理论对教育世界的假定，就能清晰连贯地勾勒出教育事物运作的整全图像。这种思维意识的实质是一种分析性思维，即教育主体"先有头脑中的框架，然后再使现实服从于人的认知，这是从抽象到具体，也是一种自上而下的认知方式"②。在分析性思维视野中，当教育主体过度强调教育现象或教育问题的逻辑可分析性而漠视教育情感与价值等不可分析的要素时，可能恰好忽视了教育问题的实质，

① 赵凯荣. 复杂性科学 [M]. 北京：中国社会科学出版社，2001：12.
② 向玉琼. 从分析性思维到相似性思维：论政策思维方式的转变 [J]. 江苏行政学院学报，2018 (6)：94－101.

异化了教育理论实践转化的初衷。虽然这种思维意识能够短期提高教育主体处理教育事物的效率，但工具理性层面的优化并没有使教育主体在教育理论的实践转化过程中得到解放。

而基于关系性思维与生成性思维对教育事物存在与发展过程的把握，教育主体对教育理论进行实践转化的感知来源于最日常、最一般、最普通的教学生活，重视自身想象、感性直觉与经验感知在教育理论认知过程中的作用，既关注教育理论本身蕴含的因果分析、逻辑推理与模型建构，也"尊重人的感知获得的自然方式"①，是一种从具体到抽象的自下而上的思维方式。这种思维意识的实质是一种筹划性思维，即指向特定教育主体在特定教育时空中展开特定教学内容的适切性，这种教育行动的适切性至少体现在以下三个方面：第一，教育主体与教育内容的适切性，如考虑教育主体的专业发展阶段与不同类型教育内容之间的契合程度；第二，教育内容与教育方法的适切性，如思考不同教育方法对特定教育内容的实现程度及其可能性；第三，教育主体与教育方法的适切性，如探索各种教育方法对不同发展阶段、不同性格特质的教育主体的适用情况等。

通过分析性思维与筹划性思维的对比可以发现，分析性思维的视域范畴较为狭窄，其采用"属＋种差"的形式逻辑的定义方法，将具体的教育事物拉入自己先验的教育理论框架之中，将复杂的教育事实降维，并简化为确定性的分析对象，将教育理性的全部意义削减为科学技术的控制逻辑。而筹划性思维的视域范畴倾向于整体纵览，其以具体教育行动过程中各种要素的动态变化为认知前提，从教育情境结构的特殊性出发，不断追问教育主体、教育内容与教育方法之间的"适切性"，并采用"类比-相似"与"对比-差异"的行动逻辑来运作教育理论的实践转化机制，不断整合各种教育资源以回应教育理论实践转化过程中的各种适切性诉求。

四、教育主体间"思维意识"转化机制的基本构成与运作逻辑

"思维意识"作为教育主体的"内在性认知结构"，是构成教育理论实践转化机制的重要维度，具有自身相对独特的基本构成与运作逻辑。根据扎根理论对教师访谈文本的分析，以及对教育理论实践转化过程的田野考察，教育主体的问题意识与学习意识、研究意识与反思意识、批判意识与重建意识等分别作为"思维意识"发生、驱动与生成的内在要素，共同构成了教育主体间"思维

---

① 向玉琼. 从分析性思维到相似性思维：论政策思维方式的转变 [J]. 江苏行政学院学报，2018 (6)：94 - 101.

意识"转化机制的运作模型。

（一）转化的发生：问题意识与学习意识

教育主体间思维意识的转化需要问题意识的激活。思维意识的转化并不会凭空自动地发生，"思维起源于疑惑，是一个不断提问、不断解答、不断追问、不断明朗的过程，通常是在主体内部进行，是内隐的，自问自答的"①。对于教育主体而言，问题则产生于自己原有教育理念、现有教育理论、自身教学实践与理想教学实践之间"实有状态"与"应有状态"的差别，是教育主体"以必要的知识为前提而体现出来的关于某个对象无知的自觉意识状态"②。而问题意识则是教育主体对"问题"的"意识"过程，是"人们在研究和实践活动之中，以专门的知识和经验为基础，逐步形成的认识问题的实质和类型，发现并提出需要研究解决的问题的意向和能力"③，也是"个体对于自身认知冲突、矛盾、不平衡状态的觉察，是个体遭遇新事实、新信息、新概念、新规则、新问题等情况下，借助已有知识和经验难以应付不平衡状态时所产生的那种茫然、困惑、紧张、迷失以及不知所措等心理感受"④。可见，教育主体问题意识的产生至少需要具备三个条件：其一，相对充足的知识储备与相对完整的知识结构；其二，创设具有"已知"与"未知"张力的问题情境；其三，"欲知其所不知"的自觉意识。

教育主体间思维意识的转化需要学习意识的支撑。教育主体遭遇"问题"之后，便会产生从"实有状态"向"应有状态"转化的"未知地带"，当探寻这一未知领域成为教育主体的内在需求时，教育主体对于教育理论如何转化以及转化成什么的实践样态，并不一定具有明晰的思路，此时便需要唤醒学习意识，以获得经验、知识与能力的支撑。在这个过程中，教育主体学习意识的觉醒至少需要经历以下三个阶段：首先，学以致知，即教育主体需要深刻感知并理解教育理论中蕴含的教育目的、教学结构与师生关系等内容，包括对教师角色、学科结构、教育价值与教学理念的界定等；其次，学以致会，即教育主体在学以致知之后，需要对教育理论中蕴含的各个方面的教学规范、思考方法、教育策略进行尝试性的探索与实践；最后，学以致能，即教育主体将教育理论中蕴含的各种价值观念、教学规范与行动策略内化为个性化的教育能力，形成个性化的教学思维品质。

对于教育主体而言，教育理论作为一种纯粹客观的存在，不能直接成为教

---

① 吕星宇. 对话教学：为思维而教 [J]. 教育学报，2008（3）：31-35.
② 陈新汉. 问题的哲学意蕴 [J]. 上海大学学报（社会科学版），2005（6）：5-11.
③ 仇立平. 社会研究和问题意识 [J]. 江苏行政学院学报，2010（1）：70-75.
④ 何善亮. 论教育研究者的问题意识 [J]. 教育理论与实践，2017（19）：6-10.

育主体思维意识的对象，只有教育主体对教育理论或教学实践提出诸如"是什么"、"为什么"与"如何做"的问题后，教育理论才能打破与教育主体的隔绝关系，成为思维意识的直觉对象。教育主体首先通过"提问"，即为教育问题设定某种开放性的边界，将"目标"转化为"问题"，实现"目标的问题化"，并在多重复杂关系中提炼出相应的"前提性问题"、"基础性问题"与"核心性问题"，抓住构成问题的主要矛盾。学习意识对问题意识具有组织性、支撑性与转化性的作用，能够为唤醒教育主体的问题意识提供"前理解框架"，明确问题的类型、层次与结构，提出诸如"我是否提出了一个真问题""它的问题性体现在哪里""它是个性化问题还是普遍化问题""基于这种教育理论，它与其他问题的求解途径有何区别""是否在教学实践中得到解决"等一系列问题，其实质是由"觉察"到"清晰"、由"内隐"到"外显"、由"表象"到"实质"的转化过程。

在问题意识与学习意识相互作用的过程中，教育主体思维意识的发生主要表现为以下四种类型问题的提出[①]：第一，科学式问题，即教育主体直接对教育理论阐述的教育事实进行发问，提出诸如"是什么"、"为什么"与"怎么样"的问题；第二，价值性问题，即教育主体对教育理论的思想价值进行发问，提出诸如"应该是什么"、"应该为什么"与"应该怎么样"的问题；第三，发散性问题，即教育主体对教育理论的多种可能性进行发问，提出诸如"还会是什么"、"还会为什么"与"还会怎么样"的问题；第四，质疑式问题，即教育主体通过理论实践化与实践理论化的双重推演，对教育理论与教学实践提出诸如"确实如此吗""仅仅如此吗"的否定性与深化性的问题。

（二）转化的动力：研究意识与反思意识

在教育理论的实践转化过程中，在教育主体形成问题意识与学习意识之后，教育主体间思维意识的转化便具备了基本的发生条件。为了获得对问题的深度理解，教育主体需要将"现实问题"或"实践问题"转为"研究问题"，自身角色也潜移默化地增添作为一名"研究型教师"的基本特质。这种转化过程的实质是一种研究意识的唤醒。在这个过程中，教育主体至少具备三种研究素养：其一，理解力，即教育主体在体验、描述与概括课堂情境、教学实践、教育文化的基础上，依据教育理论所提供的分析框架，重新审视司空见惯、习以为常的教育事物，形成新的理解视角；其二，想象力，即教育主体历时空、共时空与超时空地整合教育要素，构造教育理论与教学实践的关系框架，这种"想象以把握不同事物间，

---

① 黄甫全．关于教育研究中的问题意识［J］．广州：华南师范大学学报（社会科学版），2003（4）：119-124.

即在场的事物与不在场的隐蔽的事物间的相通性为目标"①，促使教育主体对教育理论实践转化的理想图景、内在条件、相关因素与协调过程形成一种概观与预见；其三，解释力，即教育主体将现实的教育事实、新的教育理论与想象力进行联结，对理解后的教育理论与自身实际的教学实践逐层地进行剖析，以各种话语形式将内隐化的诸多因素转化为外显性的研究问题、思考过程与决策评价。可见，教育主体的研究意识具有情感与体验并行、推理与行动并重、主观与客观合一的特点。

作为教育主体精神活动与行动策略走向深度思考的意识样态，反思意识既包括教育主体"行有不得，反求诸己"的自我反思，也包括对他人及其相互关系的反思。教育主体通过统一体的反面性来展现和把握其"正面性"的内在规定，来获得对教育理论更高层次和更深程度的把握。杜威在《我们怎样思维》中，将反思意识或反思性思维看作是教育主体"根据信仰或假定的知识背后的依据及可能的推论来对它们进行主动、持续和缜密的思考"②，其中的"它们"指代的便是构成反思意识的两个基本要素，即教育主体困惑、迟疑或怀疑的状态（问题意识）与寻找事实和调查证据（学习意识与研究意识）。面对这两个基本要素，杜威认为教育主体需要将它们"在头脑中反复考虑，进行反思，就意味着要搜寻另外的证据，搜寻那些会发展这个提议的证据，如我们所说，或支持它，或搜寻把它的错误揭示出来的新证据……就是在进一步探究之前延迟判断"③。可见，反思意识使教育主体处于一种开放性的敞开状态，主动地将外界因素纳入自己的思维意识过程中，自觉地体察自身教学言行不恰当、待改进的环节，这种反思意识唤醒前后的种种变化，能够改变教师思维意识的内在结构与运作机制。

教育主体在"教育理论的实践性解读"与"教育实践的理论性反思"的过程中，需要将研究与反思的方法、过程、策略内化上升为一种独特的思维方式，具有自觉性（问题的分析与缺陷的敞开）、连续性（行动的过程与可能的结果）、系统性（人的知、情、意、行的交织）等特点。教育主体的研究与反思意识"不仅仅是对于已经发生事情的回顾与反省，而且包括着一种对于即将发生事物的预期"④。根据杜威对反思意识或反思性思维的分析，其认为反思意识的形成过程，即教育主体"感觉问题所在，观察各方面的情况，提出假定的结论并进行推理，积极地进行实验的检验"⑤ 的过程。统观整个过程，大致包含以下五个阶

---

① 张世英. 哲学导论［M］. 北京：北京大学出版社，2002：46.
② 戴维·希契柯克. 批判性思维教育理念［J］. 高等教育研究，2012（11）：54－63.
③ 戴维·希契柯克. 批判性思维教育理念［J］. 高等教育研究，2012（11）：54－63.
④ 杨莹莹. 中小学教师教学思维及其形成研究［D］. 武汉：华中师范大学，2019：37.
⑤ 约翰·杜威. 民主主义与教育［M］. 王承绪，译. 北京：人民教育出版社，1990：161.

段：首先，教育主体面对教育理论，身处一种困惑或疑难的处境；其次，教育主体确定自身困惑的关键之处，并将其形成教育问题；再次，教育主体通过实践体验与理论诠释，提出解决自身教育困惑的各种假设；接着，教育主体综合各种假设的可能性与可行性，初步推断出一种优化假设；最后，教育主体通过教学行动对推断的优化假设进行检验，且教育主体在"成功"与"失败"中获得的专业成长是相对平等的。

（三）转化的生成：批判意识与重建意识

教育主体思维意识的发生、驱动与生成是一种反复、螺旋与递进的复杂推演过程，并不是一次性的单向执行过程。在教育主体间思维意识的转化生成中，教育主体并不能对既有的教育理论成果盲目地尊崇与接受，而是需要运用自己的理性谨慎地进行反思、怀疑与批判，考究教育理论转化为教育实践的适切性。这种思维意识的实质是一种批判意识，即教育主体"对所学知识的真实性、准确性、意义与价值进行判断，使人对自我行为与意念的决策合理化的一种思维活动"[1]，是教育"主体以理性为标准对自身当前生活的审查和对自身的反思"[2]。也就是说，教育主体批判意识的精神实质是一种"批判性"，但并不是盲目地否定一切教育理论，而是基于教育理论对教育事物的把握和理性的反思，是对自身原有认知范式的批判与重塑，是一个甄别、清晰与明辨的过程，也是教育主体对现存教学问题的廓清、解决与超越的过程。

教育主体的批判意识既包括对教育现象、教学问题的感知与反思，也包括对教育批判意识的批判，即教育主体跳出既有经验与教育理论的"前理解框架"，对自己先前的教学问题与教育理论中蕴含的思维方式进行反省与批判，借助其他的概念、命题、范畴与案例，对教育事物与概念之间的关系进行推理与判断，寻求自身思维意识的结构革新与系统提升，最终根据自身的教学实践进行必要的调整、改造与重构。这个过程包含着教育主体的另一种思维意识，即重建意识。教育主体的重建意识至少包含以下三个方面：第一，关系重建，即教育主体对既有教学实践与原有教育理论中的师与生关系、教与学关系等进行重新建构；第二，结构重建，即教育主体既借助"前理解框架"，也不断超越既有的"内在性认知结构"，通过改变认知结构要素的种类、形式与关系，改组与改造原有认知框架；第三，思维重建，即教育主体在跳出既有思维框架的同时，对特定教育时空中的元素进行重新整合，形成一种新的审视教育问题的视角与筹划教育行动的方案。

---

① 陆云，丁波. 基于对话教学的学生批判性思维生成探讨 [J]. 教育理论与实践，2016（29）：3-6.
② 程良宏，马新英. 教师课程批判意识及其提升 [J]. 教育发展研究，2009（6）：58-61.

对于教育主体的思维意识而言，如果说批判意识是一种解构意识，那么重建意识则是一种重构意识，二者是一种"破"与"立"的辩证关系。教育主体的批判意识主要体现为对以下三个方面问题的思考：首先，新的教育理论自身是否自洽，即教育理论本身是否具有逻辑悖论，论点、论据与论断过程是否存在矛盾，是否适切等；其次，新的教育理论与其他教育理论之间的关系是怎样的，是否存在矛盾，即新的教育理论的立论前提、基本观点、研究方法与话语逻辑是否与其他教育理论存在冲突等；最后，新的教育理论与教育事实之间是否存在矛盾，即教育理论能否恰当地解释教育现象，预测教育发展的基本趋势等。而教育主体的重建意识则是建基于对原有教育经验、教育理论与教学实践之间基本关系与内在结构的改组与改造，是一种兼具"先破后立"、"即破即立"与"立后再破"等重建形式的螺旋深化过程。最终，教育主体在不断地批判性重建过程中，形成相对稳定的内在性认知结构，并筹划出更为优化的教学实践行动方案。

（四）教育主体间"思维意识"转化机制的运作模型

根据扎根理论对教师访谈文本的分析，以及对教育理论的实践转化过程的田野考察，教育主体间"思维意识"的转化具有不同的阶段，涵括不同形式的思维类型和意识结构，能够形成相对独立的转化运作机制（见图6-18）。

第一阶段，教育主体的自我探索阶段。在这个阶段，面对新的教育理论话语，教育主体处于新教学思维的形成初期，凭借自身已有的教学实践经验形成对新教育理论的感觉、知觉与表象，以一种发散性思维对教育理论中蕴含的思维方式进行鉴别，形成对教育理论的一般性认知。此时，教育主体思维意识的外显特点主要表现在以下三个方面：其一，盲目性，即教育主体已然对教育理论的话语形式有了初步的了解，但并未完全把握其内在的本质结构，难以辨别出适合自身教学实践的教育理论及其适用条件等；其二，片面性，即教育主体忽视优秀教学实践的内在构成条件，仅仅基于自身已有的教学经验构建教学方法系统，没有形成对教育理论的系统性认识与反思；其三，流程化，即教育主体将教育理论作为获得共同经验的话语文本，以此来强化个人预设的教学流程，并将整个教学实践固定流程化。

第二阶段，教育主体的外力介入阶段。在这个阶段，教育理论工作者（或"高校专家"）开始以一种"外力"的形式深度介入教育理论文本的解读，对教育理论中的概念、命题、逻辑与推理形式进行剖析，以一种聚合性思维对教育主体在自我探索阶段产生的困惑进行"把脉"，并将"目标"转化为"问题"，实现教育主体教学困惑的"问题化"。此时，教育主体思维意识的外显特点主要表现在以下三个方面：第一，依赖性，即教育主体在外力介入的情境中，不自

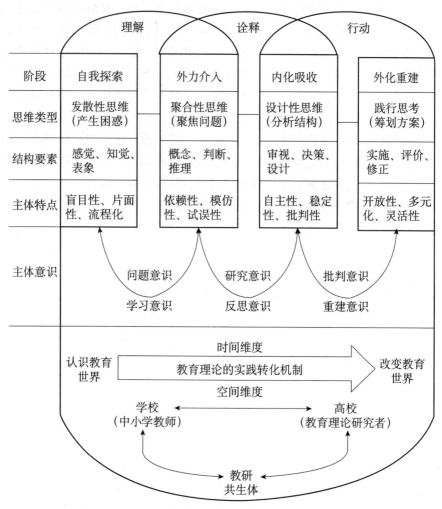

图 6-18 教育主体间"思维意识"转化机制的运作模型

觉地形成明显的两个极端特点——排斥性与依赖性，其中依赖性是教育主体在内在认知情感驱动下对教育理论的实践转化形成的一种积极倾向，外力犹如"一副拐杖"，教育主体必须依赖它才能"直立行走"；第二，模仿性，即教育主体开始有意识地向优秀的教学实践学习，完成从外在形式模仿到内在结构模仿的转化，在思维意识层面形成认同感；第三，试误性，即教育主体虽然模仿了其他优秀的教学实践，但返回到自己特定的教育时空时，便会出现不适用的现象，需要不断地进行尝试，这是教育主体思维意识向纵深发展的必然经历。

第三阶段，教育主体的内化吸收阶段。在这个阶段，教育主体对教育理论的实践转化，需要完成从"外在"到"内化"、从"显性"到"隐性"、从"他者"到"自我"的质变过程。在这个过程中，教育主体需要结合教育理论对当下的教学实践进行审视、决策和设计，利用设计性思维分析教学实践的内在结构。此时，教育主体思维意识的外显特点主要表现在以下三个方面：其一，自主性，即教育主体完成对教育理论的认同，通过观察、模仿、尝试与反思，不断研究自我与他者的内在教学实践结构，探索出适合自身开展课堂教学实践的思维类型与设计品质；其二，稳定性，即教育主体借助外部力量，完成了对教育理论的深度解读，并具备了相对完整的教学方法论体系，思维意识处于一种较为稳定的状态，但也并非是一成不变；其三，批判性，即教育主体对教育理论的内化吸收是具有选择性的，而支撑其选择的内在思维意识便是一种批判性的思维意识，选择性地吸收对自身教学实践有益且适切于自身教学条件的教学思想。

第四阶段，教育主体的外化重建阶段。在这个阶段，教育主体已然能够灵活且有意识地将教育理论渗透并体现在课堂教学的每一个细节，并在教学行动中表现出独特的抉择策略与实践智慧。教育主体主要以一种践行思维对教育理论转化后的教学实践进行评价与修正，在批判与重建中不断优化下一步的筹划方案。此时，教育主体思维意识的外显特点主要表现在以下三个方面：第一，开放性，即教育主体即使选择了合适的教学思维类型并付诸教学实践，也不会一味地固守己见，将既有的教学思维模式化，而是以一种更加多元和开放的眼光来看待他者与审视自我；第二，多元化，即教育主体具备一种"融突（融解冲突）思维"，能够对不同的教育理论与教学观念进行多角度的审思与评判；第三，灵活性，即教育主体能够基于对教情、学情与文化的把握，对教学行动方案的设计、筹划与实施进行灵活的调整和弹性的展开，逐渐摆脱"预设"的控制，对于"意料之外"的教学事件也能够做到"处变不惊"，具备了较强的风险意识以及应对教学风险的能力。

五、教育主体间"思维意识"转化的可能路径

教育主体间"思维意识"的转化贯穿于教育理论转化为教学实践的全过程，始终处于"平衡"与"不平衡"、"有序"与"无序"、"确定"与"不确定"之间的动态转化状态，需要教育主体对思维意识转化的发生、驱动与生成发挥主观能动性。根据扎根理论对教师访谈文本的分析，以及对教育理论实践转化过程的田野考察，探寻教育主体间"思维意识"转化的可能路径，主要存在以下三种：注重"辩证思维"，敞开思维意识的对话空间；运用"过程思维"，丰富教育主体的意识体验；形成"实践思维"，重构思维意识的运演方式。

（一）注重"辩证思维"，敞开思维意识的对话空间

"辩证思维"作为反映客观事物的辩证方法，能够反映事物矛盾的产生、发展与转化过程，反映事物矛盾双方的对立统一关系，反映事物对立的不同方面。具备"辩证思维"的教育主体能够全面地、发展地、联系地看待教育理论实践转化过程中的各种问题，把这种转化过程视作一种"对立中的运动"过程。可以说，"辩证思维"对于教育主体而言，其根本性质与作用在于揭示转化过程中的矛盾，能够为教育主体提供刻画和处理转化矛盾的结构模型和逻辑分析框架。而教育主体运用"辩证思维"的过程实际上是一种博弈过程，即教育主体作为具有一定推理判断能力的理性人，通过筛选教育理论、采取教学行动，使自己获得最优化的教学效果或最大化的教育利益。这不仅取决于自己的选择，而且也取决于他者的选择，教育主体间存在相关性，需要通过交往行动，敞开思维意识的对话空间。

在教育理论的实践转化过程中，"辩证思维"既是辩证法在教育主体头脑中的正确反映，也是辩证法在教学行动中的表现形式。注重"辩证思维"，敞开思维意识的对话空间，教育主体至少需要具备以下三种能力：首先，运用辩证思维基本规律的能力，即教育主体在教育理论的实践转化过程中，将对立统一思维律、质量互变思维律与否定之否定思维律运用到日常教学研讨的每一个环节，形成与其他教育主体的思维对话；其次，运用辩证思维基本方法的能力，即教育主体通过运用分析与综合、逻辑与历史、抽象与具体相统一的辩证思维方法，实现"思维抽象"向"思维具体"的转化；最后，运用辩证思维基本形式的能力，即教育主体运用具体概念、辩证判断与辩证推理等辩证思维形式，对教育理论的基本概念做出辩证的阐释，明确教育理论实践转化过程中产生问题的实质，以及解决问题的方向，从而对问题产生的原因做出辩证的判断。

（二）运用"过程思维"，丰富教育主体的意识体验

"过程思维"作为认识现实世界的思维意识，是"将现实世界视为一个过程，每一个存在物都是其生成的过程"①，正如过程哲学所认为的那样，"'现实实有'是如何生成的构成了这个'现实实有'是什么……它的'存在'是由它的'生成'所构成的"。也就是说，对于教育主体而言，教育事物"是什么"与"如何是"或"如何成"是相一致的，且教育事物"是什么"是由教育事物"如何生成"决定的，教育事物的"存在过程"是由教育事物的"生成过程"构成的。以"过程思维"审视教育理论的实践转化机制，是以"生成"的眼光将一切教育事物视为"过程"，一切教育事物都在"生成"的途中，摆脱了以本质主

---

① 张香兰. 从实体到过程：现代教育的思维转向 [J]. 济南：山东师范大学，2007：124.

义为代表的静止、僵化与封闭的实体思维，将教育事物"是"的认知过程纳入其"成为"的过程中，在过程中丰富教育主体的意识体验。

运用"过程思维"是一个从"是什么"到"如何是"的转向过程，但这并不意味着放弃对"是什么"的探索，辩证思维作为一种发展着的、整体性的思维意识，已然揭示了教育事物内在的矛盾性，对教育事物的各种要素及其运动变化进行了联结，把握了教育事物各方面的关系。"过程思维"便是在追问"如何生成"中运用辩证思维追问"是什么"。运用"过程思维"，丰富教育主体的意识体验，可以从以下三个方面着手：首先，注重教育理论"如何是"的推演过程，即教育主体需要对教育理论形成的现实背景、历史脉络与适用对象进行跨时空的追问，把握教育理论形成的历史过程；其次，注重教育实践"如何是"的转化过程，即教育主体通过观摩他者或反思自我的教学实践，对其发展过程中的"关键事件"进行梳理回顾，形成一种反思性的"过程事件"；最后，注重教育主体间关系"如何是"的生成过程，即教育主体需要对教育理论实践转化过程中生成的各种交往互动关系进行过程性的分析，自觉地对"过程事件"中的"主体关系"进行意识体验。

（三）形成"实践思维"，重构思维意识的运演方式

"实践思维"作为对关系性思维、生成性思维与筹划性思维的整合、深化与具体化，是把主体的能动实践作为显现事物本质、关系与过程的意识，其并不是指以实践为对象，而是"用实践的眼光看待一切"，将"自在之物"经由实践转化为一种"对象性实践活动"，其特点是"突出主体及其实践在'关系'中的主导地位，把'关系'理解为有主体能动的实践不断澄明的动态系列"[①]。对教育主体而言，形成"实践思维"就是实现对教育对象性实践活动的观念把握，其中蕴含着对象性实践活动与内在主体意识活动的联结，是"因实践而思维、对实践而思维、为实践而思维的思维方式，是人们通过思维解决为什么要实践、进行什么实践、怎样进行实践等问题的理性思维方式"[②]。可以说，在教育理论的实践转化过程中，"实践思维"能够将教育主体"理解教育世界"、"解释教育世界"、"规范教育世界"与"改变教育世界"的思维路径统一起来，是教育主体"教育实践能动性作用的发挥及其途径问题"与"教育理论真理性的指导及其检验问题"的统一化思维意识。

运用"实践思维"审视教育理论的实践转化过程，是以教育主体的"生存实践性"为内在驱动力，教育主体通过实践转化及其理论反思而显现和发展自

---

① 孙美堂. 从实体思维到实践思维：兼谈对存在的诠释 [J]. 哲学动态，2003（9）：6 - 11.
② 张金成. 实践思维方式研究论纲 [J]. 河南师范大学学报（哲学社会科学版），2003（4）：1 - 5.

身，而不是把教育主体作为知识性的对象，或者作为教育理论实践转化的工具，即将教育主体置于"一个即时体验的、先于反思的世界，而不是概念化、分类化，或者对其进行了反思的世界"。形成"实践思维"，重构思维意识的运演方式，教育主体至少需要把握以下三个方面的依据：其一，主体依据，即教育主体需要对自我和他者的需求、欲望、动机、意志等形成系统的认知；其二，客体依据，即教育主体需要对教育理论、教学环境及其文化情境的构成要素形成系统的认知；其三，关系依据，即教育主体需要对"主体-内容-方法-情境"之间的相互关系，及其改组或改造这种相互关系的关键环节形成系统的认知，敞开满足教育主体需要的可能空间，形成教育理论转化为教学行动的实践自觉。

第四节　转化维度之四：教育主体间的"行动策略"

在教育理论的实践转化过程中，"行动策略"是教育主体将抽象的教育理论转化为具体的教学实践的重要构成部分，也是教育主体将教育理论内化为自身的教学理念，根据自身的教学情境筹划行动方案并付诸实施的关键步骤，更是教育主体在整合"知"（话语认知）、"情"（情感体验）与"意"（思维意识）之后形成的"行"（实践抉择）。根据扎根理论对教师访谈文本的分析，以及对教育理论实践转化过程的田野考察，教育主体间"行动策略"的转化作为一种"适切性实践生成"的复杂过程，具有相对独立和较为完整的运作逻辑与转化机制。因此，在对教育主体"行动策略"的基本性质、转化条件与边界张力进行分析的基础上，透视其转化机制的基本构成与运作逻辑，并尝试性地探寻教育主体间"行动策略"转化的可能路径，对于回应"教育理论如何实践转化"问题，以及彰显教育理论转化之后的实践样态具有方法论层面的意义。

一、作为教育主体间"适切性实践生成"的行动策略

"行动"作为教育主体具有伦理内涵的真正实践活动，其内涵不同于"劳动"、"技艺"与"行为"。

汉娜·阿伦特在《人的境况》中，对"劳动"（labor）、"技艺"（work）与"行动"（action）做了区分，分别对应主体的三种生存境况，这对于分析教育主体在教育理论的实践转化过程中的存在样态具有借鉴作用。根据阿伦特的分析，"劳动"是一种"谋生"取向的生存样态，追求的是私人领域中维持生命所需的生活必需品；"技艺"是一种"谋技"取向的生存样态，追求的是工具领域中对物的支配与制作，虽然能够彰显主体性，但是缺少伦理意蕴，其实质是实现图式化的对象活动；"行动"则是一种"谋道"取向的生存样态，追求的是主体个

人德性的彰显，以及公共领域中共同善的实现。可见，阿伦特对"行动"内涵的界定与亚里士多德眼中的"实践"概念相近，其"实质上就是人使人自己不断成为人的活动"①，指向人与人之间的交往互动，旨在实现"个体善"与"共同善"，具有丰富的伦理内涵。

根据哈贝马斯对传统行为理论局限的批判，可以看出"行为"与"行动"之间存在明显的差别。"行为"作为主体有意识或无意识做出的外部举动，是已经完成了的行动结果，具有静态性，且面向单一的主体和物理世界；而"行动"作为"自我意识的个体行动者根据一个预先设计的方案所进行，取向未来某一目标的人类行为"，需要经过主体的认知、权衡、选择与取舍过程，是正在进行中的动态行为，具有生成性，面向多元的主体和生活世界。

此外，对于教育主体而言，"策略"的概念内涵不同于"方法"的概念内涵，主要体现在以下三个方面：首先，知识属性不同。"方法"作为一种程序性知识，是一种客观静止的存在，关注的是如何按照步骤一步一步地操作，以"技能"为指向，而"策略"作为一种谋略性知识，是一种主客一体的动态存在，关注的是"为什么这么做"以及"如何可以做得更好"，以"智慧"为指向。其次，掌握方式不同。"方法"的掌握方式主要是简单模仿与循环练习，直至熟能生巧，体现的是工具技术理性，而"策略"则不仅包括具体方法的应用步骤，还要综合考虑教育主体、教育情境、教学内容等现实因素之间的适切关系，对方法的选择与应用进行修正与调整，卷入自身的立场与观念，体现的是价值意义理性。最后，审视角度不同。"方法"作为主体解决教育问题的工具与技能，强调如何实施方法的具体步骤，属于操作层面的"战术"范畴，而"策略"作为教育主体根据具体教育情境运用"方法"的谋略，强调如何选择与组合方法以解决教育问题，属于方法论层面的"战略"范畴。

可见，作为教育主体间"适切性实践生成"的行动策略，在教育理论的实践转化过程中，构成了教育主体的基本存在方式，既不同于单一抽象的意念活动，也不同于纯粹机械的身体运动，而是以教育主体的身与心的互动为基础，分别指向教育主体自身存在形态的转化和教育世界的结构性变革。"行动策略"蕴含着教育主体的主观能动性，将教育主体从"谋生"、"谋技"与"谋器"的漩涡中解放出来，克服了教育主体"在劳动和工作境况中的生命贬值和工具化趋势"，通过联结教育主体的独创性与教育世界境况的多样性来"彰显人的内在尊严、追求自由的活力以及社会环境下的宽恕与协作"。因此，"行动策略"兼

① 曹小荣. 对亚里士多德和康德哲学中"实践"概念的诠释和比较 [J]. 浙江社会科学，2006 (3)：133-138.

具"名词属性"（being）与"动词属性"（to be），是一个"动态整合"的概念，教育主体既能够通过"行动策略"将过去、现在与未来整合在时间维度，也可以通过"行动策略"将各种不同的主体、视角与关系统摄在空间维度，最终建立跨越时空的共通感。

"行动策略"作为教育主体"占有"自身全面本质的特有活动，既是"唯一无需事或物的中介而直接在人与人之间展开的活动"①，也是"唯一要求多样的人们在场的人类能力"②，还是"人对人的多样性诉求的能力"，是教育理论实践转化过程中主体间的"交往互动"③，分别指向"认识自我与认识世界"以及"改变自我与改变世界"。可见，在教育理论的实践转化过程中，"行动策略"作为教育主体间"适切性实践生成"，至少具有以下三个方面的特征：第一，生成性，即行动策略意味着对原有状态的"破"与现存事物的"立"，也就是"中断那些原本可能会自动继续下去、因而可以预测的过程"④，正如阿伦特所言，"去行动，在最一般的意义上，意味着去创新、去开始，发动某件事"⑤；第二，展现性，即行动策略能够通过教育主体的言说与动作，区分"谁"（生成性的人）与"什么"（面目趋同的人），促使教育主体从"谋生的桎梏"与"谋技的限制"中解脱出来，重新界定并显现教育主体自身的特质、自由与尊严，彰显教育主体对教育世界的主动介入，建构一个"持续的我"；第三，复数性，即行动策略将不同的主体、视角、方法与关系整合在一起，教育主体既要向他者展示自我，也要理解他者，形成一种复数性的境况，差异化的平等促使多元主体共同在场，也使得行动的范畴从私人领域延展到公共领域，这为教育主体间的交往互动创设了前提性的条件。

教育主体的实践欲望与教育信念构成了教育者的行动理由，而"理由要对行动做出合理化解释……它是行动者需要、渴望、赞赏、珍视的东西，并认为对之负有责任、义务，能受益、能接受的东西"⑥，行动理由蕴含着教育主体与教育事实之间的交互关系，是教育主体将教育理论外化为教学实践的行动诉求，更是教育主体化解矛盾、融解冲突，以及在多元力量之间进行博弈的内在依据。行动理由作为教育主体意向性与教育外在规范性相互作用的结果，直接影响着

---

① 刘旭东. 行动：教育理论创新的基点 [J]. 教育研究，2014 (5)：4-10.
② 周萍. 汉娜·阿伦特的"行动"理论与公民德性的重申 [J]. 中共浙江省委党校学报，2014 (2)：40-47.
③ 单江东. 论阿伦特"行动"理论中的政治伦理 [J]. 中国政法大学学报，2015 (5)：20-29.
④ 周萍. 汉娜·阿伦特的"行动"理论与公民德性的重申 [J]. 中共浙江省委党校学报，2014 (2)：40-47.
⑤ 汉娜·阿伦特. 人的境况 [M]. 王寅丽，译. 上海：上海人民出版社，2009：139.
⑥ 唐纳德·戴维森. 真理、意义与方法 [M]. 牟博，选编. 北京：商务印书馆，2012：387.

教育主体内在行动结构的形成过程。而"行动的结构不仅体现于从意欲到评价、从权衡到选择、决定的观念活动，而且渗透于行动者与对象、行动者之间的关系，并以主体与对象、主体与主体（主体间）的互动与统一为形式"①，面向多重实践关系，且关涉"从意欲到评价、从权衡到选择、从做出决定到付诸实施"②的整个过程。

根据哈贝马斯《交往行动理论》对行动类型的划分③，在教育理论的实践转化过程中，教育主体在不同阶段、不同情境与不同群体中，主要呈现以下四种类型行动：其一，目的性行动，即教育主体以具体目标为行动取向，在比较、选择与权衡各种利弊关系之后，选择一种较有力量的手段来达到自身的目的，主要关注的是外在客观的世界；其二，规范调节的行动，即教育主体在不同的群体中受到共同价值的规约，需要遵守群体共享的价值期望采取行动策略，主要关注的是社会世界；其三，戏剧式行动，即教育主体有意在公众或群体面前主观性地表现自我，以此达到吸引群体关注的目的，关注的侧重点在于主观世界；其四，交往行动，即教育主体以话语言说或行为动作为媒介，遵循相互理解的有效规范，并"从他们自己所解释的生活世界的视野，同时论及客观世界、社会世界和主观世界中的事物，以研究共同的状况规定"④，取向于彼此相互理解，以此达成共同合作，主要面向的是生活世界。可见，作为教育主体间"适切性实践生成"的行动策略，在教育理论的实践转化过程中，因转化目的、价值指向与教育主体的不同而呈现出不同的存在样态。

二、教育主体间"行动策略"转化的前提条件

在教育理论的实践转化过程中，如果说教育理论文本话语的理解与诠释，需要教育主体将外在的教育理论转化为内在的教学信念，依赖教育主体个人的教学素养与研究能力，那么教育理论外显的行动呈现，则需要教育主体将内在的教学信念转化为外在的教学行动，且多种因素共同卷入并作用于这一过程。外在的"天时"条件，需要教育主体审"时"度"势"；外在的"地利"条件，需要教育主体以"事"成"势"；外在的"人和"条件，需要教育主体顺"势"而"行"。以上三个方面共同构成教育主体间"行动策略"转化的前提条件。

---

① 杨国荣. 行动、实践与实践哲学：对若干问题的回应 [J]. 哲学分析，2014（2）：34-47.

② 杨国荣. 行动：一种哲学的阐释 [J]. 学术月刊，2010（12）：21-31.

③ 陆洲，张斌峰. 哈贝马斯交往行动理论之进路分析 [J]. 广西社会科学，2013（4）：51-56.

④ 哈贝马斯. 交往行动理论·第一卷：行动的合理性和社会合理化 [M]. 曹卫东，译. 重庆：重庆出版社，1994：135.

（一）天时：审"时"度"势"

教育理论的实践转化往往嵌入教师专业成长、学科组局部试验、学校整体变革或国家教育改革的大背景之中，是在特定时代背景下的实践转化过程，并且多种因素共同裹挟着转化过程的具体展开，形成一种"时"与"势"交互作用的境况。其中，对于教育主体而言，审"时"至少意味着以下三个方面的内涵：首先，审时代背景之"时"，即教育主体需要对自身所处的社会时代背景、国家教育改革背景与学校变革背景形成清晰的认知，并不断审视三者的相互关系，从而把握教育改革的整体走向与演化脉络；其次，审专业发展之"时"，即教育主体需要将教育理论的实践转化过程作为一种"成事"、"成己"与"成人"的专业发展时机，在分析自我专业发展条件与诉求的同时，将教育理论的实践转化作为自身专业发展的"良机"；最后，审课堂教学之"时"，即教育主体对教育理论的实践转化需要渗透到日常课堂教学的每一个环节之中，把握日常课堂教学中的转化时机，形成课堂教学的"新常规"。

教育主体作为教育理论实践转化的行动者，并不完全是教育理性的化身，同时还包含着教学情意、个人想象等教育理性之外的"人之常情"，加之教学情境的多样化与动态性，在具体的教育行动中，教育主体往往难以按照既定的规划实现转化过程。所谓"理有固然，势无必至"，一方面肯定了教育理论中因果关系的必然性，另一方面则呈现了教育事物发展的"不确定性"。但是，这种不确定性并不是完全无法把握，而是一种"势"。对于教育主体而言，这种"势"呈现为"综合形态的实践条件或实践背景，其中既涉及时间，也关乎空间……与行动相关的时间以历史条件为其具体内容，行动的空间则体现于社会结构和社会境域"[1]。可见，教育主体间"行动策略"转化的背后隐匿着一种多维向度的"势"，这种"势"既基于过去的历史形态，生成当下的现实样态，又面向教师发展的未来趋向；既包含与教师行动直接相关的必然之理，也潜藏着教师成长的偶然因素。因此，所谓"度势"也便意味着"通过对共时与历时、已成与将成、现实形态与可能形态、方向确定性与终点不确定性等关系的审察、判断"[2]，形成教育理论实践转化的"行动境域"，敞开实践转化过程的能动空间与多种可能。

教育主体的行动策略不一定能够转化为概念化的话语表达，也不一定能够用教育理论的表现形式来捕捉，而是与教育行动者的身体、与他者的关系、与教育世界的事物等形成共鸣，栖息在教育主体每一次独特的活动环节之中，呈

---

[1] 杨国荣. 人类行动与实践智慧［M］. 北京：生活·读书·新知三联书店，2013：26.
[2] 杨国荣. 人类行动与实践智慧［M］. 北京：生活·读书·新知三联书店，2013：154.

现出多层面、多维度、多关系与多视角的样态。"时"与"势"构成了教育理论实践转化的现实背景，并与教育主体相互作用，在为转化过程提供行动视域的同时，影响与制约教育主体的实践活动。对于教育主体而言，既要"审"当下已然的教育实践形态，也要"度"教育事物未来的发展趋向；既要"审"与转化过程直接相关的现实方面，也要"度"间接影响教育行动策略的潜在因素；既要"审"教育理论的内在必然之理，也要"度"教育实践环节中隐匿的各种偶然形式。从"天时"的角度考察教育主体的行动策略，意味着教育主体需要回到行动策略借以展开的现实场域中审"时"以度"势"，联结教育理论实践转化过程中的实然与必然、可能与偶然。

（二）地利：以"事"成"势"

作为教育主体的行动策略与实践活动得以展开的背景条件，"势"在纵向上关联了教育理论的发展趋向，在横向上关联了教育事物的现实关系，"时势"则包含着对教育理论发展趋向与教育事物现实关系之间相关性的确认。把握"时势"意味着教育主体需要深入地理解教育事实系统的不同方面，以便获得更广的行动视域。可见，"势"构成了教育理论实践转化过程的现实背景，敞开了教师行动的具体视域。关于如何成"势"，至少存在以下三种向度：第一，"势"作为一种客观的时代背景，表现为"势胜人"的无法左右的力量；第二，"势"作为一种主观的教师能动，表现为"人胜势"的操控技术的力量；第三，"势"作为一种异质的网络行动，表现为"人势合"协同进化的力量。因此，"时势"与教育主体的互动作用，既涉及已然存在的教育实践状态，也内含动态生成教育实践的可能性，教育主体赋予了"时势"以生成性的品格。这便意味着教育主体的行动策略可以造就或促使某种"时势"，以此推进教育理论的实践转化过程。

"时势"的生成性，使得教育主体的"成势"成为可能。所谓"造势"指的则是"形成有利于实践过程展开的趋向和背景，改变或避免不利的实践境遇"①。而"事所成者，势也"，"成事"与"成势"是一种相互依托的关系。对于教育主体而言，行动策略作为教育主体自身的活动，能够敞开自身的行动境域。处于"时势"之中的教育主体，需要具有创造"事"的能力，在"事"的"做"与"为"中实现教育理论的实践转化，并确证自身的独特存在。此外，将时代之"势"与人为之"势"融合于"事"的创造性行动之中，能够激发教师的原始能量，尊重教师的历史经验，联结教师的文化境遇，促使教师形成自我发展的内在唤醒之"势"。而教师自我"所唤醒的是'我'作为'我'的直接存

---

① 杨国荣. 人类行动与实践智慧 [M]. 北京：生活・读书・新知三联书店，2013：149.

在性体验，它所建立起的是一种深刻的自我认同与自我意向，这是一种对生命及其意义的体认"①。因此，以"事"成"势"能够关联教师真实的生存境遇，促使教师对"事"的多重意义进行理性取舍和融通整合，为教育主体间"行动策略"的转化创造前提性条件。

在教育主体的实践行动中，主要存在两种类型的教育事件：一种是连续性教育事件，即教育主体在既有教育经验的基础上，通过对教育理论的理解与诠释，内化为个人的思维意识，对教育事物的本质属性进行概括与把握，以此筹划教育事件的发生与发展，体现的是一种确定性与计划性；另一种是非连续性教育事件，即教育主体借助非逻辑思维意识，如教育想象、教育灵感与教育直觉等，以此处理突如其来的非常规教育事件，迅速进行判断、权衡、选择与决策，制定较为妥善的教育行动策略，体现的是一种个别性与特殊性。教育主体"成事"的过程便是对连续性教育事件与非连续教育事件进行富有教育意义的构建与处理的过程。基于此，以"事"成"势"便至少包括两种基本境况：一种是主动构建，即教育主体基于教育理论的适用条件，凭借自身独特的教育经验与"地方性"的学校变革环境，积极营造有利于教育理论实践转化的行动氛围，创设内嵌于教育理论实践转化过程的教育事件；另一种是化教育"事故"为教育"故事"，即教育主体充分发挥自身的教育想象力和教育直觉，对偶然的、突发的非连续性教育事件加以积极的改组、改造与利用，在"化腐朽为神奇"中因势利导，消解转化边界的张力，将其转化为可以"成势"的教育资源。

（三）人和：顺"势"而"行"

"时势"与"成势"的形成与发展，始终包含着教育主体的参与，其意义也形成于教育主体间"行动策略"转化的实践过程。"时势"与教育主体的交互关系，主要体现在两个方面：一方面，是"势在物，而不在人"，即"时势"作为诸多客观事实构成的现实场域，不随教育主体个人意愿的改变而改变；另一方面，是"势在人，而不在物"，即"时势"通过教育主体的"行动策略"而实现，教育主体可以乘"势"而为，顺"势"而"行"。在教育理论的实践转化过程中，"势"所呈现的力量展示了教育主体行动策略所内含的动态生成性质，并渗透在教育主体参与行动的过程之中。教育主体通过主动建构教学实践活动而成"势"，"势"又在教育主体行动策略与之相一致的前提下，展现推进教育理论实践转化的现实力量。因此，如果说审"时"度"势"赋予了教育主体间"行动策略"转化的主体性，以"事"成"势"蕴含了教育主体间"行动策略"转化的过程性，那么顺"势"而"行"则展现了教育主体间"行动策略"转化

---

① 蔡春，易凌云.论教师的生活体验写作与教师专业发展［J］.教育研究，2006（9）：54-59.

的动态性、生成性与创造性。

从顺 "势" 而 "行" 的视域出发，教育主体需要从总体背景中构建教育理论的实践转化过程，兼顾教育事物 "时"（时间维度）与 "机"（空间境遇）的不同方面及其相互关系。对于教育主体而言，顺 "势" 而 "行" 并不意味着成为时代发展的 "附庸" 与工具理性的 "俘虏"，而是以自我的专业素养、教育信念与思维意识三种内在规定为 "经"，以生成逻辑、关系逻辑与转化逻辑三种审思视角为 "纬"，构建教育主体间 "行动策略" 转化的基本框架。顺 "势" 而 "行" 意味着教育主体既能审视时代之 "势"，又能洞察行动之 "时"，进而乘势而动，转 "危机" 为 "机遇"，化 "机遇" 为 "转机"，将时代之 "势"、人为之 "势" 与关系之 "势" 转化为教育理论实践转化的行动契机。因此，在教育理论的实践转化过程中，教育主体间 "行动策略" 的转化目的是形成一种 "心智指向某物的能力"①，即教育主体的行动意向性，这是教育主体以 "一种相对持久的准备去经验特定的事物的状态，并以特定的方式去行动"②。

作为教育主体间 "行动策略" 转化的前提性条件，教育主体需要在主体间博弈与协作关系的力量纠缠中，对教育理论的实践转化过程进行情感认同、意志接受与行动推进，形成一种行动策略转化的意向性。对于教育主体而言，这种行动意向性主要表现在以下三个方面：首先是 "我思"（理性的考虑），即教育主体对时势背景、教育理论与教育现实进行理性的审思、认知、判断与评价；其次是 "我欲"（自愿的选择），即教育主体直接筹划与行动策略相联系的决策方案，且 "这种选择和决定既可以基于理性的判断，也可以导源于非理性的意欲"③；最后是 "我悦"（情感的认同），即教育主体具有 "行动策略" 转化的内在自觉与情感认同，并且这种认同 "既非导源于外在强制，也非出于内在的勉强，既不同于对理性要求的被动服从，也有别于对意欲冲动的自发顺从"④，而是自觉地化 "口耳之知" 为 "身心之知"，并最终转向 "身心统一" 的行动过程。

三、教育主体间 "行动策略" 转化的边界张力

在教育理论的实践转化过程中，"行动策略" 是一线教师、高校 "专家" 与

---

① 童世骏. "行动" 和 "行为"：现代西方哲学研究中的一对重要概念 [J]. 社会观察，2005（3）：13 - 15.

② 张释元，朱德全，张立新. 教师个体文化能力重建的基本假设与策略 [J]. 教育理论与实践，2013（13）：46 - 49.

③ 杨国荣. 人类行动与实践智慧 [M]. 北京：生活·读书·新知三联书店，2013：126.

④ 杨国荣. 人类行动与实践智慧 [M]. 北京：生活·读书·新知三联书店，2013：128.

教研共同体等多元教育主体共同参与、相互作用的结果。不同教育信念、不同教学情境以及不同评价标准之间的矛盾、冲突与博弈关系，分别在价值指向、主体独立与群己关系等维度形成了教育主体间"行动策略"转化的边界张力，具体表现为"合法则性"与"合目的性"、"服从权威"与"独立判断"、"群体意志"与"个体抉择"等三个不同方面。

（一）价值指向："合法则性"与"合目的性"

在"行动策略"的转化生成过程中，教育主体时常面临"合法则性"与"合目的性"如何统一的问题，且问题的背后隐匿着二者之间的边界张力，表现为教育主体间"行动策略"的转化生成如何合乎"当然"与"必然"，又展开为"合理"与"合情"的互动交融。其中，"合法则性"指的是教育主体的行动策略需要合乎教育理论的普遍法则、规范与框架，而且"这种本质具有超历史时空的本原性和永恒性，内含适用于解释一切实践、地域、语境下的任何教育现象和教育活动的答案"[①]，教育主体将其作为行动策略的逻辑起点以及解释教育事实的最终依据，具有本质主义与还原主义的意味。而"合目的性"则是指教育主体的行动策略需要按照教育实践的整体利益和教育主体目标达成的需要进行调整，既要合乎教育事物"实情"之"情"，也要合乎教育主体"情感"之"情"，也就是教育主体基于对教育事实的认知与把握，做出合乎"必然"与"当然"的行动策略。

教育主体寻求"合法则性"与"合目的性"统一的背后，是对行动策略转化过程"合情"与"合理"的内在诉求，意味着"法则性"与"目的性"从两个不同的方面赋予了教育主体的实践行动正当性，而"合"则"意味着普遍之理（存在法则与社会规范）与具体情境的交融，也展现为形式层面的理性程序与实质层面的情感沟通、情感关切的统一"[②]，促使二者之间的边界张力形成一种共"通"的合力，也就是既包括主体情感与教育情境方面的"通情"，也涵括教育理论与思想理性层面的"达理"。对于教育主体而言，化解"合法则性"与"合目的性"的边界张力，在行动策略的转化过程中需要遵循以下三种原则：第一，正当原则，即教育主体的行动策略需要合乎教育理论的价值原则，以及与之对应的实践规范；第二，向善原则，即教育主体以行动本身"意味着什么"为关注的侧重点，结合具体的实践情境与主体欲求来考察行动策略的价值意义；第三，有效原则，即教育主体以教育主体、教育理论、具体情境与行动策略之

---

① 刘旭东. 从思辨到行动：教育理论的时代转向 [J]. 西北师大学报（社会科学版），2014（1）：100-104.

② 杨国荣. 人类行动与实践智慧 [M]. 北京：生活·读书·新知三联书店，2013：32.

间的适切性为评估依据，破除教育理论的理性逻辑与教育主体的感性逻辑之间的壁垒，在方法论层面回溯教育主体的行动逻辑。

（二）主体独立："服从权威"与"独立判断"

根据扎根理论对教师访谈文本的分析，以及对教育理论实践转化过程的田野考察，教育主体行动策略的生成主要受到两类话语类型[①]的影响：一类是"权威性话语"，即社会教育制度或教育理论者（高校"专家"）的决策与判断，主要是政策性、学术性与制度性的行动决策，是一种社会权力或学术权威的象征，要求教育主体承认它，并将其变为行动策略的筹划指南；另一类是"内部说服性话语"，即教育主体或群体内部使用的话语，一般具有否定特权的性质，通常不被教育理论者（高校"专家"）或权威机构所察觉，也难以被承认。此外，"权威性话语"可能会转化为教育主体宣称或遵循的信奉的理论，但一般难以转化为教育主体在行动实施中真正使用的理论，即教育主体的"使用的理论"，因为这种理论是教育主体基于自身的教学实际行动进行推论、权衡、选择与改造后得到的理论。因此，对于教育主体而言，"行动策略"的转化过程中存在着"服从权威"与"独立判断"的边界张力。

教育主体间"行动策略"的转化以教育主体的实践推理为前提，既受到教育实践情境的制约，具有权宜性的特征，也受到转化目标的规限，具有效用性的诉求，还受到教育主体对转化合理性的判断，具有主体性的特质，需要教育主体兼具自主与自制、理性与协商、信任与批判等双重统一的德性。"服从权威"与"独立判断"之间的边界张力，则主要取决于教育主体对行动策略的批判反思程度，主要具有以下三种类型：其一，技术性行动策略反思，即教育主体以追求最经济、最有效的教学成果为主，对行动策略的反思停留在操作步骤与执行运用的层面，此时教育主体有服从权威的倾向；其二，实践性行动策略反思，即教育主体根据学生的课堂教学反应以及学校与班级的具体情境，对教育理论实践转化过程中的自身经验与行动意义进行自我理解、自我诠释与自我反思，此时教育主体对外部权威会采取一种开放且自主的态度，并认为自身也具有生产"个人实践理论"的可能性；其三，解放性行动策略反思，即教育主体主动揭示、批判具有压迫性与支配性的外部权威事物，并将这种批判性、解放性的意识付诸具体的行动策略，此时教育主体具有批判权威、独立判断、重建自我的行动倾向。

（三）群己关系："群体意志"与"个体抉择"

在教育理论的实践转化过程中，教育主体间的"群体文化"是教育主体个

---

① 陈向明. 搭建实践与理论之桥：教师实践性知识研究［M］. 北京：教育科学出版社，2011：31.

人意义的集体共享，且教育主体的价值观念会渗透到具体的教育事件之中，随着时间与空间的变化，经过主体间的协调与共生，便会转化成为一种教育主体间共享的价值体系，即"群体记忆"。根据扎根理论对教师访谈文本的分析，以及对教育理论实践转化过程的田野考察，教育主体间的这种"群体文化"作为"在一个特定的教师团体内，或者在更加广泛的教师社区之间，各成员共享的实质性的态度、价值、信念、假设和处事方式"①，往往构成一种"集体无意识"，对教育主体行动策略的生成具有内在的规约性质。根据法国心理学家古斯塔夫·勒庞（Gustave Le Bon）在《乌合之众——大众心理研究》中对群体特征与群体心理的分析②，教育主体本身具有鲜明的个性化特征，而当教育主体融入群体中之后，他的部分个性特征将被群体特征所遮蔽，个体化的思想也会被部分取代，隐匿着情绪化、无异议与低智商的特征。因此，从群己关系的角度出发，在教育主体间"行动策略"转化生成的过程中，"群体意志"与"个体抉择"存在着不可避免的边界张力。

群己关系作为教育主体间相互作用形成的一种组织关系，一方面有利于教育主体间构建教研共同体，促进"行动策略"的转化与生成，另一方面则有可能阻碍教育主体个人实践理论与教学个性的形成。在教育理论的实践转化过程中，教育主体卷入的"群体"包括师徒共同体、新老教师共同体、学科教研组共同体，以及教师与外来研究者组成的研究共同体等。教育主体的个人价值系统中既具有群体意志共享的部分，也具有自我个体抉择的部分，化解二者之间的边界张力，需要"彰显个性部分的张力，使教师在融入集体的过程中不失其自我独立性"③。因此，化解"群体意志"与"个体抉择"之间的边界张力，需要重构教育主体间的群体文化，主要表现在以下三个方面：第一，群体意志的核心属性指向教育主体自身的专业发展，教育主体基于提升自我专业素养的内在动力筹划行动策略，以相互学习、彼此切磋的心态，进行独立自主的思维意识；第二，群体意志出于教师自主、自愿与自为的内在诉求，而非通过行政力量进行规约限制；第三，群体意志的开放性不受时空的限制，教育主体对于教育理论实践转化过程中的各种问题，都可以随着卷入群体文化中进行学习、分享与交流，形成一种彼此开放、相互信赖、通力协助的群己关系。

---

① 章云珠. 教师文化的反思与重建 [J]. 教育探索，2007（1）：73 - 75.

② 古斯塔夫·勒庞. 乌合之众：大众心理研究 [M]. 冯克利，译. 北京：中央编译出版社，2011.

③ 张释元，朱德全，张立新. 教师个体文化能力重建的基本假设与策略 [J]. 教育理论与实践，2013（13）：46 - 49.

四、教育主体间"行动策略"转化机制的基本构成与运作逻辑

"行动策略"作为教育主体间的"适切性实践生成"，是教育理论实践转化过程的关键部分，具有自身相对独立的转化机制，并形成了自身相对独特的运作逻辑。根据扎根理论对教师访谈文本的分析，以及对教育理论实践转化过程的田野考察，教育主体间"行动策略"的转化主要存在应变式、渐进式与溯源式三种生成方式，分别关涉教育主体的"感知洞察力"与"教学机智"、"现场学习力"与"实践知识"，以及"转化重建力"与"行动智慧"，它们共同构成了教育主体间"行动策略"转化机制的运作模型。

（一）应变式生成："感知洞察力"与"教学机智"

在教育理论的实践转化过程中，教育情境的瞬时变化需要教育主体形成敏锐的感知洞察力，及时做出应变式的行动策略，以应对不可预知的教育事件。感知洞察力需要教育主体对教学活动的内外矛盾、冲突关系、情境要素与发展走向具有敏感性，是教育主体"视-听-思"的融合，表现为教育主体善于捕捉教育问题，敏感细微地觉察突发的教学事件，并能够在短时间内对教学事件的教育性意义做出判断，筹划行动策略，并付诸实施。教育主体的感知洞察力主要存在"两个面向"与"三种表现"。其中，"两个面向"即一方面是教育主体"对正确尺度的敏锐感觉"，另一方面是教育主体"对自身不善的洞察觉知"。而教育主体的感知洞察力主要体现在以下三个方面：其一，对教育理论具有敏感性，即教育主体能够灵活地洞察教育理论之间的差别与联系；其二，对学生反应具有敏感性，即教育主体能够从学生的举手投足、语言表情、手势动作等方面瞬间理解学生内在的情感体验与思想变化；其三，对教学情境具有敏感性，即教育主体熟知在不同的时空中如何与情境产生联结与保持距离。

教学情境的"不确定性"与"不可计划性"，对于教师行动策略的转化既是一种消极性的考验，也是一种关键性的建构，即形成"教学机智"。教学机智不是教育主体拥有的某种知识，而是具有独特的认识论结构，是教育主体的意向性觉知，表现为一种"即兴的天赋"或"即兴的教学"，也就是"教学行动者就各种促进其'生存和成长'的境遇即时且自发地做出反应，形成筹划并实现行动者生命可能性的教育活动"[①]，近似于教育主体的一种"直觉判断"。教学机智这种行动方式"主要取决于人的感觉……这里更多地显露出的是人的心灵状态，而不是他思考的结果……在理论空着的地方，机智就不可避免地出现，因

---

① 程建坤. 即兴教学的内涵及启示 [J]. 教育发展研究，2017 (Z2)：113-120.

而机智是实践的直接统治者……同时是理论的忠实的服务者（我们这里预设理论的正确性）"[①]。正如赫尔巴特所言，"机智占据着理论留下来的空间"[②]。也就是说，教育理论并不直接转化为教育实践或教学行动，而是塑造教育主体的一种"心境"，使得教育主体的情感体验与思维意识能够在具体的教学情境中得到感知、聆听、理解与评判，这对教学机智的形成（见图 6 - 19）具有孕育作用。

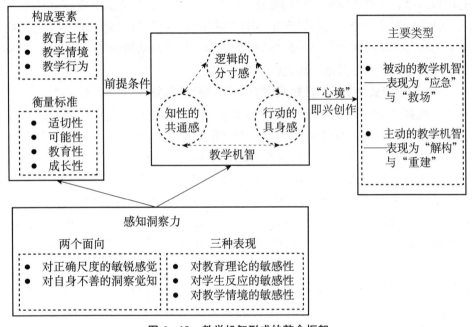

图 6 - 19　教学机智形成的整合框架

教学机智作为一种快速的判断能力与敏捷的行动能力，并不仅仅是对教育理论"规定性"的实施，而且是在具体的教育情境中对教育理论与技术手段的有效补充。对于教育主体而言，机智的行动策略意味着"在特定情境下能够看到孩子所发生的事情，理解孩子的体验，明白该情境的教育意义，知道做什么以及如何去做，而且真正做正确的事情"[③]。教学机智的形成是教育主体多种类型的感知觉相互作用的结果，至少包括以下三个方面：第一，"逻辑的分寸感"，即教育主体的情感体验、思维意识与教学信念等多种隐性力量共同作用于行动

① 彭韬，林凌.教育机智：赫尔巴特的实践智慧及其历史意蕴 [J].全球教育展望，2018（6）：89 - 100.

② 马克斯·范梅南.教育敏感性和教师行动中的实践性知识 [J].北京大学教育评论，2008（1）：2 - 20.

③ 马克斯·范梅南.教育敏感性和教师行动中的实践性知识 [J].北京大学教育评论，2008（1）：2 - 20.

逻辑的形成过程，需要教育主体根据不同的教学内容、教育情境与教学方法灵活地把握行动策略的"分寸"与"程度"；第二，"知性的共通感"，即教育主体面对"行动策略"转化过程中多种类型的边界张力，能够打破思维意识的壁垒，打通确定性与不确定性、感性与理性、群体与个体之间的疆界，形成一种知性的共通感；第三，"行动的具身感"，即教育主体实践行动的情境性，促使教学机智必然是一种"身心合一"的行动，内含一种具身性的行动逻辑，这种转向也将促使教育主体关注本身的感知与人际的互动。此外，教育主体的教学机智存在两种不同的类型：一种是被动的教学机智，通常是教育主体在教育理论的实践转化过程中，面对"意料之外"的课堂教学突发事件，及时地疏导冲突，化解矛盾，恢复秩序，表现为对陌生教学情境的"应急"与"救场"；另一种是主动的教学机智，即教育主体在遭遇某种教学情境的同时，主动地对常规化的课堂教学结构进行改组与改造，并创造性地形成一种新的课堂教学结构，表现为对熟悉教学情境的"解构"与"重建"。

（二）渐进式生成："现场学习力"与"实践知识"

"行动策略"的转化是教育主体长期沉浸在各种类型的教育现场并不断学习与反思的结果。根据教育主体学习指向的不同，可以将"现场"划分为以下四种类型：其一，教育主体自身的课堂教学现场；其二，他者或同侪的课堂教学现场；其三，学科教研组或备课组的研讨现场；其四，各类专家讲座或培训报告的学术现场。教育主体从不同的角度审视"现场"会形成不同的认知结果，主要表现为以下三种类型：作为一种物理时空的现场、作为一种文化情境的现场、作为一种关系联结的现场。教育主体对"现场"不同的认知结果会直接影响其对"现场学习"的理解。教育主体真正的现场学习既不是一种纯粹教育理论的探讨，也不是单纯教学技艺的应用，而是一种专业学习、教学研究与自我成长相辅相成的行动策略，它既是一种参与式学习，也是一种建构性学习，更是一种生成式学习。教育主体的现场学习是形成"现场学习力"的关键环节。其中，教育主体的"学习力"是指"教师获取信息、改造自我、创新教学工作并改变自身生存状况的能力，是教师学习动力、毅力与能力的综合体现"[①]，其背后的支撑性要素包括教育主体的学习动力（"想学"）、学习毅力（"愿学"）与学习能力（"能学"）。

如果说教育主体的"学习力"侧重于对主体个人素养的关照，那么教育主体的"现场学习力"则将对"现场"的理解、"现场"的情境与"现场"的关系

---

① 尧新瑜，朱银萍.自我发展力：教师专业成长的内核动力［J］.教育发展研究，2015（Z2）：113-116.

纳入教育主体的学习范畴之中。教育主体的现场学习力是指"教师在组织提供的一切有利于自身专业发展的场所中，依据现场所传递的相关信息，在现场进行学习的过程中生成、建构或表现出来的能力"[①]。集体互动与个体重建是教育主体形成"现场学习力"的主要生成媒介，具体包括以下三个环节：首先是听课，即教育主体作为一个"观察者"与"学习者"，捕捉教学现场的关键细节，审视他者教学行动的内在法则，总结他者教学行动的经验；其次是评课，即教育主体将对他者教学实践问题、经验与行动的思考作为一面"镜子"，形成对自我教学实践的反观，探寻教育理论转化为教学实践的可能空间，并不断调整与重建自身行动策略的"坐标系"；最后是上课，即教育主体实现从"观察者"、"学习者"与"评价者"向"模仿者"、"研究者"与"生成者"的角色转变，联结"反思"与"实践"交互生成的关系。此外，教育主体还通过说课、教学反思、课例研究、专题研究与撰写个人自传等方式，联结听课、评课与上课三个主要环节，最终，在集体研讨与个体重建中生成自身的"现场学习力"。支撑教育主体"现场学习力"形成的要素包括基础性要素（"专业素养""知识结构"等）、驱动性要素（"外在压力"、"内在需求"与"群体互动"等）和生成性要素（"思维意识""行动策略"等），它们相互作用，为教育主体实践性知识的形成（见图 6-20）奠定基础。

教育主体"做出来"的实践知识，并不是一种"种＋属差"的概念，而是指"教师对自己的教育教学经验进行反思和提炼后形成的，并通过自己的行动做出来的对教育教学的认识"[②]，其直接指向一种"问题的创造性解决"，这是因为对教育主体而言，"理解一种理论意味着把它理解为解决某个问题的尝试"[③]。教育主体通过实践性反思（追问"做了什么"、"为什么这么做"和"这么做的效果与意义是什么"等问题）与反思性实践（追问"应该做什么"、"为什么应该这么做"和"这么做应有的效果与意义是什么"等问题）来具体建构个人实践性知识的基本框架与内在法则，其过程关涉教育主体、教学内容、教学情境、教学方法与组织关系等不同方面，蕴含着教育主体的情感体验、思维意识与审美特质。因此，教育主体实践性知识的形成过程可以简述为：教育主体基于自身的现场学习力，从教育理论、个人经验与教育事实的关系出发，通过系统的观察、理性的反思与个性的行动，实现个人教学实践的概念化，并将这种个人概念化的实践理论重新置入新的实践情境中，经过验证、权衡、选择、

① 李亚. 高中年级组重构与教师专业发展：以教师现场学习力为视角［D］. 武汉：华中师范大学，2015：1.
② 陈向明. 搭建实践与理论之桥：教师实践性知识研究［M］. 北京：教育科学出版社，2011：64.
③ 陈向明. 搭建实践与理论之桥：教师实践性知识研究［M］. 北京：教育科学出版社，2011：37.

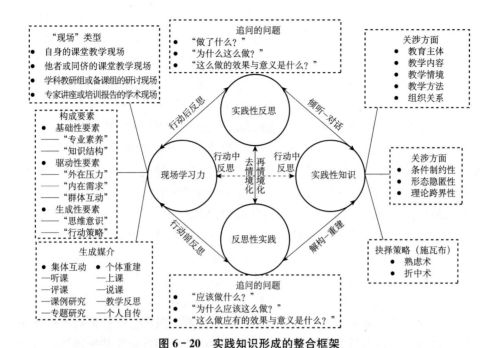

图 6-20　实践知识形成的整合框架

改组与改造，以此提升其效能，实现个人教学实践理论的更新与发展。可见，教育主体实践性知识的生成，实质是经验性认知、命题性认知、反思性认知与实践性认知的转化生成，具体展开为一个开放性、螺旋式、递进化的个人教育理论的建构过程。

（三）溯源式生成："转化重建力"与"行动智慧"

根据布迪厄（Pierre Bourdieu）的实践理论，教育主体"行动策略"的转化生成受到教育场域、个人惯习与符号资本的影响。作为教育主体间架构的一种关系网络与文化空间，教育场域意味着"在某一个社会空间中，由特定的行动者相互关系网络所表现出的各种社会力量和因素的综合体"①，且各种力量关系之间充满着矛盾、冲突与博弈。而作为教育主体的认知结构与性情倾向，教育主体的个人惯习是整个场域的结构属性在教育主体个人身上的投射，是"外在性的内在化"②的结果。教学经验和实践知识作为教育主体实现"行动策略"转化生成的"符号资本"，是教育主体形成"转化重建力"的基本前提，并且教育主体的个人惯习会影响教育场域中教育主体对实践知识的认知与运用。此外，

---

① 徐金海. 校长领导的行动逻辑：实践理论的视角［J］. 教育发展研究，2011（6）：72-77.
② 李伟. 从"单向决定论"到"双向互构论"：行动-结构的二元对立及整合［J］. 内蒙古社会科学（汉文版），2016（2）：154-158.

教育主体的"转化重建力"主要反映在以下三个方面：首先，对自身角色与教育观念的重建，即教育主体对原有的专业角色与教学观念进行反思性批判，重新建立专业发展的"坐标系"；其次，对知识结构与教学方法的重建，即教育主体打破既有的教学模式，不断追问教学内容与教学方法之间的适切性；最后，对课堂结构与行动逻辑的重建，即教育主体在重构学生观、教学观与知识观的基础上，重构自身的行动逻辑，改造原有课堂教学的结构与秩序。

"行动智慧"是教育主体"转化"与"重建"原有教育秩序、结构与格局之后，形成的特质化的行动法则。如果说教育理论智慧是关于"真"的推理，那么行动智慧则是指向"善"的推理，即教育主体经过明辨、审思与笃行而获得一种对教育之"善"的探究方式。拥有行动智慧的教育主体"具有敏锐感受、准确判断生成和变动过程中可能出现的新情势和新问题的能力；具有把握教育时机、转化教育矛盾和冲突的机制；具有根据对象实际和面临的情境及时做出决策和选择、调节教育行为的魄力；具有使学生积极投入学校生活，热爱学习和创造，愿意与他人进行心灵对话的魅力"[①]。也就是说，教育主体拥有行动智慧，并不是因为其掌握了不证自明的固定真理，进而根据这些教育真理演绎出特殊的教育事物，而是由于教育主体"能够估计情境的可能性并能根据这种估计来采取行动"[②]，以此完成对自身教学经验的提炼和积累，以及对既有教育理论的修正与完善。可见，教育主体行动智慧的形成（见图 6-21）并不是为了谋求教育理论统一连贯的体系模型，而是以对教育理论的批判性反思为前提，针对不同的实践情境，对各种教育理论进行辨别、判断、权衡、选择，甚至是改组、修正与改造，以适切于"目的善"的行动目标。

教育主体的行动智慧是在内部矛盾、外部冲突与关系博弈等背景的激发之下形成的，是在对自身行动策略的批判性反思中构建的。对于教育主体而言，行动智慧的形成，需要满足以下三个方面的条件：第一，对教育合理性的追求，即化解合法则性与合目的性、服从权威与独立判断、群体意志与个人抉择之间的边界张力，实现二者的辩证统一；第二，对教育情境性的关照，即感知、理解、辨别与判断构成教育情境的要素及其相互关系；第三，对教育伦理性的彰显，即实现认识世界与认识自我、改变世界与改变自我的融通整合。教育主体行动智慧形成的三条路径，则分别代表着行动策略溯源式生成的三种反思性批判方式。因此，教育主体行动智慧的转化重建过程，既是"为"（being）与

---

① 张亚妮，陈光明.教师教学实践智慧涵义及相关概念辨析［J］.西安电子科技大学学报（社会科学版），2013（6）：171-176.

② 约翰·杜威.确定性的寻求：关于知行关系的研究［M］.傅统先，译.上海：上海人民出版社，2005：164..

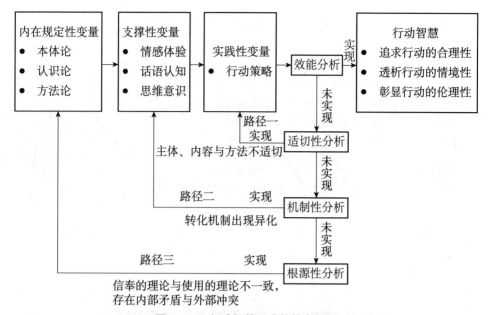

图 6-21　行动智慧形成的整合框架

"做"（doing）的统一过程，更是"成为"（to be）的动态生成过程，并且教育主体的行动智慧能够探寻教育理论在不同教学情境中的适用条件，弥补教育理论构成体系的空白，对教育理论形成一种连续性验证、评估与重建的反馈机制。

（四）教育主体间"行动策略"转化机制的运作模型

教育主体间"行动策略"的转化生成是多种要素、关系与结构相互作用的结果，指向教育理论实践转化过程中各种问题的"创造性解决"，其本质是一种"适切性实践生成"的过程。在这个过程中，"行动策略"的形成至少需要具有三种属性：其一，教育主体间的可沟通性，即在不同的教育场域中，不同的教育主体之间彼此能够对话交流，敞开自我，建立关系性的联结；其二，张力边界的可通透性，即教育主体能够在"合法则性"与"合目的性"、"服从权威"与"独立判断"、"群体意志"与"个体抉择"等之间张力的边界开拓行动的弹性空间；其三，彼此差异的可通约性，即不同的教育主体之间能够彼此承认差异、欣赏差异，并将其转化为生成行动策略的有效资源。教育主体间"行动策略"的转化具有相对独立的运作机制（见图 6-22），需要教育主体通过审"时"度"势"、以"事"成"势"、顺"势"而"行"为其奠定前提性的基础条件。

根据扎根理论对教师访谈文本的分析，以及对教育理论实践转化过程的田野考察，可以发现，教育主体间"行动策略"的转化生成主要存在三种类型的

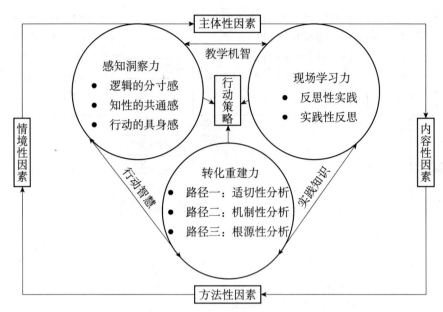

图 6 - 22　教育主体间"行动策略"转化机制的运作模型

模式：第一，应变式生成，即当面对突如其来的教学事件或顿悟式的教学情境时，教育主体利用自身的"感知洞察力"，以被动或主动的姿态转化生成"教学机智"，目的是化解矛盾，解决问题，实现教育理论的实践转化；第二，渐进式生成，即教育主体通过参与式、情境化与对话式的现场学习，对照教育理论的内在规定，不断观察、体悟、改造与重建自身的课堂教学，形成个人的教学实践知识，目的是改变原有的教育世界，改变自我的专业发展样态，以此更好地将信奉的教育理论转化到每一个实践环节之中；第三，溯源式生成，即教育主体分别从适切性、机制性与根源性等方面对原有的行动策略进行效能分析，并以反思性批判的姿态对其进行调整改善，以此追溯教育理论实践转化过程中的问题症结。

五、教育主体间"行动策略"转化的可能路径

根据教育主体间"行动策略"转化机制的前提条件、边界张力、组成结构与运作逻辑，可以尝试探索教育主体间"适切性实践生成"的可能路径，主要表现在以下三个方面：首先，尝试扎根的"行动研究"，增强"实践性情境理解"；其次，构建整合的"行动网络"，联结"异质性行动资源"；最后，形成个人的"行动哲学"，成为"自己的方法论学家"。

（一）尝试扎根的"行动研究"，增强"实践性情境理解"

行动研究作为一种"由行动者"（actor-centered research）、"在行动中"

(research in action)、"通过行动"（research of action）且"为了行动"（research for action）的研究，是指"研究课题来自实际工作者的需要，研究在实际工作中进行，研究由实际工作者和研究者共同参与完成，研究成果为实际工作者理解、掌握和实施，研究以解决实际问题、改善社会行动为目的"①。与纯学术或纯理论的教育研究范式不同，行动研究以行动科学为路线，提倡教育主体在面对真实的转化困境时，采取自我或他者干预的方式，对自身所处的教育文化场域进行批判性反思，剖析问题形成的内外部原因，凸显隐匿的内在矛盾与张力，在不断地自我否定与自我更新中，寻求适切的问题解决之道，创造以"求善"为旨趣的实用知识。可见，行动研究能够增强教育主体的"实践性情境理解"，可以将教育主体的教学工作与转化研究合二为一，可以促使行动者与研究者在交互作用中结盟合作且合二为一，可以将教育理论反思与教育实践联通融合，整合教育主体的思维意识、技术操作、人际关系、情感体验与价值观念等，生成适切于特定教学情境的行动策略与个体实践性知识。

复杂的情境问题、动态的方法系统与多元的价值追求共同组成了行动研究的基本结构。对于教育主体而言，行动、研究与学习是相辅相成的关系。行动研究的实质是一种行动学习，即教育主体沉浸在真实的实践情境中，在他者的帮助下理解自己的专业处境、认知结构、思想观念与行动逻辑，促使教育主体自觉地对外在的教育行动与内在的知识结构进行反思。行动学习"是一种元实践……一种革新其他实践的实践"②，它将"革新人们的说话、做事与联系模式，以便形成新的模式——新的生活方式"③。教育主体的行动学习包括在课堂教学实践的摸索中学习、在教研共同体的研修中学习以及在教育理论文本的阅读中学习等多元方式。对于教育主体间"行动策略"的转化生成而言，行动学习能够促使教育主体形成以下三个方面的能力：其一，批判反思能力，即教育主体在持续的学习互动与团体交流中，能够强化对日常教学细节的敏感性，增加自我反思的机会，修正自我认知中的偏颇之处；其二，团队凝聚力，即作为一种团队学习的形态，行动与学习并重，教育主体需要做出学习承诺，并且团队也会为教育主体赋权增能，营造"敢于尝试，不怕出错"的教研氛围；其三，问题解决能力，即行动学习促使教育主体将教育理论实践转化过程中存在的问题进行可视化，其实质是一个梳理问题、凸显矛盾与分析原因的过程，并在教

---

① 李小云，齐顾波，徐秀丽. 行动研究：一种新的研究范式？[J]. 中国农村观察，2008（1）：2-10.

② Kemmis S. Action research as a practice-based practice [J]. Educational Action Research，2009，17（3）：463-474.

③ Kemmis S. Action research as a practice-based practice [J]. Educational Action Research，2009，17（3）：463-474.

研团队中探寻转化问题的"共性"与"个性"，筹划行动方案，并付诸实施。

（二）构建整合的"行动网络"，联结"异质性行动资源"

教育主体间"行动策略"的转化生成是一种群策群力、个体反思与主体建构相互作用的结果，其背后隐匿着一张无形的"行动网络"。这种"行动网络"至少具有三种本质属性：第一，"时间之网"，即教育主体间"行动策略"的转化具有历时性、演化性与发展性，是在时间维度的纵向延展；第二，"空间之网"，即教育主体间能够形成一种"由不同行动者组织的具有多元性、异质性和杂合性的'空间'"①，横向联结不同类型的教育主体；第三，"关系之网"，即教育主体间的交往互动形成的是一种关系型的聚合体形态。以上三种本质属性的整合，其结果是构建一种异质型行动者网络。在这个行动网络中，教育主体不断地将其他教育行动者的现实问题、思想观念、教学活动与教育价值用自己的话语加以转换并言说出来。所有的教育主体都处于这种"转化（即'理解'）"与"被转化（即'被理解'）"之中，这意味着教育主体在行动者网络中角色的多元界定，即"某一行动者的角色是通过其他行动者而得到界定的"②。正是借助这种转化关系，促使教育主体交往互动，进而联结成空间、时间与关系等多重意义上的"行动者网络"。

异质型行动者网络的背后蕴含着不同类型的教育实践共同体，联结着异质性的行动资源。这种异质性的共同体意味着"在一个活动系统中的参与，参与者共享他们对于该活动系统的理解，这种理解与他们所进行的行动、该行动在他们生活中的意义以及对所在共同体的意义有关"③，他们共享各自异质的"经验库"、"技艺库"、"语料库"、"知识库"与"智慧库"。构建这种异质型行动者网络，对于教育主体而言，至少需要打破三个壁垒：其一，年级壁垒，即"行动策略"的转化生成需要保持连续性，而同一学科的知识结构在不同的年级之间是相互连通、综合一体的，教育主体打破年级壁垒，能够保证这种连续性的延续；其二，学科壁垒，即不同的学科拥有丰富的异质性教学资源及多样化的教学思想，能够为教育主体"行动策略"的转化提供异质的审思视角；其三，专业壁垒，即教育主体可以将自身的教学问题置入不同学科背景的行动者网络中进行追问、反思与批判，开阔原有认知结构的审思视野，把异质性的解决思路纳入原有解决问题的框架之中，拓展原有疆界，化解边界张力，形成转化合力。

---

① 刘锦英. 行动者网络理论：创新网络研究的新视角 [J]. 科学管理研究，2013 (3)：14-17.

② 郭俊立. 巴黎学派的行动者网络理论及其哲学意蕴评析 [J]. 自然辩证法研究，2007 (2)：104-108.

③ 陈向明. 搭建实践与理论之桥：教师实践性知识研究 [M]. 北京：教育科学出版社，2011：183.

（三）形成个人的"行动哲学"，成为"自己的方法论学家"

在教育理论的实践转化过程中，多元因素共同作用于教育主体"行动策略"的转化生成，但最终需要教育主体个人审思利弊，权衡得失，做出抉择，最终筹划行动方案并付诸实施。这就需要教育主体像教育（学）家那样去思考，透过教育理论的内在规定去理性地审视教育行动中存在的问题，及时地做出审慎的判断，也需要教育主体适时地从教育现实杂乱的漩涡中抽身出来，对自身的现实境遇、教育思想与生命成长予以洞察。支撑教育主体洞察觉知、审思判断、做出抉择的内在依据，其实质是教育主体在长期的教学实践中形成的一种个人"行动哲学"，是教育主体在扬弃的基础上，将个人的专业特质、教学情境、学校文化、教育信仰与人际关系等因素统统纳入思考范畴之后，最终形成的一种"行动范式"。这种"行动范式"以追求教育实践的合理性与适当性为旨归，具体表现为教育主体在日常课堂教学中形成的具有弹性的"新常规"。

教育主体创生个人的"行动哲学"，成为"自己的方法论学家"[①]，至少需要做到以下三点：首先，全面唤醒自我意识，即异质型行动者网络中的教育主体处在多种关系性力量之中，直面各种思想矛盾、价值冲突与关系博弈，需要教育主体自觉探寻自身独特的"内在性"，重新唤醒、赋予与诠释自我的独特价值，这是因为"一个人接受什么样的定义，意味着他以什么样的方式确定自己的身份，意味着他拿一面镜子来端详自己的面孔"[②]；其次，不断追问行动的适切性，即教育主体需要不断从方法论的层面权衡教育主体、转化问题与教学方法之间的适切性问题，将抽象的思维意识转化为具体的行动力量；最后，形成个人的价值序列，即教育主体在对"我是谁""我在做什么""我为什么这么做""如何理解他者""如何理解我与他者的关系"等一系列问题进行追问的同时，不断探寻行动策略转化形成的内在依据，以及自我安身立命的价值序列。当然，教育主体的价值序列并不是一个静止的概念，而是一种永远行动着的"行动"。

---

① 李栋. 人工智能时代教师的"行动哲学"[J]. 电化教育研究，2019（10）：12-17.
② 赫舍尔. 人是谁 [M]. 隗仁莲，安希孟，译. 贵阳：贵州人民出版社，2009：24.

第七章
论题的突破：以"成事成人"作为实践哲学的
教育学表达

教育主体间的情感体验、话语认知、思维意识与行动策略作为教育理论实践转化机制的四个不同维度，具有相对独立的转化逻辑，它们共同构成了教育理论实践转化机制的组成要素、基本结构与运作过程。如果说对以上四个转化维度的分析，是从"横向层面"剖析教育理论实践转化机制的内在构成及其转化运作，那么对实践转化发生过程的分析，则是从"纵向层面"呈现教育理论实践转化机制的整体面貌及其演化推进。本研究分别从横向层面与纵向层面进行探寻与分析，其目的是合"纵"连"横"，整合、融通与澄明教育理论实践转化机制的构成要素、内在理路与运作逻辑，最终形成一种方法论层面的审视思考。

第一节　主体的回归：以"成事中成人"为中心的教育实践

在教育理论的实践转化过程中，教育主体之间、教育主体与理论文本之间、教育主体与共同体之间的交往互动，首先是一个彼此相遇、敞开自我、倾听对话与彼此悦纳的过程，其实质是一个"理中求事"的"理解"过程，蕴含着教育主体之间的"交互生成"机制，需要教育主体在认识自我、认识他者与认识世界的过程中成己、成人与成事。

一、作为"理中求事"的理解

教育理论文本作为教育主体思想精神的客观转化物，是以物质符号的形式传达教育主体的思想观念，代表着教育理论研究者对教育世界的态度、看法与理解，具有符号形式与承载意义的双重构成要素，其实质是一种"富有意义的形式"，且其意义必须依赖特定的文本符号与解读者的理解而存在。而"理解"作为教育主体"借助概念，通过分析、比较、概括以及联想、直觉等逻辑或非逻辑的思维方式，领会和把握事物的内在联系、本质及其规律的思维过程"[1]，便是对这种意义形式的重新认识与重新构造，是"一种把这些形式与那个曾经产生它们而它们又与之分离的内在整体重新结合统一的沟通桥梁"[2]，更是将教育理论视为一种随着教学实践情境改变而不同的、开放的"文本群"，对其的解读则不断地处于生成之中。

教育主体的理解是一种教育理论向理解者敞开的过程，具有客观性与主观性的同一性结构。理解作为一种教育主体间的话语事件，是对教育理论文本话

---

① 冯契. 哲学大辞典 [M]. 上海：上海辞书出版社，2001：1111.
② 洪汉鼎. 理解与解释：诠释学经典文选 [M]. 北京：东方出版社，2006：129.

语性表达的认知过程，更是教育主体通过将"话语事件"转化为"话语实践"，以此形成"转换视域"的过程，而并不是一种仅仅由教育主体个人操纵的事件。在伽达默尔看来，理解"乃是把某种普遍东西应用于某个个别具体情况的特殊事例"①，其"本身表明自己是一个事件"②，并且"理解必须被视为意义事件的一部分，正是在理解中，一切陈述的意义——包括艺术陈述的意义和所有其他流传物陈述的意义——才得以形成和完成"③。可见，教育主体理解的内在结构取决于教育历史传统、教学文化情境与主体教育惯习之间的内在规约。

对于教育主体而言，理解是向自我敞开的过程。理解作为教育主体专业发展的存在方式，是教育主体获得与生成教育行动意义准则的前提性基础，是"理解者与被理解者基于各自的历史背景，通过对话达成互识和共识的主体间交往活动"④，更是教育主体理解自我、理解他者与理解世界的统一过程。这是因为，理解不只是一种机械复制的行为，即"理解过程不是在理解活动之前就已经存在的意义的重建，而是意义的生成，对文本的理解不再是客观的，其意义不再是独立于理解活动而存在的，它永远对新的理解开放"⑤，始终是一种创造性的能动行为。教育主体的每一次理解行为"总意味着内在认知的一次增长，而这种认知又作为一种新的经验加入到我们自己的知识经验的结构之中"⑥。

此外，教育主体的"理解"既支配着教育理论文本的意义显现，也形成了教育主体的视域。理解作为教育主体间倾听与对话的过程，是理解者带着自身的前见（或"前理解结构"）对教育理论文本所传达的教育思想观念进行倾听，并与教育理论研究者进行对话，这就必然需要教育主体克服自身与教育理论（文本及其创作主体）视域之间的陌生性与差异性，完成视域的转换。"只有理解者顺利地带进了自己的假设，理解才是可能的"⑦，只是"对于任何一个文本，不同的'前理解'都只能从某一个'窗口'看到文本的一道'风景'"⑧。

---

① 伽达默尔.真理与方法：哲学诠释学的基本特征 [M].洪汉鼎，译.上海：上海译文出版社，1999：400.
② 伽达默尔.真理与方法：哲学诠释学的基本特征 [M].洪汉鼎，译.上海：上海译文出版社，1999：397.
③ 伽达默尔.真理与方法：哲学诠释学的基本特征 [M].洪汉鼎，译.上海：上海译文出版社，1999：215-216.
④ 张俭民，董泽芳.理解型师生关系的诠释学建构 [J].湖南师范大学教育科学学报，2017（5）：98-103.
⑤ 邓友超.教育解释学 [M].北京：教育科学出版社，2009：80.
⑥ 伽达默尔.科学时代的理性 [M].薛华，等译.北京：国际文化出版公司，1988：97.
⑦ 伽达默尔.真理与方法：哲学诠释学的基本特征 [M].洪汉鼎，译.上海：上海译文出版社，1999：728.
⑧ 邓友超.教育解释学 [M].北京：教育科学出版社，2009：11.

可见，教育主体间的理解关照的是意义的生成，指向教育世界的多种可能性，并尝试筹划与实现这种可能性。理解作为对可能性的把握过程，能够"使对话双方都超越自己的视域而进入一种探询的过程，这种探询过程具有自身的生命，并且经常充满了未曾预感、未曾料想到的发展"①，教育主体每一次新视域的形成，都意味着教育主体间理解的突破与创生。

在教育理论的实践转化过程中，教育主体"看到之前看不到的事物"是创生出"之前不可能或未有的事物"的基础。"视域"作为教育主体审视教育世界的视角框架与参照系统，其"不仅规定了考察问题的方式，而且提供了理解事物的特定角度"②。它的特点主要体现在以下三个方面：其一，彼此敞开性，即教育主体之间的视域并不是孤立封闭的，教育主体学习教育理论，便意味着倾听教育理论创作者并与之对话，更意味着二者视域的彼此敞开；其二，历史回溯性（对自身、对他者、对世界），即教育主体在理解之前所具有的个体性概念框架，一方面会成为教育主体间相互理解的阻碍，另一方面也会成为教育主体间理解得以可能的前提性条件，也就是"这些历史性元素是积极的生产性因素，既参与历史的意义建构，也在建构意义的过程中开放自身、修正自身"③，这便意味着理解者"并非从自身业已具有的前意见出发走向'文本'，而是检查本身具有的前意见是否合法，亦即检验它的来源和有效性"④；其三，视角转换性（文本-他者-自我-世界），即教育主体通过视角的转化，将他者的教育思想观念调整与综合在自身经验框架的理智视域中，建立起一种主体间的解释性关联，同时体现教育主体的自我调节能力与主观能动性。

因此，"理解"作为一种"理中求事"的过程，其本身具有实践性的特质，蕴含着教育主体对教育理论文本思想与观念的把握，蕴含着教育主体对与此相关的他者交往互动的把握，蕴含着教育主体对外在整体教育世界情境的把握，更蕴含着教育主体对自我专业发展与生命表达的把握。可见，理解并不仅仅是教育主体对教育理论文本的解读，更是教育主体间精神的相遇、倾听与对话过程。需要说明的是，教育主体对教育理论（文本及其创作主体）"理解"正确与否并不能直接决定教育实践成功与否。

教育主体追求对教育理论（文本及其创作主体）的正确理解，判断其理解正确与否的评价标准主要存在以下三种：第一，符合论（或"客观性的理解"），即教育主体对教育理论（文本及其创作主体）的理解是否符合文本作者（或

---

① 伽达默尔. 哲学解释学［M］. 夏镇平，宋建平，译. 上海：上海译文出版社，2004：12-13.
② 杨国荣. 成己与成物：意义世界的生成［M］. 北京：北京大学出版社，2011：124.
③ 陈鸥帆. 解释学之文本观探析［J］. 理论学刊，2013（6）：109-112.
④ 洪汉鼎. 伽达默尔的前理解学说（上）［J］. 河北学刊，2008（1）：53-62.

"教育理论研究者"）的原意，需要教育主体回溯文本作者的历史处境，探寻教育理论提出的背景条件与作者思想，最理想的情况是与教育理论主体处于"同一思想层次"，消除读者的历史性与个体性，以作者的确定性思想来支配读者的理解过程，其思想根源是以施莱尔马赫（Friedrich Daniel Ernst Schleiermacher）与狄尔泰（Wilhelm Dilthey）为代表的"作者中心论"诠释学；第二，实用论（或"主观性的理解"），即教育主体对教育理论的理解是否能够得到实践的有效验证，放弃对"作者原意"的强制追求，打破作者与读者之间支配与被支配的单向关系，关照读者从自身的现实经验出发，形成一种个体性与创造性的解读，其思想根源是以海德格尔与伽达默尔为代表的"读者中心论"诠释学；第三，融贯论（或"指向性的理解"），即教育主体对教育理论（文本及其创作主体）的理解是否与自身原有的教学经验存在相似性、关联性与不矛盾性，试图克服"作者中心"与"读者中心"之间二元对立的关系，形成方法论与本体论、主观性与客观性、合目的性与合法则性的统一，形成一种以"问题分析"为内在驱动的文本与行动、理论与实践相互融通、彼此贯穿的理解，其思想根源是以保罗·利科（Paul Ricoeur）为代表的"文本中心论"诠释学。

教育理论实践转化过程的展开更需要遵循第三种评价标准，即以"融贯论"为中心的指向性理解，这意味着教育主体"不是简单地把文本（理论）直接应用于实践（现实），也不是把实践（现实）作为文本（理论）的注脚，用以证明文本（理论）的真理性"①。也就说，教育主体不仅仅在知识论意义上形成对教育理论科学真理的把握，而且在生存论意义上将自身的现实境况、知识结构与发展需求等指向性因素纳入理解的范畴之中，促使教育理论与教育主体生存实践的直接相遇，体现出一种"理解的智慧"。

二、主体之间的"交互生成"机制

教育主体对教育理论文本的理解过程，是从自身拥有的教学经验与知识结构出发，通过与教育理论文本创作者的交往对话，进而构筑教育理论文本的整体意义。而对教育主体间"理解"的探讨，则主要关注以下三个问题：首先，是教育主体间的"理解"是否可能？其次，教育主体间的"理解"何以可能？最后，教育主体何以能就他们所理解的内容做出有效的判断与批判性的考察？对以上这些问题的回应，勾勒出理解理论视角下教育主体间"交互生成"的运作机制（见图 7 - 1）。

---

① 彭启福，胡梅叶."实践-文本"诠释学：一种马克思主义哲学研究的合理范式 [J]. 江海学刊，2004（5）：45 - 48.

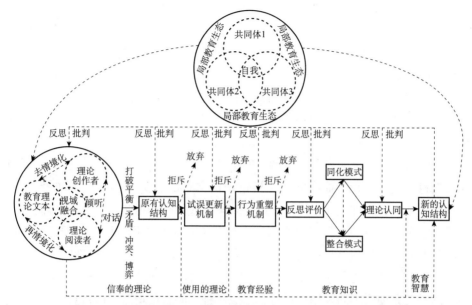

图 7-1 理解理论视角下教育主体间"交互生成"机制的运作模型

在教育主体间"交互生成"运作机制中，教育主体并不是一个孤立的个体，而是处在局部教育生态、不同群体关系中的自我，不同关系的相互交织与交互作用共同勾勒出教育主体完整的形象。对于教育理论的实践转化过程而言，与教育主体形成交互作用的对象主要是教育理论文本及其创作者（教育理论研究者）。他们之间的交互作用是在具体的教学情境中展开的。一般而言，教育理论研究者基于对教育事实的观察与判断，通过去情境化的抽象概括，形成教育理论文本，而教育实践者则需要基于对现实教学问题的发现与分析，通过再情境化的具象认知，完成对教育理论文本的解读过程。当然，教育理论研究者与教育实践者之间存在着倾听与对话的直接关系。在教育主体间"交互生成"的过程中，由于理论思想与现实行为之间的矛盾、冲突与博弈关系，教育实践者原有认知结构的平衡状态将被打破，并不断通过"试误更新"机制与"行为重塑"机制对教育理论的前提假设、话语表述、适用条件等进行反思与评价，根据自身的切身体验及其实践转化过程中自身的效能感、成就感与尊严感，形成对教育理论的感性认同与理性认同，建立"应该如何以及为何如此"的价值期待与理想追求，最终形成新的认知结构。

在"交互生成"机制中，教育主体间的理解情境至少包括以下三种要素：其一，理解者的背景，即教育主体自身的知识结构、价值观念、教育信仰、思维方式与话语体系等；其二，理解对象的背景，即教育理论文本的表达类型、产生背景、适用条件、价值指向等；其三，理解者与理解对象之间的交互关系，即教育主体之间预设的平等地位、建构的对话关系与形成的行动模式等。此外，教育主体主要以"同化"与"顺应"的方式完成对教学情境与理论文本的内化过程。其中"同化"是教育主体作为"学习者把外在的信息纳入到已有的认知结构，以丰富和加强已有的思维倾向和行为模式"①，而"顺应"则是教育主体作为"学习者已有认知结构与新的外在信息产生冲突，引发原有认知结构的调整或变化，从而建立新的认知结构"②。两个交互生成的内化过程贯穿于教育理论实践转化的全过程。

理解教育理论蕴含着教育主体与理论文本之间存在一种"问答逻辑"，既意味着教育理论向"我"提出问题，规定理论文本的意义方向，也意味着"我"将问题投射到教育理论文本之中，探寻教学实践的行动指向。可见，"理解文本就是把它理解为对一系列问题的回答，对问题的理解要我们提出问题，当我们提出问题时，我们就活动在某种问题空间之内，从而活动在某种确定什么能有意义的被问和被回答的意义活动空间里"③。这样，"我"与教育理论之间的问题与回答关系便会不断地循环进行，形成一种"问答逻辑"，并且这种"问答逻辑开启了一个相互理解的维度，它超越了用语言固定的陈述，并且也超出了在辩证法独白式的自我理解意义上包罗万象的综合"④。因此，"我"与教育理论文本之间的理解关系，仍然是以教育主体间的交往互动关系为基础的，教育理论文本也在不断地被阅读与被理解的过程中实现其自身的意义建构，保持自身在不同教学情境中的理论生命力。当然，对于教育主体而言，教师之间以及教师与教育理论研究者之间的直接对话更能彰显生命与生命之间的相遇、倾听与关照，更有利于教育主体间的彼此理解与相互作用。

教育主体之间"交互生成"机制的形成，是在承认彼此差异性与多元性的基础上达成的一种共享性的认识和理解，即共识。正如伽达默尔所言，"谁能做到同自己保持距离，能看到自己生活圈子的局限性，从而向他人开放，谁就会不断地通过现实纠正自己的生活"⑤。作为教育主体间以理解为取向的精神交往互动，共识是"在一定的时代生活在一定的地理环境中的个人所共享的一系列信念、价值观念和规范"⑥，是教育主体间相互理解的整合形态，也是意义生成

---

① 段作章. 教学行为的发生学考察 [J]. 教育研究与实验, 2013 (1)：41-45.
② 段作章. 教学行为的发生学考察 [J]. 教育研究与实验, 2013 (1)：41-45.
③ 安桂清. 知识理解与教学创新：诠释学的视角 [J]. 全球教育展望, 2006 (8)：19-23.
④ 伽达默尔. 真理与方法：诠释学 [M]. 洪汉鼎, 译. 北京：商务印书馆, 2010：466.
⑤ 孙元涛. 教育学者介入实践：探究与论证 [M]. 重庆：重庆大学出版社, 2009：61.
⑥ 王文东. 理解的共识何以可能：解释学视域中的共识观探微 [J]. 湖北社会科学, 2009 (4)：100-103.

的规范结构。这种共识并不是现场存在的，而是教育主体积极追求交往互动且不断建构的结果，其会随着教学情境和理解主体的变化而变化，需要教育主体具有真诚的情感体验、可领会的话语表达与敏锐的思维意识。

在理解理论的视角下，教育主体间"交互生成"的运作机制使得教育主体对教育理论文本的理解不再是与一个物化的客体对象对话，而是与"另一个人"对话。虽然"教育实践者心目中也有一种理论图式……（但是）通过这种图式，实践者认识自己的经验，理解别人的教育实践"①。教育主体从"作为他者的自我"视角出发，确立一种教育主体间交互作用的全新观念，拆除"自我"与"他者"之间的壁垒与藩篱，将"自我"的专业发展与"他者"的内在诉求关联在一起，形成一个愿景一致、利益互惠与精神同一的共生体，建构一个共生共享的意义创生系统。在这个交互作用的共生系统中，教育"主体以学习者的身份能动地建构一个多元化学习场域，在场的主体在个性对话、深度理解基础上达成情感契契与关照，在彼此分享中个体的意见能被群体理解与吸纳，并融入到群体的共享文化意义之中，学习主体形成一种群体性思想观念、价值规范、行为方式，获得社会性归属感和道德感，实现精神领域的某种超越，获得具有高度内聚力的'责任与义务'精神力量，这能够更新个体，乃至改变群体与世界的关系"②。因此，教育主体间"交互生成"机制的运行能够更新教育主体的眼光，变革教育主体的认知结构，重建教育主体的教学行动，最终促使教育主体对教育理论保持"一种开放的心态、一种认识的需要、一种发展的追求"③，全面回应教育主体对教育理论实践转化过程"信不信"、"知不知"与"行不行"的问题。

三、方法论的审思

教育主体间交互作用的"理解"过程，需要教育主体在认知自我、认识他者与认识教育世界的过程中，不断地"成己"、"成人"与"成事"。

（一）成己：认识自己

"认识自己"是镌刻在古希腊德尔斐神庙的箴言，意味着"自我"并不是一个固定既成的概念，而是一个开放发展着的可能性概念。教育主体理解教育理论的关键问题不是将自身有限的教学经验或知识结构强加于教育理论文本，而是基于自身的现实境遇向教育理论敞开自我，在理解事件中不断地与教育理论

---

① 陈向明．理论在教师专业发展中的作用 [J]．北京大学教育评论，2008（1）：39-50．

② 程玮．"视域融合"与教学文化之意涵分析：基于伽达默尔"视域融合"观 [J]．高教探索，2013（1）：77-82，109．

③ 张向众．教育理论与教师发展：从教师的生命之维来看 [J]．教师教育研究，2005（6）：10-19．

文本及其创作者进行对话交往，实现对自身历史境遇与思想演化脉络的把握，进而对未来教育行动进行创造性的筹划，不断扩展自身的视域范畴，形成一个视域转化与视域延展的自我。其中境遇作为"与个体现实地发生着关系的、是我们感受得到相互影响的特定时空的环境"①，直接构成教育主体认识自我的具体场域。教育主体通过对"我为何会这样"问题的追问，如"我的教学实践蕴含教育理论的思想观念吗""我的教学实践中的假定、价值和信念来自哪里""我的教学实践满足了谁的兴趣与需求"等，形成对自身境遇式存在的认识，探寻自身境遇中所有现实的与可能的关系，并对境遇中的各种关系形成敏锐的洞察力。

在教育理论的实践转化过程中，在横向维度上，教育主体主要存在以下三种"自我认知"：首先，经验性的自我，即教育主体在自身日常的教学经验中直接感知自我的专业特质与发展属性；其次，规范性的自我，即教育主体根据教育理论文本的思想观念与价值追求，形成对自我角色的规定性认知；最后，社会性自我，即教育主体将自我嵌入多元的、具体的、特定的教学情境与主体关系中，呈现一个群体中、关系中和"我们"中的"我"。在纵向维度上，根据认识视野的大小，可以将教育主体认识自我的向度分为以下三个方面：第一，类本质层面的"认知自我"，即教育主体从人类本性的层面，以应然和实然的追问方式，对"人是谁，人应该是谁，成为一个人意味着什么"进行认识；第二，群体层面的"认识自我"，即教育主体对自身所处的那群人的认识，形成对"自身成为那群人意味着什么"的整体认知；第三，个体层面的"认识自我"，即教育主体对自我不可替代性的特质的认识，形成对"自我不同于他者的独特性在哪里"的个性定位。

可见，认识自我是一种化"自在主体"为"自为主体"的过程。无论是教育主体对教育理论文本的解读，还是其与教育理论研究者的对话，都是试图从"他者"那里找到自我，从"他者"那里回归自我，其目的是摆脱自身原有视域的束缚而形成一种新的视野，完成对自我的理解。这是由于"每一个人就是在理解自己的世界、理解历史与文化、理解他人中理解了自己，进而达到自我反思、自我超越和自我丰富"②。教育主体"以自身的整个精神世界为理解背景，从而超越单向的对象性认知……赋予体验以自我意识与反思的内涵……同时与其自身生命的整体相联"③，在认识自我的同时，以教育理论内在的"善"为根

---

① 蔡春. 个人知识：教育实现"转识成智"的关键 [J]. 教育研究，2006 (1)：10 - 15.

② 吴琼，姚伟. "理解"的失落与彰显：哲学解释学视角下教师评价的反思 [J]. 教育科学，2010 (6)：60 - 64.

③ 杨国荣. 成己与成物：意义世界的生成 [M]. 北京：北京大学出版社，2011：109.

据来完成对自我的塑造，即教育主体依据对自身的"理解"建构与塑造自我。此外，教育主体对自身历史性（或"前理解结构"）的审视，能够让教育主体关照与检视"作为自身的他者"，在理解事件中实现自我检视、自我反思与自我澄明。因此，作为一种自我"在的扩充"，认识自我的实质是一种不断"反求诸己"的过程，正如伽达默尔所言，"自我理解总是在路途（on-the-way）中，它走在一条显然不可能穷尽的小径上"①。

（二）成人：认识他者

如果说认识自我是从"自我之我"（主体性理论）的角度审视自身，那么认识他者则是从"他者之我"（他者性理论）的角度形成一种反馈型的回路来重新认识自我。所谓的教育主体间性也便是一种从他者的主体性视域来理解自我的关系属性。认识自我不仅仅是向内探寻的过程，还是一个把自我主动"外化"，进而返观自我的过程。这是由于"具有理解的人并不是无动于衷地站在对面去认识和判断，而是从一种特殊的使他与其他人联系在一起的隶属关系去一起思考，好像他与那人休戚相关"②。教育主体尝试进入"他者"的内心世界，在经历"他者"的情感体验、思想观念与行事方式的过程中达到一种"共鸣"状态，并不断地返观自我。这个过程就蕴含着自我与他者建立某种关系的联结，在认识他者的过程中认识自我。这是因为"人可以把自己外化为他人，并通过他人这面镜子来认识自己"③，其目的是更好地敞开自我、返回自我与澄明自我。

认识他者，既是对本体论意义上外在性的"存异"，又是对认识论意义上差异性的"求同"。在教育理论的实践转化过程中，"他者"至少具有以下三种属性：其一，从属性，即教育主体需要"把文本意义的理解置于文本作者所处的现实生活环境，从社会实践致使文本作者所求、所为、所思、所言的方面去揭示和理解文本的意义"④，而不是任意地解读教育理论及其创作者；其二，建构性，即认识他者是一个"异中求同"与"同中求异"的双向建构过程，对彼此均是一种认知局限的突破与更新，各自走出原来的"旧我"，成为一个扩大了的"新我"；其三，差异性，即教育主体需要"把他人放在具体的独特性中去认识，而不是把他人看作自己经验的一个内容"⑤，认知他者需要尊重他者的"差异

---

① 伽达默尔. 科学时代的理性［M］. 薛华，等译. 北京：国际文化出版公司，1988：91.

② 伽达默尔. 真理与方法：哲学诠释学的基本特征［M］. 洪汉鼎，译. 上海：上海译文出版社，1999：415.

③ 余卫东. "认识自己"的三面镜子［J］. 哲学研究，2012（12）：119-121.

④ 胡潇. "从实践出来解释观念"：马克思解释学思想片论［J］. 马克思主义研究，2006（8）：53-57.

⑤ 邓友超. 教育解释学［M］. 北京：教育科学出版社，2009：173.

性"，承认他者存在的独特性、合法性和合理性，避免自我的强权意识，从"唯我论"的窠臼中跳脱出来，具有一种"他者意识"，并将这种意识内化到自身的认知范式、体验结构与思维体系之中，形成一种"我-你"相遇的伦理关系。

每一次的认识"他者"都是与"他者"的相遇，而每一次的相遇都意味着教育主体自我认知疆界的延展。这是由于"人只能被人所理解，人根据他人思想的载体（包括作品）与行为表现来理解他人，这种理解又以共同的'体验'为前提"①。在"交互生成"的运作机制中，"我们必须重视与他者的相遇，因为总是有这样的情况存在，即我们说错了话以及后来证明我们说了错话，通过与他者的相遇我们便超越了我们自己知识的狭隘，一个通向未知领域的新的视界打开了"②。对于教育主体而言，教育理论作为一种思想观念性的言说，连同教育理论研究者、其他教师、教研员、学生等都可看作与"我"对话的"你"。此时，认识他者便成为一种"我-你"的倾听与对话关系。"我"（作为理解者）首先要承认"你"（作为被理解者）具有与"我"同样的独立性和人格性，二者是一种相遇、倾听、交往与对话的相互开放关系，这就意味着"我必须接受某些反对我自己的东西，即使没有任何人要求我这样做"③。"交互生成"机制中的对话关系便是在这种"我-你"关系的"问答逻辑"中实现的。如果说倾听"要求倾听者在倾听时处于开放状态，快速激活自己的经验，在自己经验基础上展开理解"④，是一条通向整体的道路，那么"对话"则是一条探索教育真理与认知全新自我的途径，其"实质是一种参与，参与的背后是共在，共在的实质是正视他者的存在"⑤。在这种"我-你"的"倾听-对话"关系中，教育理论文本不再被纯粹地当作一种物质化符号，而是被看作一个具有主动人格性的"你"，或者说，背后隐匿着教育理论文本的创作者。在这种"我-你"的倾听与对话关系中，"我"不仅认识、体悟、度量与接纳"你"，而且会形成一种"自我理解"，达成一种"共同理解"，实现从"我-它"的外在观看，到"我-你"的精神相遇，再到"我-我"的内在体认，正如伽达默尔所言，"他人是一条路，一条通向自我理解的路"⑥。

（三）成事：认识世界

教育主体如何理解教育世界，教育世界就如何显现自身。教育主体身处教

① 陈桂生.教育学的建构［M］.上海：华东师范大学出版社，2009：22.
② 彭启福.对话中的"他者"：伽达默尔"诠释学对话"的理论批判［J］.哲学动态，2007（3）：60-64.
③ 伽达默尔.真理与方法：诠释学Ⅰ［M］.洪汉鼎，译.北京：商务印书馆，2010：510.
④ 邓友超.教育解释学［M］.北京：教育科学出版社，2009：164.
⑤ 王业伟.论伽达默尔实践哲学的概念［J］.兰州学刊，2008（2）：1-4.
⑥ 孙元涛.教育学者介入实践：探究与论证［M］.重庆：重庆大学出版社，2009：74.

育世界之中，其自身对教育理论的认知与解读，更是犹如通过某个缝隙射入一缕光线，照亮自身整个的教育世界。根据波普尔（Karl Popper）三个世界的理论，教育主体所处的教育世界可以大致划分为以下三种：第一，由外部的物理环境构成的教育世界；第二，由教育主体的教学经验及其思想过程构成的教育世界；第三，由教育主体的观念陈述、理论文本与交互关系构成的教育世界。而根据对教育理论实践转化过程的分析，教育主体对教育世界的认知过程至少存在以下四个域界：首先，本然界，即外在客观的教育理论文本或教育思想观念；其次，事实界，即现实的教育教学事实以及教育主体的教学经验与知识结构；再次，可能界，即由于教育主体间思维意识的差别与分歧，教学行动方案具有多样化的可能空间，教育主体不断地将可能性转化为现实性，并在现实性中探寻可能性；最后，价值界，即教育主体及其共同体共同拥有的教育思想与教学理念，它们共同以意识形态或文化氛围的形式隐匿在教育主体的日用常行之中。

在理论之知与实践之行的展开过程中，教育主体既从自身已有的教学经验与知识结构出发，又不断地深化对教育世界的理解，通过教学情境中"人-事-情-理"的互动，将教育理论的概念形式与教学经验内容相结合，形成新的教育经验与知识结构，进而敞开教育世界的意义，使之合乎教育主体的价值理想，最终在面向真实教育世界之时，超越教育理论与实践之间的各种边界张力，提升教育主体自身的存在境域。教育主体主要通过"以理求事"与"以事求理"来实现对教育世界的认识。其中，"以理求事"是教育主体在日常的教学事实中总结并提炼教育理论实践转化的规律，主要采用归纳的逻辑方法；而"以事求理"则是教育主体根据教育理论文本及其创作者的思想观念，来推导与验证日常的教学事实，主要采用演绎的逻辑方法。"以理求事"与"以事求理"的统一过程，则主要体现在以下三个方面：在认识维度上，表现为教育主体自觉地敞开教育事实本性的过程；在评价维度上，表现为教育主体自觉地敞开教育事实价值的过程；在实践维度上，则表现为教育主体自觉地改造教育世界的过程。

对教育主体而言，认识教育世界是一种化"自在之物"为"为我之物"的过程，即将教育理论及其关涉的教育事物转化为教育主体的认知对象。在这个过程中，教育主体需要对教育世界中的事物保持一种高度的敏感，且这种敏感"既不假定事物的'中立性'，也不假定自我消解，而是包含在对我们自己的前见解和前见的有意识同化"[①]。此外，认识世界是一个"矛盾发展"与"并行不

[①] 伽达默尔. 真理与方法：哲学诠释学的基本特征 [M]. 洪汉鼎，译. 上海：上海译文出版社，1999：345－346.

悖”的过程。所谓“和实生物，同则不继”（《国语·郑语》），便意味着主体间的绝对同一，难以促进事物的发展与延续，异质性主体的并存，能够在其交互作用中形成一种“内在秩序”，促进事物的转化与创生。这就需要教育主体保持自我心智的开放，让教育世界以其最完整的面貌呈现在教育主体的面前，坦然面对、接受与批判所有来自教育理论文本和教育整全世界对教育主体原有教学观念的挑战，形成一种谦虚好学的姿态，并“相信有可能把不同的声音结合在一起，但不是汇成一个声音，而是汇成一种众生合唱，每个声音的个性，每个人真正的个性，在这里都能得到完全的保留”①。最后，教育主体与教育世界之间的“双向释义”过程，呈现为多极主体、多种元素与多元关系之间动态联结的过程，至少需要教育主体完成以下四个方面的筹划：其一，对自我存在可能性的筹划；其二，对教育理论适用可能性的筹划；其三，对教育世界无限可能性的筹划；其四，将自我存在可能性与教育理论适用可能性共同抛向教育世界无限可能性，促使三类可能性彼此遭遇、交互作用的可能性。因此，教育主体对教育世界的认识是一种同情、同理与同行的转化过程，既指向作为整体的教育世界及其内在规约，又展开为对教育主体自身与教育世界的关系、教育主体的存在意义以及教育价值理想的追问。

第二节　价值的澄清：以“生命的自觉”为旨归的教育实践

认识自我、认识他者与认识教育世界能够为教育主体深刻地理解教育理论奠定视域基础，打开教育理论蕴含的全新疆域，走出教育理论实践转化过程的第一步。教育主体在理解教育理论的基础上，还需要以主体性的身份参与到对教育理论及其创作者的诠释过程中，通过诠释循环且“以身体之”，不断地进行试误更新，最终形成一种由问题自觉、方法自觉与主体自觉共同构成的“转化自觉”。

一、作为“事中求理”的诠释

如果说“理解”是教育主体对固定的教育理论文本或理论研究者思想意图的内在认知，具有必然性与本质性，那么“诠释”则是教育主体把对教育理论文本或理论研究者的思想意图置于不同的教学处境中进行阐释、验证与批判性的考察，具有情境性与不确定性；如果说“理解”是一种教育主体指向教学行动可能性的筹划，那么“诠释”则是这种筹划可能性的“成型”过程，并且这

---

① 邓友超. 教育解释学［M］. 北京：教育科学出版社，2009：176.

种"成型"将在诠释循环中不断构成教育主体的"前理解结构"。可见，理解与诠释并不是一种对立的关系，而是一种互补的关系，它们共同蕴含着"存在接受性"与"意义创造性"的双重特质。其中，"存在接受性"是教育主体对既有教育事实与理论文本的觉察与认知，具有对未来教育行动可能性的投射预期，而"意义创造性"则是教育主体通过感知经验与意志活动所形成的对理想教育行动方案的追求和对个人或群体价值目的的探寻。

教育主体间的"诠释"总是发生在不同的历史背景与教学情境中，这种"不同的诠释"并不是教育理论文本（或理论研究者）原意的复制，而是一种"回到事情本身"的创造性表达。这是由于"没有既定、不变的文本意义，意义是在过去的文本与现在的理解过程的互动、交融中不断生成的"①。诠释就是教育主体做出正确的符合教育事实的筹划，而这种筹划作为一种预期，应当只有经由教育事情本身才能得到验证。也就是说，教育主体的"诠释"并不是在"教育事情本身"之外构造出第二种意义，而是尝试"通过教育事情本身"、"关于教育事情本身"与"为了教育事情本身"在"不同的历史处境中创造性地展现事情本身的内容意义，从而扩充其本身的存在"②。"事情本身"制约着教育主体的诠释限度（通常表现为"不及"与"过之"两种样态），使得"不同的诠释"并不等同于任意的诠释，也并不等同于相对主义，而是需要审视诠释对象本身的存在与制约，不断追问诠释"对象-内容-方法-主体"之间的适切性。

在教育理论的解读与转化过程中，"间距"形成了弹性化的诠释空间，主要包括以下四种类型：第一，教育理论的意义表达与所言说的教育事物之间的"间距"；第二，教育理论的意义表达与理论创作者之间的"间距"；第三，教育理论的意义表达与教育主体（读者）之间的"间距"；第四，教育理论文本的指称范畴与日常教育话语指称范围之间的"间距"。对于教育主体而言，这种"间距"产生于熟悉性与陌生性之间的"滑移"过程，使得教育主体能够将自我视为"他者"进行体察与省思，并不断回归自我。当然，这种回归并不是"旧我"的复演，而是"新我"的创生。

视域的范围与界限并不是固定的，而是敞开的，即教育主体的视域会随着其认知活动的展开而不断向前延伸，并不断扩容过去的视域与他者的视域，把对教育理论的理解关系转换到自身的教育世界之中，并建构主体间的意义生成关系，形成一种"视域融合"。在诠释的循环中，教育主体的视域联结着自身经

---

① 杨国荣. 成己与成物：意义世界的生成 [M]. 北京：北京大学出版社，2011：127.

② 李永刚.「理解的历史性」与相对主义：论伽达默尔"历史性的解释学"对相对主义的超越 [J]. 北方论丛，2015（4）：146 - 151.

验的历史视域，关联着自身现实的当下视域，并指向着自身行动的未来视域。可见，作为"事中求理"的诠释过程的实质是一种教育主体间的"视域融合"，这是由于"真理不可能是个人的，没有一个'原意'等待人们去发现，真理本身是一种'视域融合'"①。面对外来的教育理论文本或理论研究者，教育主体并非处于一种完全异己的教育世界，而是处于一个熟悉性与陌生性相互交织的世界，"视域融合"的过程便是这种熟悉性与陌生性达成统一的倾听与对话过程。其中，这种陌生性是由时空的距离、话语的言说、背景的差异等因素造成的。可见，教育主体间视域的转换、扩展与融合，可以跨越时空界限，以教育理论文本为中介展开为不同时代、不同时空中教育主体之间的倾听与对话，最终教育主体在这种倾听与对话的过程中生成"一种新的意识状态，即共享性的意识，这样，个体就共享了所有人的全部意义及社会的意义"②。因此，教育主体间的视域融合也不仅仅是同质性因素的融合，更是异质性因素的交融。

　　教育主体间的"视域融合"并不是瞬间生成的，而是教育主体在时间的延续中不断进行意义性反思的结果，这是由于"只有在意义性反思中的融合才能使个体更全面、更深入与文本交往，回应文本的期待，延续文本的生命意义"③。此外，教育主体间原有"视域融合"会对教育理论和教育事实产生新的诠释，这种新的诠释又会作为教育主体间已有的"前理解结构"参与到新的"视域融合"过程中，以此不断更新教育主体间的诠释深度。而教育主体间的视域融合程度，主要关涉两个方面：一方面是文本契合度，即教育理论文本作为创作者表达自身教育思想观念的工具与载体，是基于创作者自我表达教育思想的需要而形成的文本符号，蕴含着创作者对公共教育话语的个体化应用，教育主体与教育理论文本之间以及与作者原初意图之间的契合程度将直接影响教育主体间的视域融合程度；另一方面是现实相关度，即对文本的理解与诠释能否与教育主体的现实境遇建立起一种批判性的关联，融入并影响教育主体的生存发展与教学行动，是教育主体间能否实现高度"视域融合"的关键。因此，教育主体的"诠释"是对教育理论文本的思想秩序与生命性的呈现，只有通过教育主体对教育理论文本的诠释，教育理论文本才能说话，文本的符号形式才能转化为教育意义，重新唤醒教育理论文本的生命。

---

　　① 李云飞. 语言·真理·意义：国内伽达默尔哲学解释学研究的历史及其现状 [J]. 南京社会科学，2002 (3)：7-13.

　　② 戴维·伯姆. 论对话 [M]. 王松涛，译. 北京：教育科学出版社，2004：4.

　　③ 程玮. 从伽达默尔文本观视角解读教学中的师生关系 [J]. 高教探索，2006 (6)：74-78.

二、转化过程的 "试误更新" 机制

教育主体对教育理论的实践转化主要是一种临床式的默会学习,是一种以创造性地解决现实教学问题为取向的反思性实践学习,这就意味着系统化、专门化、纯文本化的理论学习不可能成为教育主体学习教育理论的主要方式,取而代之的是一种诠释理论视角下教育主体 "试误更新" 的运作机制 (见图 7-2)。

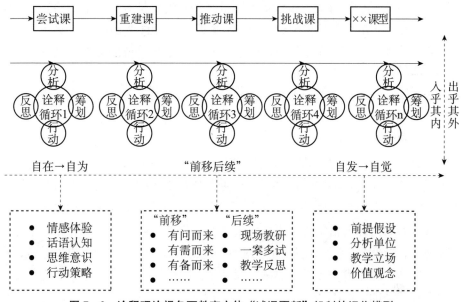

图 7-2 诠释理论视角下教育主体 "试误更新" 机制的运作模型

在 "试误更新" 机制中,教育主体主要遵循的是以 "问题的创造性解决" 为中心的行动逻辑,即教育主体在教学实践中对教育理论文本 (或理论研究者的思想观念) 进行理解与诠释,而不是从教育理论文本或理论研究者的思想观念出发去诠释教育主体的实践活动。这种 "试误更新" 机制并不是机械地重复教学试验过程,也不是简单的 "刺激-反应" 过程,而是表现为对教育理论与教学实践的 "双重批判",也就是既表现为对 "脱离教学实践" 的教育理论的批判,也表现为对 "脱离教育理论" 的教学实践的批判,其目的是在 "试误更新" 中引导教育主体对自身的教育思想偏见与教学行为偏差进行反思,从蒙蔽的教学状态和束缚的教育观念中觉醒与解放出来,并对原有教学偏见与现有教学观念的 "发生学" 基础、形成原因与影响因素进行剖析、揭示与改造,逐渐内化为教育主体的一种理性认知能力与判断能力。

在 "试误更新" 机制的运作过程中,教育主体并不会因为教育理论创造者的权威性或学校行政力量的强制干涉而对教育理论蕴含的思想观念不假思索地

全盘接受，而是会根据自身的知识结构、认知水平和教学经验对其进行考量、甄别、权衡、选择与取舍，不仅要顾及教育理论的本质属性，还要关涉自身现实教学问题的基础性回应与创造性解决，最终对教育理论做出肯定、否定或表面肯定而内在否定的抉择。可见，在教育理论的实践转化过程中，教育主体的"试误更新"是一种对外在教育理论进行个人内化的过程，即"将静态的知识内化为与个人境况及境遇条件相统一的东西，从而实现个体性与普遍性的意义衔接"①。因此，转化过程的"试误更新"机制并不仅仅是对教育主体的外在教学行为的改变，更蕴含着其思想观念与思维意识形成新的"参照系"，具体表现在以下四个方面：其一，前提假设的改变；其二，分析单位的改变；其三，思维方式的改变；其四，教学立场的改变。

教育主体对教育理论的实践转化过程根植于特定的教学情境，并将其视作一个整体的诠释场域。教育主体原有的教育"偏见"作为对整体教学情境进行理解与诠释的条件，隐性地规定了教育主体的"提问方式"，且教育主体的这种"偏见"是"受某种内在的解释框架的指引，这些解释框架深深地根植于教师的个人化经验，尤其是学校经验中"②。可见，教育主体间的"试误更新"机制并不是以抛弃某个教育主体的"偏见"而获得改进的，而是以敞开接纳的姿态，将其视作教育主体人格结构中无意识的、经验性的内隐偏好。因此，对于教育主体而言，"试误更新"机制并非是对教育理论形成完美理解之后再去尝试，也并非是完全消除原有的教学"偏见"，而是以自身原有的"内隐理论"为前提性条件，在不断的尝试中修正自身的"内隐理论"与"教学偏见"，在行动中反思，形成一种反思性实践。

教育主体的反思性实践贯穿在"试误更新"机制的整个运作过程中，最终形成一种教育智慧。而"智慧从根本上不是关于'说'而是关于'行动'，智慧是'做'出来的，而不是'想'出来的"③。教育智慧作为教育主体创造性地解决问题的思维、能力、方法与策略，是教育主体在教育理论实践转化过程中对自身理性、情感、意志与行动的综合，指向教育主体的实践性、主体性、价值性、自觉性与创造性。在"试误更新"机制中，教育主体以尝试课、重建课、推动课与挑战课等不同课型，推动自身与共同体内部对教育理论的诠释循环，具体表现为以下三个方面的转化过程：首先，将教育理论转化为学科共通的教学观念和教学实践；其次，将学科共通的教学观念转化为各学科特殊的教学观

① 蔡春.个人知识：教育实现"转识成智"的关键［J］.教育研究，2006（1）：10-15.

② 刘良华.教育行动研究：解释学的观点［J］.教育理论与实践，2001（11）：5-10.

③ 赵汀阳.一个或所有问题［M］.南昌：江西教育出版社，1998：10.

念与教学行动；最后，将不同学科的教学观念分别转化为不同教学年级、对象与内容的教学行为。因此，"试误更新"机制作为教育主体不断地从自在走向自为、从自发走向自觉、从"前移"走向"后续"的内在驱动系统，将促使教育主体对教育理论的实践转化走向一种"生命自觉"。

三、方法论的审思

"试误更新"机制的运作依赖教育主体的自为与自觉。"自"意味着主体自我，"觉"则具有"觉知"、"觉解"与"觉悟"之意，自觉的形成过程包含着教育主体明确的意指对象，分别指向对自我生命的自觉（明自我），对他人生命的自觉（明他者），对外在生存境况的自觉（明情境），以及对"人-事-情-理"转化关系的自觉（"明转化"）①。"试误更新"机制的运行，需要教育主体在"入乎其内"中形成问题自觉，在"出乎其外"中形成方法论自觉，在"安身立命"中形成主体自觉，最终促使教育主体成为一个"内在性觉醒"的自觉主体。

（一）问题自觉：入乎其内

问题的提出总蕴含着一种对教育可能性的揭示。教育主体能否达成真正的理解（即创造性意义生成的理解），首先体现为教育主体是否具有"问题自觉"的意识，即教育主体能否以合适的教育教学问题为线索，将教育理论文本的普遍性与自身的教学需求结合起来。这是因为，教育主体对教育理论的诠释并不能仅仅停留在对文本话语的公共性内涵的解读上，必须超越教育理论文本的限度，进入创作者的文本序列中建构支撑诠释循环的文本链，把握教育理论文本之间的逻辑关系，呈现创作者教育思想观念形成、推进与演化的基本脉络。而问题自觉就是教育主体主动地领会、体悟与总结教育的问题或理论问题，在视域融合的基础上以自身的"前理解结构"对问题的内涵与外延的边界进行诠释，将问题中隐匿的教育意义投射到具体的教学行动中，并在特定的教学情境中解释问题的内在结构。这是因为"真问题必然是依照当下的现实语境提出的问题，是实践需要解决的问题，意即提出的问题必须为基于现实的问题、本土的问题才有意义"②。

问题自觉是教育主体将教育理论的"属他性"转化为"属我性"的过程。问题的本质包含某种方向性的意义，这是由于"问题使被问的东西转入某种特定的背景中，问题的出现好像开启了被问东西的存在"③，提问的过程就是教育

---

①　李政涛．生命自觉与教育学自觉［J］．教育研究，2010（4）：5-11.
②　聂永成．解释学语境下教育研究的问题意识与范式转向［J］．高等教育研究，2014（4）：60-65.
③　伽达默尔．真理与方法：哲学诠释学的基本特征［M］．洪汉鼎，译．上海：上海译文出版社，1999：465.

主体敞开教育理论的过程，教育主体只有获得问题域才能理解教育理论文本的意义。这种转化过程具体表现为以下三个方面：第一，主体意识性，即问题"进入"我的思考范畴；第二，主体分析性，即我"进入"问题，对构成问题的要素与关系进行分析；第三，主体建构性，即作为问题的参与性建构力量，我与问题"同在"。

因此，问题自觉是教育主体在"入乎其内"（进入理论文本、他者世界、交互关系与教育情境）的基础上，针对自身习以为常、"日用而不知"的教学事件与内隐经验，有意识地对"是否如此"、"为何如此"与"还应如何"等问题进行追问与反思，对教育理论体系背后的命题推理、逻辑判断与适用条件进行理性的审查与反思，对自身日常教学情境中"最一般时""最常态化"的教学现象进行去蔽与澄明。教育主体问题自觉的形成过程，主要包括以下五个层面：其一，要提出问题，并明确解决问题的现实意义与理论价值；其二，要梳理问题，分析问题产生的由来及其内在假设；其三，要剖析问题，指出问题形成的内在要素、结构关系；接着，要筹划问题，提出解决问题的可能假设，并结合现实的教学情境、教育主体与教育内容进行选择、权衡与取舍；其四，要解决问题，依据行动方案，策略性地回答问题；其五，要反馈问题，对已然解决的教学问题中依然存在的问题进行反思与总结。

（二）方法论自觉：出乎其外

如果说"入乎其内"的过程，是教育主体以"问题的创造性解决"为目的，进入"理解与诠释"的循环结构，并对其进行反思与重构，形成改组与改造后"活的经验"，那么教育主体利用自身现有的教学经验与知识结构，不断通过自我理解或倾听他者并与之对话，挖掘自我或他者教学实践背后蕴含的支撑性"理论"与"方法"，并以此对自我教学实践中的行动策略进行必要的辩护，这个过程便是一种"出乎其外"的方法论自觉的形成过程。其中，方法论"是以教学活动中各种教学方法与不同层次的教学对象性质之间的关系为研究对象，着重揭示已有教学方法及其体系背后的理论基础、核心构成与教学对象的各种复杂关系，以构建和解决教学和教学对象之间的新型关系和相应的新理论基础为核心任务"①。教育主体的方法论自觉便是要形成一种关乎个体行动策略的理论化知识。

教育主体方法论的自觉应以教学方法的适切性为基本命题。这是由于"方法并不能被直接呈现，要从对当前具体情境的观察中推导出来，并直接应用于

---

① 李政涛. 从教学方法到教学方法论：兼论现代教学转型过程中的方法论转换［J］. 教育理论与实践，2008（31）：32-36.

该情境"①，并且"方法的正确性取决于它与其所反映的对象或现象的规律性相符合的程度，方法的选择应以是否适应认识和改造对象的实际需要为基本准则"②。而"人的认识既渗透于实践过程而化为具体的能力，又通过融入人的精神本体而在更广的意义上成为人性能力的现实构成"。因此，教育主体将教育理论运用于自身日常的知识学习与教学行动之时，便获得了方法论的意义。

方法论自觉需要教育主体从"唯方法"或"方法主义"的泥潭中跳脱出来，摆脱对各种方法形式的依赖与迷恋，转向思考不同教学方法背后的理论根源与适用范畴，赋予不同的方法反思性、情境性与批判性，并不断追问特定教学方法与教学对象、教学内容、教学主体（自我）之间的适切性，以合乎转化过程的教育性，合乎教育主体的需要。这种"转向"与"追问"主要依赖教育主体的两种判断力。其中，一种是认知性判断力，即教育主体从教育理论的概念形式、命题推理与内在逻辑等方面出发，在教育理论层面形成对教育事物的一种判断能力，是一种他律的判断力，这种判断力可以通过教育理论的学习而获得；另一种是行动性判断力，即教育主体从知、情、意、行等方面出发，面对特殊教育情况具备一种机敏或机智的特性，是一种自律的判断力，其实质是一种处理普遍与特殊之间关系问题的能力，且这种判断力并不能仅仅通过教育理论的学习而获得，更需要教育主体通过各种类型的教学实践活动来培养。

（三）主体自觉：安身立命

在教育理论的实践转化过程中，教育主体的"试误更新"并不是一种机械式的"刺激-反应"过程，而是旨在形成一种教育理论的转化生成、教育主体的精神成长与教学情境的结构秩序相关联的内在价值关系，并契入教育主体生命的理解、体验与精神等内在层次，形成一种自知之明，在筹划与实现专业生命意义的同时，安身立命于日常的教学生活世界之中。在这个过程中，教育主体通过对"应当是什么"的本体追问、"应当做什么"的价值关切、"应当如何做"的理性判断，形成一种机智的现场感、持续的成长感与生成的变革感。这个过程蕴含着两重维度的意义：一方面，教育主体自觉地参与自我认知的建构过程，对教育理论的概念框架、命题推理与思想观念进行合理性论证，确立自我的理论认知与教学信念；另一方面，教育主体自觉地参与主体间生命成长与专业发展的创生过程，以思想观念和教学行动的方式揭示教育主体间生命相互滋养、双重转型的象征意义，建立起教育主体间交往互动的内在联结。

---

① William E. Doll, Jr. Beyond methods? Teaching as an aesthetic and spiritfull quest [M] //E. Mirochnik & D. Sherman. Passion and pedagogy: relation, creation, and transformation in teaching//New York: Peter Land, 2002: 127-151.

② 杨国荣. 成己与成物：意义世界的生成 [M]. 北京：北京大学出版社，2011：124.

　　教育主体对教育理论的内容解读、意义建构与实践创生，其实质是一种借助教育理论审视或看待教育世界的方式，隐含着对教育的一种想象力。这种教育想象力作为教育主体精神建构的方法，是"有清楚的意识并敏锐地运用教育学结构的观念，在大量不同的教育环境中捕捉它们彼此间的联系的能力，是帮助人利用信息增进理性以看清发生在他们之间的事情的全貌，看透教育的本质，进而理解社会历史文化、教育生活与个人的生活历程之间的联系，并能够实现视角灵活转换的能力"[①]。由于"教育是由人塑造的，而不是人被教育塑造，是人塑造了教育，然后去接受教育，而不是先有一个教育，然后人去接受它"[②]，因此，教育主体的这种教育（学）想象力能够促使教育主体将自由的教育思想、理想的教育图景与向往的德性美感转化到教育实践之中，彰显教育行动的生成性、多样性与丰富性。

　　对于教育主体而言，实现主体性的自觉至少需要"承认"以下三个方面：第一，教育主体承认自身是具有学习教育理论、转化教育理论与创生教育理论等能动性的主体；第二，教育主体承认自身的教学行动需要得到教育理论的支撑、改造与优化；第三，教育主体承认自身的专业成长离不开与他者平等的交往互动。它们共同奠定了主体自觉的前提性基础。而教育主体想要安身立命于教育理论的实践转化过程中，还需要实现以下三个方面的自觉：首先，"认知-技术"层面的自觉，即教育主体能够对不同工具技术的利弊条件与适用条件形成一种整体的认知，并将其转化为自身可资利用的资源条件；其次，"情感-观念"层面的自觉，即教育主体需要对教育理论形成一种积极开放、主动尝试、探索求知的情感体验，并将其转化为一种内在驱动力，形成对既有教育理论的改组与改造；最后，"思想-价值"层面的自觉，即教育主体需要在不断地尝试、反思、批判与重建的过程中，将教育理论的思想观念转化为一种"具身化"的教学行动，内化为具有自身特质属性的价值体系，以此指引未来教学行动的前进方向。

第三节　行动的创生：以"事理的融通"为追求的教育实践

　　如果说理解与诠释是教育主体对教育理论的学习认知过程，那么行动则是教育主体将内在的教学理念付诸实施，转化为现实教学行为的过程。在这个过

---

　　① 曹正善. 教育智慧理解论［D］. 上海：华东师范大学，2006：160.
　　② 薛晓阳. 解释学与教育：教育理论的解释功能［J］. 南京师大学报（社会科学版），2017（3）：75-85.

程中，作为教学实践设计者的教育主体需要通过理性的直觉、辩证的综合和德性的自证，不断地将教育理论转化为自身的教学思维、教学方法与教学德性，最终呈现教育理论实践转化的完整图景。

一、作为"事理融通"的行动

教育理论的实践转化过程，并不仅仅是理解教育世界与诠释教育世界，更重要的是改变教育世界，其目的是纠正教育主体原有教学行动的"偏差"，使教育主体的教学行为得以"重建"，并进入教育主体当下的教学实践。在伽达默尔看来，"理解总是包含对被理解的意义的应用"①，但是这种"应用就不是把我们自身首先理解的某种所与的普遍东西事后应用于某个具体情况，而是那种对我们来说就是所与本文的普遍东西自身的实际理解"②，也就是将教育理论的文本意义与教育主体的生存意义建立某种关联的理解，其实质是一种教育主体间"事理融通"的行动。因此，作为"事理融通"的行动，既是对"事中之理"演化脉络的梳理，也是对"理中之事"内在逻辑的剖析，更需要探寻如何以"理"、以何种"理"来指导具体的教学行动，促使教育理论的实践转化朝向更为合理的方向发展。

教育主体的行动具有理论负载性，教育理论的内涵则具有行动指向性。教育理论"不可能单个地告诉我们教什么和怎么教的问题，因为教什么和学什么产生于具体情境，这些情境负载着有关时、空、人和境况等具体的特定性"③，这是由于"无论怎样自诩要改善教育实践，教育理论都不能直接改善教育实践本身，这是教育理论的限度"④。但是，教育理论作为一种既定的规范与规则，虽然难以简单地推演到不同的教学情境中，但其自身却具有自我内在丰富的可能性，可以成为教育主体适应其他教学情境时遵循的教学行为资源，而行动则是实现这种"行为重塑"的内在机制。正如在田野考察中教育主体所说的"理论是死的，人是活的，人可以把理论激活"，教育主体在教学行动中可以将理论眼光转化为一种实践关怀，并将教育理论转化为自我的"脑中之轮"，为教育主体正常进行教学行动提供思想根基与效能保证。

教育主体的行动主要关注教育主体的教学行为应当遵循怎样的教学原则、规则或规范，以及这些教育理论引导下的教学行为是否是正确的、合适的和最

---

① 张能为. 伽达默尔的解释学与实践哲学 [J]. 安徽大学学报（哲学社会科学版），2011（5）：21 – 28.
② 张能为. 伽达默尔的解释学与实践哲学 [J]. 安徽大学学报（哲学社会科学版），2011（5）：21 – 28.
③ 程亮. 教育学的"理论-实践"观 [M]. 福州：福建教育出版社，2009：168.
④ 龙宝新. "互涉"与"互摄"：教育理论与教育实践关系的时代解读 [J]. 教育研究，2012（9）：32 – 37，43.

佳的等问题。行动作为教育主体意图的直接身体表达，不断为卷入其中的异质性因素赋予教育意义，分别在横向维度上联结不同的教育主体，在纵向维度上延展教育事件发展的时间脉络。在这个过程中，多种因素卷入其中并整合为一个复合统一体，而教育主体则总是被重新选择和创造。只有教育主体"通过将自我延伸到那些更为广阔且不确定的序列中，一个人的行为才可能在根本上被理解，才不会被理解为是出于自我利益"①。这意味着教育主体能够现实地创造并占有自我规定性，并在"生成性的判断条件与境遇性问题及其解决方法之间的张力"② 中形成一种实践判断能力。因此，教育主体的行动呈现的是一个"相互依赖、锁定、孕育、碰撞、建构、生成的动态过程，也是一个充满问题、挑战、困惑、发现、突破、兴奋、苦恼、焦虑、体悟、满足的探究过程"③，教育主体不再仅仅寻求满足教育理论逻辑连贯的形式标准，而是转向审度"人为之事"的行事合理性、行动依据与行为有效性。

在教育理论的实践转化过程中，不同的教育主体筹划有意识的教学行动，并引起其他教育主体参与或卷入相关的教学行动之中，他们共同协作构成一个或数个教学事件，形成一个意义完整的转化过程。"人其实是通过他做什么和他怎样行动才成为这样一个已成为如此地、但也是正在成为如此地以一定方式去行动的人"④。教育主体的行动目的是实现对自身教学实践的"筹划"，用自己的教学理论把握具体教学实践。在这个过程中，教育主体运用实践理性以"善"为取向，不断选择与权衡教育的"事理关系"，并且教育主体对实践理性的运用"总是发生在具体的情境中，并置身于一个由信念、习惯和价值所构成的活生生的关系伦理之中"⑤。因此，教育主体需要实现教学行动的外部条件、本身形态与内在基础的统一。其中，教育主体行动的外部条件主要涉及行动展开的自然环境、制度环境、人际环境与文化环境等；教育主体行动的本身形态关乎行动的角色特征、方式特征与伦理特征；教育主体行动的内在基础则关涉行动者的情感体验、行为动机与思维认知等。教育主体的行动更是情脉（关系之情）、情境（物之情）与情感（人之情）的统一，这种融合关系能够促使教育主体通过

---

① 牛文君. 具体化：关联伽达默尔诠释学和实践哲学的重要概念 [J]. 安徽师范大学学报（人文社会科学版），2008（3）：289 - 294.

② 高来源. 从杜威"实践判断的逻辑"到当代实践哲学范式的建构 [J]. 理论探讨，2016（6）：58 - 63.

③ 孙元涛. 教育学者介入实践：探究与论证 [M]. 重庆：重庆大学出版社，2009：170.

④ 伽达默尔. 真理与方法：哲学诠释学的基本特征 [M]. 洪汉鼎，译. 上海：上海译文出版社，1999：401.

⑤ 牛文君. 具体化：关联伽达默尔诠释学和实践哲学的重要概念 [J]. 安徽师范大学学报（人文社会科学版），2008（3）：289 - 294.

自身的教学行动对教育理论"接着说"……

二、实践创生的"行为重塑"机制

教育主体对教育理论的实践转化并不是一蹴而就的，而是需要不断地对自身的教学行为进行完善与重塑，既包括对教育理论与教学行为内在关系的再认识，也涵括对教学行动方案框架结构的再优化，还蕴含对教学行为与学生反应适切关系的再调整：它们共同形成了行动理论视角下教育主体"行为重塑"的运作机制（见图7-3）。

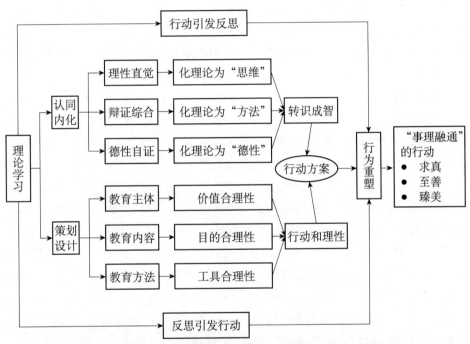

图7-3　行动理论视角下教育主体"行为重塑"机制的运作模型

在"行为重塑"机制中，教育主体的教学行动隐含着一种"文本-行动-反思-重塑"交互循环的过程，至少体现在以下两个方面：一方面是"行动引发反思"，即教育主体根据教育理论的基本指向，针对自身现实的教育教学问题采取一定的行动策略，目的是创造性地解决自身问题，并在这个过程中对自我的教学行为进行监控与反省，逐渐修正自身的行为方式与教学策略；另一方面是"反思引发行动"，即教育主体对自身教学行动中产生的问题进行系统的梳理与思考，根据教育理论形成周全的理解与诠释，对特定的教学情境进行独立客观的深思熟虑之后，才去采取教学行动。但是，与教育理论研究者不同，对于教育实践者而言，"当已经有了可供选择的行动策略时，仍然将问题悬而不决以便追求系统的探究乃是浪费时间的事情……最好迅速地回顾自己已有的想法对情境做出判断……与其将问题悬而不决直到所有的证据都得到充分的分析才采取行动，还不如暂时接受他人的某种行动策略，然后在自己的行动中考察它的正确性"①。在这里，存在着两种有细微差别的审思视角：一种是将这种"行为重塑"机制作为对教学实践的研究，这意味着反思与行动是两个相对分离的过程；另一种则是教育主体将自身的反思性实践视为研究本身，这意味着反思与行动是一个统一的过程。

在"行为重塑"的过程中，教育主体行为"参照系统"有两个主要来源：一方面，直接借鉴他人的教学方法，并对其进行改造，以适应自身的教学情境与教学内容；另一方面，从他人的教育思想或教学观念中获得启发，对自身原有的教学行为与教学方式进行审思，逐渐探索出新的教学模式。而"成功的变革并不是某几个智者事先就设计好的用新模式代替旧模式的结果，它是一个集体过程的结果，通过这个集体过程，那些必要参与者的资源和能力得到动用，甚至被创造出来"②。教育理论研究者的"深度介入"能够为教育主体的"行为重塑"提供他者视角与理论支撑。需要说明的是，这种"深度介入"是"教育学者在研究实践中突破研究主体与实践主体之间的制度边界与生存边界，走进真实发生着的日常教育实践，实现一种'置身式的介入与互动'"③。也就是说，教育理论研究者的介入"已经不再是一种行动对另一种行动的'干预'，一种力量向另一种力量的渗透，而是成为教育实践的'同一性'力量"④，具体表现在"人的介入"、"理论的介入"与"价值的介入"三个层面，只是这种"价值"并不是教育理论研究者的学术权威或个人偏好，而是"基于对受教育者、实践者及研究者自身的发展需要，时代精神及不同学校个性化变革的特征的深入解读"⑤。因此，教育理论研究者的深度介入能够引起教育主体原有"坐标系"的改变，为教育主体的"行为重塑"提供新的参照系统。

教育理论实践转化的"行动重塑"机制，促使理论文本、话语表达、认知结构与思想观念通过教育主体间的"行动"向教学现实、历史背景、文化情境与生活世界敞开，进一步形成教育主体之间的诠释循环、教育主体与理论文本之间的诠释循环、教育主体与共同体之间诠释循环。教育主体将"课例"作为

① 刘良华. 教育行动研究：解释学的观点 [J]. 教育理论与实践，2001（11）：5-10.
② 米歇尔·克罗齐耶，埃哈尔·费埃德伯格. 行动者与系统：集体行动的政治学 [M]. 张月，等译. 上海：上海人民出版社，2007：379.
③ 孙元涛. 教育学者介入实践：探究与论证 [M]. 重庆：重庆大学出版社，2009：117.
④ 孙元涛. 教育学者介入实践：探究与论证 [M]. 重庆：重庆大学出版社，2009：71.
⑤ 叶澜. 命脉 [M]. 桂林：广西师范大学出版社，2009：113.

自身理解与诠释教育理论的"认知框架"，通过探寻自我与他者的差距、设计与现实的差距、理念与行为差距等，实现"行为重塑"机制的具体运作。而教育主体"行为重塑"的合理性，则至少体现在以下三个方面：第一，目的合理性，即重塑后的教学行为能够满足创造性地解决自身教学问题的要求，具有协调性和兼容性；第二，工具合理性，即重塑后的教学行为能够满足操作技术最优化的要求；第三，价值合理性，即重塑后的教学行为能够满足教育理论思想观念对人的成长发展的要求。

教育主体通过对教育理论内涵的整体把握、对局部教学实践环节的精心考量、对原有教学经验的改造重组，以及对他人教学经验的适切借鉴，形成重塑自身教学行为的"行动方案"。这一行动方案蕴含着教育主体的行动智慧，具体表现在以下三个方面：其一，规范性行动智慧，即涉及教育主体教学行为合法性的问题，指向是否合乎教育理论的内在规定；其二，效能性行动智慧，即涉及教育主体教学行为效能性的问题，指向是否实现既定的教学目标；其三，存在性行动智慧，即涉及教育主体教学行为意义性的问题，指向是否促进个体的生命成长。因此，作为"事理融通"的行动，能够通过实践创生的"行为重塑"机制，整合教育主体对教育理论的理解、诠释与应用过程，促使教育主体在实践转化过程中，既改变教育世界（"成事"与"成物"），也改变人本身（"成人"与"成己"），既改变教育主体对教育世界的理解，也改变教育世界对教育主体的意义，还改变教育主体对自身的理解，更改变物质世界的"客观结构"、主体间的"意义结构"以及共同体内部的"文化结构"。

三、方法论的审思

教育主体的"行为重塑"是认识自我与改变自我、认识教育世界与改变教育世界的结果，表现为由无知到知、由知识到智慧的辩证发展过程。教育主体通过分析教育理论的思想意蕴，明确教育理论的话语逻辑，洞察教育理论的方法论路径，提升自身的思维意识与方法能力，形成自身的内在品质与教学德性，指引自身开展具体的教育行动。

（一）理性直觉：化理论为"思维"

教学行动通常不允许教师拥有过多的反应时间，尤其是面对超出课前预设的教学突发事件。维特根斯坦认为，"洞见或透视隐藏于深处的棘手问题是艰难的，因为如果只是把握这一棘手问题的表层，它就会维持原状，仍然得不到解决，因此，必须把它'连根拔起'，使它彻底地暴露出来，这就要求我们开始以一种新的方式来思考"①。这就需要教育主体将教育理论的内在规定转化为自身的思维意识，融入自身日常的教学惯习，形成一种潜在的性情倾向系统与审视教育世界的独特眼光，其实质是一种"理性直觉"。由于"教育理论对实践的作用形式不是直接的，但它却具有总体性、根本性、动力性、透析性和方向性的力量"②，教育主体需要"重新认识这些客观化物里的激动人心的创造性的思想，重新思考这些客观化物里所蕴含的概念或重新捕捉这些客观化物所启示的直觉"③，其实质是一种化理论为"思维"的过程。

对于教育主体而言，"我们观察世界的每一件事物都依赖于我们观察世界所通过的透镜，如果选用了新的透镜，我们就会看到先前看不到的东西"④。教育理论作为他者教育思想的产物，是一种外在的客观存在。"只有当这些领域的基本原理被教师所利用，整合到教师的心理习惯和工作习惯中，成为教师观察、透视和反思教育问题的一部分，这些领域的原理才能自动地、无意识地、迅速而有效地发挥作用"⑤。教育理论只有内化、融入教育主体的感知觉，形成某种心理定式、教学惯习与直觉行动，才能使其内化为教育主体的"第二天性"，亦即形成一种"实践感"，而这种实践感作为"个体对自己在特定的社会语境下应当做什么和说什么的一种内在感觉，它是一种身体化了的实践性知识，是一种没有意图的意向性，主要体现为个体对所处社会世界所具有的一种'前反思'、'下意识'的把握能力"⑥。这种思维是教育主体头脑中对教育理论内在规定的整体印象，是对教育理论及其对应的教学事实进行诠释时表现出来的倾向与态度，是在教育理论影响下教育主体思想观念的内在反映与外在显现。

理性直觉作为教育主体感性与理性的统一，通过"破"化解教育理论与实践之间的边界张力，通过"立"揭示教育实践相对性中的绝对性，并且"破和立不可分割，破就是破除对峙，超越相对，立就是揭示绝对即在相对之中，在相对者的联系、对立面的统一之中就有绝对"⑦。教育主体对"破"与"立"的辩证转化，需要经历以下三个层层递进的"阶梯"：首先，"分而齐之"，即教育

① 孙元涛. 教育学者介入实践：探究与论证 [M]. 重庆：重庆大学出版社，2009：86.
② 薛晓阳. 解释学与教育：教育理论的解释功能 [J]. 南京师大学报（社会科学版），2017（3）：75－85.
③ 李永刚. "理解的历史性"与相对主义：论伽达默尔"历史性的解释学"对相对主义的超越 [J]. 北方论丛，2015（4）：146－151.
④ 孙元涛. 教育学者介入实践：探究与论证 [M]. 重庆：重庆大学出版社，2009：80.
⑤ 夏正江. 中小学教师究竟该不该学点教育理论？[J]. 教育研究与实验，2019（5）：1－10.
⑥ 夏正江. 中小学教师究竟该不该学点教育理论？[J]. 教育研究与实验，2019（5）：1－10.
⑦ 冯契. 冯契文集（第一卷）：认识世界和认识自己 [M]. 上海：华东师范大学出版社，1996：428－429.

主体通过化解教育理论与实践之间各维度的边界张力，超越各种教育观念是非对峙的界限；其次，"有而一之"，即教育主体基于教育事物的多元差异性，在各种二元对立的关系中，整体地把握教育理论与实践的关系；最后，"有而无之"，即教育主体虽然认识到各种边界张力的"有"，但却能在实际的教学行动中审时度势、以事成势与顺势而行，打破教育理论中各种思想观念的疆界，了"无"痕迹地将其转化为自身的思维意识。

（二）辩证综合：化理论为"方法"

教育主体的教学行动是多元情境、多种力量与多重关系等交互作用的结果，需要教育主体灵活地应对各种矛盾、冲突与博弈关系。所谓辩证综合，即指教育主体在理性直觉的过程中，用"多样性统一"的视角来把握这些蕴含其中的矛盾、冲突与博弈关系。这就需要教育主体在理解教育理论、感知教学实践、反思教学行为的基础上，不断地化理论为"方法"，形成一种根植于特定教学情境的实践性知识，以得自认识教育理论与改变教学现实过程中的辩证之道，来改善自身教学行动本身。可见，教育主体辩证综合的过程，其实质是一种"一致而百虑，同归而殊途"的方法论。教育主体需要反复循证抽象的、概括的、通用的、情境无涉的理论知识与具体的、特殊的、本土的、情境关涉的实践知识之间的适切性。

化理论为"方法"并不意味着将教育理论转化为教育主体在教学操作层面的经验性、技术性知识，即一种"技"层面的转化，而是将教育理论转化为教育主体整体审视教育事实的一种"眼光"，即一种"道"层面的转化。教育主体克服各种片面性，在教育理论的有限性中探寻教学世界的无限性，从教育意义生成的角度认识教育世界与改变教育世界，至少需要经历以下三个阶段：第一个阶段是教育主体学会认识自己的特质背景、时代环境与生存处境，形成清晰的自我意识；第二个阶段是教育主体关注自身的"境遇式事件"，即自身专业成长过程中所遭遇的关键事件，采用"叙事式方式"，对事件情境进行多角度、细腻、个性化的深度描述，形成基本的研究问题、研究对象与话语言说方式；第三个阶段是以个人的研究问题为轴心，置于行动者网络的整体框架中进行纵横贯摄，形成结点式、多样性和关系式的"研究问题域"。

教育主体一方面需要准确而全面地把握教育理论基本命题和概念的内涵、外延、实践条件与适用限界，循环考究教育对象、方法与主体之间的适切性问题，形成基本的教育教学常识；另一方面需要通过自身的感性直观，对自身的教育生活、教育问题和教育实践进行反思、总结与提炼，不断淬炼成抽象的概念知识，能够"以统觉之我思统率知识经验的领域"，形成自身独特的教学惯习，即一种"既可以使外在客观结构内在化又能通过惯习行动的生产使内在结构外在化的，同时连接着客观结构与惯习行动（实践活动）的心灵与身体的结构"①。可见，化理论为"方法"，不仅仅是智力层面上（know-what 与 know-how）的转化，还包括理智层面上（know-that 与 know-why）的转化。教育主体需要形成塑造自身教学行为的直觉、本能和惯习，为教学实践创造多种可能性，具体包括以下三个方面：首先是"知类"，即教育主体从自身的生存境况出发，客观全面地把握所考察对象的原始的基本关系，形成把握问题的行动依据；其次是"求故"，即教育主体对"行动依据"做矛盾分析，透析理据与条件、偶然与必然、目的与手段等之间的作用关系，明晰不同行动的可能性；最后是"明理"，即教育主体说明如何依据不同的知识类型创造行动条件，使有利于教育理论实践转化的可能性化为现实，合乎自我提升与教育完满的需要。因此，辩证综合，化理论为"方法"是联结理论与实践、知识与行动并进行多重意义追寻的产物，蕴含着"真"的追求、"善"的期待与"美"的意蕴。

（三）德性自证：化理论为"德性"

在教育理论的实践转化过程中，教育主体通过身体力行，不断地重塑自身的教学行动。这种在教学行动中转化形成的实践性知识会"逐渐沉淀于已有的知识结构……它已内化、融合于主体的意识结构，并作为主体意识、精神的有机组成而与主体同在"②，并且教育主体的这种"能力融合于人的整个存在，呈现为具有人性意义的内在规定"③，这便是教育主体在德性自证中不断地化理论为"德性"的过程。而德性是"使得一个人好并使得他的实践活动完成得好的品质"④，这种"好"指的是一种适度。对教育主体而言，则意味着习以成性，化"当然"为"适然"，摆脱外在强制力量的干涉，自觉地将教育理论内化为自身的品质与德性，形成自我安身立命、直面实践的一种品格、状态与境界。

德性自证是指教育主体在理性直觉与辩证综合的基础上，对自己的德性进行呈现、反思与验证。教育主体通过自身行动将经验、观念、知识与智慧转化为个人的内在品性，并用自我意识来返观自我，不断地从"自在"走向"自为"，从"自发"走向"自觉"，凝道而成德，显性以弘道，转识而成智，日生而日成，对自身的具体德性进行反思与验证，对行动的意义和解释进行检验，将言说的教育理论在教学实践的过程中向自身的人格与德性凝化，实现理论言说与教学实践的统一，以自身的教育言行、思想观念、情感体验与知识结构来

① 孙元涛．教育学者介入实践：探究与论证［M］．重庆：重庆大学出版社，2009：98．
② 杨国荣．存在之维：后形而上学时代的形上学［M］．北京：人民出版社，2005：106．
③ 杨国荣．存在之维：后形而上学时代的形上学［M］．北京：人民出版社，2005：129．
④ 亚里士多德．尼各马可伦理学［M］．廖申白，译注．北京：商务印书馆，2003：26．

验证"我"为德性之主，彰显"我"之性情倾向。也就是说，教育主体"一方面要（把理论）化为思想方法，贯彻于自己的活动，自己的研究领域，另一方面又要通过自己的身体力行，化为自己的德性，具体化为有血有肉的人格"①。在这个过程中，教育主体需要在三个维度上自证"我"为德性之主：其一，作为理论主体的认知价值；其二，作为实践主体的存在意义；其三，作为德性主体的内在品格。

化理论为"德性"，教育主体需要追寻教育理论的多重意义，超越现实的规限，回归真实的存在，走向更加符合教育性的可能生活。这就需要教育主体具有规律性的把握能力、敏锐性的洞察能力、机智性的反应能力和创造性的驾驭能力，具体体现在以下三个方面：首先，理性的自明，即自知其明觉的教育理性，教育主体在情境分析、规范引用与理性权衡之时，能够自我明觉，具有"知善"的能力；其次，意志的自主，即自主而坚定的教育意志，教育主体在面对冲突、身处窘境与意志决断之时，能够自我主导，具有"行善"的意向；最后，情感的自得，即升华而自得的教育情操，教育主体在涵养身心、显性弘道与凝道成德之时，能够自我创获，具有"向善"的定势。因此，德性自证，化理论为"德性"是教育主体"自明"、"自主"与"自得"的行动过程，是教育主体的价值取向、知识经验、行动方式与存在规定等彼此交融并凝结于自身德性的过程，这能够保证教育主体在完成教育理论实践转化的同时，持续地行走在善与正义的通衢。

---

① 冯契. 冯契文集（第一卷）：认识世界和认识自己 [M]. 上海：华东师范大学出版社，1996：20.

结语
作为当代中国实践哲学新形态的"生命·实践"教育学

　　基于历史脉络的梳理，本书以"理论与实践的关系"为分析单位，剖析实践哲学必须正视的问题和缺失，阐述教育学在"理论与实践"研究中的学科意识，及其在探寻二者转化逻辑中的学科贡献，以此论证教育学介入实践哲学，并为实践哲学做出独特学科贡献的可能性与必要性，展现教育学在实践哲学中独特的学科"出场方式"。

　　作为当代中国实践哲学新形态的"生命·实践"教育学，是紧紧把握中国教育变革的时代脉搏，扎根中国文化传统的深厚土壤，对"教育是什么"的中国式的实践表达。本书以教育场域中的"生命·实践"教育学为典型案例，在简要描述"生命·实践"教育学缘起与发展的基础上，具体论述了作为方法论的"生命·实践"教育学是如何通过教育理论与实践的双向转化，进而实现教育场域中"理论人"与"实践人"的交互生成的。"成事成人"作为实践哲学的一种中国教育学式的表达，是"生命·实践"教育学独特的价值追求，其旨在通过以人为中心的实践，在成事成人中实现主体的回归和思维方式的突破。

　　其中，"生命·实践"教育学派的教育信条是以叶澜老师为代表的"生命·实践"教育学派精神内核的集中、概要式表达。整体包含十二则信条，共分为教育、学校教育和教育学研究三个篇章。十二则教育信条是学派理论创建与"新基础教育"实践研究互生互成的成果结晶，是对我们这个时代教育变革有效有力的回应，蕴含着"生命·实践"教育学派的教育主张、教育思想、教育观念和教育原则，更凝结着每一位"生命·实践"教育学人的教育信仰。"生命·实践"教育学派不仅将自身的理论与实践化为了方法，更将其化为了每一位"生命·实践"教育学人的德性。十二则教育信条阐明了教育变革的原点、框架与未来走向，回答了"教育向何处去"的问题。

　　在十二则教育信条中，"教天地人事，育生命自觉"是"生命·实践"教育学派紧紧把握中国教育变革的时代脉搏，扎根中国文化传统的深厚土壤，对"教育是什么"这一教育哲思的中国式表达，彰显着教育变革的"中国经验"、"中国自信"与"中国智慧"。"生命自觉"之育内在于"天地人事"之教的过程中，"教什么"、"怎么教"或"教的境界如何"直接关乎"生命自觉"之育的效果。育人价值的失落更需要回溯到"天地人事"之教的具体展开过程之中。

中国传统哲学通常把自然称为"天地"，把社会之事称为"人事"。叶澜老师在其《回归与突破："生命·实践"教育学论纲》（以下简称《论纲》）中，从人的生命角度出发，将人应该如何生存的母题演化为人与天地人事的关系问题。人与事的内容本身就直接阐述着人的生命、生存、生活之道，直接在人的生命实践过程之中。对于"天地人事"在教育中的表达内容，叶澜老师在其《"生命·实践"教育学派的教育信条》（以下简称《信条》）中认为，"天地"是指与自然科学相关的学科，"人事"则是与人文、社会科学相关的许多学科。因此，"天地人事"是"教"所要传递的内容，是外在已有的"类知识"。"教"的任务就是使个体接受这些外在的类知识，并能为其个人的生存发展所用。"天地人事"蕴含的不同学科内容之间存在着一种整体融通、相互转化和共生共长的关系。

"天地人事"作为学科领域内已然形成的基础性知识，通常以客观真理的样态出现在教师和学生的面前，是一种外在于人的"类知识"。而"教"的任务便是将这种外在的学科知识内化为学生的"学科认知"，外化为学生的"学科眼光"，转化为学生个体生存发展的内在人格和精神世界。叶澜老师在其《论纲》中将"转化"凝练为两个主要方面：一是指外在的类文化转化为个体内在的人格；二是指外在的师之教转化为弟子内在的精神世界之充盈，直至生命自觉之形成。值得注意的是，叶澜老师在其《信条》中强调："无论教'天地'还是'人事'，都要揭示内在规定与逻辑，可称之'道'"。"天地人事"之教融通了"天地之道"与"人事之道"，转化为受教育者每个人内在的"人心之道"。"三道"各有其内在逻辑，又相互呼应、相互润泽。

"道"非超然于人，所谓"道不远人"，即道并不是与人隔绝的存在。"天地之道"与"人事之道"离开了人，便只能是抽象思辨的对象，难以呈现其真切实在性。"天地人事"之教的回归，其实质是"人"的回归，其中包括"整体的人"的回归、"具体的人"的回归，以及"自觉的人"的回归。叶澜老师在其《信条》中认为，"每个人的生命成长中都融入了许多人的生命，父母、师长、合作者，甚至是偶遇的陌生人。唯有通过人的生命，才能实现人的教育"。"天地人事"之教需要对人的完整图景进行全息性的把握。叶澜老师在其《教育创新呼唤"具体个人"意识》一文中曾强调"要承认人的生命是在具体个人中存活、生长、发展的","天地人事"之教直面的对象永远是具体的、有生命的个体。"每一个人都得自己活,不能由别人代活"既有哲学意蕴,又含有对"自觉的人"的呼唤。"天地人事"之教的回归需要关照人的精神的内在生长,唤醒人的内在自觉。

"天地人事"之教既关乎学生"生命自觉"的育人程度,又关乎教师自我专业成长的"内在自觉"。首先,对于教师而言,叶澜老师在其《信条》中认为,教师只有将创造融入自己的教育生命实践,才能体验这一职业内在的尊严与快乐。教师在实现化"自在之物"为"为我之物"的同时,需要不断将外在的理论内化为自身的方法与德性,实现成己成物。其次,教师是从事点化人之生命的教育活动的责任人,教师需要在基础教育阶段老老实实地做好最基本的学科教学,在"成"变革之"事"中成"人",努力以"人"变促成"事"变,实现成事成人。最后,叶澜老师在其《论纲》中曾提到,个体生命自觉的形成,是个体生命质量与意义在人生全程中得到提升和实现的内在保证。因此,"天地人事"之教需要在唤醒教师自我生命自觉的同时,唤醒每一个学生生命的自觉,让学校充满成长气息,在那里听到生命拔节的最美声响。

"天地人事"之教的回归与突破,是人的成长不断地化"自在之物"为"为我之物"的过程,是人的精神不断地由"自在"到"自为"的过程,是人的生命不断地由"自发"到"自觉"的过程。"天地人事"之教始终"直面人的生命、通过人的生命、为了人的生命",在"成己"与"成物"、"成事"与"成人"的不断淬炼中培育着人的"生命自觉"。

行文至此,需要对写作本书的初衷与旨归做一个简单直接的交代,即《教育的唤醒:探寻实践哲学的教育方式》一书,始终直面"理论与实践"这一"老而弥坚"的问题,以教育学的表达方式诉说教育实践的哲学智慧,探寻教育学介入实践哲学的可能空间,其志向并不在于倾轧学科边界与炫耀学科优势,而在于回到教育本身,回应教育的现实问题,真实地唤醒教育,唤醒真实的教育。